Mendoza Montonera

*Memorias y sucesos en torno al gobierno
de Alberto Martínez Baca*

Hugo De Marinis y Ramón Ábalo

Mendoza Montonera

*Memorias y sucesos en torno al gobierno
de Alberto Martínez Baca*

Demarinis, Hugo
   Mendoza montonera / Hugo Demarinis y Ramón Abalo - 1a ed. - Buenos Aires : Corregidor, 2005.
272 p. ; 20x14 cm.

ISBN 950-05-1586-5

1. Ensayo Argentino I. Abalo, Ramón, II. Título
CDD A864

Diseño de tapa:
Mariano Nadalich

Todos los derechos reservados

© Ediciones Corregidor, 2005
Rodríguez Peña 452 (C1020ADJ) Bs. As.
Web site: www.corregidor.com
e-mail: corregidor@corregidor.com
Hecho el depósito que marca la ley 11.723
ISBN: 950-05-1586-5
Impreso en Buenos Aires - Argentina

Este libro no puede ser reproducido total ni parcialmente en ninguna forma ni por ningún medio o procedimiento, sea reprográfico, fotocopia, microfilmación, mimeógrafo o cualquier otro sistema mecánico, fotoquímico, electrónico, informático, magnético, electroóptico, etc. Cualquier reproducción sin el permiso previo por escrito de la editorial viola derechos reservados, es ilegal y constituye un delito.

Nota preliminar

El siguiente es un texto de recuerdos y vivencias de los autores y de un puñado de actores principales y de reparto, de un pedazo de la historia mendocina que se propone contribuir al destierro del olvido y, como contraparte, a la construcción de memoria(s) alternativa(s) a las versiones existentes, las que para nuestro gusto y en aras de la multiplicidad factual de la época explorada, pecan en su mayoría, de demasiado unidimensionales y estancas. Estos son una historia y un momento provincianos, pero no menos trascendentes, enmarcados en otra historia mayor, la del país de las vacas gordas y un pueblo anémico que siempre ha lidiado por dejar de serlo.

Por supuesto, hemos recurrido a la memoria propia, con todos los riesgos de las omisiones y los errores, pero nos hemos esforzado por no caer en una cadencia que distorsione irreparablemente la historia real. Por ello es que el libro se organiza cronológicamente alrededor de sucesos ocurridos durante el gobierno de don Alberto Martínez Baca. En ocasiones, por la misma alocada evocación, se hacen saltos temporales hacia el pasado y el futuro, potenciados, sin embargo, por episodios que se generan durante el periodo explorado y que nos auxilian para rescatar a unos pocos compañeros y otros tantos hechos, que tuvimos el honor de conocer y vivenciar; a ellos por lo general, la historia que nos queda los resume en una mezquina línea en las listas de desaparecidos. Desde nuestro pedacito, pretendemos reparar esa omisión y alentamos a otros con parecidas experiencias para que hagan lo propio. Asimismo, incluimos a otros pocos que sobrevivieron y que, o bien continuaron su lucha en el ruedo público o se nos desvanecieron en la cotidianidad de sus existencias en un tenuísimo sigilo, parecido al olvido. A los actores que no conocimos y lo dieron todo, pertenezcan a la orientación que fuera, a los que participaron y todavía viven, a los que lucharon y nosotros no mencionamos, nuestras más sinceras disculpas: no hay la más mínima intención ninguneadora en este texto. Los nuestros son nada más que pequeños –y esperamos que provechosos– relatos, que aspiran a sumar a ese utópico todo que constituye la construcción de la memoria.

El momento fue aquel de don Alberto Martínez Baca, efímero por cierto (marzo del 73 - junio del 74), su nominación para la gobernación impulsada según se sabe por la Organización Montoneros, la Juventud Peronista, la Tendencia Revolucionaria, la Patria Socialista, la lucha armada; pero, como veremos, quizás ninguno de ellos.

Martínez Baca era bonaerense de nacimiento, pero se había afincado desde joven en San Rafael, era medio socialista a la Alfredo Palacios, es decir no tan amarillo y se abrazó a la causa peronista en el mismo instante en que el todavía Coronel Perón se afirmaba en la Secretaría de Trabajo. Su proyecto de poder comienza con el entramado del primer pacto social nativo entre una burguesía escuálidamente nacional, los obreros y los "cabecitas negras" del interior, emergentes de una clase de laburantes inédita en la Argentina. El pacto los alineó armónicamente y fundaron (o quisieron fundar) la República de la justicia social, la soberanía política y la independencia económica. No duró mucho el intento argentino del Estado de Bienestar, tal vez uno de los primeros después de la Segunda Guerra Mundial. El pacto se resquebrajó ni bien los fundadores descubrieron las falacias que supone la colaboración de clases, uno de los estandartes de la doctrina de la Tercera Posición. No podía ser, menos cuando la burguesía exigía cada vez más prebendas al Estado y se desnacionalizaba. Por su parte, los obreritos seguían exigiendo una mayor porción de la plusvalía que su fuerza de trabajo dejaba en las arcas de los patrones.

Fue el derrumbe. Vino la Libertadora, Perón se fue al exilio, Pedro Eugenio Aramburu e Isaac Rojas mandaron a fusilar a Valle, Tanco y en José León Suárez. También ordenaron la proscripción y la penalización de todo lo que oliera a peronismo. La sangre derramada hizo germinar la Resistencia, la de cientos de miles de argentinos, la mayoría obreros de overol, y mujeres que en el íntimo altar de sus hogares elevaban plegarias a Evita, la abanderada de los humildes, según la mitología de los nuevos excolmugados. De la Resistencia, expresión de la vieja guardia peronista, el aura de la rebeldía se instaló en las posteriores generaciones juveniles. El Viejo líder desde Puerta de Hierro despuntaba su ocio en cientos de cartas, mensajes y apoyaturas a las *formaciones especiales,* eufemismo por la práctica de la lucha armada, la guerrilla urbana, las FAR, las FAP, y los Montoneros: el *luche y vuelve* fue clarinada de combates por venir. La Argentina de entonces sería la avanzada de la revolución libertaria de todos los pueblos oprimidos y el peronismo su vanguardia. Los Montoneros aprovecharon y más o menos se apropiaron de la bronca peronista y popular, inaugurando un proceso luminoso en que las utopías flameaban en la punta de los fusiles.

Bajo esos signos Martínez Baca accede al gobierno de la provincia, el 25 de mayo de 1973. Pero de inmediato fue la diatriba, las prepeadas y, finalmente, el juicio político, la suspensión en un montaje de escenografía trucha que ondeó por encima de una auténtica vocación por realizar una transformación profunda de las estructuras de un Estado exhausto por la voracidad incontrolada de la burguesía vitivinícola y sus mandaderos políticos tradicionales. Esta vez la alianza antirrevolucionaria fue entre los conservadores y los burócratas sindicales mendocinos, seguidores de Augusto Timoteo Vandor. La violencia fructificó de verdaderas tramoyas urdidas por los burócratas sindicales como el electo vicegobernador Carlos Mendoza, proveniente de las filas de la UOM; Edgardo Boris, de las filas del gremio de la Sanidad; el Chango Díaz, una especie de monje negro, y otros personajes del espectro de lo más granado de la derecha peronista local. Más bien eran los que podrían sintetizar lo de la "Mendoza conservadora", equívoco de una sociología trasnochada o estereotipada que niega la tradición de lucha de un pueblo que, no por nada, le había dado el consenso en las urnas a un hombre que desde las tribunas lanzaba fogosas y sinceras apelaciones revolucionarias a pelear por transformaciones que se proponía realizar de lograr la gobernación. Alcanzó, entre tantas agresiones, a meter el bisturí en algunas lacras: motorizó la capacidad de Giol, la bodega estatal y emblema del peronismo de aquella República de la justicia social y la liberación nacional; creó el parque petroquímico, puso en vereda a los agiotistas; jerarquizó a la docencia y a sectores de los empleados públicos; proyectó y estuvo a punto de concretar lo que aún hoy es una urgente obra: el traspaso de las aguas del Río Grande al Atuel. Le doblaron el brazo, como a tantos otros proyectos, pero Alberto Martínez Baca fue un gladiador que no fue derrotado, sino crucificado por los pilatos y los judas enmascarados de peronistas.

LOS AUTORES

HUGO DE MARINIS dejó su país, Argentina, en 1979. Vivió en Bolivia y luego en Costa Rica, donde sobrevivió como librero y estudió filología. A fines de 1982 marchó hacia Canadá. Allí completó su licenciatura en la Universidad de York, y su maestría y doctorado en la Universidad de Toronto bajo la supervisión del profesor Keith Ellis. Fue cofundador y jefe de redacción del periódico *Jornada*, de Toronto. Se desempeñó como docente en la Universidad de Manitoba y en Laurentia University. En la actualidad se desempeña en la Universidad Wilfrid Laurier. En el 2002 publicó *La historia empuja*, obra sobre la narrativa de Haroldo Conti, el gran escritor argentino desaparecido por la dictadura militar (Edit. Del Valle).

RAMÓN ÁBALO es periodista y tiene militancia política y social desde los 16 años de edad. Actualmente es secretario general de la Liga Argentina por los Derechos del Hombre, filial Mendoza. En 1976 debió exiliarse en Bolivia, donde debió realizar tareas de su profesión para sobrevivir. Fue secretario de prensa de la Gobernación durante el gobierno de don Alberto Martínez Baca. En 1967 publicó *El terrorismo de estado en Mendoza*, testimonio sobre las víctimas de la dictadura, sus autores y sus cómplices civiles, libro que ya lleva dos ediciones (Edit. Cuyum). Fue director del periódico mendocino *La Brecha*, durante los últimos dos años. Tiene en preparación *Crónicas subversivas*.

Abreviaturas

R. A.:   Ramón Ábalo (Negro)
A. G.:   Alfredo Guevara (Gordo)
H.D.:   Hugo De Marinis
J. R. L.: Jorge Roberto López
G. M. A.: Guillermo Martínez Agüero (Polo)
C. A. M.: Carlos Arturo Mendoza (Gordo)
G. M.:   Gerónimo Morgante (Flaco)
A. P.:   Aníbal Patroni
B. E. P.: Beatriz Eloísa París
R. P.:   Rino Piazza

Entrevistas
Las entrevistas fueron realizadas en su mayoría por Ramón Ábalo y Hugo De Marinis, en algunos casos en conjunto, en otros de manera individual.

El hilo narrativo
A cargo de Hugo De Marinis y Ramón Ábalo

La investigación
El trabajo investigativo en las hemerotecas de la provincia de Mendoza, principalmente en la Biblioteca Pública General San Martín y en la Legislatura Provincial, estuvo bajo la responsabilidad de Hugo De Marinis y Ramón Ábalo, con la colaboración del licenciado en Ciencias de la Comunicación, Santiago Centeno.

Tapa
Mariano Nadalich

MENDOZA MONTONERA

H.D.:

Toronto

—Puedo recordar una noche neblinosa y fría.
—¿Cómo neblinosa? El recuerdo parece corresponder más bien a Londres, antes de los sesenta, cuando usted no existía. Por otro lado, nunca ha estado en Londres.
—Digo neblinosa porque no recuerdo con toda claridad. Tenía unos 18 años, qué quiere. Hace alrededor de 30. ¿Cómo se le ocurre que el recuerdo pueda ser diáfano?
—Tantas veces le dije que pusiera manos a la obra, que no se demore. La memoria es algo que no siempre está ahí, a su disposición para lo que se le cante. Le costará horrores reproducir con exactitud la atmósfera y ni qué hablar de los hechos, es decir, los reales.
—Bueno, como era de noche y hay una lejanía temporal estimable le he puesto neblina, estoy casi seguro que había.
—No es creíble. En Mendoza nunca hubo neblina.
—No a menudo, pero sí que ha habido, cómo no. El asunto es que veníamos desde el sur, por San Martín. Enfilábamos hacia Garibaldi porque creo que salimos del local aquel, el de la calle San Juan, que antes tenía la sigla CASA. ¿Qué querría decir? Debemos haber tomado por Don Bosco, que dicho sea de paso es bien angosta. Como éramos pocos Don Bosco venía bien, no hacía falta Colón ¿o a esa altura se llamaba José Vicente Zapata?, para llegar a San Martín.
—A ver cómo se acuerda del nombre de las calles. No sé de qué modo se las va a arreglar. ¿No le sorprendió tanto por la negativa el tibio conocimiento de Miguel Bonasso de la localidad de Dorrego, en Guaymallén, cuando cuenta la cacería de Paco Urondo en *Diario de un clandestino*? ¿Desde dónde escribe?

—Estoy en Toronto hace una pila de tiempo, pero siempre pendiente de la Argentina. La neblina desapareció ahora que llegamos a Rivadavia y se me aparecen Rino ...

—¿Ese hombre delgado, entrado en carnes ahora, que con el tiempo quién sabe en qué anduvo y a quien de casualidad usted encontró en mayo del 2002 en el café del Automóvil Club, después del acto de presentación de su ópera prima?

—... y otro grandote también, no tan delgado. Se zangoloteaban como amas de casa alegres con el cartel de la Agrupación Evita. Jorgito López, mi compañero de la UES hizo la crítica luego, que no le parecía serio eso del zangoloteo un tanto afeminado para la época: había que ser serios, qué iban a decir. Es que estábamos tan cortos de gente a esa altura que teníamos más carteles que compañeros de los frentes. Ni una mina de la Agrupación Evita. ¿Qué seríamos en total? ¿50, 100? Mire que había que estar en apuros para aceptar la concurrencia a un acto ¿convocado por las Juventudes Políticas en apoyo a Martínez Baca? ¿O en contra del juicio político? Por supuesto que las doblábamos en número, a pesar de la estropeada capacidad de convocatoria. Qué emoción, oiga che. Parece que fuera hoy. Ellos cantaban La Internacional y en eso llegamos nosotros, bien por el medio de la calle, quizá en cachacienta formación de cuña (bueno hombre, éramos del interior; lo grosso ocurría en otros lados), algún bombo y ¡Montoneros carajo! Bien calladitos que los dejamos. Tiene razón, se me entremezcla todo. No puedo, para serle franco, diferenciar lo que le cuento de, por ejemplo, cuando el Viejo nos expulsó de la Plaza de Mayo. Se amontonan los flashes, aunque no hay que ser un genio para darse cuenta que esto debe haber ocurrido después: la soledad era terrible, ésa era el sentimiento. No había zangoloteo que la contenga.

<u>Primera</u>: Negro, el quid de la cuestión pasa por elegir un día de entre el 70 y el 75 y meterse de cabeza en el diario *Los Andes*, como para empezar. Después si queda espacio, revisar el *Mendoza*, la revista *Claves* y *El Andino* de la tarde. Voy decidido sin que medie razón alguna hacia los tomos de marzo del 73. Qué incomodidad. Estoy acostumbrado al impoluto y disciplinado ambiente de la Biblioteca Robarts de la Universidad de Toronto, pero reconozcamos que el espacio que se me otorga aquí es semejante. Falta un poco de luz, eso sí. El

tomo de marzo del 73 apenas concede espacio para la portátil y un cuaderno que me traje desde el norte. No sé si en el escritorio de la Robarts cabría todo. Seguro que no. Me preguntaron en un programa de la siesta de radio Nihuil, cuál era mi relación con Mendoza, por qué venía, a qué venía. Dije todo lo que no debería decirse cuando uno está embarcado en una investigación de fuste. Un poco para mantener el misterio, otro para no prometer grandes obras cuando se sabe que escribir un libro es todo un rompedero absoluto de cabeza y culo. Y yo como gran boludo, que patatín y que patatán, que Martínez Baca para aquí y para allá, que nadie lo había estudiado, que valía la pena. En fin: no dije lo que tenía que decir. Qué vamos a hacer, no soy buen punto para las entrevistas, ni siquiera para la conversación corriente. Tendría que haber dicho, como leí en Horacio González anteayer (*Retórica y Política*), que los temas son vestiduras para hablar siempre de lo mismo. O como creo que le dijo el Gabo García Márquez a Plinio Apuleyo Mendoza en *El olor de la Guayaba*, que siempre se escribe la misma novela, es decir, que Gabo siempre escribe la misma novela. ¿Esto que hacemos acá, Negro, será una novela?

"¿Por qué vino a Mendoza?", me interroga amable una periodista. Vengo a Mendoza porque sueño con volver a vivir en Mendoza. Dije que cuando llego me mimetizo en su maravilla, en sus plazas profundas, que engancho enseguida el acento tan singular de los mendocinos que no es tan plañidero como el de los de San Juan, ni tan susurrante y agudo como el de los compatriotas chilenos. Me divierte el esfuerzo que hacemos para esconder la yod y acercarnos imperceptibles a la sibilante porteña; pero no hay que exagerar porque nadie debe percatarse que somos imitadores, burdos obsecuentes de la metrópoli. Nos avergüenza, con la excepción de los héroes –es decir aquellos que rayan los sesenta– que se nos vaya a confundir con chuncanos (¿mendocinismo? ¿catamarqueñismo?) o payucas (lunfardo), gente de tierra adentro, que vendría a ser lo mismo que la grasa pura, la ordinariez.

Comprobé en menos de una semana que la primera parte de mi respuesta a Mónica Borré fue más bien una expresión de deseos no especificados del cabronazo de mi inconsciente. Quizás adhiero a mi sistema comunicativo la semiplañidez de la inflexión, ésa entre San Juan y Mendoza que nombré antes. Pero no hablo como los mendocinos porque mi español, qué digo, mi castellano, está plagado de más de dos décadas extranjeras –que si no reacciono pronto seguirán extendiéndose– de otros tonos que se me acoplaron y no identifico cuando me pienso, cuando creo que me escucho. Mi castellano está envilecido por demasiado inglés cotidiano, por el hockey sobre hielo, por la correcta disciplina tirana del país adoptivo, por el miedo a la suba intempestiva de mi colesterol, por la sorpresa, entre graciosa y atónita, que me producen los comprovincianos, guanacos hijos de puta, mis compañeros, mis hermanos, cuando escucho el murmullo de sus voces en las caminatas por la ciudad. Son solo dos: el de un hombre y una mujer mendocinos. En el deambular por la ciudad me doy vuelta a cada rato porque creo reconocerlos, pero hasta ahí llego: me equivoco siempre porque son otros, nada que ver conmigo. No sé si me alegra sentirme diferenciado.

Estoy muy convencido de la sinceridad de mi radial declaración, la de soñar con volver a vivir en Mendoza. Pero qué he venido a hacer aquí. Si no hablo del todo como ellos, no soy como ellos, y salvo en el accidente del nacimiento, no hay empatía. No hay hockey sobre hielo, los picaportes de la mayoría de las casas que visito son toscos y desvencijados, existen sin la autoridad que debiera desprenderse de ser ellos el primer contacto tangible de un ser humano con su hogar, con su oficina. Las cerraduras, salen de fábrica invariablemente acopladas a un jueguito que el consejo de los expertos recomienda aprender so pena de quedarse afuera a esperar el auxilio de un lugareño ducho en menesteres cerrajeros. En picaportes y cerraduras Toronto aventaja con holgura a Mendoza.

En verdad, quisiera llegar relajado a Mendoza, con dinero a roletes, a un solar donde la única problemática sea la contemplación. Por ejemplo, la de las hojas conmovidas por la brisa que recorre las plazas profundas en las noches apacibles antes que se declare el otoño, y sin peligro de que algún chorro te liquide por la campera canadiense, imitación cuero. Ninguna noche para mí, en abril del 2003, de plazas profundas ni de los rumores del agua de la acequia. Lo anterior son no más que estrechas evocaciones del paisaje local rescatadas por mi lectura de un reportaje para *Los Andes* del malogrado Antonio Di Benedetto, acerca de un paso fugaz por Mendoza en las vísperas de las elecciones de marzo del 73, de un Julio Cortázar que quiere llegar lento a Buenos Aires desde el pie del Ande que el sol su cresta dora y ¿entrevistarse con Juan Gelman, Rodolfo Walsh y el Paco Urondo para ver qué es esto del peronismo revolucionario? Negro, tengo que venir a contarles... no, no, no, más bien tenemos que interponer nuestra agenda para que contemos cómo fue aquella primavera política, la única, presumo, de corte más o menos radical –no radicheta– en la provincia y, por cierto, más larga que la del tío Cámpora. Venimos a producir nuestra voz y mucho más. Yo en particular, quisiera haber venido a otorgarla, para que relaten ellos desde nuestro centro falaz: el eco distorsionado y angosto de la metrópoli porteña. Quiero, queremos, el relato desde su núcleo mendocino y el de sus habitantes de entonces, el de esos otros tan nuestros. Y yo, solo regresar al rebaño aunque sea a medias, ahora que ya se va haciendo un poco tarde para desandar los caminos que al fin vinieron a resultar, ¡oh sorpresa!, de una sola vía: ser jóvenes de vuelta, Negro, muy jóvenes.

Por eso insisto en venir a Mendoza. MB es una excusa, el revestimiento de mis temas, de nuestros temas, para que nos reinventemos este trozo setentista de la historia con nuestros infinitesimales, maracanases, fragmentados relatos. Golpe bajo, lugar común pero fundamental: contribuir al desalojo del olvido, al rescate de lo que para nosotros valió tanto. Mi tema, el nuestro.

Hemeroteca de la Biblioteca General San Martín

Los Andes, diario por entonces casi centenario, propiedad de la familia Calle, informa el jueves primero de marzo de 1973, a diez días de las elecciones generales, que en la provincia el Frente Justicialista de Liberación (FREJULI) y el Partido Demócrata (PD) (los gansos reventados) mantienen un cabeza a cabeza virtual, cada uno con el 20,16%, seguidos por la Unión Cívica Radical (UCR) con el 13,23%; la Nueva Fuerza (NF) con el 12,17%; el Partido Demócrata Progresista (PDP.) (¿el de don Lisandro?) con el 2,54%; el Frente de Izquierda Popular (FIP) con el 1,89% y el Movimiento Popular Mendocino (MPM) con el 0,63%. Igual porcentaje tendrían los votos en blanco y los indecisos se alzarían con la victoria en esta fecha ya que suman el 29, 98% de las preferencias.

La misma edición ofrece al agraciado lector la nómina de candidatos a gobernador por la provincia de Mendoza, por riguroso orden alfabético de los apellidos:

Alberto Martínez Baca	Frente Justicialista de Liberación
Alfredo Martínez Caballero	Movimiento Popular Mendocino
Alfredo Mosso	Unión Cívica Radical
Aniceto Pérez	Nueva Fuerza
Juan J. Ruiz Garasino	Partido Demócrata Progresista
Héctor Palero	Frente de Izquierda Popular
Carlos Vicchi	Partido Demócrata

H.D.:

Casa de mi madre en Guaymallén, Mendoza (¿mi hogar?)

—¿Qué escritura no es un ejercicio narcisista? Por ejemplo, esta mañana, 17 de abril de 2003, mi madre me ha revelado un recuerdo promisorio. ¿Sabía usted que yo marché en su vientre en el festejo mendocino por la caída del hombre que a partir de entonces pasaría a ser conocido por el gorilaje como el tirano prófugo? Mi madre iba a visitar a mi abuela agonizante, doña Elena del Tránsito Díaz, internada en el Hospital Central. Había sufrido una embolia irreparable que en pocos días (unos 2, no más) le arrimaría la muerte. A mí, feto con futuro azaroso, me quedaba cancelada la oportunidad de recorrerla con mis propios ojos, de los que quizás tan fuertemente lloraba. Y una tarea rara: la de extraer flecos de vida de un retrato de mujer madura, generosa de cuerpo y adusta, que se las arregla para ocultar el ceño posado sobre la lápida de su tumba, la bondad que le atribuían quienes la conocieron. De esto no dudo en absoluto. Es más, yo mismo todavía puedo escuchar el susurro, aunque cada vez más inaudible, de la voz dolida de mi madre en la ratificación del acontecimiento: "mamá, lo voltearon a Perón". Recuerdo yo, y no te asombres,

Negro, el súbito apuro de mi madre, su mirada a los costados, segura de que las enfermeras peronistas la habían escuchado y le prepararían alguna fechoría; en todo caso se la harían a mi pobre abuela indefensa. Corolario: carnaval de muerte antiperonista que anticipa la vida mía peronista, con reticencias y, eso sí, por cierto tiempo.

—Esa mañana de septiembre, antes de llegar al hospital, mi madre conmigo a cuestas contemplaba desprevenida y anhelante las vidrieras de los negocios paquetes de la calle San Martín y de pronto percibió el aluvión zoológico que chillaba su fervor clase mediero por el fin de la tiranía. Me debo haber dormido en su panza en ese momento porque no registro que tamaña gritería haya hecho mella en mí. Mi madre se sumó a ellos consciente del placer, en unos cuantos minutos, de convertirse en la buena mensajera que habría de permitir que la abuela se muriera en paz, con el conocimiento, quisiera, de que su segundo nieto varón llegaría a un mundo alcalino, parecido al útero, sin déspotas en el gobierno. Mi madre me contó esta mañana que los manifestantes arrasaban con los signos peroneros, las estatuas del Viejo y de Evita, (ella recuerda, aunque no la vio, una de *esa mujer*, que estaba erigida en una plazoleta cerca de la estación central del ferrocarril, por Las Heras y Belgrano, torturada a punta de pico y martillo y que el Negro Ábalo duda que haya existido) y los innumerables carteles alusivos. Llegaban a Garibaldi, desde el norte. Un poco, notó, se acercaban contentos (ella también) a un estado de desmadre, y otro poco se asustó. Uno de los que marchaban debe haber notado el dibujo de la preocupación en su rostro producto del desguace fino y restaurador en curso y, a la vez, el notable embarazo de 6 meses. Le dijo, "señora esto no es para usted, váyase a su casa".

—Entre los dos el recuerdo más claro, ahora caigo —y no se vaya a pensar ser que es de ese modo porque mi madre me lo refirió esta mañana— es el del vientre de mi madre.

Hace unos tres días bajé por Colón, que luego de San Martín se hace nomás José Vicente Zapata como sospechaba, hasta San Juan para reconocer el inicio de aquella marcha en el local de la JP. Pero nada relevante me llegaba. Solo unos flashes de otra marcha, en la evocación de la cual no entra la más mínima hesitación, la del 26 de julio de 1974, para la conmemoración número 24 de la muerte de

Evita. 5.000 personas. El rostro del Pepe Nardi se enciende y se apaga, mientras trato de localizar el exacto sitio del local. El Pepe se parece a la foto de Paul McCartney en el LP Let It Be, pero con rulitos; del infierno, aparece y desaparece una chancha celular que amaga atropellar y frena de golpe, repitiendo tres o cuatro veces el movimiento brusco, matón, del vehículo. Registro nítido el contorno del cuerpo sin cara del exaltado conductor, que pretende amedrentarnos y lo logra, al final de la marcha, cuando ya nos estamos por ir. Salvo en películas nunca había visto camorrear de esa manera. Sí sabía que asesinaban y torturaban. Debía imaginar que a otros, allá lejos, en Buenos Aires. De no haber pensado así no me es posible hoy explicar mi permanencia entre estos rebeldes.

Antes de eso se me aparece la carita de galleta de una chica del PC, Aliste creo que era su apellido, que me avisa, risueña, acerca del palo de escoba recortado cuyo extremo superior se escabulle, sin mi apercibimiento, entre las solapas del abrigo. Semejante descuido debió ser culpa del revolcón que provocó la carga del Gordo Tincho a la precaria formación de cuña que practicábamos dentro del local del calle San Juan para comprobar –teoría y práctica– nuestra predisposición para la delicada labor de la seguridad de la marcha. La cuña la formábamos 5 vagos de la UES. El Gordo lobo mandó que la conformáramos y, sin mediar advertencia, se nos vino encima y nos desparramó por la habitación antigua y amplia, pintada de blanco y de techos altos, como si soplase la segunda casita, la de tablas, de los 3 chanchitos. Debemos haber sentido todos lo mismo: sorpresa avergonzada, irritación. Sorpresa fue también que nadie se riera y eso que había un montón de cumpas en el lugar. Este Tincho tenía que ser milico, pensábamos con Ramiro de vuelta al edificio de la calle Catamarca. ¿Qué necesidad tuvo de hacernos un orden cerrado, flexión 1, flexión 2, después del revolcón? ¿No era eso acaso cosa de las Fuerzas Armadas enemigas? ¿Nos diferenciamos de ellos o no? Bronca a la autoridad, pero acatada. Como bronca al padre que obliga ¿vio?

Menudo asombro triste me llevaría unos cuantos años después cuando en Toronto conseguí una copia de esa pesadilla de libro, *El vuelo*, de Horacio Verbitsky. Me enteré que Tincho era un antiguo suboficial artillero del ejército que se había convertido en montonero, quién sabe por qué misterio insondable. Cuesta, cuesta una barbaridad, pensarlo tan enorme, tan seguro en su atemorizador porte marcial, ¿cómo podemos haber perdido con él de nuestro lado? Verlo así, reconstruirlo medio adormilado, en la luz avara de una bombita de 40 de un presunto galpón aeronaval, gracias a la acción de esos detestables estupefacientes promocionados por el no menos detestable Tigre Acosta, mientras aguardaba su turno para una muerte de porquería. Peor me hizo el remate ese de la voz confianzuda del zumbo ignorante a cargo de prisioneros a punto de desaparecer, un cobarde ancho en su victoria, que más o menos lo nombra al Gordo Tincho, lo inaugura, lo continúa en el suplicio con el paternal "pibe, zafaste por ahora, te piden de Mendoza", según relata el libro de Verbitsky[1].

De aquella manifestación taciturna que tenía que ver con Martínez Baca, en cambio, solo puchitos de memoria. Casi nada se ilumina por más que cave. De pronto me di cuenta que el Gordo Tincho no había ido a esa manifestación, a la escuálida. Sin dudas tiene que haber sido antes de septiembre del 74, cuando Montoneros pasa a la clandestinidad. No mucho antes y seguro que después del 26 de julio. Al arrimarnos a la intersección de Rivadavia y San Martín, presumo que nos corrimos de un solo saque auto-preservador, hacia la izquierda. Por Rivadavia, una media cuadra hacia al oeste, por la vereda norte, estaba el local de la UOM. He pasado innumerables veces por ahí en mis visitas posdictadura a Mendoza y tampoco doy con su lugar justo, mirá Negro qué notable, cuando en aquel tiempo lo tenía tan presente. La jauría de matones que moraba en esa casa ya nos había dado la biaba en más de una ocasión y metían ese miedo del que hablaba, que llega al presente. En aquellos años yo pensaba que eran ellos y nada más que ellos, los que torturaban, los que nos podían firmar la boleta sin demasiado trámite, musculosos taimados, horribles, que se interpondrían entre nosotros y una donada, significativa muerte revolucionaria. En la intersección de Rivadavia y San Martín entonces nos tira-

---

[1] El Edgardo Rivero, el respo de la UES en Mendoza del 74 a principios del 76, me cuenta en julio del 2004 que el Gordo Tincho se había pretendido perder en Buenos Aires después del golpe, cuando de los Montos en la provincia no quedaba casi nada. Se despidieron una noche medio etílica, con el Gordo muy desilusionado por el nuevo y fuerte acento militarista que imprimía la Organización. Cuando lo secuestraron ya no formaba parte de Montoneros.

mos en bloque, por intuición, hacia la izquierda, para el lado del Automóvil Club, mientras mirábamos con aprensión a ver si salía algún matón del local del gremio. Pero cuando ya alcanzábamos las alturas del diario *Los Andes* recuperamos el centro de la calle. Cosa de llegar y apretar y gritar y tapar bien tapaditos los emocionantes, los muy queridos acordes de la irreprochable y sin par La Internacional.

—Negro, me pregunto de qué manera me vestiré cuando vaya a solicitar el testimonio de Carlos Arturo Mendoza para este trabajo, si es que decide darme mínima pelota. Más bajo que Martínez Baca en las fotos, yo me lo hacía morocho [en realidad tiene el pelo castaño y la tez blanca] y morrudo: el modelo imaginado del típico camorrero de la UOM ¿Cómo modificar el cuestionario estándar tan respetuoso y pulcro que he preparado, para un personaje de lo más hostil a la intencionalidad de nuestro texto? No lo puedo punzar porque no es parte de mi naturaleza. Además me acuerdo allá en mi patria canadiense de la finada y derechosa Barbara Früm (su hijo le hacía los discursos a Bush hijo hasta no sé cuándo, pero no hace mucho) y su estilo punitivo que me hacía sentir vergüenza ajena. Y ahora en mi patria argentina, esta del cardumen de copiones periodistas y animadores televisivos del momento actual [2003 - 2004]. ¿El periodista es el mensaje? Fenómeno único en el mundo, creo, donde existe lo que ellos eligen que exista, sea real o no. Ellos mismos, antropófagos de su propia especie, son el meollo de la noticia. Una basura impresionante. Así es que como estos tipos, no: de ninguna manera. Aparte le decía que el miedo que infundían los metas [metalúrgicos] se mueve en el tiempo. A ver si el Gordo me reconoce. No es que me lo hayan presentado nunca, ni siquiera que me haya visto alguna vez. Pero desde ese café [*Capolonio*] de estudiantes secundarios sincoleros, raboneros, reunioneros, justo enfrente del local de la UOM, daba la sensación que nos espiaban –fantaseábamos que esperaban que nos dispersáramos para agarrarnos de a uno y darnos el mortal zarpazo– por esa ranura, esa mirilla tan conspicua, que se abría y cerraba como el ojo de un Polifemo oriental detrás de la cual sólo Dios habrá sabido el calibre de los fierros que tenían. Mire que reunirnos en ese lugar... ¿Por qué no intentar comenzar con el Polo Martínez, con el Flaco Morgante, el Gordo Guevara, con Aníbal Patroni o con mi amigo y compañero Jorgito

López? Hace diecisiete días que estoy en Mendoza y aún no le he dicho a Jorge que estoy aquí.

Hemeroteca

El viernes 2 de marzo del 73, en la encuesta extraoficial de *Los Andes*, el FREJULI se le ha escapado por cinco puntos porcentuales a la UCR El primero cuenta con un 25,34% en tanto que el segundo va con 20,32%. El PD se retrajo al 19, 54% y la NF bajó a 8, 67%. El MPM subió casi cuatro veces en las preferencias, al 2.30% y el FIP, el del Colorado Ramos, repuntó casi al doble respecto de los guarismos del día anterior, a 1, 15%. El PDP no registra un solo voto (0%); el voto en blanco llega al 3, 94% y los indecisos son todavía unos cuantos: el 18, 49%.

No hay otra noticia del 2 de marzo que me atraiga. Todo es de Baires. Poco y nada de nuestro centro. Salto, entonces, ya que mencioné al enemigo (los metas) en el apartado anterior, a la edición extra de *Los Andes* del lunes 12 de marzo, donde aparece una nota biográfica sobre Carlos Arturo (el Gordo) Mendoza. A saber: desde jovencito nomás, a la misma edad en que este escriba acercaba su nombre a un peronismo ficcional y peliagudo –vale la pena recordar hoy en día que el peronismo no cuenta con ninguna expresión política ni parecida al calibre de la que menciono, no importa cuan equivocado uno y los suyos hayamos estado– el Gordo Mendoza ya era delegado gremial representando a la fábrica donde desempeñaba sus labores. En 1973 es un hombre casado con Juana Trinidad García y tiene tres hijos. A los veintitrés años, la misma edad en que yo me marché de la patria un poco por su culpa, él ya era Secretario General de la UOM provincial. Dice el diario que estuvo detenido durante tres años por el Plan CONINTES y exclamo descreído: ¡vaya sorpresa!, ¿por qué habrá sido? Luego reanudó su actividad gremial como Secretario General de las 62 Organizaciones Peronistas, a la vez que fue miembro de la mesa nacional de la misma organización. Fue senador en el periodo de 1965 a 1966 (obvio: Onganía lo sacó carpiendo) y se desempeñó como Secretario Adjunto de la CGT provincial. En 1973, el señor Mendoza alterna su labor gremial con la de viajante de comercio. Por lo tanto señora, probablemente usted, orgullosa propietaria de un pequeño establecimiento de venta al por menor en la cochera de su casa, háyale comprado al fiado una docena de paquetes de jabones a quien iba a ser el Sancho soliviantado de don Alberto Martínez Baca. O sea: tal vez haya adquirido esos jabones del mismísimo vicegobernador de la provincia, qué le parece. ¿Vendería también fideos?

Hemeroteca

Mendoza es un lugar maravilloso. No nos referimos a la belleza de la ciudad y alrededores, ya que cualquier ciudad del mundo en alguno de sus hontanares la posee. Lo que apabulla de anonadamiento son los vericuetos de su azar, el enigma de sus mensajes extranaturales, sus casualidades extraordinarias a la vez que anodinas, sus simetrías sin sentido. ¿Podremos al distinguirlas, utilizarlas y aunque sea jugarnos al albur de algún mísero número en la quiniela provincial, la legal? ¿Adónde está, invocamos a Dios, el (nuestro) beneficio? Veamos: la edición del sábado 3 de marzo de 1973 del diario *Los Andes* que, para variar, no contiene la más mínima noticia que accione el dispositivo que pondría en marcha la explosión de nuestra narrativa. A falta de pan, procedemos a transcribir, para luego comentar en el cuerpo del texto, una solicitada en la página cuatro intitulada:

HOMBRES Y MUJERES DE LA PATRIA,
          INDECISOS!!!

Si por tus venas no corre sangre de lacayo, de siervo, de esclavo o de vasallo
... Y si lo mismo que nosotros, estás comprometido, con la dignidad, con la libertad y la grandeza de todo lo argentino...
En los partidos democráticos—cualquiera de ellos—te encontrarás con tu destino...
Medita, piensa y recuerda... con un partido de la democracia en el gobierno, nadie te amordazará, podrás seguir

como ahora [sic], pensando y expresando libremente tus ideas ... donde quieras y como quieras ...
Piensa, recuerda y medita ... LA INFLACIÓN, era un fenómeno DESCONOCIDO en NUESTRO PAÍS.
LA INFLACIÓN ESTAFÓ Y ESTAFA tus salarios, tus sueldos, tus ahorros, tus ganancias...
LA PLAGA DE LA INFLACIÓN –FENÓMENO DESCONOCIDO EN NUESTRO PAÍS– fue un invento de la demagogia peronista.

ANTES NO EXISTÍA. [sic]
Piensa ... recuerda ... medita y ... decídete!!!

GRAN FOLIAR AZÓCAR
(Empresa comprometida con la dignidad, la libertad y la grandeza argentina)

Nibaldo Azócar y Nibaldo Azócar de la Rosa
César A. Azócar y Oscar Azócar
Ricardo Rafael Azócar y Ricardo Luis Azócar

Aquí vendría bien una chicana pero sería demasiado previsible. Aunque en verdad oímos lo que me imaginamos será la voz de ese Dios que invocamos –y que sospechamos nos ha abandonado– grave y castiza, del tal clan Azócar y su gran Foliar de las rúbricas de la solicitada que mucha divinidad que digamos no trasunta, al menos en el trajinado reino terrenal de la historia económica, si va a concluir en que la inflación argentina es invento peronero. [H. D.: La misma noche del mismo día de la transcripción y comentarios breves de la solicitada mi hermano me comunica que un tal Nibaldo Azócar, mendocino y seguramente pariente de los arriba mencionados, ha fallecido en un accidente de autobús en la localidad de Rufino. Negro: ¿A qué número correspondería jugar?]

H.D.:

Oficina, por la mañana

Así como un amigo profesor me recomendó que tratara de no abusar con la expresión "ahora bien" y los viejos periodistas que escriben con dos dedos previenen a los jóvenes en ciernes, verdolagas, que sueñan con incorporarse a la profesión, acerca del uso nocivo del gerundio, yo estoy en el trámite de acatar una ley impuesta por mí mismo: abstenerme del contexto, de la historia más cercana, la que pasa y me pasa ahora que escribo. Argentina, Mendoza, San Luis, piqueteros, elecciones, mierda en bote, son burbujas que se desvanecen y circunstacializan demasiado lo trascendente, lo verdadero, es decir, dentro de ellos, nuestra inestimable y actual producción escrituraria. Bien pues, en este preciso instante violo mi propia ley (parezco argentino) antes de que la haga entrar en vigencia, ahora sin veleidad alguna. ¿Cómo sustraerme si no de comentar en breve el titular de *Página 12*, **A QUEMARROPA** de hoy martes 22 de abril del año 2003. Cuento: anoche, de vuelta vespertina en la casita de mi madre, pesqué, Justiniano Barragán, una crónica en la tele en que unos policías, federicos insaciables, disparaban su furia contra manifestantes munidos de algún par de gomeras y otros primitivos instrumentos contundentes, menos que idóneos para la eventualidad del desigual combate callejero. Pero más importante que los inadecuados instrumentos para la batalla –desplegados por una lente televisiva buchona contra una pared en dos metros cuadrados del suelo de un hospital pediátrico en las inmediaciones porteñas del quilombo, y que la crónica registraba con la lerda obstinación en honor de la objetividad– lo fue el objeto de la represión: ratificar que el modelo económico impuesto hace unos trece años se ha de preservar a sangre y fuego. Entre carros hidrantes en pleno uso y federicos que apuntaban y disparaban, aparece en la pantalla un Miguel Bonasso violeta, lívido, enérgico, testigo de las mil y una noches injustas e ilegales de la Argentina moderna, en realidad las de toda su historia, qué joder. Bramaba fuego entre nombres, apellidos y desmanes denunciados. Nunca imaginé que este hombre fuera así. Más bien lo maliciaba como un leve egocéntrico, buen escriba, mucha prensa, aunque eso sí, con apreciable cuota de conciencia y compromiso: aquí, sin cortapisas, ha puesto el cuerpo a las balas de goma y plomo, y a los gases, en solidaridad con las obreras de la fábrica Brukman, abandonada por unos dueños bandidos que ahora que funciona y produce la quieren de vuelta, y los apoya el corrupto aparato estatal que preside el Duhalde medio mafioso y transitorio. En fin, yo mientras tanto, me aprestaba a retirarme a los aposentos con la idea certera de mi isla inexpugnable, no muy diferente, por otra parte, a la de tantos compatriotas, y más si de la provincia natal se trata. En Mendoza, me decía el joven entrerriano emprendedor y exitoso que me arrendó esta oficina, la gente no sabe lo que tiene; es una provincia próspera, solo la Capital Federal se le compara. "Si se vuelve, vuélvase acá, hágame caso, el resto no tiene remedio". ¿Mendoza es una isla que alguna vez no lo fue? ¿Qué pasó aquí, anoche? ¿Y en 1973?

Dice otro testigo innominado de la crónica televisiva que se lograron reunir unas siete mil personas para apoyar el control obrero de la fábrica Brukman. Me pregunto aquí y ahora si vivirán ellos en una isla evanescente o en el futuro ¿lejano? O si seré yo nomás y mi Mendoza, quienes viven en babia. Me dormí plácido. A la mañana siguiente no recordé ningún sueño. Solo que me levanté temprano, muy incómodo, como si me hubieran gaseado como a los de Brukman, con la pregunta recurrente ¿qué he venido a hacer acá?

Oficina, tarde

A Rino, no me atreví a preguntarle de la manifestación de que hablábamos al principio porque ahora el asunto se me antoja nimio, irreal, aunque no lo haya sido para mi alma. Más aún, le descubrí a este hombre un perfil que para la ocasión que nos reunía, rozaba la más sagrada circunspección. El inquirir memorioso, al garete, podría dañar sin retornos nuestro asunto. A primera vista me costó asociar al tipo maduro, enfrente de mí y al costado del Negro Ábalo al joven divertido del 74. Salvo su risa de dibujo animado de los sesenta, que suena exactamente así: "kekekeké", parecía cualquier cristiano argentino en la edad madura, excedido y apesadumbrado por las continuas agresiones que la hegemonía del medio ambiente nacional ha repartido sin reparos a más del cincuenta por ciento de su población desde los inicios de los noventas menemistas. Un café de la peatonal Sarmiento, a escasos metros de San Martín y Garibaldi, sirve de sede para su monológo, interrumpido solo por un par de acotaciones a su relato del Negro o mías y por el interminable consistir de chicos harapientos, lo más granado del Tercer Mundo, personas discapacitadas, madres solteras con sus bebés en bandolera transpirando en pleno otoño la desesperación resignada más brutal que se imagine, entre otros, que pedían, vendían, puteaban –molestos por el "no, gracias" invariable de nuestra junta veterana, casi curtida– y se sucedían sin discontinuidad entre las mesas al aire libre dispuestas por los dueños del establecimiento que tan cordial nos acoge. Hablamos de la solidaridad perdida, del entusiasmo juvenil, de la dación nuestra de lo mejor de la vida por la gesta revolucionaria, del futuro tronchado de entonces y transformado en esto, mientras el "no, gracias" crece en vehemencia y malhumor, como si desconfiáramos de la veracidad motivacional de este esperpéntico desfile de indigentes.

R. P.:

No, el de la calle San Juan no era el local de la JP todavía. Antes era la sede de CASA, que significa Central de Acción Legal y Adoctrinamiento. Yo tampoco la reconozco cuando paso por ahí. Es que cuando le metieron el bombazo se levantó otra edificación. Era más o menos una organización tipo paraguas de los sindicatos, digamos, combativos. ¿Te acordás la división de los gremios? Por un lado estaba la CGT y por otro la de Ongaro, la CGTA. En Mendoza el referente era Edgardo Boris. Te estoy hablando de finales de los sesenta: los gremios combativos forman las 62 De Pie en oposición a las 62 Organizaciones Peronistas (la ortodoxia). El gremio más activo era el de los bancarios, pero también los ferroviarios y los de YPF. No, no, la Juventud Peronista en el 68, estaba recién en gestación aquí en Mendoza. Me acuerdo de Manzur, Enrique Sversk, Felisa Lucero, Kuki Montero, Carlos De la Rosa, el Mono Pardal. Pero los del grupo histórico eran Lino Soria, el Negro Morales, Elio Verdejo; las orgas en esa época no contaban. De la universidad, los que llevaban la iniciativa eran los del FEN, los fenicios como Olmos, Mazzón, Toyama.

Un fenómeno interesante es que un grupo se vino de la Democracia Cristiana, que en un congreso en Córdoba declaró su apoyo al peronismo. Horacio Sueldo, la figura nacional de ellos, se volvió loco. Muy desesperado el hombre, quebró el congreso y se organizó otro paralelo para ver si podía contener las pocas fuerzas que le quedaban. De ahí vienen Carlos De la Rosa, el Buby Cerutti, el Bocón Martínez. Todos estos, entreverados, son los que activaron en el Mendozazo. Fiorintini, fijate vos, el de la CGT frenaba las movilizaciones. El tipo en un principio estaba bien, pero después cedió a la presión de la burocracia. En cambio la juventud estaba en ebullición, más que nada con el liderazgo de ATSA, los Ferroviarios, el SOEP, que estaba compuesto de empleados públicos no peronistas, eran troskos, y su líder era Juan Carlos Dolz. Después del Mendozazo se tenía que dar una estructura organizativa. ¿El PC? En el Mendozazo dirigían las organizaciones barriales y participaron con todo lo que tenían, pero hubo mucho de espontaneidad. Lo espontáneo surgió de la indignación general por el aumento de las tarifas de luz.

Eduardo Molina, el Buby Cerutti y el Chango Díaz, entre los que me acuerdo, se afirmaron en CASA, con los combativos. Ahí es que se incorporan a los equipos político-técnicos que Julián Licastro había organizado en el nivel nacional. Estos equipos tenían como tarea armar planes de gobierno. Creo que ahí estaba también Patroni. El 17 de noviembre del 72 fue un día clave porque en esa fecha volvió Perón; la consigna se simplificó en que si Perón seguía preso, como lo tenían en Ezeiza, había insurrección. En Mendoza, como en todo el país, estábamos preparados y movilizados y solo esperábamos.

Las FAP comienzan sus acciones con un operativo para una Fiesta de la Vendimia. Se afanan, bah, recuperan un polvorín. Los agarraron a todos al otro día. Si querés los nombres buscalos en Los Andes*, en alguna Fiesta de la Vendimia, no me acuerdo cuál, debe haber sido 72 o 73. Yo recuerdo a Rojas, Torres, pero tengo que revisar. Quienes los fogoneaban eran los Curas para el Tercer Mundo del Seminario de Lulunta, antes de que lo cerraran. Los Montos llegan para la misma época, desde afuera. Se relacionan con el Lino Soria y el Gordo Guevara, que eran muy periféricos en ese momento. En cambio las FAR, un embrión de las FAR en realidad, se meten en una estación de trenes y recuperan el arma de un guardián. Ese fue el bautismo de fuego de* *los faroles acá en Mendoza. Te explico: en CASA se formó una orguita con el fin de dar respuesta a los sucesos nacionales. No era todo CASA por supuesto, porque si bien hegemonizaban los gremios combativos, también había mucha ortodoxia y vandorismo y la gente, incluso los de los gremios combativos, no participaban de esa orguita. Éramos fundamentalmente los jóvenes y hacíamos un mínimo de entrenamiento militar y reuniones más o menos clandestinas. Este es el grupo que se incorpora a las FAR Ahí están Cerutti, y Surballe que pasan a ser dirigentes locales de las FAR. El mudo Zárate, el único con apariencia de obrero (en realidad era metalúrgico) estaba también ahí. La relación con los gremios combativos no estaba del todo consolidada, era más bien informal. En lo político participamos en la famosa lista verde, con Carlos Evans, pero no estábamos convencidos ni uniformes en eso de la salida democrática. Ninguno de nosotros: ni los Montos, ni los Faroles, ni las FAP.*

CASA es la estructura principal; los ortodoxos estaban menos organizados, no tenían poder de convocatoria y eso, que es la representatividad nuestra, era lo que te daba la fuerza para la pelea por los cargos. En la repartija nacional de cargos se nos asignó, entre varias más, la gobernación de Mendoza. Ese poder se obtiene desde nosotros, de CAS A y es el que forma el gobierno. Los Montos seguro que no lo verán así. Les van a decir otra cosa. En la discusión provincial para el cargo de vicegobernador se decidió que recayera en la UOM. El delegado de ellos se vino con una lista de tres candidatos pero la presentó al revés. El Gordo Mendoza, a quien no lo conocía nadie, estaba primero en la lista y como a nosotros nos importaba más bien poco, coincidimos en acordar para su postulación. O sea que es producto de una equivocación. Los otros dos no me acuerdo quiénes eran.

Hicimos una operación militar, la orguita, en el departamento de Rivadavia: recuperamos mil kilos de trotil de un depósito de YPF. Te imaginás que era un quilombo almacenarlo, no teníamos infraestructura. Entonces la carga iba de finca en finca, como papa caliente. El flaco Morgante, que era farol periférico, estuvo encargado un tiempo de eso. Tuvo que salir a los santos piques varias veces cuando se cerraba el cerco. En ese tiempo tenía una camioneta medio destartalada y en el apuro del raje, se le perdía por los callejones del campo la mitad de los cartuchos. Pregúntenselo a él mismo cuando lo entrevisten, van a ver que es verdad. Eso era para cagarse de risa, pobre Flaco.

De la ortodoxia, te doy un dato esclarecedor: Boris y Florentino Cortez, en realidad quienes formaron a muchos de los que estábamos en CASA, a pesar de que se derechizaron y nos cagamos a palos y a tiros en más de una oportunidad, nunca mandaron en cana a ninguno de nosotros. Y mirá que conocían detalles de todos los militantes, sabían dónde vivíamos y tenían acceso a la policía. Sin embargo nunca nos delataron. Yo creo que eso es rescatable. A Boris el plan CONINTES, que militarizó durante el frondizismo a los obreros y empleados en conflicto laboral, lo metió preso y estuvo a punto de matarlo: lo tiraron maniatado allá por el sur en un pozo con la boca llena de sal y se la cerraron con un esparadrapo. No sé cómo se las ingenió para sobrevivir. Por eso es que escupe todo el tiempo cuando habla; eso le quedó para siempre. Al Gordo Mendoza también lo encarcelaron, pero después que salió se alejó bastante de la política. Era como un puntero de los de ahora, aunque de tercera. Qué fideos, lo que vendía era jabón, el Gordo.

Tenés que mencionar a Jorge Capella, él también fue fundador de CASA. Después fue delegado regional de la JP. Los Montoneros se fusionan con la FAR y ya sabés, quedan como Montoneros. El Negro Quieto fue claro, cuando vino a Mendoza en misión reservada, al informarnos que en el nivel nacional no se le podía esquivar al asunto concreto de la relación de fuerzas: ellos (los Montos) eran los más poderosos. Para mí el acuerdo era endeble y dejó a muchos disconformes. Yo mismo me fui en un tiempo más o menos breve. Separarse de Montoneros tenía sus bemoles: no podías militar más o por un tiempo, creo. Tenías que irte a tu casa y si no te condenaban a muerte. Nosotros queríamos militar, por supuesto, y lo hacíamos en otras provincias. Por ejemplo a veces nos llamaban de la organización para realizar un trabajo en Buenos Aires. Era una joda porque nos teníamos que esconder cuando también viajaban allí las autoridades regionales, porque era un hecho que nos habían incapacitado para toda militancia. Los de la conducción nacional no se tomaban muy en serio a la provincia. MB llega de la mano de Susana Sanz y el Negro Chávez desde el sur. ¿Cómo lo veía? Qué sé yo: era un peronista probo, honesto y aunque periférico estaba consustanciado con el proyecto de la Juventud, con el proyecto Monto. No, de forro no, cómo se te ocurre. Nosotros lo respetábamos porque era buenazo, todo un tiernito diría yo. No, ninguno de ellos entraba en el proyecto que nos proponíamos: ni Bidegain, ni Obregón, ni Cepernic, ni Ragone. Nosotros estábamos embarcados en una gesta revolucionaria, ellos eran el gobierno, la fachada. No sé si tenían conciencia de eso; MB creo que no. Tienen que ver a su novia, una mina de apellido Fernández, antes de que se muera. Esa mina no dejaba que nadie, o sea que ninguna otra se le acercara a menos de una vara de distancia. El Viejo era picaflor pero si la mina se enteraba perdía como en la guerra, tanto él como quien se arrimara. Y en Claves *también podés encontrar información. La revista era de Fabián Calle y Carlos Quirós. Eran radicales; en ese tiempo sólo había radicales de Balbín y en principio había alguna afinidad con CASA Luego en la revista terminan radicalizándose de veras. Hasta discutíamos la línea editorial en el local. En el 74 terminamos comprando la revista el Buby Cerutti, el Kuki Cobos y yo. Pusimos de director a David Eisenchlas, pero en esa época ya nos cagaban a bombazos y empezamos a perder continuidad. Finalmente la disolvimos.*

El Negro Quieto está muerto. Eso que dijo Roggero son macanas. Mirá que va a estar en Estados Unidos. Gasparini es otro que habla pavadas. Norma Arrostito no pudo verlo en la ESMA porque lo más probable es que lo mataran en unos días, a lo sumo un par de semanas después de su detención, en la tortura. Los Montos no sé, hay muchas cosas. Yo me inclino a pensar que por la perversidad de lo que ocurre en conflictos de esa naturaleza hay pactos que también son perversos. Tal vez eso le salvó la vida a Firmenich, a Perdía, al entorno más cercano. Yo pienso que es así. Si no, no te explicás ¿no? Conozco a mucha gente que está cerca de ellos y no creen ...

Hemeroteca

Ayer 28 de abril del 2003, con el rocío, bajó una neblina que según cuentan no dejaba ver a dos metros de distancia. La cantidad de ciclistas que se salvaron por un pelo; es que ni siquiera acondicionan sus rodados con un miserable ojo de gato, no es justo, hombre. No, no la vi pero lo escuché por la radio, mientras me levantaba. Dijeron que en Luján duró como hasta las nueve de la mañana, mire qué notable. Usted debería mostrar un poco más de credibilidad en mis afirmaciones, aunque las encuentre dudosas. ¿Qué diferencia hay después de todo entre lo verdadero material de un pedazo de papel impreso el año del culo y la escabrosa fragilidad de una memoria? Ínfimas, y no se ofenda mi amigo.

Ya no escucho tanto, por otro lado, esas voces tan particulares del lugar que hacían que me diera vuelta cada dos por tres. ¿Me estaré amendocinando? Por ahí puedo reconocerle que quizás mi percepción se deba al intento de un aturdido simulacro para no deschavarme, para que quede establecido en este, mi recuento escriturario, que pretendo ser otro. O más bien que ellos son los otros, por ejemplo en su salvaje menemismo (ayer el Turco ganó la primera vuelta, aunque no en Mendoza, por suerte). Eso: yo, nada que ver. En cualquier caso vendría a rescatarlos, a encristianarlos, a civilizarlos. También puede que sea una simulación para darme tupé. Abracadabra: soy un extranjero. Qué mejor que ser un extranjero de país rico pero nacido por acá para otorgarse a sí mismo y que le otorguen a uno autoridad. Nada le supera si se declara prescindencia nacional; si se es de afuera le facilitan toda la razón; para que ellos, los del lugar, puedan ser empujados a un genuino sinceramiento y concluyan que son unos boludos por haber permanecido en esta tierra desértica e irredenta, descentrada, artificial como ninguna, y con mayoría de cerraduras que no funcionan si no se les hace ese aludido jueguito infame en el proceso de insertar la llave.

No quiero introducirme todavía a *Los Andes* del domingo 4 de marzo del 73, pese a que tengo aquí conmigo el tomo cerrado correspondiente a ese mes, al lado de la portátil, que la morena señora o señorita que trabaja en esta dependencia pública ha tenido la cordialidad de permitirme enchufar, y usar a toda su electricidad con el subsidio inopinado del estado provincial. El micro desvencijado y saltarín que me trajo al centro me dio oportunidad de leer nada más que la contratapa del Página que ayer la firmaba el dramaturgo, novelista, ensayista y periodista José Pablo Feinnmann. Lectura obligatoria, agreguemos, si se pretende tener una perspectiva actualizada y crítica de los percances argentinos contextualizados y contemporáneos, desde los más elementales a otros, que podemos convenir, resultan más complejos. Nada que ver con la provincia de Mendoza, al parecer, ni con don Martínez Baca; aunque sí en mi experiencia, preste atención: como se ve que el chanta no ha trabajado nunca para el tirano Cabezón Romero ni para el presuntuoso del Flaco Herrera. Uno busca lleno de esperanzas que nuestros pensadores nos ayuden a salir del lodazal político en que por siempre nos solazamos y chapuceamos, nosotros los mendocinos, los argentinos. ¿Y éste con qué sale? Con una nota breve que culmina, ahíta de amargura, en que no va a escribir más por el momento porque está por estallar de la bronca o la tristeza (¿y a mí que me contursi, viejo), entonces lo deja para la próxima oportunidad, cuando las cargadas nubes se disipen. Este no hubiera durado un suspiro como cronista volante de deportes en el diario *Mendoza*, en los primeros años del Proceso, cuando Martínez Baca estaba en cana. Lo que es tener un nombre. En el fútbol, a esto le llamaban robar, como el Pinino Más cuando vino a jugar para Huracán Las Heras.

Veamos qué rescato de este 4 de marzo tan pretérito: hay una nota en la página once intitulada "Monseñor Maresma se refirió al acto electoral del 11". Me es imposible impedir que el pensamiento se me desbarranque al infierno de aquellas avanzadas de choque, el Comando Pío XII y el Opus Dei, y otra vez, un frescor que tira a gélido me electriza el espinazo. ¿Habrá sido don Olimpo quien dio la orden de salir a liquidar gente de izquierdas y prostitutas, allá por el 74 / 75? Recuerdo el remezón, entre nosotros, por el asesinato del Flaco Pringles, en la precordillera ¿Canota o San Isidro? Las putas compañeras, desfiguradas, a ver si se animaban a continuar en el oficio. Olimpo Santiago Maresma, el mismo que durante la dictadura recibió en el episcopado local de parte de la Comisión de Familiares de Detenidos-Desaparecidos las condolencias por el horroroso crimen de las dos monjas francesas, cometido por los monstruos de la ESMA. Les dijo gracias, pero que no le constaba que hubiesen estado involucradas en ninguna labor cristiana. Cuántas veces habré visto entrar al cura a su despacho desde el mercadito Escolaro, que quedaba en la esquina sudoeste de Catamarca y San Juan, por entonces propiedad de mi padre y ahora aplanado y transmutado en una funcional y próspera playa de estacionamiento. Debo imaginarlo porque, seamos francos, lo habré observado infinidad de veces pero salvo una que otra ojeada displicente no tengo conciencia de su figura a la que presumo fanfarrona e inabordable, con sonrisa canchera y ancha de ganador mezquino, de verdugo inquisitorial. Sí, la oposición, la contra furiosa, a Martínez Baca salía de su covacha y era tanta o peor que la de los fachos metalúrgicos tan temidos; o que la subrepticia e inconsciente de los jóvenes que no entendíamos ni de cerca cómo nuestro hombre del corbatín, nuestro Alfredo Palacios, podía empeñarse tanto en gobernar para el pueblo, cuando la tarea principal era sostener la sanmartiniana y revolucionaria gesta histórica que nosotros, solo nosotros, alcanzábamos a vislumbrar.

Don Olimpo aconseja a los votantes cristianos asistir al acto comicial "y no solo a votar sino a hacerlo bien", mire qué presumido el prelado. Insta a tener en cuenta "la defensa de los derechos humanos, la promoción de la persona humana y la causa de la justicia y de la paz". Sin rastros de vergüenza, agrega: "Y no se tome a mal que me permita señalar que cuando ya concretamente se trate de discernir para decidirse, conviene atender cuidadosamente no solo los programas de futuro que se presentan y declaraciones de principio, sino también a las realidades pasadas y presentes (a buen entendedor, no voten por el FREJULI, che, no olviden que años ha que el Pocho se peleó con la jerarquía católica y las hordas peroneas nos salieron a incendiar iglesias) y a las que serían encargadas de llevar a realidad aquellos programas". Después, blablablá, invoca la fe y el último recurso de la ayuda de Dios (¿dónde estuvo Dios, díganme, quién se lo llevó?) y culmina, "Oremos y Dios nos iluminará para bien de la patria".

El domingo 4 de marzo del 73 los sondeos informales de *Los Andes* continúan favoreciendo a los cuatro candidatos que –de acuerdo a las opiniones de los entrevistados en placitas del centro– cuentan con mayores posibilidades: Vicchi, Martínez Baca, Mosso y algo más atrás la Nueva Fuerza de Aniceto Pérez.

Otra nota da cuenta de cierto resquemor de un editorialista que no firma (en ese entonces no se firmaba dice el Negro Ábalo) acerca de la "incorporación de un caudal humano joven, poco dispuesto a sujetarse a las reglas de juego que tradicionalmente dominan el quehacer partidario ..." (parece que siempre fue verdad,

León: la juventud no tiene para gobernar experiencia suficiente).
Luego, el editorialista continúa con un ejemplo para aclarar no sabemos bien qué; informa al respetable electorado que en el año 1963 el peronismo se presentó dividido para los comicios provinciales –Partido Blanco y Tres Banderas– y que si hubiera llegado unido se abría alzado con una victoria holgada. Pero hete aquí, que si en su lugar la cosa se hubiera resuelto entre todos los peronistas contra todos los antiperonistas quienes ganaban eran los segundos, aunque no indica si con holgura o por la cabeza. Vaya, vaya, las cosas que aprendemos. Tres años después, vale decir, antes de que el morsa ultramontano de Onganía pegara su golpecito, se impone en la provincia la fórmula Jofré-Galleti. Aquí participaron por el Justicialismo la dupla de Antonio Corvalán Nanclares acompañado para la vicegobernación, de don Alberto Martínez Baca.

Lunes (5 marzo) otra vez, sobre la ciudad, la gente que ves... nada. Pasamos al martes 6 y encontramos en la hoja cinco una solicitada del FREJULI de un cuarto de página, pulgadas más, pulgadas menos, que procedemos a transcribir:

>¡El pueblo acusa!
>La oligarquía y sus cómplices han consumado la entrega del país a los centros internacionales del poder económico.
>— Hipotecaron el país en más de 6.000 millones de dólares.
>— Pidieron créditos para pagar créditos anteriores, lo que aumentó enormemente el endeudamiento.
>— Pidieron la mayor parte de los créditos sin destino fijo [a buen entendedor: se lo afanaron]
>— Hay que pagar a la usura internacional más de 800 millones de pesos anuales por amortización e intereses.
>— Los pocos dólares que quedan como saldo del comercio exterior están comprometidos para pagar ganancias de empresas extranjeras, dividendos, fletes, seguros, royalties, comisiones, asistencia técnica, etc.
>¿Comprende usted ahora las causas de la actual situación?
>Los argentinos no podemos comer carne, porque hay que exportarla para pagar deudas.

El pueblo no pidió los créditos. Pero lo obligan a pagarlos a costa de hambre.
Su voto es indispensable para liberar el país del imperialismo y de la oligarquía.

¡ÚSELO CON DECISIÓN!
MARTÍNEZ BACA
FRENTE JUSTICIALISTA DE LIBERACIÓN
VOTE LISTA 9

El aviso es de neto corte nacionalista, tirando a izquierda. Apunta más a cuestiones del ámbito de la economía de todo el país que a los problemas específicos de la provincia. Se ve que los muchachos técnicos de Julián Licastro quisieron hacer prevalecer, para encantar espíritus indecisos o sin conciencia, el campo de la disciplina económica sobre las otras. El tono toca las teclas antiimperialistas del electorado ya que acusa a las empresas extranjeras, aunque sin mencionar a los yanquis en particular. Pero sí remata con una frase contra el imperio –para los entendidos– y el enemigo emblemático del peronismo histórico (aprendan el Turco Menem, el Adolfo y ¿Kirchner?): la oligarquía, lo que según el rigor del experto en peronismología, Ricardo Sidicaro, en su *Tres Peronismos*, muy cierto no lo era.

Los del PD en un aviso de la página cuatro, más bien pequeñito pero dirigido a la circunscripción provincial, instan a la población a no malgastar papel con el voto a partidos menores porque la lucha verdadera es entre ellos y el FREJULI. La única consigna de la solicitada es "Seguridad y Progreso". Ya un poco más jugados, aparece otra solicitada de ellos, esta sí de considerable tamaño, en la página siete con el título y el texto siguientes:

EL RESPETO A LA DIGNIDAD HUMANA
La violencia y el terrorismo, como los reaccionarios [es decir, ellos], temen y repudian la acción de todo gobierno, reducen el Estado para imponer su propia libertad [sic]. Nosotros creemos en la libertad y oportunidad para todos. "MI DERECHO TERMINA CUANDO EMPIEZA EL DERECHO DE LOS DEMÁS".

Una sociedad justa vale más que una sociedad con privilegios, que no sean los que nacen de la cultura y el esfuerzo.

VOTE VICCHI-ARDIGO
Seguridad y Progreso

Que es como decir: ya saben entonces peroneros, vagos y sediciosos, nada de privilegios, puesto que la libertad y las oportunidades, que hasta ahora eran solamente nuestros, a partir de este momento, con la elección del 11 de marzo venidero, han de ser de todos, nosotros incluidos, no se les vaya a ocurrir la peregrina idea de dejarnos afuera. Y ojo al hilo también, menesterosos, burros y holgazanes, pícaros cohabitantes de esta tierra del sol y del buen vino, nosotros portamos cultura, hemos nacido con ella, por lo tanto el privilegio que ella dona, más bien de índole económica, continuará bajo nuestra tutela y permaneceremos por nuestra modesta parte en el goce de su usufructo exclusivo, de más está decir. En cuanto al esfuerzo, hablamos asimismo de guita, ¡tantos años de esfuerzos para arrebatar tanta guita!, que si se lo mira bien es el verdadero equivalente, mejor, el motor del trabajo auténtico, es decir, el que ustedes, mañosos, realizan a diario y con tanto disgusto. Por lo tanto, SEGURIDAD, no se vengan con querer expropiarnos ni andar haciendo líos por las calles céntricas flanqueadas por plátanos y paraísos centenarios; y PROGRESO, ya que creemos en la explotación del hombre por el hombre y la gran propiedad privada que, no sean ignorantes, son los conceptos abstractos que ustedes no entienden pero no por eso dejan de ser funcionales a nuestra bien habida prosperidad. Hemos avisado.

Los del FREJULI, mientras, se juegan con un mini-aviso de menos de un dieciseisavo de página con el encabezamiento: "En la lucha contra los especuladores y sus cómplices". El escaso texto apela a que "empresarios y profesionales opten por el FREJULI porque con un gobierno popular, crecerán".

Vaya Dios a saber cómo se las ingeniarían para crecer. El avisito no explicita. En cualquier caso, por lo menos los empresarios, cuando quemaban las papas, buena patada nos dieron, ya es sabido esto por todos. Especulo que el significado del aviso es un alerta sobre el poco apoyo que los técnicos peroneros maliciaban en tales sectores. Por ahí los hubieran dejado que se jodan, total...

H.D.:

Oficina

Qué me pongo yo a defender la versión 73 del Justicialismo y su líder de pacotilla, viejo zorro y traidor, que nos mandó al muere, previo uso y descarte, desde el mismo momento de su llegada fallida a Ezeiza. Fue él quien creó la Triple A, qué Brujo ni Brujo (Las memorias del general de Tomás E. Martínez). El estimado lector va a interpretar que todavía tengo mi corazoncito: de ningún modo. No sé bien lo que soy en estos días. Marxista, no, aunque me gustaría, porque para ello hay que tener una práctica. No solo hay que interpretar, hay que cambiar. Yo no cambio ni medio. Eso sí, soy un profe de español (castellano) y doy algunos cursos de literatura en una universidad canadiense, que se ha aventurado a mandarse hasta estas geografías a escribir unas páginas memorables sobre lo que pasaba en la provincia alrededor del prospecto de un gobierno distinto, quizá el único con una cuota de decencia y popularidad, que nunca alcanzó a decolar, sitiado por Perón, los metalúrgicos, don Olimpo y su episcopado y, sin quererlo, la juventud tendenciosa, de la que su más seguro servidor, ya lo sabrá usted, también fue, en forma muy pequeña, parte graciable. Eso es lo que soy.

Del Gordo Mendoza, tenemos aquí, en el mismo edificio frente a nuestra oficina, a su sobrino. Prometió tocarlo de mi parte, aunque no cifro grandes esperanzas. Dicen que no atiende a nadie y menos que menos a alguien que en su momento, de haber tenido la oportunidad, le hubiera volado el melón de buena gana. Me da excusas: ahora ha viajado a Buenos Aires pero la verdadera razón de su renuencia es que sin excepción la historia lo ha hecho quedar como la mona. El jefe del sobrino, un amigo con capacidad de presión sobre su empleado, me ha informado que el ex vicegobernador, pobre, también las pagó caras, a pesar de haber elegido ponerse de parte de los que nos hicieron pelota. Unos cuantos años en cana, el desprecio del aparato partidario de cuarta que lo sobrevivió y que todavía gana elecciones en la Argentina –en Mendoza, a veces– y ningún testimonio, ninguna razón de la época, a su favor. Vive dedicado a sus negocios, prósperos en la paqueta Chacras. Esto no lo digo para desmerecerlo. El rockero David Lebón también mora en ese paraje y goza de mi estima auditiva. Es más, si decidiera cambiar quien soy en este presente tan confuso, es decir, de volver a Mendoza, me agenciaría una propiedad por esos lados chacreros. Quién le dice, por ahí lo tengo de vecino.

MOMENTO TENSO: sin que me aperciba se me arrima el sobrino y me pregunta si lo ubico. Me hago el zonzo por un instante y después con habilidad (creo) de Vizcacha le digo, "pero sí hombre, vos sos el yerno del Gordo Mendoza. "Má que yerno, si lo fuera no estaría aquí, soy su sobrino". Me pide un teléfono, le doy el de mi madre, que por favor me llame por la noche. El sobrino desembucha: "no sé, yo se lo voy a dar". Intuyo que le ha hablado de mí, pero no estoy convencido y la verdad es que no quisiera crear expectativas en el amable lector y menos en mí mismo. Trato de darle alguna seguridad, miento como un canalla: "Vengo de Canadá a hacer un estudio universitario. Solo quiero recoger testimonios de esa época, no importa si no me llama". Y ahí, en ese preciso instante de la última subordinada, debería haberme mordido la lengua, ¡badulaque pordiosero e inservible de mí!: de Vizcacha pasé a representar el rol de pelotudo autodestructivo, del que mi psiquiatra me advirtió tratara de eludir apenas lo reconociera. Debí haberle dicho: "Mirá, que me llame a la casa de mi madre, y más vale que lo haga, porque si quiere salvarse en los anales de nuestra fragmentada, descentralizada y diminuta historia provincial, no tiene más remedio que venir al pie. A mí y nadie más que a mí me puede contar por qué considera que no fue el desastre que todos dicen que fue y por qué razón he de creer que hoy todavía no lo es. Yo, al menos, prometo que puedo hacer como con los otros que entrevisto: transcribir su relato con fidelidad y hasta sin comentarlo, aunque por supuesto sin eludir una sola palabra de lo que he escrito hasta aquí. Y si no quiere aprovechar esta oportunidad que le doy, de fija una de las finales que se le van a presentar, él mismo va a terminar como el único perjudicado". Pero no lo hice, no le dije eso. Qué tarado. Si me llama será un milagro.

¿Quién será este sobrino? ¿Por qué vino a verme? ¿Será que lo mandó el Gordo? Si vino a hacer inteligencia recién me percato que se posa al lado de la portátil un libro delator que se llama *A las calles*, de Aníbal Kohan, cuya portada muestra una foto de los compañeros piqueteros en plena acción. El joven sobrino puede haber visualizado a voluntad mientras yo buscaba infructuoso en un placard aledaño el número de mi vieja, que todavía no logro memorizar. También puede que haya venido a instancias de las presiones de su jefe, mi amigo, y así zafar con elegancia de un compromiso que a ojos vista no debe ser de su más mínima estima. El pibe no tiene la fortuna de su tío, de otro modo, me lo ha confesado estaría en otra parte. He semivendido mi alma al diablo: me alié con la patronal, con el miedo a la flexibilidad laboral.

R. A.:

Historia común con el peronismo

—¿Y vos tenés una historia común con el peronismo?- me pregunta el Hugo, como si no supiera nada de mi vida pasada. Sé que es una ironía pero sirve para arrimar el ánimo a un racconto –el pasado– que para esta aventura puede orillar el drama, la comedia, el sainete o la misma tragedia, ingredientes que no han omitido los hacedores de este país de las vacas gordas y los niños famélicos. Recuerdo un párrafo para otro libro inédito:

> **A cada kilómetro se acentuaba el único matiz del paisaje: las cientos y miles de vacas dispersadas, como un fruto pertinaz de esta tierra. Esta tierra, este país. La Argentina de las vacas, el granero del mundo. Es como una bendición grosera tanto ganado, tanta pampa llena de mieses. El mundo nos mide el alma por la cantidad de cabezas de ganado, por las toneladas de granos. Y de qué poco nos sirve. Una bendición grosera indudablemente. O tenebrosa. ¿Será Dios quien nos ha metido en este destino de miserias en la abundancia? Una cabronada, sin dudas...**

Y me meto nomás a hurgar en el rescoldo de la memoria y tratar de encontrar esos pedazos del pasado –historia– allá por el 44, donde pululan espacios exuberantes con realidades mínimas. Las fechas fundantes de hechos indelebles se pierden en la bruma de los años, pero no me impiden reconocer el comienzo de una identidad, ímpetu de las sangres, exaltaciones, dudas y zozobras. La intuición primaria de lo que se pisa –el terruño– es donde echará raíces y construirá su contextura humana trascendente. Será, entonces, ese terruño su trascendencia y una identidad que hay que defender. Ese 44, el 17 de octubre, estaba ya –hacía tiempo– en la calle gritando contra el imperialismo inglés, pero este día en especial junto con otros púberes como el Enrique Sobisch, el Astur Morsella, el Loquillo Coll y otros muchachos alborotadores, ingenuos, bajo el estandarte de la Alianza Libertadora Nacionalista, todos prendidos a la radio escuchando la Emisora del Estado, esperando una supuesta señal insurreccional "si el Coronel no es liberado". En la expectativa y en el nerviosismo de la escena que se desarrollaba en la sede partidaria, en la calle Montevideo y Mitre, "frente a la cana principal, que nos cuida y después nos da palos", como repetía enfurecido el Loquillo, la diatriba se centraba contra "los milicos maricones y oligarcas". Lo tendrán preso al líder para impedir que "las masas los hagan mierda a ellos y a sus amos".

—¿Y en el barrio? ¡Aah! Ahí en el barrio, en la Calle Larga, en la Media Luna, el peronismo era clarinada de redención entre los grandes y tema de discusión entre los muchachos. Yo discutía con algunos porque no podía entender –yo– que no entendieran que se venía una nueva era y que le tocaba al pobrerío tomar la batuta, enfrentar a la oligarquía –como decía la Evita– y a los ingleses. Pocos éramos los "léidos", pero nadie se alejaba de la tertulia en los cafetines y bares, cuando se tocaba el tema, y se llegaba a tal grado de acaloramiento verbal que muchas veces nos perdíamos las funciones cinematográficas del Cine Recreo, otro de los centros de atracción de la sociedad del barrio. El convencimiento se iba produciendo paulatinamente en la medida que el coronel salía al balcón frente a la Plaza de Mayo y alzando sus brazos, con su voz abaritonada, anunciaba un nuevo aumento de salarios, la construcción de cientos de barrios en todo el país, las jubilaciones, el aguinaldo, las ocho horas como máximo, el salario mínimo, los convenios. Así, no era difícil el convencimiento, menos si había alguien como yo o el Armando Tejada Gómez, poeta luminoso del lugar, enrolado en el Partido Laborista, el de Cipriano Reyes, más convencidos que ninguno que la Argentina—ahora sí—se transformaría profundamente: "los pobres vamos a poder ir a la universidad, vamos a andar de traje, todos los domingos vamos a ir al cine y vamos a comer todos los días", decía eufórico el Armando.

Historia común con el peronismo, pero hasta por ahí nomás, o mejor dicho, por rachas como esas turbulencias físicas y anímicas de la juventud, pero que respondían no solamente a estados de ánimo sino también –fundamentalmente mi caso y de muchos otros– a lo que entendíamos como faltas a la palabra o directamente una traición.

¿Cómo entender, sino así, aquella adhesión en el 46 a los pactos de Chapultepec y Río de Janeiro? Afirmábamos que eran pactos con la Unión Panamericana de los yanquis, la unidad americana de los ejércitos bajo la éjida también de los yanquis, la entrega a los bancos, a los frigoríficos, a los monopolios. Si no era tan así, fue el comienzo, el despeñadero a los brazos del nuevo imperio; y aquel grito glorificado en mil y un combates callejeros BRADEN O PERÓN fue a parar al basurero de la historia, henchido de signos similares.

La JP en Mendoza

Nos dice el Rino Piazza que la Juventud Peronista aparece en Mendoza más o menos en 1968, una fecha que se contradice con un hecho que protagonicé más o menos en 1964 y que fue cuando yo, como integrante del EGP (Ejército Guerrillero del Pueblo), el del Che, el del Comandante Segundo y del Ciro Bustos, hice contacto para entrar en tratativas con el grupo que se había formado con algunos disidentes del PC –al cual había pertenecido yo también– entre ellos, Antulio Lencinas, que había sido el jefe de autodefensa del partido; con el Gordo José Vicente Nardi, peronista de antes, y Mario Timpanaro, autoproclamado partisano por su origen itálico. No hubo acuerdo alguno y la negativa tuvo como base que ya sí tenían acuerdo con la JP, sellada mediante una entrevista con Gustavo Rearte que, como se sabe, fue el mentor principal de la JP. Así que me caben dudas sobre la fecha en que en Mendoza se instala la agrupación peronista, que acogió en su seno o que dio origen a organizaciones armadas peronistas que, en síntesis y en conjunto, dieron lugar a lo que se llamó "la Tendencia" (¿importa mucho ya? No lo creo, sino para informaciones concisas en los libros de historia). En el campo político actual, e ideológico, no existe, al menos muy expresivamente, una discusión desde ningún ángulo del peronismo combativo sobre la preeminencia en el tiempo y en los hechos. Claro, con excepción de Montoneros, las demás orgas no existen y los dirigentes y ex dirigentes no dicen ni mu, o están en la pelea electoral desperdigados en los partidos del sistema, la mayoría. O en la ola K como Bonasso y Bielsa.

La paliza que nos dio el imperialismo y sus lacayos nativos nos dejó groggi y nos ha metido en el brete de una militancia a gusto y piacere de los cipayos renovados al estilo de Menem. Nos rasgamos las vestiduras ante las atrocidades que se cometen en nombre de la libertad y la democracia y bien percibimos que en cualquier momento nos van a hacer lo que ya le han hecho al pueblo de Irak, y lo que van a hacer al de Irán, al de Siria, al de Corea del Norte, a Cuba, a Colombia, a Venezuela, a Brasil y a nosotros.

Pero sí interesa rescatar la lucha que libraron todas las organizaciones revolucionarias de los decenios del plomo para resaltarlos en sus objetivos de liberación y sus métodos, mediante la lucha armada. Hubo errores que no influyeron mucho para la derrota, ni se había forzado a la partera de la historia, como decía Lenin, es decir, no fue una aventura grosera de unos pocos iluminados el proceso que se abrió el mismo día del golpe contra el peronismo en septiembre de 1955. El subjetivismo del pueblo fue el consenso principal, es decir, su mayor legitimidad, en contra de la histórica ilegitimidad del capitalismo ultra reaccionario, antinacional y antipopular por esencia. La lucha armada popular lo fue porque no quedaban caminos en el marco mismo de las leyes y la Constitución capitalista. Principalmente el peronismo fue el gran perseguido y proscripto, como asimismo, fue el conjunto del pueblo, sus trabajadores y sus productores genuinos del campo nacional los que padecieron −y siguen padeciendo− la angurria irracional del imperialismo y los sectores dependientes, o sea los que bajo el paraguas del neoliberalismo globalizado vienen trasquilando las riquezas y la dignidad de cuarenta millones de argentinos que habitamos este bendito suelo universal. La tierra es de todos ¡Bah!, aunque se mueran los yanquis imperialistas, cerdos procaces.

Hemeroteca

Solicitada del FREJULI provincial, aparecida en *Los Andes* del 7 de marzo, bien mendocina, de pura cepa, de tamaño estimable, y en la página quince:

**Los candidatos populares
Alberto Martínez Baca
Carlos Arturo Mendoza
TIENEN LA MISIÓN HISTÓRICA DE REIMPLANTAR EN MENDOZA LA JUSTICIA SOCIAL.
Son peronistas. Valientes. Serenos. Capaces. Leales a carta cabal. Saben lo que es combatir por los grandes ideales.
Son los adalides de esta batalla desigual que libra el pueblo mendocino contra el Régimen.
Tienen el mandato de reimplantar en Mendoza la justicia social, para que el pueblo recupere la felicidad perdida.
Y lucharán. Y triunfarán con el pueblo.
A pesar de las trampas del Régimen.
Y terminarán con los privilegios de unos pocos, para que todos tengamos parte del bienestar que nos corresponde por derecho.**

**PARA QUE TODOS TENGAMOS PAN, JUSTICIA Y ALEGRÍA.
PARA CONQUISTAR LA JUSTICIA SOCIAL
AVANCE CON MARTÍNEZ BACA / MENDOZA**

¿Dónde se escondieron los compañeros fenicios de la Facultad de Filosofía y Letras de que hablaba el Rino? ¿Habría alguno? ¿La JUP aún no habría nacido? ¿O creerían los redactores que la elección se refería a una probable actuación de los candidatos de la Alfonsina, serena, soberbia, como una romana del poema que no mucho después de su escritura, virtualizaría en su enfermísima desesperación? ¿Orlando furioso, pero en el nivel cuyano? Acá hay aliento dramático del más cándido y provinciano de los gustos. ¿Cómo nos hubieran votado los profesionales, los profes de humanísticas de la UNC con semejante infradiscurso? Bien lo de la justicia social en el plano reivindicativo; sin embargo, se les olvidan los otros dos pilares del frugal pensamiento peronista: la soberanía económica y la independencia política, aunque sea para estar a tono, se nos ocurre, con la radicalidad un poco más explícita de la campaña nacional. En fin, aquí nosotros, los de esta provincia, constituimos el centro; los del litoral, los porteños, cordobeses, etc., al carajo. En la misma vena: ¿a quién le importa que a MB y a Mendoza se los describa como valientes? Lo de Régimen, con mayúscula –hoy palabrita anacrónica, utilizada por Carrió en su contemporánea campaña política– viene del Peludo y su más o menos popular carrera presidencial. Si hubiéramos sabido la que se venía, más alegres hubiéramos estado si votábamos por los radichetas, eso sí, previa certitud de que después no nos salieran con Patagonias Rebeldes ni Semanas Trágicas. Ni con alfonsas hiperinflaciones ni delarruescos estados de sitio.

Precisamente los radichetas locales, en la última página, la reservada a los deportes, colocan un aviso en el que alientan a los aficionados deportivos a votar por la fórmula Mosso-Ramos de Vázquez. Ellos sí que son serios ya que de haber resultado electos se habrían abocado a la construcción de obras tales como un velódromo y una pista de atletismo. Se inserta en el aviso una foto del Negro Contreras, escapado del pelotón, en plena escalada luciendo la camiseta bordó orlada con letras de hule blanco con las siglas del Sindicato de Trabajadores de la Industria de la Alimentación. Ya ni el ciclismo dejaban en paz los fachos gremialistas.

Al día siguiente insisten en la explotación de la figura del Cóndor de América. Esta vez la instantánea muestra a un Contreras de traje, en sentido estrechamiento de manos con el candidato Mosso. En el breve texto que acompaña a la foto se lee:

CRUCE DE LOS ANDES: **CONTRERAS**
EMBALAJE DEL 11 DE MARZO: **MOSSO**

El viernes 9 de marzo el FREJULI local cierra su campaña. *Los Andes* informa que el acto tuvo lugar en una playa de estacionamiento sita en la calle Lavalle, entre San Juan y San Martín. En estos días, hemos pasado varias veces por el lugar-playa y como sucede con el

antiguo local de CASA, no acertamos en ubicarlo. Tratamos también de que el Rino nos diera algunas precisiones pero tampoco se acuerda.
—¿Qué necesidad?
—¿Cómo qué necesidad?

H.D:

Sí podría asegurar que el estacionamiento estaba sobre la vereda sur, al lado o entre, las salas de los cines ¿Rex? y ¿Roxy?, enfrente del Ópera en aquellos tiempos. Uno de los dos primeros se ha convertido merced a la buena voluntad de algunos funcionarios de administraciones radichetas o peróneas, en el Cine de la Universidad, donde ahora pasan películas de arte y actividades por el estilo: conciertos, teatro, danza. Menos mal. El otro, uno de los dos, Rex o Roxy, no existe más. En su lugar hay un estacionamiento techado, que, me consta, no es el mismo que hace treinta años albergara el cierre de campaña del FREJULI mendocino. Han respetado —mire lo que es la moral arquitectónica con su adherida conciencia restauradora del patrimonio histórico provincial— la bajada que caracteriza a las salas de cine antiguas, esas que le permitían a uno sentarse nomás, no importa cuan petiso se fuera, con la certeza de que el grandote o cabezón o melenudo de la fila delante de la suya no le estorbaría demasiado la visualización de la pantalla. Para los autos que se depositan ahí hoy, ignoro el alcance de su función: una bajadita al divino botón que no veo por qué no la aplanarán de una buena vez.

El cierre del 73 es al aire libre de la playa de estacionamiento de la calle Lavalle y "el acto es multitudinario". Qué tan multitudinario habrá sido quién sabe, porque en una playa de estacionamiento más de mil personas no entran. El primero en tomar la palabra es el delegado regional de la CGT, Carlos Fiorentini, quien todavía no se había puesto a disposición total, dicen algunos, de los sindicalistas que tantas biabas nos propinaron. Rasgo principal de su discurso: "se acabó el sistema demoliberal" [no me digas], "ahora es necesario construir la patria desde los sindicatos". [nada mal, nada mal] Por la juventud habla el compañero Raúl Moros: "Vamos a reventar las urnas para el socialismo nacional" [¿tendríamos idea que el partido de los nazis se llamaba

Nacional-Socialista?], "la contradicción principal es Lanusse-Perón / explotación-liberación". Otro cumpa, Enrique Sverzck, candidato a diputado nacional [murió hace poco, enfermo, ¿cómo puede ser que se vea tan joven, gallardo y revolucionario en la foto que *Los Andes* tomó a todos los candidatos a diputados y que ahora esté muerto?] dice: "Hay que luchar para que después del 11 de marzo no quede ningún preso político e investigar los asesinatos de los militantes populares". Después llega el turno al ingeniero Manzur, candidato a intendente por la capital mendocina. Se manda una semblanza entre el 25 de mayo de 1810 y el 11 de marzo del 73, algo azarosa: en el siglo XIX, tuvieron que piantar los godos imperialistas, ahora les toca a los tres comandantes y a la sinarquía internacional. Sinarquía es palabra caballito del Viejo. Pocos de los presentes sabrían a qué se refiere el ingeniero pero no hay ortodoxo que no la haga suya. ¿Pertenecería ya este tal Manzur a la ortodoxia? Don Carlos Arturo Mendoza se hace el sota. En su discurso omite referencias a los extremismos de sus pares de la Juventud, pero sí se larga con el socialismo nacional, palabreja sin bemoles, esta sí, asociada a la retórica de la Tendencia, aunque para él estuviese contenida en los principios fundantes del Justicialismo. El chanta grita asimismo a los 4 vientos de marzo que "hay que romper las estructuras capitalistas". ¿Cómo puede ser que ahí nomás no lo hubiésemos captado para nuestro lado? El gordito debe haber seguido las directivas de sus jefes, los de la UOM, quienes, ningunos tontuelos, saben a la perfección que nosotros somos los que movemos gente. De haber dependido de ellos, ni la mitad de la playa se completa. No, de ningún modo este hombre puede haber sido sincero. El acto lo clausura don Alberto Martínez Baca, de los nuestros, el mejor, hoy por hoy lo reconozco: *"Ahora empieza el triunfo de la verdadera revolución latinoamericana. Estamos asistiendo a los funerales de la oligarquía y del régimen capitalista en Latinoamérica. El gobierno en Mendoza, será popular y revolucionario"*. A él sí que le creemos, qué va, aunque pensemos que otros encajarían más en el rol. Después de todo no se trata de nuestro proyecto, así que ...

Hay gente que no cabe en la playa. Mucha gente. Cuando termina el acto una columna impresionante se adueña de varias cuadras encaminada hacia San Martín y Lavalle, *"con los huesos de Aramburu / con los huesos de Aramburu / vamos a hacer una escalera / ..."* es de todos los cantitos, el más osado, entre la infinidad revuelta, medio olvidada de estribillos y consignas. Un rato más tarde nos retiramos, sin mayores desmanes.

A. G.:

¿Las FAP? Estaban los Montoneros pero antes de ellos la Coordinadora donde sí estaban las FAP.... Y la Coordinadora se llamaba Coordinadora, qué querés que te diga ... El PB y la Coordinadora son lo mismo. Yo no me acerqué, no, no, tampoco me acercaron, yo existía de antes. Yo era dirigente peronista. Nosotros estábamos trabajando en la línea de la ortodoxia revolucionaria, te estoy hablando de cuando vine a Mendoza, en el año 60. Nosotros estuvimos en el congreso donde se decidió la lucha armada, el apoyo a la lucha armada ... yo estuve en ese congreso ... lo presidieron Ongaro, Alberte, Alicia la Flaca Erguren de Cooke, allá en Córdoba en el año 68. En ese congreso estuvo Firmenich, Jorge Gil Solá, ahí estaba la génesis de Montoneros. No existía Montoneros, acordate de eso, nos largaban a nosotros ... lo que existía era la corriente revolucionaria del peronismo que sí existió mucho antes de Montoneros, de la Tendencia y de las FAP. Incluso, te digo, las FAP salen de ahí, el grupo del Cacho El Khadre sale de ahí. Digamos, esto es mucho más viejo porque yo empecé a militar en el 55, en Buenos Aires. Empezamos a militar con el Comando Nacional Peronista, ¿Abal Medina? No, Abal Medina no había nacido todavía, eso de que hablo era el CNP donde estaba Saúl Hecker, el John W. Cooke, es decir, todo el núcleo que había preparado el proceso insurreccional, que se hace con Perón en Venezuela y nosotros acá, un poco empezamos el despegue. Ahí se produce la unidad entre los grupos que venían del Socialismo Revolución Nacional, que eran todos los grupos marxistas, que apoyaban al peronismo y algunos de los sectores de la Alianza Libertadora Nacionalista, es decir, ahí se unían la teoría y la práctica, ¿Kelly? Nooo, estos procesos no se dan entre los dirigentes. Esto no fue un acuerdo entre los dirigentes de la Alianza Libertadora donde estaba no solamente Kelly, había otros. No eran los dirigentes, ni siquiera los dirigentes del Socialismo Revolucionario Nacional, donde estaba el Colorado

Ramos, Puiggrós, E. Dikman, Hernández Arregui. No, esto fue de la gente de la base, de los pendejos como nosotros. Ahí empezamos a juntarnos, y ... ahí apareció Gustavo Rearte, apareció El Cacho El Khadre, todos eran igual de restauradores, el caso del Quito Burgos [mendocino que desapareció luego de rendirse en el ataque a La Tablada durante la era de Raúl Alfonsín], que vos lo conociste ¿no? Todos esos tipos eran fachos. ¿Dónde, digamos, cambiaron? Con nosotros ¿no? Empezó ese rejunte de la izquierda teórica, con estos que eran prácticos ¿no? Se acabó eso de discutir teoría revolucionaria en los cafés, para empezar a hacer cosas. Bueno, qué es lo que hay que hacer, hay que ir ¿adónde? a un sindicato en huelga. Vamos a un sindicato en huelga, vamos a hacer cosas. Se acabó esa discusión teórica purista de no, en el libro tal ¿vos no estás de acuerdo con la coma que puso Marx?, entonces quiere decir que vos sos un facho Se acabó todo eso. No. No, en el 72, los Montos todavía no estaban. En el 72, el día 4 de abril de 1972 vinieron, el Molina y el Polo Martínez Agüero, llegaron a Mendoza ese día. Así que Montoneros no existía. Y te diría que el Gallego, Monti creo que se llamaba—se llamaba porque se murió—y la flaca, la Bruja, llegaron en agosto, corridos de Tucumán. Razón por la cual en el 72 solamente existían las FAP como organización armada, que había hecho o que hizo la expropiación de cinco mil kilos de gelinita, ahí en una fábrica, en la zona esta ¿cómo se llama esto?, no Lagunita no. Al lado del Algarrobal, donde está el camping de ATE, ¿cómo se llama esa zona? El polvorín que había acá en la ruta 40: ¿cómo no te vas a acordar?: el Borbollón, sí, la expropiación del Borbollón. No, no era de los militares, era de mineros. Los hermanos Molina estaban en cana pero no fue por eso. Claro que tuve intervención. Yo tuve intervención en todos los casos habidos y por haber en Mendoza. No hubo uno que no llevara. El único que no llevé fue uno de las FAL, que en realidad lo vieron al Levy, al Loco Levy y el Loco juntó a varios abogados, juntó a todos para hacer una defensa colectiva porque no querían hacerla solos, y se demoraron tanto que buscaron un domicilio donde funcionaran los defensores. Cuando metieron el hábeas corpus a la Corte a los presos ya se los habían llevado de Mendoza. Yo me acuerdo que me fui a ofrecer para ayudar pero me dijeron que no, que a mí no porque peronistas no querían. ... No, no, pero lo de la fuga es otro caso, esto no tiene nada que ver. Ese fue un caso de las FAL donde venían a robarse la bandera de Los Andes. No qué 68, fue en el 70 y ... pico. Llevé todo. Conozco todos los casos. Y te puedo decir qué pasó ahí en detalle. Lo que pasó es que los agarraron porque fueron a ... en aquella época los tipos de la policía iban siempre a las pensiones, ahí por la calle España. Fueron y los levantaron a todos de ahí. Sí que se lo dieron al loco Levy. No podían agarrar a ningún abogado. ¿No te digo que querían meter el Hábeas Corpus? ... estaban buscando la manera de meterlo en forma colectiva, y después decían que yo me agarraba todo. Yo les decía que vengan, si yo no le bloqueo el camino a nadie, que vengan y sumen que eso es lo que necesitamos.

A MB lo pusimos nosotros, no fue la organización, nuestra línea política. ¿Por qué MB? Porque de todos los dirigentes ... digamos, los dirigentes políticos importantes que había en Mendoza, posibles, eran cinco, que podían salir electos, porque ya habían quedado que el congreso del partido lo eligiera, razón por la cual, no podía ser el que decidieran las organizaciones ... tenía que ser una cosa ... más o menos posible. Y habían cinco candidatos posibles: Ernesto Corvalán Nanclares, el que había sido candidato en el 66, él podía ser uno; Carlos Evans otro; Pedro Cámpora; Horacio Farmache y MB. Pedro Cámpora, el hermano de Héctor J., ése era el candidato, el candidato real, porque era el delegado de Perón en Mendoza, antes de que lo nombraran a Héctor J., él era el delegado, el tipo que tenía más apoyo en ese momento de la estructura política, y además era hermano de Héctor ... era el candidato que iba seguro al cargo. Lo de MB lo decidió Héctor. Y si querés te digo los motivos por los cuales no eligió a su hermano. Un día nos lo dijo el mismo Héctor J. Cámpora, estábamos en el hotel, ¿te acordás ese hotel de los petroleros? ¿en la calle Garibaldi? Estaba acostado Cámpora, medio muerto pobre viejo, claro, venía de la marcha, agotado. Estábamos MB, yo y en eso entró Pedro Cámpora, y se lo dijo. Estábamos los tres ahí y Héctor se lo dijo a Pedro directamente: "y, disculpame, porque yo soy candidato a presidente vos no podés ser candidato a gobernador". ¿Contra el nepotismo? No, no sé pero un día que me tomé el trabajo de leer un libro que se llama El presidente que no fue, *que lo escribió otro amigo mío, Bonasso, ahí le preguntan también, y Cámpora siempre igual ¿eh?, por ejemplo donde dice que, si nombraban a su señora como candidata a diputada, él renunciaba. A la señora de Cámpora justo, cuando fue Evita quien la quería nombrar. Le dijo: "señora, si usted la nombra a mi esposa yo renuncio, porque ésa es una cosa que no puedo admitir". Y él era presidente de la Cámara de Diputados. Cuando yo después lo conocí en México, era así. Yo pondría las manos en el fuego que fue por eso, porque además conozco todos los entretelones de lo que pasó después. Qué orga ni orga, querido ... yo te cuento cómo fue que yo llevé, yo hablé con ellos, porque yo estuve ahí. Yo hablé con Abal Medina, y su delegado Urtubey, vino conmigo en el avión a nombrarlo. Todo lo podés constatar... querido, yo llevé dos cartas, una firmada por Montoneros y otra firmada por las FAR donde le pedían, digamos, a Abal Medina por M B. Pero no lo hubieran designado, si Cámpora no hubiera impugnado a su hermano. Si no, no hubiera ido MB, no. No es que la Tendencia ponía, de ningún modo. A mí, querido, lo de las memorias me pueden contar la que quieran. Yo fui, estuve, hablé con ellos, tengo relación personal con todos, te puedo asegurar que yo fui el que tramitó todo. ¿Peso de los Montoneros, de la JP? ¿De dónde? El peso de ellos en Mendoza era igual a cero. ¿Qué tiene que ver eso de que los Montos y MB se identificaran mutuamente? De vuelta, Martínez Baca, llevó como avales, la acción de la JP, de todas las organizaciones de la JP, pidieron la candidatura de MB; más las otras organizaciones pequeñas, más el apoyo político que teníamos. Eso sí, MB tenía apoyos propios porque además fue candidato antes, a vicegobernador con Corvalán Nanclares. Por otro lado MB tenía congresales, no era un tipo llegado del aire. No fue alguien puesto por los Montoneros, solo porque era simpático con ellos. Era el presidente del partido en San Rafael. Había velado a Balbuena, un militante de las FAP, en el partido, y había muchas cosas por las cuales nosotros lo considerábamos como cercano a la Tendencia ... cercano, pero no era de ella. Creíamos que podíamos conseguir más. A mí me habían ofrecido el Ministerio de Gobierno. Y yo les dije, eso MB no lo va a cumplir. Puedo decirlo porque lo conocía bien: era amigo de mi familia. Teníamos relaciones familiares. Pero lo que yo te cuento es así. Esto es para hacer una historia real de las cosas, porque fue así. ¿Por qué lo de la asociación con Montoneros? Porque ahora todo se demonizó, ahora resulta que los Montos, MB, eran lo mismo, todos éramos iguales. Todos somos*

subversivos, somos todos lo mismo, ¿qué problema hay? MB no era Montonero, ni respondía a las líneas montoneras. ¿El exilio? Eso fue después, se agarraron de que al pobre viejo lo metieron en cana, hicieron todo eso, pero obviamente diferencias había, y bastante grandes. Además, después del exilio ya los Montos tampoco eran lo mismo. Pero no importa, eso es secundario.
  MB como persona ... qué sé yo ... era un buen tipo. Venía del socialismo. Usaba el moño al estilo Jauretche. El socialismo de Palacios te digo, socialismo de ese tipo, después llega con esa influencia en su entrada al peronismo, obviamente. Admirador de Jauretche, un buen tipo. No malo, es decir, no le pegaba a la madre. ¿Honesto? ¿desde qué punto de vista? No, no chorreó nada, no había margen para chorrear nada, tampoco. Si apenas salimos de ahí ... de todas maneras no creo que hubiera chorreado porque era un tipo de condición modesta, es decir, modesta en el sentido de gustos modestos ... era honesto en serio ... ¿el cumplimiento de la plataforma de campaña? No, por supuesto que fue un gobierno democrático, eso sí. Sí, la ortodoxia peronista se le oponía, pero la oposición ahí eran los gansos, la iglesia ... Yo creo que lo más importante que pudo hacer MB, las cosas que yo pude hacer, de alguna manera, fue un proyecto que hicimos con el Eduardo Molina, para reformar el código procesal penal por el que le prohibimos a la policía tomar indagatoria. La policía estaba muy caliente, pero bueno, fue una de las medidas democráticas que logramos. Nosotros caracterizamos, a diferencia de los Montos, el grupo nuestro que estábamos ahí, bah, éramos otro sector, no digo independiente, pero bueh, no teníamos nombre, después le pusimos un nombre, pero no tuvimos ninguna importancia histórica entonces sería medio estúpido de nuestra parte hablar de ... éramos ... si Montos era chico, imaginate nosotros. Pero nosotros decíamos, a diferencia de ellos, que en esa época el gobierno era democrático. Teníamos que aprovechar para organizarnos y tratar de lograr conquistas populares, entonces planteaban los Montoneros que no podían seguir defendiendo los cargos en el gobierno, en una lucha frontal con la gente en la calle defendiendo los cargos que se iban cayendo y que no nos permitía materializar ninguna reivindicación popular. Yo hice todo un proyecto para rebajar el boleto de los micros, hacer una cosa para la propiedad privada, digo la propiedad

como la que tenía Corsino, todo ese aparato, para darle alguna forma de sociedad anónima a los micros, de manera tal de darles participación a la gente y demás, y bajar el precio, estábamos para hacer algunas cosas, pero no hubo manera. Ni el gobierno lo entendió ni los Montos lo entendieron ni la JP. Nosotros les planteábamos que había que emplazarlo a MB a tomar medidas populares, si no iba a caerse solo, que fue en definitiva, como cayó: solo. Cuando cayó MB quién se les ocurre que iba a moverse para defenderlo: nadie. No, no hubo intento de los Montos defenderlo. Estaban todos los jefes de vacaciones. Yo estaba a cargo de la organización. Cuando el PC vino a plantearme que había sacado sus tropas a las calles, sus grupos de autodefensa para hablar de la defensa de MB, les dije que Montoneros no iba a salir ... el gobierno duró un año y pico ... no, la dirección estaba de vacaciones, yo estaba a cargo, eso fue antes de la muerte de Perón. El despelote nuestro se armó con la muerte de Perón. Ponele que fue, habrá sido en mayo que le hicieron el juicio político, en mayo del 74. Perón murió para el primero de julio. En los Montos, todavía no había venido el Caballo [Loco], así que estaban el Gallego, el Polo. Era un despelote, y yo era el único acá que tenía capacidad para ir y tomar alguna determinación. Nooo, no se lo quiere defender. Bueno, además era una locura, ¿con qué lo ibas a defender? Podía estar el aparato político, todo lo que quieras, pero lo gastábamos en defender a Zannoni, en defender a estos ministros nuestros, y todavía que no hacían nada. Coronamos, en realidad, una política estúpida.

¿El juicio político? Fue porque el viejo tontamente de MB designó como secretario a un badulaque, se llamaba Martínez Takchet o algo por el estilo... lo había puesto de secretario privado. La cuestión es que tenía un hijo, el hijo más chico de él, de MB, que era comisionista de vinos. Entonces, tenían una sociedad con este otro Martínez Takchet y vendían vino, y le vendieron vino a Giol. ¿Qué pasó? Por el vino de Giol le pagaron la comisión al hijo con un pagaré. Entonces él fue y le pidió a MB que se lo descontara en la cuenta que tenía el padre, obviamente en el Banco de Mendoza. ¡Un pagaré de Giol! Lo depositó en su cuenta, se lo acreditaron y le dieron la plata. Digamos, no era nada raro ni nada, pero aprovecharon eso para el juicio político. Una huevada que a nadie le hubiera costado nada ... solamente porque era él. ¿La falta de apoyo de los Montos? Mirá, primero que

los Montos de alguna manera lo defendieron, lo defendieron lo que pudieron. Segundo que él no podía esperar mucho, como resistir con la policía, ahí derrochada en el juicio político, era una locura, ya te lo dije. Además que él ya venía cagando a la JP, hacía rato. Venía echándole a la gente, los tipos que estaban en los cargos, él hacía, ... era el hijo el que había sido nombrado como secretario, fue el primer día ... habíamos hecho un acuerdo, más o menos para gobernar, para participar en el gobierno y cuando llegó el momento la JP no tenía ni un solo cargo. Tuve que ir yo, jugármela, me peleé con todo el mundo ahí. Porque yo era el único que decía que MB no iba a cumplir nada. Fui e hice toda una manganeta para conseguir cargos y ... me salió bien. ¿Cerutti? No, en realidad fue así: yo sabía que este MB no iba a cumplir nada, entonces nos hicimos una lista, me llevé una lista de candidatos que podían ser a ministro de gobierno. Primero era yo ... que no andaba; después la Susana Sanz, que no andaba; Cerutti, que no andaba; Chávez, que no andaba. Hasta que le menciono a Zannoni, de quien no tenía ni la más mínima idea quién era, "ese me gusta". No sabía que Zannoni ya estaba arreglado, ¡taca! Creía que Zannoni no estaba en la JP. Lo pusimos ahí nomás. Después viene ... entramos a discutir el ministerio de educación, y ahí yo había arreglado con el Gordo Reig que lo llevara al Peque Gil y a ese otro, ¿cómo se llamaba?, se murió, estaba en el SUTE. Ahora me acuerdo, era Carricondo. Bueno, esos dos eran. Y el Peque quería ser ministro. Pero obviamente cuando le propuse al Peque Gil, MB dijo no. Cuando le dije Reig, dijo que sí. Pero yo, que ya me lo imaginaba, le había planteado a Reig lo siguiente: que si a él lo nombrábamos, yo iba a apoyarlo, es decir, si a él lo nombraban tenía que llevar al Peque Gil y a este otro chico que era el candidato de los Montos. "¿Por qué?", me dijo él. Yo le contesto porque de esta manera arreglás, vos estás con Montoro y en cambio este otro chico está con Garcetti. De ahí tenés a los dos sindicatos y sos el que mandás, ¿te parece?, "macanudo". Así que cuando MB me propuso a Reig, le digo, bueno fenómeno. Y después cuando le dije economía, ahí me verseó otra vez. Cuando le menciono a Baztán, me dice, ése, listo. ¿Qué pasa? mire, necesito MB que me haga un favor, "¿cuál es?" me dice. Necesito que usted hasta el día de mañana no diga qué ministerios va a dar. No, me dice, eso sí que te lo prometo. Nosotros los vamos a seguir apoyando, con ese ministerio nombrado por usted, no hay ningún problema, pero deme veinticuatro horas. "Sí, sí ningún problema". Ahí nomás agarré el teléfono y le dije a otro, llamalo al Gordo Reig y decile que en nombre de la Juventud Peronista y M.B. venís a ofrecerle el ministerio. Pero ya. Y llamalo al Flaco Morgante. Acá está, me dice. Pasámelo: andá en nombre de la JP y ofrecele el ministerio a Baztán, siempre que te nombren a vos, obviamente. Salieron corriendo. Estaba Morgante, el Flaco Morgante en la casa de Baztán cuando lo llamaron ...

Yo armé eso y me peleé con MB ahí nomás. A los dos o tres días fui a decirle que me liberara a los presos políticos, que todavía no me los habían dejado en libertad. No, no los largó inmediatamente. Tuve que ir a amenazarlo con que iba a hacer denuncias a todos los medios de prensa. No los podía largar porque ... el problema era complicado. El tema fue así: estos eran los que habían caído presos durante el Mendozazo. En el Mendozazo yo también caí preso (el Abalo también), pero de estos no sabíamos nada. De estos al menos. A éstos les hicieron juicio militar, los condenaron en Consejo de Guerra. Y un día que voy a la cárcel me encuentro con estos tipos. Ahí empezamos a ver qué pasaba. Me voy entonces a ver el juicio militar, que para colmo estaba en Buenos Aires. Ya estaba todo, más bien era un poco tarde. Un elemento, un Hábeas Corpus en Buenos Aires en la cámara federal en lo penal, el camarón que le dicen, y el camarón se declaró incompetente, diciendo que no tenía competencia y que estaban muy bien condenados por los militares. Les habían dado no sé cuántos años. Entonces metimos un recurso ante la corte. Y lo ganamos. Claro que era la corte sustituta que ya se venía abajo en el gobierno militar. Qué pasaba: el expediente no estaba en ninguna parte, entonces no podían aplicar la ley de amnistía ni indulto ni nada. Estaban esos pobres tipos como parias. Bueno, entonces les digo yo, mándenlos, por lo menos presos a la cárcel. Al final arreglamos en eso. Fueron y se mandaron un discurso ... y se armó el motín. ¿Quiénes eran los que estaban presos? Seguro que me acuerdo, yo los defendí: eran Paradiso y Guiñazú, por ahí los tengo, buscamos el file y te lo doy.

¿Tomar el poder? No, Montoneros nunca se lo propuso, pero en ese momento tenías a Cámpora, al general Carcagno, seis gobernadores. Había mucho, pero no lo tenías a Perón. Y además, yo creo que

el problema principal fue Montoneros, porque de alguna manera, ellos se plantaron como un poder distinto frente a Perón que obviamente el Viejo quería desactivar. Yo no sé hasta qué punto hubiera cambiado porque la historia es lo que es y no lo que uno cree. De hecho cometieron errores muy graves. Yo me acuerdo una vuelta que fui a Buenos Aires y estaba Mario Hernández, ¿te acordás?, aquel abogado que después desapareció, de la línea política de la Tendencia que obviamente superaba a Montoneros. Porque de la época que estamos hablando, eran un grupito de asaltantes de estaciones de servicio, no eran más. Esto se da hasta el 73. El cambio cualitativo se da con la liberación de los presos. Entre todos los presos arman una estructura política que tiene el control de la guita y de los fierros. Con eso tenían prácticamente el manejo de la Tendencia. El interés político en la Tendencia desapareció, perdió peso, totalmente. FAR, FAP y Montoneros salen de la Tendencia. Son núcleos que salen de la Tendencia. La tendencia abarcaba todo eso y era más, mucho más. Lo que se llamó la Tendencia Revolucionaria del peronismo.
    ¿A quién viste? ¿Al Rino Piazza? Patroni era el hombre de MB. De no haber sido por Patroni a MB lo echaban a patadas. Era el único que sabía lo que había que hacer. A él hay que preguntarle lo de los nombramientos, todo eso. Era él el que en verdad decidía. Nadie de los que estábamos teníamos ni idea, o sea, llegamos al gobierno totalmente como paracaidistas. Pero Patroni manejó el gobierno. De hecho terminó de secretario general de la gobernación. No era Montonero, cosa que lo debés saber perfectamente. Nada que ver. ¡Claro! un buen tipo, como MB. Tenía un saber concreto y definido, y no pensaba como nosotros, de ninguna manera.
    Todo depende de qué es lo querés escribir porque yo te puedo contar cosas muy interesantes pero no sé para qué te van a servir, es decir, yo te puedo hacer una historia de la Tendencia, digamos de Mendoza, de los setenta o del gobierno de MB, yo lo viví todo, de alguna manera. Yo era secretario de prensa del Viejo antes de las elecciones. Tenés que hablar con el Flaco Morgante, con el Polo Martínez Agüero. El Hugo Mantovani también. ¿El hijo de MB? Ese que mide como dos metros, el Ropero, sí con ese también.
    Yo tengo demasiados detalles porque yo viví una parte muy privilegiada de muchas cosas. La versión de la Susana, en La Voluntad,

para mí, no sé. Para mí la Susana miente, no sé si está mal de la cabeza ... para mí son todas mentiras ... escuchame, yo no estoy hablando de La voluntad *como libro, estoy hablando de las declaraciones de la Susana Sanz para los periodistas que hicieron La voluntad. ¿En qué te digo que miente? En primer lugar no existió ningún san rafaelazo. El mendozazo fue lo único que existió en la provincia. Ahí cuenta la historia de cómo luchaban, se escapaban, pero son todas mentiras, no hubo nada de eso. Segundo, da una versión de que yo iba a ser ministro de gobierno y que yo me lo había creído y entonces como yo iba como ministro de gobierno estaba impidiendo que ella lo pudiera ser ... cuando el único tipo que sabía que MB no iba a nombrar a nadie de nosotros era yo. Vos lo sabés bien [al Negro], porque lo discutíamos entre todos. Y obviamente yo entré a negociar en condiciones de derrota, digo, si este tipo no nos va a cumplir nada, ... y después la Susana termina diciendo que el Viejo MB se la quería fifar, lo cual puede ser cierto, pero eso de que la tenían que acompañar para que ... esas son todas mentiras, escuchame ... El Viejo se metió con la Adriana, ahí no más, porque cuando empezó la campaña, yo me acuerdo, la Adriana andaba con otro. Pero cuando pudo elegir entre ese otro que era nadie y el candidato a gobernador, eligió al candidato a gobernador. En toda la campaña el Viejo andaba con la Adriana, razón por la cual, lo de la Susana son todas mentiras. Puede haber sido antes, qué sé yo, porque al Viejo le gustaba fifar. Claro, que se la haya querido fifar no me extraña, pero de ahí a que tenía que ir acompañada y todo lo demás ya es demasiado. Yo creo que tenía la persecuta de que era muy linda y que todos nos la queríamos fifar, pero no era para tanto. Era mucho más linda, por ejemplo, la Bruja. La mujer del Gallego, la Bruja, famosa, que escapó del Buen Pastor, la hermana del Francisco, el Concurat, la Bruja, pues, que era mucho más linda y no andaba con ningunos de esos complejos. O la misma mujer de Concurat, era mucho más linda y más joven. Lo mismo era la Carozo ... había minas lindas, lo de la Susana no era para tanto. Vos [por el Negro Ábalo] y yo, viejos chotos, no conseguíamos nada, pero no era para tanto, che. La Susana es mayor que yo, o tiene mi edad. 65. Te imaginás en el 72 tenía, treinta años atrás, tenía treinta y ocho y no estaba nada mal.*

¿El proyecto de Garcetti para la educación? Yo no conocí ese proyecto. Nosotros teníamos un viejo enfrentamiento con el SUTE. Cuando empezamos a mejorar las relaciones, que nos invitaron a un acto en el Teatro Independencia, que nosotros nos quedamos sentados cuando empezaron a hablar de Sarmiento, y dale con Sarmiento, nosotros teníamos todo eso. Pero venía a contarte el proceso de que empezaba a unirse el peronismo de izquierda con la izquierda convencional, había empezado ahí y fue ahí que empezamos más o menos a mejorar las relaciones. Porque si no, las relaciones con ellos eran ... estaba la CGT. No, Garcetti no era peronista. O si era no lo quería decir. Venía de la izquierda, yo no digo que sea de ningún lado, qué sé yo, lo veía ahí y no sé, era gremialista. El que andaba en todo eso, que también está ahora, es Baluzzi. ¿está pirado? [este hombre fallece en 2003] *Miguel Baluzzi era el tipo con el que empezamos, él era cristiano, ... estaba ese proceso de acercamiento ... esos nuevos sindicatos que aparecían en Buenos Aires, que después fueron la base del SUTE. Él era UBRE* [Unidades Básicas de Combate]. *La UBRE de la Organización, claro... no era un tipo dudoso para nada ... yo lo constaté ... que querés, no iban a andar corriendo riesgos ...*

Yo no formé parte del Partido Auténtico. Bonasso fue el que lo formó acá y me tenía que ver a mí. Menos mal que no me llamó porque yo estaba legal con el almanaque. En ese momento los Montos me habían condenado al exilio, a las pérdidas de mis bienes y demás ... estaban todos locos ... ¿por qué no socializaban mis deudas? ... Yo te diría que nosotros nos separamos, sí, claro. Nosotros nos separamos después de la muerte de Perón. Teníamos diferencias con las operaciones. Les decíamos que había que discutirlo políticamente a Perón y no militarmente, y que no había que operar, era una cosa que estaba mal ... no podías ir contra un gobierno que tenía siete millones de votos. Solamente teníamos que decirle no al Pacto Social. Había que empezar a hacer lucha política, esa era la tesis nuestra. La tesis de la Lealtad era que había que hacer lo que decía Perón y no discutirle y la tesis de los Montoneros era poner caños por todos lados. Estaban todos locos, eso era militarismo. No podíamos avalar el triunfo del ala militar sobre lo político ... bueh, nos acusaban a nosotros de no querer pelear ... ahí finalmente ... se dio el quilombo de la gran lucha, pero no quisiera hablar sobre ese tema ... digamos ... yo estoy dispuesto a debatirlo, si querés lo traemos al Polo y lo debatimos. Lo que no estoy de acuerdo es en que se publique ... lo que me implica a mí no me molesta porque ... el Caballo, para que tengás una idea, el Caballo Loco, el jefe de la organización Montoneros en la provincia, torturaba para el ejército, todo esto ustedes ya lo saben ... por eso, yo no estoy destapando nada, ni quiero.

MB tiene distintas versiones, ustedes tienen que abrirse a todas las versiones. Incluso el mismo MB tenía su propia versión de esto. Yo tenía una versión, interesada, obviamente desde nuestra perspectiva, pero MB tenía la suya. Recuerdo que un día vino y me pidió, Carrizo el del ERP, una reunión con MB.... a las siete de la mañana nos reunimos ahí en la casa de gobierno. Ellos en un auto afanado, un Torino, yo iba con el tercer jefe del ERP, a verlo al gobernador. "Y bueno", dice el viejo, "si ustedes lo secuestran al Gordo Mendoza yo no voy a decir nada". Y Carrizo, no, que nosotros no tenemos esa línea.

¿Resistencia? No, lo único que salió, eso me dijo por lo menos Jacinto de la Vega, del PC, que habían hablado con MB y que iban a sacar los grupos de autodefensa y querían coordinar con nosotros. Yo le dije que no, que los Montoneros no íbamos a movilizar nada. Además no tenía, le dije, que responderle a nadie, me obligaron a los dos o tres días, porque los jefes "estaban de vacaciones", eso me permitió quedarme callado: no es que di orden de no organizar nada, entendamos, no es que di la orden de no movernos, porque nadie me hubiera dado bola si la hubiera dado, bah, no hubieran salido lo mismo pero ... si en ese momento ya no había ni con qué. Por otra parte ya estaba previsto. Simplemente yo me hice el otario, desde luego, de no haber recibido ninguna orden. El único que podría haber convocado a una reunión rápida era yo porque estaba en la superestructura ¿te das cuenta? Lo digo mandándome la parte, eso de que no convoqué, como si yo hubiera tenido algún poder, no tenía ningún poder ...

Lo que es importante tenerlo en claro, por lo menos si yo fuera un investigador, es poner cómo fue la lucha política que se daba. En la JP había divisiones políticas, teníamos diferencias que se produjeron, bien claras. Todo tiene que ver con lo que yo llamo el triunfo de la línea militar sobre la línea política. Eso tiene que ver con muchas cosas, sobre todo básicamente con lo que te contaba de Mario Hernández, que era lo que estábamos hablando y no te terminé de contar, donde me dijo que estos tipos fueron a España, a Madrid, fue Quieto, Vaca Narvaja y Firmenich y le llevaron una nómina de setecientos compañeros para que Perón los ubique en el gobierno ... el Viejo les dijo que sí, que se vayan tranquilos ... Te doy un dato que tiene que ver con la última reunión de Perón con la organización. Se reúnen en Gaspar Campos. Una cosa que le plantea Firmenich se refiere a la necesidad de financiarse, ¿vamos a seguir operando, Viejo, o no?, no se puede seguir operando si no hay guita. Bueno vamos a darles cargos y demás. Y obviamente, le dice Firmenich, también tenemos que terminar con algunos represores. Bueno, les dice Perón, no se puede evitar que algún auto atropelle a un hijo de puta. Firmenich asiente, pero con la salvedad de que el auto lleve el nombre Montoneros en un cartel bien grande. Después de eso yo dije, ¡aah no!, acá nos van a pasar por encima, cómo le vas a decir una cosa así. En realidad fueron unos mocosos imberbes ... pero bueno, fueron todos los errores que se cometieron ¿no? Ellos tenían una versión de Perón equivocada.

Yo caí en el 75 ... si no salgo con la opción me quedo en Margarita Belén, porque estábamos en el Chaco. A nosotros nos llevaron al Chaco y del Chaco nos llevaron a Buenos Aires, fuimos a Coordinación Federal, en ese tiempo se llamaba Superintendencia de Seguridad y de ahí salimos a Ezeiza. Ahí estuvimos dos días. Al tipo que estaba a cargo le decían el Nazi, para que tengás una idea ... Estábamos en la leonera ... yo calculo que salí el 3 de julio del 75 ... no, a Colombia fue el Turco Chediak, yo me fui a Lima y desde ahí a México, cuando lo secuestran a Carlos Maguid ...

Las diferencias en la JP de que te hablaba eran acerca de cómo actuar en la etapa. Los de Lealtad, el dirigente máximo que tenían era el Buby Cerutti, que planteaban que se había levantado mucho la cabeza y mejor "qué manda mi general", bajar a las bases y hacer todo lo que decía Perón y bajar asimismo los decibeles del enfrentamiento y todo lo demás. A nivel nacional, el Buby no, estaba todo lo que fue la JP. Lealtad, Carlos Maguid, salieron manifestaciones, salió el SMATA, se dividió el peronismo, se dividió en dos la JP: en JP Lealtad y JP, la otra, "la gloriosa" . La caracterización nuestra de la época, medio boluda, pero decíamos que era así: la derecha, el Buby;

el centro burocrático estalinista, Firmenich y nosotros éramos la izquierda revolucionaria. Sería la oposición de izquierda, planteábamos nosotros, como en Trotsky. Los de la Lealtad decían que sí, pero no, es decir, sí pero mantenían el aparato armado y las operaciones. Nosotros lo que planteábamos era la oposición al Pacto Social. La verdadera discusión era sobre el Pacto Social en esa época. Ellos (lo de la Lealtad) decían usted manda, mi general, y nosotros no, eso es lo que hay que cuestionar. Seguíamos una carta de Cooke a Perón del año 63, donde Cooke le dice eso de que la gente acá con la marchita y lo demás lo que quiere es un aumento de sueldo. Y para hablar de aumento de sueldos somos comunistas, y si no le damos nos van a echar como a todos los burgueses. La carta famosa de Cooke a Perón. Donde también dice "vamos a hacer el gobierno del 45, o no porque no vamos a tener la guita ... y a quién le va a llamar el gobierno ... y si Gamboa no me mete preso antes por mis tendencias rojizas, dice, hasta yo puedo ir de embajador suplente en Persia o a la China ya que es comunista". Esa era la carta que manejábamos, y el libro del francés este sobre la burocracia en la organización revolucionaria, no, má qué Debray, el trosko más conocido, Ernest Mandel. Le hicimos agotar el libro porque lo distribuimos en toda la organización, todos los Montos estaban leyendo a Mandel. Les decíamos los Shensi malvados, los déspotas locales y le entró con todo al grupo de los perejiles. Y había otras contradicciones con los cuadros foráneos. Todos los cuadros venían a reemplazar a los cuadros locales. ¿Si yo me siento revolucionario? Yo soy abogado, ¿marxista? sí de marzo, del 11 de marzo. Escuchame ... obviamente ... ¿quién no es marxista? en el sentido del materialismo histórico, es decir, de creer en la preeminencia de lo material sobre lo ideal, eso somos todos. Lo que no soy es leninista, y no estoy de acuerdo con la estructura del partido. Y creo que, básicamente, la burocratización de lo que le pasó a Montoneros, y como no solo le pasó a ellos, ojo, pasó también en Guatemala con el poeta ... no, Otto René Castillo, no ... el poeta este que mataron los de las FAR ... Roque Dalton [sic], diciendo que era agente de los servicios. Y lo mató un tipo que era de los servicios metido en la organización ¿te das cuenta? Este tipo de organizaciones así, como Trotsky decía cuando criticaba a Lenin, que eran conspirativas ... pero bueh, ... eso creo yo que evidentemente no tiene arreglo, o Stalin, *todo lo que pasó, toda la historia ha demostrado que esa estructura, esos partidos así, funcionan mal. El Partido Comunista es el ejemplo más típico acá. Yo leninista no soy, más bien siempre creí en Rosa Luxemburgo ... en cosas más ... De hecho nosotros éramos bastante espartaquistas, más allá de que no lo dijéramos. Trabajábamos en el peronismo, como Rosa trabajaba dentro del socialismo ... yo creo que no ... ella era socialista ... no, no es entrismo. Acordate que el Partido Comunista es una escisión posterior del Partido Socialista. Y Rosa Luxemburgo es del Partido Socialista antes de que exista el comunismo. El socialismo se divide y se forma la Tercera Internacional ... y creo que Lenin dice algo más o menos similar cuando escribe* El izquierdismo, enfermedad infantil *... y les recomienda a los comunistas ingleses que trabajen dentro del Partido Laborista. Lo que no tiene gollete es estos grupitos como la izquierda argentina ahora. El otro día me contaba un amigo que le decía en una discusión, la Vilma Ripoll de Izquierda Unida, "que hemos duplicado nuestros votos", sacaron el 1% ... qué pueden haber duplicado cuando no existen ... qué sentido tiene formar un partido que va a ser así ... dentro de quinientos años quizá. A menos que vos lo organicés, como Lenin lo planteaba, una organización de cuadros profesionales, dispuestos a dar el zarpazo en algún momento. Eran los únicos que podían dar el zarpazo y estaban preparados para darlo. Pero para eso se requería una guerra mundial que traería mucha cola ...*

Las historias de la orgas, también te las puedo contar. Pero para eso también tenés que ir a otros, digamos, porque yo te puedo dar solo versiones, muy personales ... sería bueno que también lo discutieras con los diversos compañeros, lo de la Coordinadora, por ejemplo, ... La Coordinadora es el Peronismo de Base, ¿no te dije?

Hemeroteca:

El viernes 9 de marzo, en la página catorce, *Los Andes* se digna publicar esbozos que abundan sobre la plataforma electoral del FREJULI para la provincia. Se basa en la aprobada por el Congreso Nacional del Partido en noviembre del 72:

— desarrollo y progresiva socialización de la economía.
— en el sector vitivinícola: eliminar las contradicciones entre viñateros, contratistas, peones de campo y bodegueros. Para ello se hará lo siguiente: 1) racionalización de la producción y participación activa y responsable del productor en la gestión y control de la estructura económica; 2) orientación del estado provincial en la comercialización del producto; 3) distribución de los beneficios en base al aporte real de cada sector; 4) eliminación de los monopolios bodegueros y reguladores de precios, formas de pago y medios crediticios para el productor vitivinícola; 5) capitalización de empresas en base a la integración del sector agrario e industrial y distribución de utilidades de acuerdo al trabajo aportado en la creación de la riqueza.
— en el sector agropecuario: 1) racionalización y democratización del uso de las aguas de riego; 2) políticas reguladoras de precios y mercados; 3) se fomentará la industria frigorífica y conservera controlada por el productor mediante el aporte de capital estatal y el otorgamiento de créditos a largo plazo.
— en el sector minero: se alentará la explotación nacional. La política para este sector queda restringida al sentido de potencialidad de la tierra. Se luchará porque se apliquen los principios federales.
— en la organización económica: se apoyará al pequeño y mediano propietario, eliminando los poderes monopólicos. 1) se propiciará la gestión y autogestión obrera; 2) se vigilarán los capitales financieros para que no se apoderen de las empresas provinciales.
— Justicia social: vivienda para todos. En salud se tenderá a la socialización de la medicina y a la reorganización de la estructura hospitalaria. Se apoyará al sector pasivo.
— Educación: se prestará debida atención a las escuelas, centros comunitarios y universidades populares. Se alentará la capacitación del estudiante para complementar sus conocimientos al entrar en la fuerza laboral.

— <u>Administración de justicia</u>: será ágil y protegerá a los débiles del abuso de los poderosos.

— <u>Participación</u>: se instará a la población a que participe en todas las instituciones y que no se limite al acto eleccionario.

Oficina, tarde

H.D:

A la hora de la sacrosanta siesta premoderna de los mendocinos, entro en contacto telefónico con mi compañero de la UES, Jorgito López: lo hago finalmente, a 36 días y unas pocas horas de mi arribo al pago:
—Con el señor Jorge Roberto López, por favor.
—Él habla
—Qué hacés Jorgito, te habla Hugo De Marinis, ¿cómo andás?
—¿Quién? ... ¿de dónde estás hablando?
—De dónde va a ser, boludo. Estoy en Mendoza. Llegué hace un mes...
—¿Y a qué viniste?
—Voy a trabajar con el Negro Ábalo en un libro sobre MB.
—Ah, era lo que querías ... mierda che, parece que en Canadá reparten guita para cualquier cosa ...
—Necesito que nos juntemos ... te voy a dar la oportunidad de que tu nombre y testimonio aparezcan en letras de molde ... por ahí desde la perspectiva perejil, la nuestra ¿no?
—mmm, ahá ... bueh, mirá hoy no te ofrezco porque estoy muy ocupado ...
—Sí yo también ... me alquilé una oficina en Godoy Cruz, sobre la calle Fray Luis Beltrán y estoy metido ahí de cabeza, todo el día, es que tengo que terminarlo antes de irme ... en unos quince días, ¿el fin de semana? ...
—El viernes, en todo caso te llamo el viernes. Chau, Huguito, cuidate.

El Gordo Mendoza ha dejado de ser una tentación. El sobrino le habrá pasado mis señas, lo más probable, pero el Sancho perspicaz mantiene el silencio. Me queda la ínfima posibilidad de ejercer lo que haya quedado de presión laboral flexible como método de negociación, a través de mi amigo, su jefe. Asustarlo, eso es.

A. P.:

No hubo tiempo para ninguna obra seria de gobierno, salvo el parque petroquímico, ese sí que era un proyecto ... ahí ... estaba al oeste de la refinería de Luján. No se imagina la potencialidad energética de esa zona ... y era una especialidad para Mendoza: se trabajaría con ferroaleaciones para el uso de la energía eléctrica, y con aceros especiales. Se consiguieron los terrenos ... y hoy en día está en funciones, pero en aquella época no podíamos avanzar ... cada vez que salíamos de la Casa de Gobierno, el Oso Zapata, la gente del Gordo Mendoza, nos esperaban, literalmente para molernos a trompadas. Y cuando no eran ellos, venían los compañeros ...

El Plan Trienal también ... que era con participación popular ... yo había leído un texto desconocido entonces, de Chivotti ... incluso viajé a Buenos Aires cuando me enteré que venía a la Argentina, para discutir con él ... me dijo que si hacía que el gobierno aplicara el plan, el gobierno se caía en menos dos semanas ... muy errado no estaba ... la participación se daba en círculos, desde el entorno al centro. Se entrevistaba a los notables del pueblo y a las bases, claro, en las placitas, en la iglesia, en la intendencia, si la hubiera habido. Las entrevistas las conducían los muchachos, los estudiantes que teníamos y que apoyaban al gobierno. Se inquiría sobre problemas de la vida real, qué querían, qué les pasaba, sus sueños ... Las entrevistas se hacían en las cabezas de los pueblos, en primer término con la gente que tenía alguna posición: directores de escuelas, alguien que representara al departamento, medianos y pequeños propietarios, hasta contratistas de viñas ... Las esperanzas de los encuestadores se centraban en obtener información, salir de ahí con un proyecto de futuro ... y no encontramos nada realmente, salvo la problemática de la próxima cosecha. No había en la gente ningún proyecto deseable de futuro ... ¿qué pedían?: salas de primeros auxilios, reparaciones de las calles, arreglos en sus casas, como luz, baños, agua potable para las escuelas, limpieza y barrido, surtidores públicos ... la única visión de futuro a mediano y largo plazo la podíamos inyectar nosotros ... De la gente ... de todas formas se hizo una publicación con todas las demandas que recogimos y ¿sabe qué fue lo notable?, se podía dar satisfacción a todas y cada una de esas peticiones. No había mayores problemas de infraestructura ni financieros ... y es así porque eran nada más que necesidades inmediatas, es decir, de la vida diaria.

La Tendencia desdibujaba la perspectiva social ... no niego que haya sido una época linda, llena de debates, se analizaba hasta lo más pequeño, el más mínimo detalle, pero los Montoneros venían a discutir teoría política, cuando eso no era lo adecuado en absoluto. Esta gente, estos muchachos no querían usar las partidas para los viáticos ... y las partidas se perdían. Si uno tiene que viajar, por ejemplo, yo les insistía en que las tenían que usar. Ellos proponían pagar de su propio bolsillo, imagínese. En una de las primeras reuniones de gabinete discutimos precisamente eso: la viabilidad de cobrar los viáticos, si cobrarlos era revolucionario o no. Yo proponía que gobernemos en serio, había una misión, un mandato popular legitimado por los votos. Lo que había que hacer, y ellos no se daban cuenta, era dividir los foros: la teoría en un ámbito, gobernar en otro; eran demasiadas perspectivas de todas maneras y no se podía coincidir en las visiones de futuro, así no se podía gobernar ... más allá del entusiasmo que compartíamos todos ... la diferencia esencial con la situación actual es que en aquella época ... no se puede comparar la honestidad de miras e ideas, que nunca se bastardearon, nunca jamás se pensó en el gobierno como empresa personal, para sacar provecho.

También hicimos caminos, escuelas pero MB pierde el control de la Legislatura a través de una maniobra política. De repente se dividen las aguas y los diputados de la Tendencia quedan en minoría. Los otros, los que más o menos eran independientes son ganados por la UOM ... por ejemplo, Fiorentini era revolucionario antes del 73. Pero sucede que los metalúrgicos empiezan a sanear, a expulsar a los que tenían pasados manchados. Fiorentini eligió sobrevivir y se blanqueó ... yo reemplazo al hijo, al Ropero, el que está ahora radicado en San

Francisco, Pancho Martínez Baca, como secretario de la Gobernación y de Planificación.

Don Alberto era un viejo peronista del sur, tenía una farmacia en el Nihuil, hasta allá lo fuimos a buscar, era coherente en su discurso, en un principio socialista, como Alfredo Palacios, muy honesto y estaba empeñado en hacer un buen gobierno. Pero su candidatura pagó el precio de la falta de consenso ... usted recuerda cómo estaba el peronismo ... Cuando Isabel se instaló en Mendoza MB es nombrado su secretario y así, a partir de ese momento comienza una carrera política que es bastante corta y que lo hace acceder a la gobernación. **Es Perón el que lo designa, con la información que de él le había facilitado Isabel.** *Era una persona bastante mayor que nosotros, sesenta y cinco años tenía, pero se conservaba muy bien, era un viejo pintón, además un hombre exquisitamente educado, con un don de gentes excepcional, un caballero con una cultura social envidiable. La relación con él era sumamente fácil. Un tipo hábil. Le daba la impresión a uno, cuando hablaba con él de estar frente a un duque europeo en el exilio. Para la Tendencia era potable porque el hombre era coherente en su discurso sobre el socialismo nacional.*

Una anécdota pintoresca es que el pobre Viejo tuvo su rechazo dentro del peronismo, o sea, el rechazo de la ortodoxia a su candidatura por su alegada ceguera. Era medio ciego, decían cómo iba a ser gobernador si no veía, y la verdad es que usaba esos lentes culo de botella que eran horribles ... y como él era consciente de su figura bien parecida, no quería saber de nada con usarlos en público y arruinarla. Supe que me había ganado su confianza cuando se puso por primera vez los lentes estando él conmigo. Nos reuníamos solo él y yo todos los días a las seis de la mañana para leer los diarios y organizar la actividad. El ordenanza venía y nos dejaba el café, y recién cuando este muchacho se iba, se ponía los lentes. Era un viejo coqueto y picaflor ...

Lo de su socialismo es de siempre. Los Martínez Baca fueron de los primeros pobladores de la Argentina. Y si no me equivoco sus ancestros eran en España, hidalgos o algo por el estilo. Creo que de ahí vienen sus aires medio aristocráticos: era un señor, de otra época, quizá un poco apabullado por esta nueva, la verdadera época de su actuación política.

En los setenta Mendoza estaba todavía en los tiempos del agrarismo y con MB se da precisamente un intento serio de que Mendoza probase una cultura industrial ...No, hoy por hoy ha crecido la industria de servicios. La enorme producción es lo que da cabida, lo que fomenta la industria de servicios ... en aquella época había la ilusión de que la Argentina tenía un futuro ... no, hoy no, para nada.

H.D:

Del Gordo Guevara, es decir del actual senador (al2003) Guevara, tengo recuerdos fragmentarios; más bien recuerdo los recuerdos de algunos de mis mayores. Sí que era conocido en el medio; si uno caía, me habían informado, era él quien se encargaría de sacarnos, en unas horas a lo sumo. Otro Gordo, el queridísimo José Vicente Nardi (legajo CONADEP N° 6834), padre de mi compañero el Pepe, se solía referir a Guevara como uno de los históricos de la Resistencia Peronista, cuando nosotros todavía retozábamos boludones e inconscientes de sutilezas nacional-filosóficas por los corredores ultra-truchos del laberinto del Parque General San Martín, frente al rosedal. Según esta memoria del Gordo Nardi, Guevara se desplazaba en una moto tanto para sus actividades legales como ilegales: la cabalgaba y disparaba presto montado en ella cuando era el turno de colocar alguno que otro caño. Me viene al magín ahora mismo su apellido captado por mi vista desde atrás de la ventanilla de un micro en una pintada en letras rojas sobre un paredón, a mano derecha por la calle O' Brien, después de pasar Mitre en dirección al centro, pero antes de llegar a Las Heras (en Guaymallén) en el que se demandaba su libertad, luego de su caída en tiempos de Isabel. La pintada no era nuestra. Firmaba la Vanguardia Comunista y se podía leer también el nombre de otro abogado, Fuad Toum, preso junto a Guevara. No recuerdo haberlos visto jamás a ninguno de los dos.

En cambio del Polo tengo más claro el mentar de su nombre. No se me crea, sin embargo, a pie juntillas. Hay en mí un estimable residuo de lecturas y recuentos orales de los que debo haberme apropiado en esta bodega desorganizada que he construido como mi memoria. De todos modos tengo de él –del Polo– un par de nitideces incorruptas que, tal vez, al menos una de ellas, lo involucra:

Vuelvo a mediados del 74, alrededor de una semana antes del 26 de julio, aniversario de la muerte de Eva Perón. Acababa de volver de un viaje semanero, mochila al hombro, por dos o tres localidades de la provincia de Córdoba junto a una dupla de amigos burgueses, y a Ramiro, mi hermano, vecino y compañero de la UES. Cosa de pendejos inservibles, porque en realidad no fuimos nada más que por el gusto dudoso de rodar, dormir incómodos y pasar frío: flagelarnos, ése fue el significado del viaje, ahora lo descubro. Luego de un par de incursiones por pueblitos cordobeses insignificantes dirigimos nuestros dedos hacia las luminiscencias bolicheras de Keops, en Carlos Paz. En sus inmediaciones el cuarteto decidió instalar la carpa, a orillas del Lago San Roque, con ineptitud majestuosa, en el medio de una calle no asfaltada –llegamos cuando la noche acababa de cerrarse, por lo tanto no se veía un carajo– y desde luego, no tardamos en recibir la repulsa del vecindario cabañero. Quién sabe qué argumentos propuso nuestro representante ante los fastidiados propietarios de chalets con vista al lago, ahora entorpecida. Pero sí recuerdo que no nos jorobaron mucho más y que ahí pernoctamos por unos seis días en los que pescamos pejerreyes a montones, no tuvimos minas con quienes ir a Keops, jugamos al truco, al fútbol, se nos cayó la pelota al lago, nos la afanaron unos cordobeses picarones que paseaban en una lanchita a motor, nos calentamos entre nosotros, nos cagamos a trompadas y, al final, volvimos no sin antes lavarnos con shampoo las cuatro cabezas, los unos a los otros en fraternal trajín, con chorros de agua helada provenientes de un surtidor de huerto de un chalecito cuyo dueño debía estar ausente. El objetivo era llegar de vuelta a la tierra prometida por lo menos con las abundantes cabelleras en orden. Arribamos a Mendoza un descolorido crepúsculo de invierno, nos despedimos con Ramiro de la compaña burguesa, dejamos bártulos en el edificio domiciliario y de ahí nomás partimos al local de la JP de la calle San Juan (antes CASA) para informar a quien correspondiera del retorno a los deberes militantes. En nuestra ausencia a algún jocundo UESO, o a algún jefe mal ocupado, se le ocurrió la distinguida idea de que la agrupación debía partir en campaña a la precordillera para afiatarnos en lo físico y prepararse para posibles actividades combatientes. No creo que a Ramiro –que se prendía en todas con una facilidad e inconciencia que le envidiaba– se le haya antojado mal el convite. En lo que a mí se refiere me pareció un desatino. Desde los catorce años siempre he preferido acostarme en camas que en bolsas de dormir. Pero no ensuciemos la memoria con reparos contemporáneos al tiempo del evento: no solo tenía la obligación de aceptar sino que algún placer debo haber sentido, aunque, y esto sí es transparente, me había empezado a doler la garganta. Marchamos esa misma noche en un micro hacia la cabecera del departamento de Luján de Cuyo. Quizá por la fiebre ... no sé ... se me torna un tanto difuso el panorama porque no logro establecer dónde nos bajamos. Lo único diáfano igual que la campiña montañesa escarchada es que comenzamos a caminar cuesta arriba en plena noche con dirección a algún punto aislado de la localidad de Chacras de Coria. Primero por calles de tierra apenas forradas de blanco, luego por senderos aceptables y después por atajos para mulas, plagados, bajo la escarcha, de deposiciones animales –bostas– a las que pisábamos con asco pero indefectibles y unánimes ya que teníamos prohibido hacer uso de linternas o encender fósforos con el objeto clandestino de no avivar giles con nuestra sospechosa presencia. Habremos caminado lo que me parecieron dos horas largas por esas lontananzas cuando por fin ingresamos a una casita en construcción en el medio de una oscuridad insondable y gélida a la que por supuesto todavía no le habían instalado electricidad ni gas; no había estufa, chimenea y ni qué hablar de calefacción.

Estaban en el sitio algunos compañeros adelantados al mando del Pepe Nardi, que debían haber preparado el vivaq y darnos la bienvenida al resto, que veníamos congelados, agotados y muertos de hambre. Para ingrata sorpresa de los advenedizos, los muy cabrones, no se habían dignado siquiera a preparar un caldito, cosa que le valió un amago de sanción al adelantado a cargo (el Pepe) por parte del respo general, el Edgardo, que venía entre nosotros. Se armó un poco la podrida porque el Pepe no asumió la crítica ("a nadie se le ocurrió traer víveres, qué concha pretenden"), nos mandó a todos a la mierda y si no es porque el Edgardo bajó los decibeles ahí nomás se acaba el campamento, coronado por un motín de los adelantados que no estarían tan exhaustos pero sí muertos ateridos y hambrientos, y tan malhumorados como los que acabábamos de llegar. Tocaba usted cualquiera de las paredes con las palmas de las manos y no podía dejar de notar que respiraban una humedad tumefacta que pronto se convertía en costrita de hielo para ahí nomás recomenzar la supuración y repetir un ciclo que se le metía a uno en el alma y le obligaba a preguntarse de nuevo sobre la sabiduría de esta aventura y quizá sobre lo viable ...

Había por lo menos una pequeña luminosidad, aparte de las escasas velas encendidas, entre tanto estrago: la voz de un pibe que no supe nunca cómo se llamaba, que asistía al colegio General Las Heras, turno noche. Aquella noche fría del invierno del 74, este pibe que alumbraba con una vela mientras rasgaba en una guitarra temas de Víctor Manuel, que interpretaba con sorprendente maña, o por lo menos con la suficiente como para hacernos de canción de cuna y permitirnos dormir apretujados y dulces, aunque con la pésima onda de no poder olvidar el estómago vacío. Yo empecé a delirar, creo, a mitad de la noche, pero no por la voz del pibe del Las Heras, que ya se había desvanecido sino porque la fiebre debía orillar los cuarenta. Les terminé de arruinar la noche a los compañeros, pero también los salvé de los órdenes cerrados de la mañana siguiente ya que quedaron anonadados por las pavadas que hablaba en el delirio y aun pensaron que hasta ahí nomás llegaba. Dicen me quería escapar a revolcarme en la nieve, por lo cual se tornó perentorio suspender cualquier actividad que no fuera la atención plena de mis necesidades. Con la situación imperante imposible de prosperar, el Pepe, único con pasaporte de boy-scout entre nosotros –recuerda Ramiro– se lanzó ante la emergencia cuesta abajo junto a un voluntario seleccionado por él, para avisar en el local de la calle San Juan que allá arriba estábamos en las últimas, con uno enfermo y además sin víveres ni medicinas. La expedición del Pepe partió al mediodía y recién se aportaron por el iglú con unos de la JUP al caer la noche para rescatarnos del estropicio y llevarnos de vuelta a la ciudad, a las puteadas. De repente me encontré de pie, en calzoncillos, frente a un hombre joven vestido con delantal blanco de médico, más bajo que yo, lo cual no es mucho decir, y que me interrogaba acerca de no sé qué un tanto divertido. Me puso una inyección y de inmediato me mandaron a hacer reposo en el departamento de la calle Catamarca. Allí me recibió mi madre despavorida al descubrirme con la mirada extraviada, envuelto en un poncho gris dos veces mi medida, sombrero de coya y tambaleando como si estuviera en curda épica. Lo menos que pensó es que me habían herido, pero Edgardo la calmó de inmediato, le indicó que me pusieran en cama, que a la mañana siguiente estaría bien y, en efecto, así fue. El Polo ya era médico en ese entonces. Tal vez fue él quien me atendió, pero no me consta. No le iba a preguntar tan luego eso cuando me reuní con él el pasado jueves 8 de mayo. De cualquier modo, en esta última ocasión, me miraba intrigado en el intento de deshojar de a poco las arrugas del rostro acumuladas por casi treinta años de no estar cerca, algunas canas. Hasta hizo el ademán de sacarme los anteojos para ver si le sonaba. No hubo caso, no me reconoció y las únicas señas para cerciorarse que yo también "estaba" fueron la presencia garantizadora del Negro Ábalo y la mención de un par de nombres fuertes de UESOS setentistas que mencionó –uno de ellos equivocado: un vago de apellido Lorenzo que desde finales del 73 hasta marzo del 76 habrá ido a una o dos reuniones de la agrupación, no participó de ninguna de sus minúsculas operaciones y después del 83, según supe, argumentaba ser sobreviviente de la UES.

Después que me depositaran los compañeros en el domicilio familiar persiste el recuerdo de otra noche de mierda, que me la pasé en vuelo, atado al ala de un avión cuyos motores despedían spaguettis con tuco a roletes que me embadurnaban la cara. Por la mañana ya me sentí un poco mejor, a la tarde las hormonas estaban a pleno y a la noche, de nuevo, con el Ramiro rumbeamos al local. Era el 26 de julio y la UES, con las otros frentes de la JP debía proveer seguridad perejil a la marcha. Viene el ya referido orden cerrado del Gordo Tincho y la cuña del frente secundario que vuela por los aires. Más de cinco mil personas afuera del local, qué me cuenta. Marchamos frente a la Iglesia Loreto donde ya esperaban los ortodoxos –conocidos, parientes, amigos de la infancia– que nos recibieron con una andanada de cantitos y admoniciones en las que nos impelían a desistir, comunistas de la porra, mientras que nosotros les retrucábamos: *"si Evita viviera / sería montonera"*. El frente de la marcha, donde nos habíamos posicionado el Pepe, Edgardo, Jorgito López, Ramiro y yo, cruzó Lavalle, por José Federico Moreno y cuando se aprestaba a doblar hacia Catamarca, algún exagerado y / o neurótico de la JUP se zarpó urgido con un "seguridad al fondo". Qué cagada, me dije, ahora nos van a moler a cadenazos, como de costumbre: con dudas o no, corrimos a cien abandonando a la intemperie la cabeza donde se destacaba el bombo castigado por un tal Tapita, que ni se mosqueó –yo creía que éste alguna responsabilidad debía tener – y llegamos nomás a la retaguardia, de vuelta frente a la Loreto. Estaba el Mudo, el único con cara de obrero, que discutía con ardor en medio de la gritería –por ahí contra algún familiar lejano– acerca de las profundas diferencias entre la Ortodoxia y la Tendencia. Lo rodeaban unos cuantos pero se destacaba un petiso que saltaba exaltado y ronco, más alto que todos, como si estuviera en la cancha *"Perón / Evita / la patria socialista"*. No tenía delantal ahora. "Ese es el Polo", me aclaró Jorgito. Después el cierre, la Plaza Independencia. Y Arrostito.

Ajajá ... ahora caigo. Estaba todo programado, cómo no me di cuenta antes. La conducción local sabía que Arrostito vendría a hablar a final del acto y como ellos estarían por completo a disposición de su seguridad, nos enchufaron a los frentes políticos la perejil custodia de la gente que marchaba. De fija que en el campamento fallido se nos daría instrucción sobre el uso eficaz de palos y cadenas contra fachos peronistas. Contribuí entonces, sin proponérmelo, a que la UES se presentara en inferioridad de condiciones para la labor encomendada. De ahí quizás, el celo del Tincho en probar nuestra cuña. Ya era tarde y no se podía dar marcha atrás. No les quedó más remedio que incluirnos. Yo, por mi parte nunca me sentí tan ancho, tan guerrillero como cuando porté aquel palo recortado que se me salía entre las solapas del abrigo y sobre lo que me alertó la compañera del PC, Aliste, sí, estoy seguro que su apellido era Aliste.

No recuerdo que Susana Sanz haya hablado antes que la Norma Arrostito hacia el final del acto como dice en *La voluntad*. En todo caso, los pibes de la UES, consustanciados en nuestra labor de custodia, deambulábamos adustos por la plaza, por las estribaciones del gentío, a ver si localizábamos a algún provocador de funestas intenciones. El Pepe descubrió a uno por lo que nos empezó a buscar desesperado para darnos la buena nueva, cosa que le habrá tomado unos quince minutos porque a esa altura ya andábamos en confianza, desperdigados y tranquilos en el cumplimiento de nuestras funciones. Nos reunimos en una ronda de por lo menos cinco y miramos de una vez hacia el lugar donde el intruso, a unos pocos metros de nuestra posición: se estaba tomando un cafecito lo más campante. El tipo, sobrador, vestía un blazer azul, camisa blanca y corbata a tono, era bien morocho, cara de torta miguda medio tostada, bigote recortado a la Vincent Price, de estatura más bien baja, un poco excedido en el peso y peinado a la gomina: el resumen de la figura de un botón de civil, de lo más típico, aunque no engañaba a nadie. Habrá llamado la atención hasta de los choborras que escabiaban bajo las ramas susurrantes y peladas de los árboles de la plaza. Nos marcó enseguida el hombre porque, a pesar de las advertencias del respo que nos recriminaba con, "no lo miren así, boludos", lo observamos como si le cantásemos de repente, a la Les Luthiers, *"te descubrimos / por fin te descubrimos"*. Levantó el vasito de café y nos lo ofreció en señal de brindis, gesto que nos sobrecogió en principio, pero después nos sentimos halagados porque debimos haber pensado que su reconocimiento nos legitimaba. El vasito casi se le vuelca del sobresalto cuando una voz masculina anunció que a continuación iba a hacer uso de la palabra la compañera Norma Arrostito. Nosotros tampoco teníamos ni idea. Lo de que "ha pasado la hora de los tibios y los mediocres" estaba seguro que lo había dicho ella y no Susana Sanz, como le dice a los vagos de *La voluntad*. Pero tal vez sea yo quien no recuerda bien.

G. M. A.:

Con el Juan Manuel Martínez Baca, sí, juntémonos acá, somos muy amigos, entonces que él nos hable de todo lo que es la parte del origen socialista de su padre ... de todas las vertientes que tuvo el peronismo, desde Remorino, que era la derecha, a sectores del trotskismo, de todo ... era el movimiento y nosotros un poco generamos eso desde la izquierda, dentro del nacionalismo popular pero a la izquierda, por eso lo del socialismo y todo lo demás.

Mirá, yo te puedo decir de la Tendencia y de Montoneros antes de MB, porque yo fui uno de los primeros montoneros que llegó acá, clandestino. La idea que teníamos era la de armar una organización nacional. Como Montoneros se había iniciado con el caso Aramburu y con La Calera ... entonces, los que terminamos prófugos porque nos tiran la orden de captura empezando por Firmenich, Abal Medina y Arrostito, por un lado; los que al mes y pico tomamos Calera, el caso mío que yo soy de Córdoba, el primero de julio, en el 70, a un año del Cordobazo ... los que estábamos clandestinos y que teníamos esta concepción de organización político militar, decidimos desarrollar en los lugares más importantes del país esta organización. A mí me tocó venir con Alberto Molina que era de Santa Fe, que habíamos estado en Calera ¿el que fue diputado?, no, nada que ver, ese que vos decís era Eduardo Molina ... este otro era un compañero que cae con la Secretaría Política junto a la Victoria Walsh, con Salame ... que cae toda la estructura de conducción, en el 76, yo ya estaba en cana en esa época. Entonces, todos esos compañeros ... Firmenich se queda en Buenos Aires, el Negro Savino Navarro se va a Córdoba, en fin, hacemos todo una especie de regionalización de la organización y bueno, acá en Mendoza yo llego en el año 71, 72, previo a haber estado en San Luis, pero con la idea, acordate que Montoneros nace con el concepto del Perón Vuelve, la idea del P. V., nosotros si bien teníamos una política militar al mismo tiempo teníamos lo que llamábamos una política de masas, es decir, apuntando al peronismo, al grueso del peronismo que viene de la lucha de la Resistencia y demás. Uno de los objetivos fundamentales es que vuelva Perón, traerlo a Perón. Nosotros nos sumamos a eso. De ahí lo de la juventud maravillosa, etc. Entonces cuando nosotros ya estamos en plena lucha, de tipo comando y de tipo militar, también estamos pensando cómo robustecer la lucha militar con una política de masas. La política de masas para nosotros en ese momento era Perón, el retorno de Perón. Cuando se da la situación de Lanusse frente a Perón respecto a las elecciones, Perón forma primero, bah, no sólo Perón sino también Balbín y todos los políticos de la época, forman La Hora del Pueblo: ya se empieza a ver un panorama de salida democrática y había que ver qué lugar iba a tener Perón. Te lo voy diciendo muy rápido, pero ahí es donde Lanusse empieza a negociar para que ... legalizar al peronismo sin Perón, la famosa historia del peronismo sin Perón . Exactamente, Lanusse quería ser él el candidato y de ahí la anécdota con Paladino. Con Paladino, que era su delegado personal antes de que lo fuera Cámpora y entonces Paladino empieza a jugar medio a dos puntas y Perón cuando lo echa dice "al fin no se sabía si Paladino era delegado de Perón ante Lanusse o delegado de Lanusse ante Perón". Y con eso, un olfato tenía ... como era el Viejo, vos sabés ...

chau Paladino ... y resulta la figura de Cámpora y de nosotros. Ése, modestia aparte, es un poco el acierto de Montoneros. Nosotros queríamos hablar con todos. Desde Ongaro que era la parte dura del gremialismo hasta con todos los sectores de la ortodoxia. Unos nos pegaron una patada en el culo, otros nos veían como marxistas, otros nos veían como compañeros luchadores y así, hablábamos con todos. Y hablamos con Cámpora, que tuvo una gran receptividad hacia nosotros. Quedó lo que fue: Cámpora al gobierno Perón al poder, qué lindo que va a ser, el Tío en el gobierno ... y todas esas cosas que se vivieron en esa época que si bien más allá del folclore de lo que significaban trasunta la problemática de fondo de lo que quería el pueblo argentino. La JP, yo creo que en ese momento si bien generacionalmente éramos muy jóvenes, si yo tenía veintiséis, veintisiete años, vos tendrías dieciséis o diecisiete y el Negro tendría unos diez más, por eso abarcaba, la JP, un espectro, un abanico amplio hacia abajo en los adolescentes y hacia arriba con los adultos. La relación con el mismo Perón, porque conversamos con Perón también, él nunca condenó el caso Aramburu, más allá de las anécdotas con Galimberti, con lo de las milicias. Eso es historia aparte, pero la llegada de Cámpora y su visión de decir: "vamos a hacer un gobierno popular, un gobierno de transformación social, vamos a volver a las conquistas sociales ..." nos llevó a conversar, y eso a través de otros sectores, ya más del nacionalismo como el caso de Abal Medina ... a conversar con distintos hombres del viejo peronismo que eran más o menos contemporáneos de Perón. Caso de don Oscar Bidegain, caso de don Cepernic, el caso de Obregón Cano, etc. ¿En Mendoza con quién hablamos? Ahí hay un viejo que siempre fue peronista, que estuvo en el Partido Blanco, en el Partido Tres Banderas, que estuvo perseguido, que viene del origen del socialismo. ¿quién es? don Alberto Martínez Baca que se encuentra en el sur, que tenía una farmacia. Ahí fuimos a verlo y nos recibió maravillosamente bien . Otros compañeros fueron a verlo a Bidegain y bueno, cuando nosotros fuimos ya a conversar con Perón, teníamos bastante acercamiento a los distintos sectores juveniles, a los distintos sectores del Partido Justicialista, a los sectores más combativos, a los sectores combativos de los gremios y demás ... por ejemplo con Framini, entre otros, que ganó aquellas elecciones del año 62, con Frondizi, que le anularon ... en fin ... todo esto que vos me preguntás tiene mucho que ver con la historia de la Resistencia . Nosotros nunca nos afiliamos al PJ, pero nos sentíamos parte del movimiento, lo del movimiento daba lugar a todo. Por eso Perón hablaba de las Formaciones Especiales y a nosotros no nos gustaba mucho porque no queríamos ser el brazo armado del peronismo. Nosotros queríamos ser la organización político militar que condujera el movimiento tras, digamos, el fin biológico del General. De ahí la lucha por el poder que se daba abajo. Que en realidad no era una lucha por el poder en sí misma sino que era una lucha por dos proyectos enfrentados, totalmente diferenciados, el del socialismo nacional, como lo queríamos enfocar nosotros, y el de la patria ortodoxa peronista que estaba un poco materializado en la derecha, en el gremialismo vandorista, en López Rega, etc.

Cuando llegué a Mendoza había sectores que querían conectarse de cualquier forma con los sectores de Montoneros. Montoneros había calado mucho, entre su propio nombre, lo de Aramburu, el tipo de lucha y el Perón Vuelve. Era un poco, para simplificártelo: socialismo-lucha armada-Perón Vuelve, esto en forma gruesa, grosera, sin mucha penetración científica, pero era un poco el sentir y de ahí la gran interpretación que tuvo en los sectores populares del peronismo y de ahí también la adhesión que tuvimos en ese momento, más allá de los enfrentamientos y las luchas intestinas en el peronismo y también el enfrentamiento con el mismo Perón.

Ese primer grupo de Montoneros tiene sectores que vienen de la izquierda, sectores que vienen del nacionalismo, sectores que vienen del cristianismo tercer mundista y sectores independientes. No, no ... había compañeros que venían de Tacuara pero no nos olvidemos ... no, Galimberti venía de un grupo que se llamaba JAEN [Juventud Argentina para la Emancipación Nacional] ... era Abal Medina el que venía, el que había tenido contacto con el Tacuara, que había roto con el Tacuara del Curri Uriburu y que se vuelca con Joe Baxter. Este Joe Baxter se va ... termina en el ERP, en la Fracción Roja, digamos de los sectores más ultras; Carlitos Caride viene del Peronismo de Base pero también era de la Juventud Peronista con Brito Lima, su origen ... ellos eran pendejos de la Alianza Libertadora Nacionalista. Y esto hay que entenderlo, a la izquierda le cuesta mucho entender porque el peronismo era un movimiento nacional que surgía desde el pensa-

miento más nacionalista. En un país dependiente, porque nosotros no éramos Alemania para decir que el peronismo fuera nazi. Nosotros estábamos en un país dependiente en que al nacionalismo se lo podía hacer revolucionario.

[H.D: Quién sabe si usted lo ha notado: nos proponemos no bloquear ni cruzar en su discurso las verdades de nuestros entrevistados. Sin embargo me siento tentado a comparar el discurso de las líneas finales del último párrafo del Polo con una interrupción bibliográfica que viene a cuento: Eric Hobsbawm –el historiador marxista que se curó de espanto con las enormidades de Stalin y los desaciertos de los partidos comunistas alrededor del mundo durante la mayor parte del siglo XX– a quien nombré antes y de quien leo sus memorias con una módica cuota de escepticismo izquierdista, argumenta lo siguiente, para alarma o desmayo de los nacidos en la tierra prometida de América Latina: "Como sucede en el gran libro de García Márquez, *Cien años de soledad*, en que quienes conocen Colombia identifican de inmediato tanto el realismo como lo mágico, uno ha tenido que esforzarse por encontrarle sentido a aquello que en primera instancia pareció inverosímil. Lo anterior aportó lo que la especulación contra-factual nunca pudo, por ejemplo, una serie genuina de desenlaces alternativos a situaciones históricas: caudillos de derecha que se convierten en la inspiración de movimientos obreros (Argentina, Brasil); ideólogos fascistas que se unen a sindicatos mineros de izquierda para hacer una revolución que reparte la tierra a los campesinos (Bolivia); el único Estado en el mundo que verdaderamente ha abolido su ejército (Costa Rica); un Estado integrado por un partido único (el PRI), célebre por su corrupción, que recluta sistemáticamente a sus cuadros entre los más revolucionarios de sus estudiantes universitarios (México); una región donde la primera generación de inmigrantes de otras zonas del Tercer Mundo pueden aspirar a la presidencia, y árabes ("turcos") que tienden a ser más exitosos en sus emprendimientos que los judíos.[2]]

---

[2] "As in García Márquez's great *One hundred Years of Solitude*, in which everyone who knows Colombia recognizes both the magic and the realism, it forced one to make sense of what was at first implausible. It provided what 'counterfactual' speculation can never do, namely a genuine range of alterna-

Sí, sí Mendoza, por supuesto ... te voy explicar, había gente que ya tenía contactos con las FAR. No te olvidés que con las FAR nosotros nos fusionamos, una fusión total, ese era un grupo bien de izquierda pro-guevarista. Las FAR se forman en la Argentina para ser el apoyo, se forman en el 67, antes de que lo maten al Che para hacerle el apoyo logístico, por eso te quiero decir, Montoneros es una mezcla, un producto de lo que es nuestro país, eso era lo genuino, fueron los más conocedores y más inteligentes y por eso nos pegaron, nos reventaron tan fiero los milicos. Los milicos hicieron un gran trabajo de inteligencia y pensaron, "si nos dedicamos a llegar a estos tipos, que tienen un poco de todo, porque tienen lo mejor de la izquierda, lo mejor del nacionalismo, lo mejor del peronismo ...", sin ser elitista ... "...tienen lo mejor del gremialismo ... tienen posibilidades de ganar y si ganan estamos perdidos". Esta es la Argentina de la revolución. ¿Qué pasa hoy con Kirchner? ¿Cuál es el ataque a Kirchner? ¿Lo han visto? Que es montonero ... El pobre Kirchner era de la JUP, creo, de la JUP del sur y hay que reconocerle que no quiere quedar mal con los Montoneros, no, no, dice "no tengo nada contra los Montoneros, pero no soy montonero". Y Menem que se ha convertido en el vocero de la derecha neoliberal, "hay un contubernio contra mí desde los piqueteros a los Montoneros". Recrea a los Montoneros porque quedó en la memoria, no del pueblo, en la memoria, como el enemigo principal de los sectores de la oligarquía y de la reacción. Muchas veces a uno lo marginan también, en muchos casos por miedo, piensan: "puta, nos van a perseguir, nos van a correr". Y ya ven que salió en el tema electoral: los Montoneros. Ayer cuando yo estaba de guar-

> tive outcomes to historical situations: right-wing chieftains who become the inspiration of labour movements (Argentina, Brazil), fascist ideologists who join with a left-wing miners' union to make a revolution that gives the land to the peasants (Bolivia), the only state in the world that has actually abolished its army (Costa Rica), a single-party state of notorious corruption whose Institutional Party of the Revolution recruits its personnel systematically from the most revolutionary among its university students (Mexico), a region where first-generation immigrants from the Third World can become presidents, and Arabs ('Turcos') tended to be more successful than Jews". (*Interesting Times*, 377)

dia, veía –yo acá no tengo canales de cable– estaba viendo en un canal y meta preguntarle a Kirchner, "¿y usted tiene que ver con los Montoneros?"; y lo sacaron después a Menem. "Y ió ... porque los Montoneros son los que me están pegando y ellos no quieren y van a ver que vamos a volver al pasado, con los Montoneros, como en la época del setenta" O sea que miren cuál es la historia que ha quedado con los Montoneros ... La cagada va a ser ¿sabés qué?: no quiero ni pensar a Menem como oposición. Porque ahí van a aprovecharse de todo para hacerlo fracasar a Kirchner, más allá de que yo ni lo voté, creo que tiene el peligro de ser un De la Rúa del peronismo. Aparte agarra un peronismo fragmentado, porque ya no se unen más: el movimiento de Rodríguez Saá no se va a unir con el de Kirchner, que es el de Duhalde, y con el de Menem menos, así que es flojo el panorama que queda para el país, no lo veo claro ...

Pero volviendo a lo de Mendoza que es lo que les interesa, ¿quiénes estaban en Mendoza? Estaba ... no quiere decir que fueran Montoneros ... nosotros hicimos, cómo te puedo decir, la primera horneada, los primeros encuadrados de Montoneros. Ya estaban junto a nosotros los de la FAR, ¿quiénes eran los de la FAR acá?: el Gordo Guevara, el Buby Cerutti y distintos compañeros, los orígenes eran de lo más diverso: el guevarismo; el Negro Quieto venía del viejo PC, de los que se venían rebelando contra el PC burocrático ¿Sabés cuál fue uno de los méritos? No, por mérito propio de los Montoneros, pero mérito por los movimientos históricos tales y como se iban dando: que pudo abarcar ampliamente a muchos sectores de distintos orígenes y eso le dio una riqueza enorme. Un concepto contrario al sectarismo de la izquierda. ¿Ezeiza, Negro?, lo de Ezeiza fue impresionante ... y el quilombo que armó López Rega, hijo de puta, y que ahí comienza la historia del enfrentamiento con Perón. Fue cuando vieron esa cantidad y todo ese sector de la derecha peronista, Osinde, López Rega, Brito Lima, que se quedó en la derecha, Norma Kennedy se queda también en la derecha, pero Carlitos Caride y todos sus compañeros pasan a Montoneros. Esa es una cuestión que hay que escribirla sutilmente porque esa es la riqueza que viene del peronismo y nosotros sí, con nuestro accionar, no, dijimos esto, no acá no nos divide la gente ni nada: nos divide un proyecto. Nosotros tenemos un proyecto social, un proyecto de socialismo nacional porque por el ori-

gen nacional, transformador, de hacer la patria grande latinoamericana, de que los medios de producción estén en manos del pueblo y del estado, eso era lo válido y esa es la piedra del escándalo, no es otra cosa. Y ahí se escinde el campo popular, bah, se parte el país. Nosotros hablamos con Gelbard. Gelbard fue un de los mejores ministros, el judío Gelbard, que me vienen con que Perón era antisemita, mentira, ese libro que escribe la María Seoane, que es la periodista de Clarín, yo lo tengo al libro, que se llama El burgués maldito, es excelente, diez puntos ... che, ahí está, ese libro debe tener unas veinte entrevistas con Firmenich. Están todas las citas ... "esto me lo dijo Firmenich, esto otro también ..." Los tipos que tuvimos más contacto con Gelbard, después que murió Perón, fuimos nosotros. Si era el proyecto más lúcido, y él había sido del PC. Perón era un pragmático, qué le importaba que fuera del PC, el Viejo decía si este tipo que empezó vendiendo jabones y condones en las plazas de Catamarca y que llegó a lo que llegó, eso es un kilo para el país, es decir, expresaba perfectamente el sentir de la clase media, que por otro lado nunca lo reconoció a Perón. Muy bueno el libro, ¿sabés por qué? Porque es un libro testimonial, esta mujer Seoane habla con los familiares de él, y sobre todo habla con Firmenich, léanlo, sí, sí. Son charlas recientes las de Firmenich, son del 96, 97. Esto, si bien es desde el punto de vista nacional, tiene que ver respecto a Montoneros, el concepto nuestro en cuanto al pragmatismo, las relaciones con Cuba todo eso, pero con la anuencia total de Perón. Por eso, un tipo que de la nada, como son estos judíos, judíos polacos, que llegaron acá con una mano atrás y otra adelante a vender así, a vender ballenitas, condones, peines, peinetas ¡en las plazas de Catamarca! ... no viejo, no era ni siquiera en Buenos Aires, ¡era en Catamarca!

Lo que quiere Gelbard es una CGE,[Confederación General Económica] fuerte, también la alianza de clases, pero, está bien ... hasta ... después vendría, digamos, la lucha de clases, si en la Argentina todavía teníamos que fortalecer el país burgués. Otra cosa, el viejo Gelbard abre todo el negocio con Cuba y con la Unión Soviética. Perón le dice "acá si nos ponemos con los yanquis estamos listos, porque los yanquis nos van a someter a créditos". Yo lo tengo todo subrayado ese libro, vale la pena, y ahí lo nombra un poco a MB, hace un poco la historia de Montoneros dentro del peronismo en ese momento y asimismo se refiere a los ataques de la derecha. *Yo a veces ni lo digo esto porque la historia no tiene mucho éxito entre estos chicos, sí, los del PCR ahora, un poquito más. En aquella época tenían un mambo ... ¡con la Isabel, imaginate! ... en la cárcel yo tenía unas peleas... El PCR, en su periplo, cuando empieza a conocer el peronismo, en vez de enfocar para el lado más combativo, no, empiezan a descubrir la derecha del peronismo, lo más jodido ¿Infiltración? No creo, son análisis del esquema izquierdista típico. Hoy ya se hacen otros análisis, en cambio en esa época, aun Perón, tachado de fascista, que cómo se podía entender que tenía una ala de izquierda. Eso la izquierda no lo entiende, porque ellos parten de esquemas y de contradicciones que son netamente de países centrales. No le cabe que pueda haber un análisis revolucionario, de izquierda nacional en países dependientes como el nuestro. Porque fue muy mecánico decir que Perón fue fascista. Años, la izquierda perdió un montón de tiempo y después lo expulsan los comunistas a Fernando Nadra, uno de los primeros que fue a hablar con Perón ... tiene un libro que se llama* Mis conversaciones con Perón. *Empiezan a descubrir que no era así, que Perón no era un gil enanito para América Latina. No, no era anticomunista, al contrario, fue el primer país que reconoció a la Unión Soviética, en el año 48, esa marcha contra Braden ...*

... Che, volvamos a lo que les preocupa de Mendoza. Después esos compañeros ocuparon cargos, por ejemplo el Buby Cerutti, fue subsecretario de Gobierno de MB. El grupo CASA era un grupo que en realidad lo arma el Buby Cerutti con gente de la Democracia Cristiana para hacer una asesoría de gremios. Con el tiempo y ya en los años 67, 68, 69, con toda la avanzada revolucionaria mundial, después de la muerte del Che, en la Argentina el retorno de Perón, todo eso, se empiezan a formar grupos de la Juventud Peronista. En Mendoza tenemos cuatro grupos, que esto te puede servir a vos: un grupo ... es uno más tradicional que se llamó ... más peronista ortodoxo ... era la OJP (Organización de la Juventud Peronista), donde estaba Sversk, que se murió, ese grupo donde estaba también el Miguel Longo; después está otro grupo, más nuevo, que se llama Movimiento 17 de noviembre, que es cuando Perón vuelve la primera vez, donde estaba

acá el Gordo Sanhuesa, Vicente Antolín, que es un grupo que forma Ernesto Jauretche y el Beto Ahumada, que eran de los grupos de origen cristiano, donde estaba la hermana del Ahumada que tenía que ver con la revista Cristianismo y Revolución, *que dirigía el Padre Juan García Elorrio; el otro grupo era la MJP (Movimiento de la Juventud Peronista) donde está Ramoncito Torres, el Pelado Manrique y el Gordo Guevara; y en el Grupo CASA, el otro grupo de la Juventud Peronista, donde estaba el Rino Piazza, que era gente del Canca* [Juan Carlos Dante] *Gullo. El grupo del MJP y de CASA estaban con las FAR. Y el grupo de la OJP y el M17 estaban con Montoneros; después nos fusionamos todos ... el acto que hubo ahí ... éste se acuerda [se refiere a Hugo], ¿sabés quién lee la proclama [pregunta al Negro] en la fusión?: el Viejo MB, se jugaba todo, no tenía especulaciones, eso lo llevó a un enfrentamiento a muerte con Perón y por eso intervienen la provincia, que estuvo bien porque el Viejo prefería la intervención porque lo que querían los otros, los metalúrgicos, es que renunciara MB y se quedara de gobernador el Gordo Mendoza. Esa era la maniobra. Esto lo podemos ver con Vicente Antolín, él me va a ayudar bien a focalizar.*

A MB lo ponemos nosotros ¿la JP? No, Montoneros lo pone, decíamos que había sido la Juventud Peronista porque era la parte más legal, Montoneros era clandestino, yo estaba a cargo en la clandestinidad, hasta el 73, pero siempre cuidándolo porque estaba la derecha ahí, los milicos eran mucho más fuertes de lo que son ahora que están diezmados, pero antes, siempre había que estar atentos. El otro fenómeno interesantísimo fue Carcagno a quien el mismo Perón lo saca porque Carcagno va al desfile del operativo Dorrego que por las inundaciones del Chaco lo dirige la JP, con el ejército, pero con el visto bueno de Carcagno. Él era otra propuesta nuestra. ¡Mirá el poder que había!: los cinco gobernadores, el comandante en jefe del ejército, que va y se manda un discurso en la famosa reunión de ejércitos latinoamericanos en Venezuela, que es impresionante, como el discurso de Cámpora el 25 de mayo, que hay que leerlo ese discurso.

Lo que pasa es que nosotros teníamos, y eso también hay que analizarlo sociológicamente, nosotros teníamos mucha gente de clase media en Montoneros, muchos viejos que venían de familias de nivel alto, Alsogaray por ejemplo, el hijo del milico, era oficial montonero;

yo hice el curso militar con él ... sí, el Hippy ... yo hice la parte urbana y con Urién, el guardiamarina, lo hicimos aquí en San Luis, yo hice los dos cursos ... y el Hippy era un hippy y un milico a la vez ... excelente condición la del tipo. Nosotros tuvimos tres marinos, el Guardiamarina Urién y uno que murió en Tucumán ... bueno, el Hippy muere en Tucumán, y lo mata Ferreira, era hijo del general Julio Alsogaray. En La voluntad, la Susana Sanz te explica dos o tres cosas de cómo manejamos el gobierno de MB acá en Mendoza, cómo manejamos los ministerios. No, no, el Gordo Guevara ahí sangra por la herida porque MB no lo nombra, lo nombra pero lo nombra muy en otra cosa. El Gordo, no sé, yo lo quiero mucho pero tenemos nuestras diferencias.

La gente que había era toda la gente de la Juventud Peronista, ya formamos la UES, ... ustedes formaron la UES, la JUP y la gente de Guevara, Cerutti, la gente de CASA, y la conducción, era clandestina, digamos, estaba un poquito superpuesta pero porque así se habían armado con gente de lugares diferentes, de Córdoba y de Buenos Aires principalmente ... pusimos varios compañeros en los cargos de gobierno, por ejemplo, en el ministerio de Gobierno que era fundamental, y después teníamos gente en todos los ministerios ... en el de Justicia, con este muchacho Vignani, la Coquita Jury, la Haydeé Fernández, toda esa gente, la Raquel Izquierdo, el Flaco Morgante estaba en Comercio, era nuestro, monto-monto, éste no era de las FAR. Andá a verlo, un muchacho capaz, muy capaz, pobre ... pero bien, con el Flaco nos vemos de vez en cuando. Pero el Flaco era del grupo de economía, subsecretario de Comercio. No, sí que teníamos varios cargos, habría que ver, el Flaco Morgante desde el punto de vista súper-estructural les puede dar muchos datos, tiene muy buena memoria, como él estaba más en la superficie, yo estaba más en lo clandestino, te va a decir más o menos todos los cargos que teníamos. ¿Si eran todos o no? y ... quedaban algunos medio-medio como Ruiz Villanueva, las hijas de este hombre eran de la JUP, el viejo se murió hace poco. A MB en la organización lo veíamos como que por ahí a veces el Viejo se equivocaba, que cedía ante presiones pero también nosotros desde una visión demasiado dura. No, no, nunca nos echó gente, pobre Viejo, el que hizo un desastre, que era secretario general de la Gobernación era el Grandote, el hijo al que le decían el Ropero.

Este hijo fue un desastre, quería manejar todo él. Como obra de gobierno, no te puedo decir demasiado, se quiso modificar mucho, precisamente otro de los funcionarios que era bastante nuestro era el Gordo Reig, el Peque Gil, subsecretario de Cultura y Carricondo estaba también ahí, era de San Martín, toda gente pro-monto y pro-MB. Yo creo que lo que más alcanzó a hacer fue en el plano cultural y educación, lo demás ... es que aparte no hubo tiempo, si duró un año, el gobierno cayó en junio del 74, un año nada más. Nosotros tratamos de defenderlo, movilizando, todo eso. Y yo caí en cana en octubre del 74, ya no estaba el gobierno. Sí que sacamos gente a la calle, se hicieron un montón de movilizaciones, después está en la conferencia de prensa que la vas a encontrar en los dos diarios del 7 de septiembre y en El Andino, ahí está el paso a la clandestinidad, si no te lo doy yo, con la Susana Sanz, que era abogada del sur, con el Pacoto Merino de la JUP, el Marquitos Ibáñez por la JTP, que murió en la cárcel, en La Plata. Esa era la situación, mirá, hacerle la vida imposible no, nosotros lo apretábamos un poco, pero bien, al Viejo, en el buen sentido. Porque le decíamos que si él dudaba y vacilaba lo sacaban a patadas, porque él ya estaba condenado por el solo hecho de haber sido un representante nuestro, que si vacilaba lo sacaban y que íbamos a perder todo, pero no, no le hacíamos la vida imposible, nosotros, cómo te puedo decir, una de las consignas que sacamos para Cámpora era apoyo, defensa y control del gobierno popular. Lo mismo para MB. Por ahí él tenía que ceder un poco porque la presión de los gremios era muy fuerte, en ese momento ATSA, la UOM, sí el Gordo Mendoza habló en aquel acto del Socialismo Nacional, si lo decía también el Viejo, ellos en eso no se podían quedar atrás y les daba bronca eso pero tenían que hacerlo a la fuerza. ¿Si el gordo Mendoza era consciente? ... después nos hemos encontrado con el Gordo Mendoza y no pasa nada, más bien, de lo que sí era consciente era de que representaba a la UOM. No, ojo, no era tan insignificante, eso de la vicegobernación no lo deciden acá, lo deciden a nivel nacional, ese era Rucci, lo decide todo el comando central que es provandorista, de la época del 73, Sí, por supuesto que era representante consciente.

Pero más allá, ojo, de todo lo que uno ideológicamente le puede echar en cara a la UOM, yo creo que la fortaleza del sindicalismo es en gran medida por el vandorismo, es decir, ese sindicalismo negocia-

dor, ese que te hace una huelga pero te la levanta en la medida que va obteniendo cosas. Obvio que no es un sindicalismo revolucionario ni mucho menos transformador, pero que le consiguió cosas a sus afiliados, se las consiguió. No ganaban así nomás, ganaban ... eso era la concepción gremialista de sus comienzos en el mismo peronismo, un instrumento de negociación con la patronal, pero de negociación para conseguir cosas, no para regalar todo a la patronal, al contrario, porque si nosotros los enfrentábamos desde una posición ideológica, los patrones tampoco lo querían al vandorismo, porque les arrancaba muchas cosas. Estaban dentro del marco de las conquistas sociales del 45, ojo, que hay que hacer un análisis político más fino. Las contradicciones estaban relacionadas con el problema económico. Estados Unidos ya, habiendo resuelto más o menos después de la guerra de Corea su geopolítica en el mundo ahora empezaba a ver qué pasaba con la Argentina que tiene industria nacional, que tiene industria propia, que hace aviones, que hace autos, que hace armas, no, macana. Y no ven que aún hoy, con el debilitamiento de los países que ellos llamaban de la periferia, a pesar de eso no nos dejan tener ni siquiera un cohete, el Cóndor, que se lo hicieron destruir a Menem, que iba para los iraquíes así que ... sí, era para ellos ... Menem es el que le da el golpe final para que no se haga más. Pero ya veníamos entregando todo, esta democracia ha sido más dañina que los milicos. Los milicos reventaron gente y reprimieron pero para el proyecto estratégico del neoliberalismo, esta democracia desde el 83 los sirvió como nadie.

Al Pacto Social hay que medirlo desde el punto de vista de si había fuerzas para inclinarlo hacia una visión más socialista, eso es lo correcto. El problema es que no había correlación de fuerzas, pero eso lo vimos después, digo después de que muere Perón, por eso es importante leer el libro sobre Gelbard, ahí explica bien. El primero de mayo es la expresión clara de la ruptura, se acabó el consenso, había dos proyectos dentro del peronismo, no como hoy, en aquel entonces por lo menos había proyecto, hoy en día no, ahora son todos una sarta de genuflexos totales que ni siquiera piensan con una visión ideológica, piensan en función de los cargos, de los acomodos y de un status quo en el que estamos completamente sometidos. Por lo menos, la lucha nuestra contra la derecha, tanto ella como nosotros, tenía-

mos sustento ideológico, había proyecto, ahora no, ahora es mucho peor porque por lo menos antes era una lucha. En eso se montan los milicos, en la lucha, viene el 76 y lo más grave, por supuesto son los 30 mil desaparecidos que es terrible, y junto a eso lo más grave es el inicio y la instalación del proyecto neoliberal de Martínez de Hoz. Condición sine qua non: tener 30 mil desaparecidos.

Pero ahí yo tengo esa diferencia con los organismos de Derechos Humanos, para mí es al revés: hay que analizar que el proyecto oligárquico histórico en la Argentina se instala y se acomoda con la derrota final del peronismo, que es la derrota de los sectores más claros y más conscientes del peronismo. De esa manera se puede asentar el proyecto oligárquico. Por eso la base de la contradicción es la que decía Puiggrós ... ¿ese tal Sidicaro estaba cercano a la JP? Lo que pasa que se ha hecho un revisionismo, está bien, claro que la vieja oligarquía terrateniente de la década del treinta, del cuarenta, no está ya como tal, lo que nosotros ... hasta puede ser un problema semántico, lo que nosotros denominamos oligarquía son los grandes grupos económicos que se han montado en toda la acumulación y capital que viene de esos años. Ya en los años de Perón la oligarquía había dejado de ser terrateniente pura para ser terrateniente y financiera. Por eso se oponía al proyecto industrialista. Gelbard es un tipo tan odiado, tanto como nos odiaban a nosotros o a Perón, era odiado por el proyecto industrialista y eso es lo que la clase media argentina no alcanzó a visualizar. Nunca estuvo mejor la clase media, a nivel de situación económica como en la época del 45 al 55. No lo reconoció ¿por qué? Por que siempre hubo, para mí, una predisposición a admirar y a someterse culturalmente a la oligarquía argentina, y dentro de ella fundamentalmente al imperio británico. Entonces, no reconocían, a pesar de haberse beneficiado, a pesar de la cantidad de hijos de obreros que fueron universitarios. Todos los viejos médicos de acá, muchos de los cuales yo conozco, que tienen setenta años o más, un Marotta o un Parra, excelente tipo que ha descollado en la dermatología mundial, y fíjense, es hijo de ferroviarios. Pero el tipo te dice, "mi padre ... y bueno, yo soy lo que soy, yo soy profesional por Perón" y eso no lo reconocen, no se jugaron políticamente ni durante ni después de Perón por un proyecto nacional y popular, que era lo que les convenía. Ese es el drama argentino, exactamente es una cuestión de gorilaje estructural y ocurre porque Argentina no da el paso que sí da Estados Unidos con la guerra de secesión. ¿Qué pasa? De los estados confederados del sur con el algodón, la oligarquía de la tierra, esclavista, una guerra civil les cambia el sistema de producción. Esa es su revolución burguesa; la Argentina no tiene revolución burguesa. Por eso yo todavía digo oligarquía, claro, aquel era el momento, ni siquiera Urquiza que podía tener intereses más regionales, no, Urquiza le entrega todo a Mitre, a Roca, a Avellaneda, a Sarmiento: eso fue la entrega. Es la Argentina del puerto, la Argentina agroexportadora. Es cierto que todo estaba concentrado y por eso es que primero aparece Yrigoyen y después Perón; eso es lo que no alcanza a ver la clase media argentina. ¿El revisionismo histórico de capa caída? Y puede ser ... Félix Luna nos odiaba, sí lo leí en el libro de Gillespie, yo me leí todos esos libros. Gillespie, a pesar de ser un inglés y que dice por qué Montoneros no es terrorista, el concepto de terrorismo lo dice muy bien, después hace unas críticas, qué sé yo, pero el prólogo de Luna es terrorífico. *Creo que era un buen escritor antes, cuando hacía investigación como el libro* Alvear, Yrigoyen, *esos son libros lindos, o el 45 ... Bonasso tiene* Recuerdo de la muerte, *bueno Bonasso es otra expresión montonera, intelectual, también, que se enfrenta a la conducción. Lo que pasa es que a vos, cuando te derrotan, cuando vos perdés militarmente, quizás ahí tenemos que apuntar a algunos de nuestros errores, la derrota es muy total. Si a vos te derrotan políticamente vos te rehacés de nuevo, mirá los políticos de ahora en las internas, pierden hoy, pierden mañana, este que era un pichiruchi antes pasa a ser un capo después, este que le chupaba las medias a Menem como Kirchner, después pasa a ser presidente de la Nación, y Menem pierde. En la parte militar cuando el eslabón se atasca, caés y caés, no hay vuelta. El Che cuando cayó, pobre ... y fue un héroe porque lo mataron ... y es así ... Fidel porque tiene una revolución triunfante. Mirá los nicaragüenses, qué pena me dieron cuando ... quizá nunca debieron ir a esa estrategia, el miedo a los yanquis, claro. Es la teoría de los dos demonios que ahora es internacional.*

Tengo acá guardado en la computadora una cosa muy interesante que sale en la revista Emancipación *que es de los Cuadernos del Congreso Hemisférico Bolivariano, muy bueno. Sale toda esta cuestión* del quilombo con Fidel por el problema de los balseros, que fusiló y demás. Y hay una supuesta carta así, muy teórica, como si Benito Juárez le escribiera a Fidel que no se preocupe tanto que él también lo tuvo que fusilar a Maximiliano y que tuvo que fusilar a varios que le habían invadido su tierra y que en ese momento, Víctor Hugo, el gran escritor, le pidió clemencia por el emperador austríaco y le pidió clemencia a la mujer de él, pero vos tenés que pensar en tu patria ... "a mí también me dolía la pérdida de la vida humana, pero los tuve que fusilar ... Fidel, no le tiemble la mano ... Benito Juárez". Hermosísima es, en realidad es una carta como si Benito Juárez desde la tumba le escribiera, qué lindo ... ¿a qué voy con esto? Desde Stalin en adelante, más allá de lo que haya sido Stalin, pero cuando viene del enemigo con estos planteos vos no te podés prender, yo no sé, Stalin puede haber sido, qué sé yo, todo lo que quieras ... y por supuesto Hussein que es más controvertido ... y así, cuanto líder del Tercer Mundo aparezca, lo van a hacer mierda los yanquis ... la teoría de los dos demonios ... lo hicieron mierda a Firmenich, le metieron culpas que no tiene, que es de los servicios, que es todo, yo estaba al lado de él, sí, y no podía hacer nada. Te bombardean con una prensa que te carcome culturalmente. Yo me acuerdo lo de Stalin, le decía a gente de la izquierda que se prendía, esto es una trampa, una tremenda trampa del revisionismo de la década del ... de los escritores estos de los disidentes soviéticos como Boris Pasternak y todos esos, El archipiélago de Gulag y demás, ahí está ... son pajas así ... cómo puede ser que todo esto, y ahí viene lo de la carta de Benito Juárez por lo de Víctor Hugo. Cómo puede ser que Saramago, enamorado de la revolución, el otro, Galeano, que ahora le vengan a Fidel con ... no, muchachos, ustedes cuando hablan los escucha el mundo, son muy irresponsables de hacer eso ... me quedo con Borges, qué querés, que era un gorila consecuente, pero claro hermano, que era tan buen escritor como ellos, y lo puteó siempre a Perón, no tenía pelos en la lengua, viniera de Europa, fuera allá, fuera donde fuera, él era gorila, y no se traspasaba como un saltimbanqui, era gorila él, el gran hijo de puta ... buen escritor, sí ... un gorila bien de la oligarquía nuestra ¿Que estos de ahora son del campo popular? Mirá, viendo un poco todo este mercado de nuevas ideas, este Holloway con eso de que se puede transformar el poder sin hacer la revolución o no sé como ... eso sirve *para Holanda, de donde es él ... de Islandia de donde quieras por ahí, Dinamarca. Estuvo acá en Mendoza sí, sí, unas huevadas que no se le entendió ni mierda.* Hermano [al Negro] *lo que no quieren es,, mirá, yo no soy marxista pero esto que dicen de que no hay parto sin dolor en la historia y que la violencia es la partera de la historia tienen razón, ¿sabés por qué? porque vos al poder no se lo arrancás a estos tipos así nomás, conversando y dialogando. Se lo arrancamos con fuerza, vos sos el que tenés ... o arreglás ... o negociás, pero decí la verdad.*

Es así, y ahora con el poder de Bush, entonces, la teoría de los dos demonios: vos sos tan malo como Fidel ... ah, Bush es muy malo pero Fidel es tan malo como él, y así. Nos reventaron los héroes, nos reventaron los referentes. El Che Guevara no puede hablar ni Evita tampoco porque están muertos, entonces los muertos, no hay vuelta que darle, no hablan, no dicen, no hacen nada porque obviamente están muertos. Así ha sido con las montoneras, el Chacho, las antiguas montoneras nuestras, las hicieron mierda así ... ¿quién sabe algo de Felipe Varela?, andá preguntá: el tipo más claro, más que el Chacho Peñaloza que era más regional: la proclama latinoamericana de Felipe Varela ... Felipe Varela, viene, mata y se va ... la zamba de mierda, eso es lo que se sabe. Nosotros en el 73 no priorizamos una batalla muy importante que es la cultural, leíamos a Hernández Arregui, a Puiggrós, a Ortega Peña. Los yanquis la tienen muy clara, yo leí una cosa del famoso, este que fue ministro de defensa en la época del 60, en la época de la Alianza para el Progreso de Kennedy, creo que era Mc Namara, alguno de esos. Haciendo un análisis crítico de por qué habían perdido la guerra de Vietnam, ahí dice que ellos si hubiesen en vez de tirar tantas bombas, tantas toneladas de NAPALM con tanto B52; si en vez de eso hubieran colocado un aparato de televisión en cada choza de cada aldea, "nosotros ganábamos la guerra sin derramar tanta sangre".

Yo creo que nuestro retroceso es muy grande porque la correlación de fuerzas también los favorece mucho pero yo creo que los que tenemos una historia para atrás no nos tenemos que rendir. Por eso a mí, la verdad, el Subcomandante Marcos me deja alguna duda, lo digo sinceramente. Es muy parecido a Holloway, fijate lo mediático. Me acuerdo un análisis de James Petras que es muy bueno, me gusta

hasta más que Chomsky que es más intelectual, Petras tiende más al discurso político, aunque es un excelente estudioso. Dice que a él le llamaba la atención una cosa: hacía la comparación entre las FARC colombianas y el Subcomandante Marcos. Dice que los colombianos, cuando avanzan quinientos metros, es una lluvia de bombas que les cae, que es tremendo avanzar quinientos metros en la famosa selva Macandona, o como es que se llame, de la campiña colombiana. En cambio, los del Subcomandante Marcos se hicieron una marcha expuesta que fue desde Chiapas hasta la Capital, que fue propagandizada en todo el mundo sin ningún problema y avanzaron lo más bien...
En el gobierno había ideas y ganas a montones de hacer cosas por nuestra parte. Así ocurrió en Justicia con Vignani y con todo el grupo, también en Economía con gente como el Flaco Morgante que realmente tenía ideas muy interesantes, en fin, nos duró poco, fue una primavera corta. Lógicamente que los tipos se dieron cuenta que nosotros seguíamos adelante y era así también cómo nos dieron, toda la parte cultural fue interesante: los gansos le hicieron un cacerolazo al Viejo MB, la oposición ... acá la oposición de la iglesia, la iglesia curialesca hizo una oposición bien sólida, estaba Maresma, viejo jodido ...

Hemeroteca

El 10 de marzo de 1973, los periodistas del diario *Los Andes* persisten en unas encuestas primitivas que para su legitimación ante el público lector le adosan la firma de la Facultad de Ciencias Políticas de la Universidad Nacional de Cuyo. Titulan, "Resultados coincidentes en dos sondeos de opinión": PD, 24, 42%; FREJULI, 20%; UCR 12, 88%; NF, 10, 87%; MPM, 1, 17 %; PDP 1, 06% y FIP, 0. 49%. En blanco 2, 40%, e indecisos, la friolera del 26, 71%.

El domingo 11 de marzo, celebración de elecciones, las noticias se centran en lo nacional. Para Mendoza lo más importante es despedir y augurar éxitos que ya no se repetirán, al mago, nuestro Chaplin, al intocable Nicolino que marcha a Macaray para enfrentarse por el título mundial de los welters contra el robusto, pero dentro del ring

dado a las confusiones, "Kid Pambelé" Cervantes. Antes de abordar el avión Locche afirmó "a este lo voy a matar", declaración que tomó desprevenida a la concurrencia reunida en el hall del antiguo Aeropuerto Internacional El Plumerillo, por lo inusual de su agresividad, si Nicolino después de todo no lastima nunca a nadie. Luego agregó muerto de risa, "voy a llevar escondido un revólver debajo de la bata".
[H.D.: El día anterior Cortázar pasea a la sombra de los plátanos por la calle San Martín y yo, flor de boludo, en vez de ir a buscarlo –y verlo, con solo haberlo visto me hubiera conformado, por ejemplo, al cruzar una acequia rumorosa, extraviado en la noche tranquila de las plazas, debajo del temblor furtivo de las hojas de los árboles– estaba sabe Dios imbuido en qué nimios menesteres]

El lunes 12 de marzo los dos matutinos de la capital provincial sacan una edición extra. El FREJULI ha reventado las urnas, a lo largo y a lo ancho:

Resultados finales (no oficiales) para la provincia de Mendoza

FREJULI	243.995 (47%)
P. D.	108.151
U. C. R.	83.571
N. F.	28.639
P. D. P.	28.636
M. P. M.	8.436
F. I. P.	185
En blanco	2.554
Anulados	2.434
Recurridos	3.294
Impugnados	147

Hay festejos, una fiesta que interrumpe el sueño del comisario Lima Orioli quien se apersona cauteloso ante los indistinguibles, quizá ausentes, organizadores de este tumulto ¿quién manda aquí?, ¿acaso ignoran que las autoridades militares han prohibido de modo expreso las marchas, sean del color político que fueren? Pero ... ¿quién es responsable de esto? Son muchos ustedes y cada vez vienen más, ah la madonna, sigan muchachos pero eso sí, sin hacer demasiada bulla, acuérdense que las autoridades ... ¿las elecciones son una concesión milica o una conquista popular? Se levanta un estrado, el Viejo MB atropella en su avance unos 2 ó 3 pares de piernas, se traga de frente a una señora madura, que baila y a quien no le hace la más mínima gracia el topetazo. Pero qué se pretende, si el Viejo tiene problemas de visión y por nada del mundo se iba a poner los lentes culo de sifón. Por fin sube. Se ha perdido el comisario, cuando don Alberto, sin micrófono, grita "ES LA VOLUNTAD DEL PUEBLO" y se baja a los tropezones, contrariado y exultante. No quiere hacer olas. Ratifica tranquilo a quien lo escuche que el triunfo holgado "es natural porque refleja una realidad que tarde o temprano debía manifestarse". En verdad, salvo un par de giles, reina después de la medianoche por la calle San Martín una multitudinaria calma expectante, como de alivio más que de revancha. El viejo nuestro seguirá, ahora sobre otro estrado, unos treinta metros al norte del anterior, "el gobierno será de amplia participación hacia los organismos gremiales"; a renglón seguido ¿sobre una silla que le sostenía con considerable esfuerzo el Flaco Morgante?, "el pueblo fue invitado a elegir entre liberación y dependencia. El pueblo eligió la liberación". Habla asimismo, sobre los hombros de alguien, de la capital importancia del apoyo de la juventud al Frente Justicialista de Liberación. En el mismo sitio, porque a esa altura ya no se puede mover, asegura con firmeza que "se dará participación a los que compartan los fundamentos del cambio revolucionario que deseamos realizar".

En el Capolonio de la calle Rivadavia, abierto las veinticuatro horas del día y justo enfrente del local de la UOM, un puñado de jóvenes pertenecientes a la nueva izquierda no peronista (el Poder Joven [¿Obrero?,], el Partido Comunista Revolucionario, la Fuerza Revolucionaria Antiacuerdista, entre otros) debaten esparcidos en sus respectivas mesas partidarias la poca importancia en números que tuvo la propuesta de voto en blanco y del contravoto, que sustentaban. Uno de ellos, que en un par de meses se acoplaría a la JP, plantea que quienes votaron lo hicieron sin conciencia de clase, aunque reconoce la masividad de la concurrencia a las urnas y a la opción del pueblo por el FREJULI.

<u>Bien, ya ganó las elecciones</u>. Es hora de que sepamos algo del currículum vitae de Don Alberto Martínez Baca: nació en Tres Arro-

yos, provincia de Buenos Aires, un glorioso y soleado primero de mayo de 1908 y asumirá la gobernación de la provincia de Mendoza a los sesenta y cinco años recién cumplidos. Es egresado con el título de farmacéutico de la Facultad de Ciencias Médicas y está radicado desde hace un tiempo en la cabecera del departamento sureño de San Rafael. Se desempeñó como director del Instituto del Trabajo de la Universidad Nacional de Cuyo[Instituto creado por el peronismo de la primera época como una forma de instalar a la clase obrera, marginada hasta entonces, en los claustros universitarios que eran territorio exclusivo de las elites del poder]. Fue delegado organizador de la Universidad Nacional de La Rioja y presidente del Colegio Farmacéutico y Bioquímico de Mendoza. Ejerció funciones docentes en institutos secundarios [H. D.: unas hermanas de apellido Palacios, amigas y compañeras de búsquedas de mi madre, y familiares de quienes tendrían el indeseado honor de convertirse en los primeros desaparecidos de la región de Cuyo –Marcelo Verd y Sara Eugenia Palacios[3]– fueron sus alumnas. Lo recuerdan al Viejo como un profe sensible, serio y muy bien parecido, de quien muchas de sus compañeras estaban perdidamente enamoradas] y dictó también cursos designados para gremialistas. Fundó y dirigió la revista *Sanidad de Cuyo* y el periódico *La voz del pueblo*. Fue presidente del Partido Justicialista de Mendoza para las elecciones provinciales de 1966.

Oficina, a la siesta

H.D:

Las presiones laborales sobre el joven sobrino del Gordo Mendoza, cuyo nombre es Dardo y quien al final parece un buen chico, han surtido efectos positivos, aunque no menos contradictorios para

---

[3] Los compañeros Marcelo Verd y Sara Eugenia Palacios fueron desaparecidos en San Juan en el año 1972. Los testimonios recogidos del caso dejaron en claro que la responsabilidad principal fue del entonces coronel Juan Bulacios, titular de la SIDE en Mendoza. Este militar reapareció durante el Proceso como uno de los más feroces represores en la provincia de Buenos Aires.

los fines de esta labor escrituraria. En horas de la mañana del día de ayer, viernes 16 de mayo de 2003, la secretaria del ex vicegobernador ha tenido la inestimable cortesía de llamarme al domicilio familiar. Todo es aleatorio, efímero, inconsistente, puta madre. No me encontraba ahí, y a pesar de las admoniciones amables de los míos para que don Carlos Arturo insistiera después de las seis de la tarde, no lo hizo, con lo cual, seguro, he de haber perdido la oportunidad histórica de permitirle que desembuche su parte y así, de algún modo honrar la objetividad sesgada de nuestro trabajo. Practiqué sin pausas, otra vez, un ucrónico diálogo: "discúlpeme la intromisión, don ex-vicegobernador, sucede que he venido de una universidad canadiense a recopilar memorias sobre aquella época. Mi intención es algo así como un recuento de lo que pasó, si se logró algo en el ejercicio del gobierno de la provincia, por qué tanta animadversión entre usted y el señor gobernador; si se arrepiente de algunos de sus actos ..." No, no, nada de eso, recordemos la información que más o menos manejamos. El Gordo no quiere hablar porque teme que de nuevo lo pongan como el malo de la película. Aparte le daría calce para que me interrogue sobre mis alineamientos durante aquella época o la actual y ahí sí que voy muerto ... ¿qué le voy a decir? ¿que estaba en la Juventud Sindical? ... si eran dos y además él los debe conocer ... "mire, para serle sincero, le aseguro que vamos a respetar, más allá de si tenemos usted y nosotros pequeñas diferencias en cuanto a lo acontecido, le digo, respetaremos de modo literal todo aquello que desee que se sepa ... literal significa que voy a poner sus palabras tal y como las dice. Es más, la interpretación directa que pudiera redundar en diferendos en cuanto a opiniones, me la como. Lo he hecho también con los otros entrevistados, aun cuando sé más que ellos sobre algunas cosas ..." No, no, tampoco. Si no me va a preguntar a quiénes vi, ninguno de su palo; o va a pensar que soy un soberbio y este Gordo, recuerdo que no se andaba con vueltas, me va a mandar a bañar. Mejor así, mediante señal de humo: "mire, lláme de nuevo, señor Mendoza, se lo pido por favor, necesito hablar con usted, de lo contrario esta investigación se nos va a la mierda".

R. A.:

Paréntesis

Había hecho un paréntesis en aventuras subversivas frustradas, por lo que me decidí a aceptar un conchabo periodístico en General Alvear, allá en el sur de la provincia, convocado por mi amigo y fotógrafo de profesión Carlos Pereyra, poeta dulzón en sus tiempos libres. Cada quince días le daba forma a El Atuel, que pretendía expresar aspectos de las realidades diversas del pueblo, su historia, personajes, etc. De paso comprobé que había sido el mismísimo pueblo el rédito que recibió el dicho General, un hombre de Rufino Ortega, por haber expuesto su pellejo y quitarle sus tierras a los huarpes, los auténticos dueños. No duró mucho la escritura pueblerina porque los dineros no eran muy abultados como para dar continuidad a El Atuel, por lo que mi regreso al terruño capitalino no se hizo esperar, que fue a finales de 1972. Todavía estaba por aquellos pagos del sur cuando por la televisión —en blanco y negro— se lanzaban las imágenes del intento de Perón por instalarse en el país, en respuesta a Lanusse, que lo había desafiado, siempre y cuando "le diera el cuero". Pero no lo dejaron y tuvo que resignarse a mandar saludos desde Ezeiza. Me imaginé que el Viejo, a partir de entonces mandaría a utilizar toda la batería de sus formaciones especiales (los Montos, la Tendencia) y entonces la toma del poder revolucionario sería en meses más. Era parte, esta visión, de un espejismo que nuestras conciencias elaboraban al rescoldo de batallas todavía no libradas.

Fue en noviembre de 1972, y sumé a la frustración del regreso del Viejo, esta mía del sur. Pobre consuelo pero que alcanzaba para nuevos intentos de sobrevivencia crematística, porque el cuerpo pide sin concesiones que se lo mantenga. Pero lo que me produjo otra marca más (qué le hace otra mancha más al tigre) fue el gesto de mi amigo imprentero Alfredo Aguirre, de vieja prosapia en el ramo, dueño, junto a su hermano Aldo, de una modesta imprenta a pedales, que aún se ubica en la calle Necochea de San José, Guaymallén, ahora modernizada y a cargo de su hijo, también llamado Alfredo. Una imprenta con historia peronista que en el año 1956 el gorilaje le tiró un bombazo porque allí se editaba una hoja contraria a la Libertadora.

Acudí presuroso a una propuesta que me hizo, acuciado por la necesidad de vituallas alimenticias y de las otras, dispuesto al laburo que sea, por lo que no me hice rogar para quedar bajo la éjida política y doctrinaria de Alfredo el Gordo Guevara, a quien recién conocía: "Negro", me dijo el otro Alfredo, "se te ofrece el laburo de redactar un periódico peronista y como vos tenés oficio y tu corazoncito revolucionario, tenés buena pluma y capacidad para jugártela, te propuse para hacer este periódico que será el vocero de la JP. El doctor tiene la responsabilidad plena del periódico".

Cuando ya estaba embarcado supe, a sotto vocce, que El Peronista [no confundirlo con El Peronista nacional, de Montoneros, que reemplazó a El Descamisado después de la clausura de este último], que así se llamaba el pasquín, era en verdad vocero de los Montoneros. No me deprimí ni me entró ninguna angustia existencial, en el supuesto que padeciera de alergia al respecto: "total, una mancha más al tigre qué le va a hacer". Y sin hesitar, casi de la noche a la mañana, estaba metido en esta otra aventura tan riesgosa, suponía, como varias anteriores. Tenía en mi mochila el peso de varias derrotas en los campos de batalla, por una incipiente revolución que también para mí, recibía el haz luminoso de la Gran Unión Soviética, pero más que nada, de esa extraordinaria épica caribeña de la revolución cubana. Fidel, el Che, Cienfuegos: "10 Vietnams, 100 Vietnams". El "luche y vuelve" de la Tendencia, de la JP, de las orgas, eran clarinadas estampadas en las paredes del universo argentino y que llamaban a una nueva cruzada popular. Y tras el "luche y vuelve", la otra: "la vida por Perón", pero esta vez en serio. Yo no estaba muy dispuesto a dar la vida por el General, pero me gustaba esto de El Peronista, a sabiendas de que igual me colocaba en la misma línea de fuego de los que daban la vida por el General.

Las páginas de *El Peronista* –papel y tinta contaminantes– proclamaban la Patria Socialista, bandera de combates a futuro, bandera mayor de la Tendencia y de la JP, con escrituras que trataban de conciliar la ortodoxia peronista con un marxismo disimulado en lo formal, pero transgresoras –las páginas– de las buenas costumbres que pretendía la dictadura. Transgresiones que traspasaban los límites ideológicos del Justicialismo, la herramienta partidaria, y de la misma Tendencia, una compleja mescolanza de raras avis y bichos de todo tamaño y hechura. El justicialismo, como partido, en realidad era el ámbito natural de la ortodoxia política y de la burocracia sindical, en el borde del enfrentamiento con la incipiente izquierda peronista. Yo tenía la sensación de que la utopía marxista, de la que había mamado gran parte de mis anhelos, era una rareza para esa Patria Socialista, algo innominable, plena de abstracción y una masa heterogénea –el Movimiento– que daba al traste con el entramado clásico que proclamaba el dogma: el proletariado en alianza con el campesinado. Yo me preguntaba dónde, en Mendoza, en la Argentina, están las masas campesinas. En la CASA, adonde solía ir con asiduidad en búsqueda de material para el periódico, visualizaba que se forzaba la realidad para darle al discurso del Viejo, desde Madrid, patente de revolucionario. Se recurría a marxistas del palo peronista, como Puiggrós, Hernández Arregui, Cooke, y a nacionalistas como Jauretche y Scalabrini Ortiz para solidificar la dimensión revolucionaria del peronismo en general y de Perón en particular. Sintetizaban en ellos el soporte ideológico de la Patria Socialista. Pero también era evidente que los muchachos estaban también en la acción: "... están en lo que dice el Viejo, mejor que decir es hacer, mejor que prometer es realizar", aunque esta segunda parte sería para después, según el decurso de esta acción luego de la toma del poder, aunque, como dice Guevara (el Gordo), los Montos no tenían el objetivo de esa toma. De esa madera, de la acción, era John William Cooke, el Bebe, que le mandaba cartas y mensajes al exiliado sin disimular el tono perentorio para que Perón definiera el asalto final. Además, tácticamente, le sugería el cambio de residencia, para que se trasladara a Cuba, tal vez en la esperanza de que la proximidad revolucionaria se le prendiera en su conciencia burguesa. Las respuestas se desparramaban en decenas de cartas a otros tantos destinatarios, diluyéndolas en apotegmas y metáforas, aunque bajo cuerda, a las que, elípticamente, llamaba "formaciones especiales". Ya miles de jóvenes habían ingresado a las mismas, provenientes de la izquierda tradicional, como también del nacionalismo con olor a rancio y del llamado Cristianismo y Revolución, y ya estaban en las calles a los tiros contra las estructuras represivas del Estado.

Una excelente y picante cobertura hicimos, desde *El Peronista*, con la masacre de Trelew, donde fueron ejecutados a mansalva varios compañeros de las orgas peronistas y también del ERP, el brazo armado del Partido Revolucionario del Pueblo (PRT "los Pichos"), con lo que nos mandamos una gran tirada de ejemplares. En la medida que el público identificaba al periódico con los Montos, se ampliaba la franja de lectores. Y el mismo MB, don Alberto, ya candidato a gobernador y seguro del triunfo, afirmaba que sería el vocero del gobierno, con su lógico apoyo financiero, lo que nos ponía casi eufóricos. Pero claro, ya se sabe, los adversarios internos desde el primer momento no lo dejaron ni tan siquiera respirar con tranquilidad. Además, si hubiera llevado a cabo su ayuda, en una de esas lo mandaban al patíbulo, tal fue la inquina ideológica que despertaba su supuesto marxismo. El que resultó vicegobernador, Carlos Mendoza, dijo en la campaña preelectoral que había que asegurar la victoria "para terminar con la oligarquía que colabora con Lanusse y votó por Ezequiel Martínez ... y que los sectores conservadores tratarán de replantear el esquema peronismo-antiperonismo, de replantear el mito de la buena administración [por ellos]... a esas fórmulas el pueblo debe responder con la opción por la liberación nacional y en contra de la dependencia". Indudablemente que la óptica del dirigente sindical devenido vicegobernador, inmediatamente después de asumir, estuvo focalizada en sentido contrario, con una lente contaminada con el virus del anticomunismo más cerril, conservador y gorila. Descartando sus propios conceptos, el Gordo puso en la balanza los de Martínez Baca: "He de gobernar con los hombres del Frente Justicialista de Liberación Nacional. Lo que no excluye que cualquier ciudadano, que esté compenetrado con nuestros principios, no sea llamado a colaborar en nuestra administración. Como es sabido, el criterio a seguir desde el 25 de mayo está muy claro: buscaremos un cambio en lo político, en lo económico y en lo social, como paso previo hacia este socialismo nacional, popular y humanista que es el Justicialismo".

Hemeroteca, mañanita

Los Andes en su edición normal –no la extra del mismo día– del 12 de marzo se complace en comunicar que la jornada eleccionaria fue calurosa y húmeda y que el cielo sin nubes regaló un sol radiante que parece haber influido en el buen humor de los votantes, quienes se presentaron sin desubicados desmanes en los sitios de votación, en elevado porcentaje. Don Alberto votó en la escuela Antonio Díaz, sita en la calle Olascoaga al 780. Como cualquier hijo de vecino se colocó en la cola que le correspondía. Sin embargo, al reconocerlo los demás electores, lo honraron invitándolo a pasar a votar inmediatamente. El candidato, como primera reacción se rehusó, pero ante las insistencias de los simpatizantes accedió al privilegio que le ofrecían. El cronista del diario, encargado de no abandonar a Don Alberto ni a sol ni a sombra informa que cuando ingresó al cuarto oscuro "la puerta quedó entreabierta y los periodistas [enfatiza] sin procurarlo pudieron notar que MB extraía un voto del bolsillo del saco para depositarlo en el sobre. Entonces se cerró la puerta". A ver, a ver, hagamos inteligencia pretérita, para que no quede en la historia el más mínimo resquicio para trampas de la prensa reaccionaria nunca subsanados por su nimiedad. Seguro que el desleal cronista iba con la intención de pescar a don Alberto en algún renuncio por directa orden de sus jefes, que ya sabían que el candidato no las tenía todas consigo en el tema visión, ergo tuvo que llevar la boleta desde su domicilio para evitar equivocarse. ¿No se dan cuenta que no ve? ¿Cómo vamos a tener un gobernador medio ciego? Tenían que empezar a acumular evidencias para el juicio, para cualquier juicio. Se obligará a pensar al lector manso de *Los Andes* que cerró la puerta (en realidad se cerró sola o la cerró alguien que no fue MB) para no dar el espectáculo de tanteo en búsqueda de la urna. No fue así, de ninguna manera. Hizo que le cerrara la puerta uno de su seguridad mínima porque le daba vergüenza, viejo coqueto, ponerse los anteojos frente al público. Nunca se hubiera equivocado con la boleta porque con los anteojos puestos veía normal, ni peor ni mejor que cualquiera. ¿Qué le parece? Aquí no hay que dejar brechas.

En una nota anterior se comunica que MB visita la sede de *Los Andes* donde lo recibe el subdirector, Antonio Di Benedetto a quien le manifiesta, entre otras cosas, que "la juventud es la avanzada de la revolución social que proclamamos".

Oficina, siesta

H.D.:

El sábado 26 de abril de 2003 la dramaturga y novelista, Sonnia De Monte, enterada del proyecto martínezbaquista y de nuestras intenciones de recabar información de participantes de la época, me invitó a compartir un asado mínimo con dos ex presos, una ex desaparecida y su esposo, quien pese a su moderación en el habla no parecía ajeno a la suerte propinada por el destino al resto de nosotros. Nada es del todo un fiasco, aunque lo parezca. Digo esto no por la compañía, exquisita en su amabilidad, sino por una trasgresión a mi disciplina personal. En síntesis, por cuestiones prácticas para la empresa en marcha y también por salud, no debería comer asados, ni beber vino en demasía. Menos, cuando aparte del disfrute, se precisa sacar algo en limpio, obtener conocimientos, esclarecer detalles microscópicos, escuchar la experiencia brutal de nuestros otros, que podría haber sido la de cualquiera de los demás presentes. Es aconsejable para semejante circunstancia mantenerse despejado de estómago y cerebro.

Fui al convite medio desconfiado, con el temor de hallar una versión mendocina de la gran familia de Toronto. Vale decir, algo similar al conglomerado que formaron los que llegaron conmigo a la capital industrial del Gran Dominion alrededor de dos décadas atrás, aquellos que nos amuchamos de entrada y que con el transcurrir del tiempo inexorable los lazos amistosos se terminaron soldando de tal manera que ahora componen buena parte de lo que es uno. Los de allá en el Norte éramos exiliados. Se acabó lo que se daba. Fuimos lo que fuimos, ahora no hay razón para llamarnos así porque no existe un forzamiento contra el que nada podamos. Ya no hay razones políticas. Estamos porque queremos, aunque nos debatamos en diferenciarnos de los inmigrantes berretas, aunque los ignoremos, en especial yo, que tengo a mi alrededor más mendocinos para socializar en Toronto que en Mendoza. Éramos exiliados, pero desde 1983 somos solo una gran familia que opera como un ghetto. En inmensa mayoría hemos tenido la fortuna de una inserción en el medio que nos justifica cuando proclamamos habernos integrado … en fin, para qué echarse más bosta.

¿Ve usted? Lo que dije es lo que diría, aunque no lo crea, de mi familia, si estuviera radicado acá: ocurre que con el consistir, a uno le rompe las pelotas, pero en el fondo los quiere. Achiquemos la idea, en lugar de familia en general, los amigos del ghetto parecen un cónyuge de 2, 3 lustros, o más.

Vuelvo a la noche: tengo la sensación de haber pasado una noche dura pero fraterna, casi sin desperdicios, si es que la recuerdo bien. Los otros 5 de la noche parecían genuinos locos lindos, a pesar del tiempo actuado sobre ellos, las circunstancias y, digamos, los hijos, los nietos. Apenas llegué el compañero oxímoron –el Negro Blanco, productor de cine y teatro ¡en Mendoza!– se esmeraba en preparar papeles, leña y parrilla para comenzar el ígneo ritual carnívoro de nosotros los argentinos. Para regar las almas descorchamos un merlot de Flichman –consejo varietal de Sonnia– y con la botella destapó el Negro Blanco retazos de su historia, de los cuales tengo presente hoy sus primeros tramos porque como informé, el merlot ahogó el resto. Trabajó en el antiguo Banco Mendoza, en ese edificio añoso y laberíntico de casi media manzana cuadrada, situado en Gutiérrez y 9 de julio, que hoy es una dependencia del gobierno y al que yo tuve oportunidad de recorrer en sus rincones más inverosímiles merced a una proletarización, entre sugerida por la política de la organización y necesaria por mi continua y alarmante falta de fondos allá por el 75. Ya volveré sobre esto más adelante. El Negro Blanco no recuerda mucho de los tiempos de MB. Me aventuro a sospechar que su memoria sobre la época que me interesa ha sido cubierta por completo, igual que la de otros de los entrevistados, por vivencias mucho más vigorosas, esas que se acercan a la muerte, como las de la tortura y la cárcel. Jodidos estamos, alcancé a pensar. En los últimos tiempos he hurgado en libros de testimonios y en recuentos orales, que precisamente no me faltan en Toronto, como para prestar oídos espantados a uno nuevo, más de lo mismo que, por otra parte, ya todos, más o menos, saben. Aunque yo no tanto, pienso ahora. La noche se había puesto fresca y tal vez por eso quisiera pensar que el Negro Blanco se movía brioso cerca del fuego a su cargo mientras declaraba esos retazos de vida que yo creía tener prefigurados antes de que los pronunciara. Y en realidad los tenía, pero se presentó como quien no quiere la cosa un nuevo factor del que carecía de experiencia: el compañero oxímoron había caído en la ciudad donde yo estaba, donde yo realizaba mi pueril militancia. Hasta que me di cuenta del detalle me perdí los percances de la caída en sí. Recién me empezó a iluminar el sentido de recepción al relato cuando el Negro Blanco decía que el asunto fue una de esas redadas colectivas en que la idoneidad de la subestimada inteligencia milica y la inoperancia que imperaba en nuestros frentes políticos jugaron un rol esencial para su consumación. Teníamos varios compañeros en el Banco y si no cayeron todos fue de chiripa. La noche se ponía más fresca y el Negro Blanco se movía con más ímpetu todavía y se le cascaba la voz, y medio como que no me quería mirar cuando captó mi interés. Por humildad, presumo. Se me apareció de repente el tétrico edificio del D2 provincial –ese mismo día por la mañana de este abril del 2003 había pasado por ahí; todos los días que vengo a la oficina paso por ahí. ¿Qué le vendrá a la cabeza cuando él tiene que pasar por ahí? Solían llevarlos al D2 apenas los secuestraban. Así era al menos con los nuestros, los metían en esas celdas ahogadas de tufo y gritos.

—*Es que yo era demasiado perejil, no tenía nada que ver, no me acuerdo de la época de MB ...*

—*Yo también, si era de la UES, imaginate ...*

Me lo dijo para que le creyera, nervioso y auto-descalificador de su importancia, como si se lo estuviera repitiendo una y otra vez para él mismo, y no salirse de esa, cuando los horribles le exigían un nombre, una dirección como condición de un respiro. Me pregunto para qué tanto recuento de los 12 meses de MB si al final no le llega ni a los talones a esta pesadilla tan cercana a la muerte que el Negro Blanco, de a pedazos, me relata. Hubiera querido que pare, pero eso no ocurrió hasta unos instantes más tarde.

—*El asunto era mantenerse activo, hacer gimnasia, con la capucha puesta, como viniera, no importa cómo. Había que estar entero para aguantar. Los hijos de puta no te iban a doblegar justo en esa ... había que sobrevivir.* Un poco como lo hacía ahí, moverse, no quedarse quieto, tener la ilusión de que con el movimiento del cuerpo se lo fortificaba, se establecía una forma de resistencia que contribuía a sobrevivir e insistir en esa verdad, la pura verdad:

—*Soy demasiado perejil, no puedo saber nada.*

—*Yo tampoco hermano, yo tampoco.*

Trabajé unos nueve meses para una compañía encargada de rehacer las instalaciones eléctricas en algunos tramos en desuso de la sucursal central del Banco de Mendoza. En ese edificio conocí a 2 ó 3 compañeros de la JP o Montos, no podría distinguir, que se desempeñaban ahí y el recuerdo de sus fisonomías lo tengo presente, uno más claro que los otros, a pesar del tiempo transcurrido. La noche del asado con el Negro Blanco nos hicimos el mutuo y silencioso identikit de rigor cuando ocurre que se reúnen quienes compartieron contiguos y sincrónicos fragmentos de una historia. Mi identikit dio resultado negativo y el de él también. No nos conocíamos, no, quizá gracias al cielo y a los santos evangelios.

Debido a la naturaleza obrera de mi trabajo, tenía más relación con los ordenanzas que con los que cumplían funciones en las oficinas y cajas. Era la primera o segunda vez en la vida que agarraba con algún propósito un martillo por el mango y una punta por el cuello. Mi labor consistía en cavar canaletas en las vetustas paredes de los sótanos del banco para que mis más especializados colegas luego instalaran allí cables y enchufes, un tanto más modernos que el anticuario que todavía se encontraba en plenas pero caducas funciones. Éramos 3: el capataz, Quinteros, un cordobés bajo, canoso, gordito y tierno, de unos cuarenta largos, a quien se le estremecía el cuerpo cada vez que, cuando con lo de las canaletas, yo le erraba a la punta y me acomodaba el martillazo en la muñeca. Era del PC y nunca nos pusimos de acuerdo en temas políticos, cosa que lamento retrospectivamente, no porque el tiempo hubiese suavizado mi postura de rechazo hacia los pececitos, sino porque, con un poco de madurez le hubiera hecho un bien a este buen hombre si le reconocía su trayectoria, su bondad, su compañerismo. El primer día me informó que el trabajo era duro, bastante duro, así que si no me esforzaba más vale que me las picara. Me lo dijo con muy pocas pulgas, de mal modo. Fue la única vez, en los nueve meses que estuve ahí. Por ser ésta semejante rareza en él me cuesta recordar haberle visto esa cara de capataz con que se disfrazó en aquella oportunidad. Al cabo de esos meses proletarios nunca más supe de Quinteros. El segundo en comando era el oficial electricista Venditti, un poco mayor que yo, también un buen tipo, que me consta lo tocaron los del errepé, con limitado suceso. Estaba convencido, en pleno derecho por supuesto, de que su trabajo valía mucho más que lo que le pagaban y quería arreglar conmigo alguna medida de fuerza, cuestión que a mí, a pesar de mantener una intensa militancia, no me parecía adecuada, primero porque sonaba ridículo que solo 2 tipos se fueran a la huelga; segundo porque peligraría mi bisoña proletarización; tercero porque el trabajo me lo había conseguido mi cuñado, a quien haría quedar como la mona si me enemistaba con el ingeniero empleador, y cuarto porque el salario me gustaba y más que gustarme lo necesitaba. Porque, seamos francos ¿a quién se le ocurriría ofrecerle otro trabajo proletario a un alfeñique como a mí? Este Venditti me creó unas cuantas contradicciones prematuras, me sentía como un carnero frente a él, como alguien que no se las bancaba: ni como obrero ni como militante. De solo pensarlo todavía me siento en falta. Lo vi un par de veces por el centro de Mendoza entre el 76y 78. Después como a Quinteros, nunca más. Por suerte no he encontrado el nombre de ninguno de ellos en listas tenebrosas.

La rutina consistía en poco menos de 2 horas de tranquila faena laboral, remojada la mayoría del tiempo en jugosas discusiones políticas, ya entre nosotros ya con algunos ordenanzas fondeados por el laberinto de subsuelos u oficinas vacías en que desempeñábamos nuestras reparadoras funciones. Luego marchábamos a la cafetería donde la institución nos obsequiaba un par de sánguches y algo de tomar en un descanso de 15 minutos, por lo general alargados al doble. Ahí conocí a Ricardo Sánchez, delegado de sección de los que arrastraban las bolsas-lampazo encargadas de dejar impecables y refulgentes los pasillos del banco. Pelo negro algo enrulado, piel mate, ojos oscuros, su voz me recordaba la del Gallo Claudio, el de la banda de Bugs Bunny. Hoy en día creo que Ricardo podría haber dado más como representante sindical de haber contado con una tropa menos medio pelo como los que trabajaban en el banco y un tanto más proclive a involucrarse en el bolonqui que recorría el país. Exploro esas caras de los descansos y me doy cuenta que había mucho reaccionario entre ellas. En número, bastante superior a los concientizados y quién sabe si hasta algún alcahuete entremezclado. El compañero Ricardo Sánchez andaba por los pasillos con su bolsa, acompañado con frecuencia por un flaco de bigotes tipo manubrio, también de cabello negro, más bajo y de ojos bien profundos, igual de negros. Cuando su compañero arengaba en la cafetería, él agregaba la nota colorida con una humorada tipo populachera que añadía una pequeña distensión, no hubiera sido que la audiencia comenzara a bostezar y el discurso del compañero se fuera al carajo. Por lo que pude averiguar, años atrás en una de mis visitas a Mendoza, el bigote de manubrio parece que estuvo en cana durante la dictadura. No pude retener su nombre.

Al compañero Sánchez me le tuve que destabicar en alguna ocasión fondeada, seguro que de modo inapropiado porque no he logrado hasta hoy precisar la necesidad de haberlo hecho que no haya sido la emoción irresponsable de tener en el lugar de laburo un compañero de uno de los frentes de la JP y hacérselo saber. Otros se hubiesen molestado ante mi apertura. A Ricardo, en cambio, le debe haber parecido simpático que un pendejo de mi edad se sintiera Monto. Me trataba como a un hermano menor y cada vez que se cruzaba conmigo por los pasillos y cuevas del banco intercambiábamos unas palabras compañeras y una que otra chicana para mi jefe, el pobre Quinteros. Era pura sonrisa este Ricardo. Cuando le conté que al año siguiente (1976) me tocaba la colimba en la marina se puso serio –pensé que eras más joven", me dijo– y me recomendó que me comprara una libreta y anotara todo lo que viera, en detalle, mire usted qué loco e ingenuo, con mucha atención sin que se me escapara nada. Y si no podía anotar que tanteara con la vista y recordara, y que por ninguna razón se me fuera a olvidar. No encontré nada acerca de él en el *Nunca más*; tampoco el Negro Ábalo en *El terrorismo de estado en Mendoza* da referencias acerca de su secuestro; solo lo registra en la lista por orden alfabético de los alrededor de 200 desaparecidos mendocinos. Figura con su nombre completo: Sánchez Coronel, Ricardo Luis]

El Negro Blanco cuenta que llega al aeropuerto El Plumerillo, junto a otros sopres, todos esposados, con las cabezas gachas, al trote por la pista hacia un avión sin asientos. Antes de abordar debían atravesar una doble fila de soldados, policías, ¿conscriptos?, cagados de risas tétricas, que los molían a patadas, los hacían tropezar y si se caían más los golpeaban y *"adónde nos llevarán"* era la incógnita *"¿nos irán a tirar al río?"* Esto ocurría, oh sorpresa, en la tranquila Mendoza, la de la famosa siesta. El Negro dio en la cárcel, a la que sobrevivió y hoy prepara este asado y mantiene la energía, hay que sobrevivir, los chorizos casi están ...

—¿*Es esta la casa de Vilma?* –pregunta una voz gruesa, quizá educada en el arte del canto, desde el otro lado de la pared, la que da a la vereda de la calle Paso de los Andes. Especulo que es una voz que no conoce la timidez, una voz así, previsible, tiene que ser una voz transgresora.

—¿*Quién quiere saberlo?* –responde el Negro, ya del todo relajado, ahora hasta juguetón.

—*Soy el Manco Rule* [Legajo de la CONADEP n° 6827], estoy invitado a un asado en esta *casa.* ¿*Quién es el que me contesta?*

—*El Negro Blanco boludo, la entrada está a la vuelta, a tu izquierda.*

Esta cara del Manco, que me tira en el saludo la mano que no tiene para cargarme y hacerme sentir canadiense, bien canadiense en tierra de avivados y chistosos, esta cara, apenas si se asemeja a aquella otra en la tapa de *El Andino,* hecha bolsa, junto a unas diez más, la de Marquitos Ibáñez –que trabajaba en el hipódromo y después murió en la cárcel– la peor. Ah, la flauta, qué cerca que estuvieron, me dije aquella vez pero no se lo comenté al Manco ahora, o si se lo comenté no lo sé. El merlot se había acabado y tuvimos que seguir con unos vinagres de cuarta que aumentaron el perjuicio a mi entendimiento. Además, el Manco comenzaba su identikit, pero no nos debemos haber cruzado nunca, por lo cual no podía reconocerme. Yo sí, por su caripela que cagada a palos, en la primera página de *El Andino.* Algunos de mis compañeros UESOS hablaban de la caída, de él. Su hermano fue compañero nuestro, por un lapso muy efímero. Recuerdo que este hermano del Manco andaba en una moto chiquita, anaranjada.

—¿*Y vos?*

—*De la UES*

—*Tengo un hermano que era de la UES, le decían el Mono* ...

—*Aquí en Mendoza yo era la UES* –digo envalentonado por el vino, y enseguida me arrepiento, qué necesidad, ahora resulta que me quiero agrandar, si ni siquiera es verdad … Me porté mejor cuando no le mencioné que durante el tiempo escaso en que su hermano militó, Ramiro y yo fuimos los pinches encargados de atenderlo. En realidad lo habremos visto unas 4 ó 5 veces. Después tuvo el tino de borrársenos del mapa. Eso habrá sido en los primeros días lectivos del 75, durante el apogeo numérico de la UES mendocina: unos 35, 36 con ayudita, entre activistas y simpatizantes. El Mono debe haberse allegado a la agrupación por sugerencia familiar. Era una directiva de la organización con respecto a los frentes políticos: si uno militaba, había que engancharse al entorno más íntimo, a la familia. De los 35, 36 que éramos, unos 10 ó 12 se habrán acercado de ese modo. Yo, dentro de esta perspectiva, intenté parlarme a mi vieja, quien según decía, ya no estaba para esos trotes, aunque se equivocaba. A mi hermano, que en ese entonces tenía 13 años, lo máximo que logré fue llevarlo a un asado de la agrupación. Luego ni él ni yo quisimos insistir en el asunto. Vea usted qué simetría más insignificante: en algún momento a mi hermano también le empiezan a llamar el Mono.

Quién sabe cómo habrá sido este tal Manco en los tiempos de la militancia. Cuenta que llegó tarde, en el 74, cuando las buenas nuevas se extinguían con celeridad; él se las perdió todas. Peor que con el Negro Blanco, los tiempos de MB han sido obliterados de su visión por lo que le pasó luego. Era empleado público, como ahora. Me cuenta que asistió a una asamblea en la que habló Garcetti, por entonces dirigente de los maestros, y no sé qué quilombo se armó. No lo puedo registrar. El incidente se me confunde con el relato del Gordo Guevara y su recuento cortajeado del acto en el Independencia. Igual que el Negro, el Manco reconoce su condición de perejil pero en lugar de querer convencerme de eso, lo noto medio socarrón al respecto. Como si esa "perejilidad" lo absolviera de las culpas que tenían los otros, los que ostentaban algún poder de decisión. Una postura piola, pienso. Este Manco se ha convertido en un loco de la guerra, carga a medio mundo, se toma la vida en joda, no quiere a nadie, salvo a su hija y sin embargo no parece un padre baboso. A mí me perdona un poco porque me ve como de afuera y parece que no se anima, pero a la dueña de casa y al Negro Blanco no les perdona una. Cuando evalúa que se le han acabado los puntos retrocede a los tiempos de la cárcel y se manda una filípica épica en contra de los cuadros más prominentes; de nuevo, su discurso no salva a ninguno. Ha escrito un libro revelador de testimonios carcelarios, donde según cuenta, desenmascara a los más dañinos. Pero para su escasa fortuna autoral todavía permanece inédito. Me relata una anécdota posterior a la cárcel en que casi logra cruzarse con Firmenich, en un programa suyo de Radio Universidad. Cuenta que el jefe montonero no quiso prestarse, lo ninguneó, dijo que no lo conocía. En mi fuero interno pienso –sin ánimo de defenderlo– que Firmenich hizo lo correcto en no querer discutir. Se ha convertido en un blanco facilongo, y a la merced de un tipo como el Manco, una discusión radial le hubiera hecho más mal a su causa, si es que todavía mantiene alguna.

El Manco mantuvo el ritmo oral durante las 5 ó 6 horas que duró el asado, hasta que Sonnia dijo "bueno chicos, les voy a ofrecer un licor de cáscaras de mandarinas casero que lo hice con una receta que heredé de mi abuela, oriunda de Italia y luego radicada en el departamento sureño de General Alvear". "Sonamos", pensé, "ahora resulta que antes de volver al pago putativo me voy a quedar ciego". Jamás en mi vida he probado un licor tan dulce, exquisito, olímpico, tan imposible de dejar de beber ... y así me fue. El resto de la velada permanecí sentado, sin atinar a siquiera mover un dedo para no hacer el peor papelón imaginable. El Manco continuaba su ácida perorata pero yo ya solo escuchaba un sonido ininteligible y la intermitente carcajada mefistofélica. Me espabilé un poco recién cuando Vilma contó algo acerca de su caída en junio de 1976, una fecha muy familiar, porque fue exacto un día antes de lo de mi hermana Lila. Dijo que a los de ERP los atormentaban en el Liceo Militar, en el Casino de Oficiales, supongo, y que ella estuvo 12 días desaparecida ahí. Si las dos eran del ERP, debe haber sido la misma caída, tienen que haber estado en el mismo lugar. Me arrebata la idea de preguntarle algo, pero el ambiente no da. No he visto sus declaraciones en ninguna publicación, ni están en el *Nunca más* ni en el libro del Negro Ábalo. No sé si las hizo. También ignoro por qué ha de haber sido así e inmediatamente evalúo que no es ocasión para indagaciones de este tipo. Al ratito nomás, cuando cambiamos el tema, ya me había arrepentido. Vilma me preguntó qué tipo de música prefería y le respondí que odiaba la música, cosa que no es verdad; a ninguno de los presentes pareció importarle un pito mi desatino

¿Cómo es que de pronto nos encontramos cuatro de nosotros en la cocina de la casa y ya no más en el tornillo del patio que daba a la calle Paso de los Andes? El Negro Blanco se ha ido y el marido silencioso de la dueña de casa, ronca tibio en una habitación contigua, a brazo partido. Pido que se me llame un taxi. El Manco servicial protesta, que no, que él me llevaría, cuestión que suscita de nuevo una ristra de sospechas de mi parte pues, obvio, la pregunta era cómo este individuo se las ingeniaría para manejar. Me doy cuenta que lo hace con una sola mano, qué más puede esperarse, y a pesar de los extrañísimos movimientos que produce y de su labia torrencial y contumaz, es bastante hábil en el oficio de conductor. Hasta tenemos la serenidad de planear, bajo los auspicios de Sonnia, un viaje tipo autonautas al Departamento de General Alvear para reconocer el sitio donde la abuela, ya de todos nosotros, engendraba ese olímpico licor de cáscaras de mandarina. De todos modos, cada vez que nos aproximamos a una bocacalle carente del cordial y disuasivo servicio de semáforos, Sonnia y yo, recordamos con alarma la extrema precariedad de esta vida loca. Al llegar a la casa de mi madre estoy sobrio por completo y ya me imagino el viaje a Alvear.

R. A.:

Comienza la guerra

La mano negra fascistoide se hizo notar desde el mismo momento en que los Montoneros y la izquierda peronista personalizada en Don Alberto, aseguraban el triunfo y la futura gobernación. Eso fue algo que hizo que disparara el gatillo. El 19 de abril del 73 *Los Andes* informa: "Fueron cinco disparos de revólver en el frente de la farmacia de MB, anexa a la casa". El gobernador se encontraba en Mendoza. Los que sí estaban en San Rafael eran su esposa y dos familiares de ella, quienes se despertaron con los ruidos. Al día siguiente los presuntos autores dejan un mensaje para que fuera publicado por *Los Andes* en la terminal de ómnibus. Va dirigido a la opinión pública y lo firma la Juventud Peronista Auténtica. El texto es un llamado de atención a MB, por creerlo influenciado por elementos del comunismo internacional. Varias agrupaciones justicialistas ratifican su apoyo al gobernador, diciendo que se trata de maniobras de grupos reaccionarios para debilitar la unidad del peronismo.

Por su parte, y a cara descubierta, la CGT local, por intermedio de Carlos Fiorentini, recién reelegido para la conducción, asegura que MB y Mendoza (Carlos) "tendrían todo el apoyo de la CGT siempre y cuando se mantengan las pautas dadas por el General Perón". Con tiros y con dardos verbales la derecha peronista se prepara con todo para abortar un gobierno al que califica de comunista cuando solamente es una mínima expresión de los anhelos populares, que para satisfacerlos indudablemente debería gobernar para las mayorías populares y no tanto para los conglomerados empresariales de la vitivinicultura, los clásicos detentadores de la riqueza menduca. En el caso concreto de los popes de la CGT se sabe el papel entreguista de los representantes obreros. Burócratas sindicales y empresarios a la vez, transadores por jugosos vueltos que engrosan sus bolsillos y se transforman en casas de lujo, autos último modelo, hijos estudiando en colegios privados, viajes al exterior. El vandorismo, al igual que el menemismo, siembra la cultura del desparpajo, la corrupción y la impunidad y los lanza al lodazal en que se pudre la conciencia de los impuros.

Y cuánta más bronca para los fascistoides —parecido ahora, a este último 25 de mayo del 2003 con la presencia de Fidel, Chávez y Lula— cuando aparecen entonces, en la asunción, el socialista presidente chileno Salvador Allende y el cubano presidente revolucionario Osvaldo Dorticós, rubricando al flamante presidente argentino Héctor J. Cámpora, el Tío. Cuánta bronca del imperialismo, de la oligarquía vacuna y los peronistas que ya cabalgan en la tres A en connivencia con el Brujo López Rega para descargar la más despiadada e irracional caza de brujas desatada en la Argentina.

También en Mendoza el encrespamiento anti tuvo su clímax con la visita que tres días después hace Dorticós a nuestra provincia, invitado especialmente por el nuevo gobierno. El cubano ya había pasado por Córdoba, donde fue la figura mayor en el homenaje al Cordobazo, el 29 de mayo. Todos los matices de la izquierda y el progresismo menduco, sin exceptuar las grandes masas peronistas y de todos los signos, siguen la presencia de Dorticós, aplaudiendo y vivando a la revolución cubana, a Fidel, al Che, al mismo Dorticós, a Perón y a MB. Para qué, la cuenta regresiva avanzaba a grandes trancos.

Hemeroteca

Los Andes es una fiesta en su edición del martes 13 de marzo de 1973. A los dueños conservetas se les deben haber avivado los tituleros y cronistas del diario, que parecían contagiados del espíritu achispado que inundó las calles del centro de nuestra previsible y sosegada provincia. Los titulares verifican, dan cuenta del festejante humor mendocino: *Una multitud que superó las cincuenta mil personas*, cuenta una de las notas; *Pocas veces en el centro de la ciudad se vio una manifestación de tal naturaleza y alcances*, se admira otra; *Desbordante júbilo popular en la manifestación del Justicialismo*, proclama una tercera. En la movilización están todos los colores del peronismo y de otros partidos populares que no se pueden dar el lujo de perderse los festejos: ahí estaban el Gordo Mendoza y Fiorentini, las barras del PST de Coral que se iban arrimando, tímidos al principio, con la intención de adherir, pero con el temor de ser rechazados, fueron en cambio recibidos por los justicialistas con una andanada de vivas y aplausos. La multitud, recalca *Los Andes*, *dejó de ser observadora para convertirse en protagonista* –y muy activa, por cierto– *de una expresión de sana alegría*. Más abajo continúa, con generosa admiración: *Para muchos adultos, el espectáculo tenía el valor de una experiencia insólita que estaba marcando un nuevo estilo de expresión en las convicciones políticas argentinas. El mendocino, tradicionalmente cauto en sus exteriorizaciones, se dejaba llevar sin miedo por el entusiasmo.* Siguen los halagos en esta fecha de número yetatore, las albricias de un cronista al que sus jefes, seguro, le han de llamar a sosiego por la mañana del 14: *Unos y otros, barridas las diferencias generacionales, participaban de un festejo que nacía espontáneamente y que por eso mismo alcanzaba mayor significación al desarrollarse en forma pacífica y considerada no solo con sus propios partidarios, sino con aquellos que no participan de sus creencias políticas.* OK, algo de cordura hay que demostrar, los manifestantes son pacíficos, considerados y amplios y si no lo fueran, ahí mismo le esta diciendo el diario abanderado de la provincia que esos son elementos de capital importancia para la supervivencia gansa, que los conserven sin salirse de quicio. Ahora, eso de que el festejo fuera espontáneo, lo dudo porque según se sabe, la JP fogoneaba mucho en esa época, es decir, hacía el sánguche para que después se lo morfara cualquier pelotudo. Quizá al cronista lo asistiera algo de razón. Después de tanta prohibición la catarsis colectiva no debe haber requerido demasiado acicate. Unos párrafos más abajo el recuento se pone poético, ... *desde los edificios más altos de la ciudad comenzó a caer una cortina de papel cortado en pequeños trozos. Cuando eran iluminados por los poderosos reflectores de la televisión, mientras flotaban en el aire, la ciudad adquiría una apariencia irreal* ... Por ahí fue Di Benedetto el autor de este artículo o algún joven discípulo suyo, o sucedió que él recogió los datos que el reportero verdolaga le trajo y los cocinó, como hacen, como deben hacer, los verdaderos periodistas, los escritores. *La policía no intervino* [a ver si reconocen, che, que las marchas de festejos y similares están prohibidas], *no hubo incidentes*, unas hurras, entonces, por la policía, que si intervenía se armaba la podrida. Finaliza la nota con un cable a tierra disimulado entre deferencias y quizá algún contagio genuino de felicidad: "*Para los observadores desapasionados daba la impresión que la alegría era tan grande y solidaria que actuaba como eficaz muro de contención a cualquier desborde* [¿tanto miedo, viejo?]; *el pueblo se convertía en el principal guardián de la seguridad de todos.*

En otra nota de la página 6 con el título un poco más adusto de "Jornada de regocijo y expectativa vivió ayer el Frente Justicialista", don Alberto Martínez Baca ofrece sus primeras declaraciones como ganador de la primera vuelta electoral en la provincia. El hombre parece estar consustanciado del espíritu discursivo de la izquierda peronista. Véanse, si no, muestras de su alocución:

— Esta etapa de la revolución peronista contó con un motor fundamental: la juventud en la que Perón deposita el futuro del movimiento, jugada de lleno por los intereses de su pueblo.

— En 1945 los muchachos eran izquierdistas bohemios, antiperonistas tal vez por extracción social y hasta llegaron a combatirnos. Pero un día, los jóvenes en especial y los universitarios en particular pusieron los pies en la tierra, se juntaron con su pueblo, que es juntarse con el peronismo y se sumaron a la lucha por la liberación.

— Y ahí los tiene, el peronismo ha logrado acopiar el mejor caudal de materia gris que posee el país, con sus cuadros técnicos de jóvenes universitarios y profesionales.

— Con nuestros equipos técnicos, en su mayoría jóvenes, vamos a gobernar para Mendoza, demostrando que la mentada "buena administración conservadora" es y fue siempre un eslogan embustero.

El miércoles 14 de marzo *Los Andes* mantiene su euforia contenida. Comenta que las manifestaciones continuaron en la víspera pero fueron menos numerosas. Sin embargo, *la exhibición de la juventud vehemente, que en forma incansable exteriorizaba su entusiasmo por la victoria electoral del partido triunfante, fue todo un espectáculo.* Aún prevalece en el matutino la actitud de elogio de la cordura de los que se manifiestan. Así sea hasta mañana.[No obstante, un grupo de exaltados y memoriosos de la ideología del "mastodonte de la calle San Martín", como lo solía denominar *Crónica* (de Mendoza), intentó quemar el edificio del diario, por lo cual se vio obligado a cerrar sus puertas]

Porque ya a partir del jueves 15 de marzo se adivina la batahola a que se apresta el gigante de la prensa provincial, a pesar de que todavía celebran y admiran los gestos y festejos, en especial cuando don Alberto se traslada a San Rafael a saludar al pueblo que representó en primera instancia. Hay una nota que habla de impugnaciones y otras irregularidades por las que se habría beneficiado el FREJULI (página 6, "Comenzó el escrutinio definitivo"). La intendencia capitalina la gana el ingeniero José A. Manzur, de sesenta y dos años, casado con Elba Llaver. El intendente electo se inició en la política durante el gobierno de Yrigoyen y en 1945 se incorporó al peronismo desempeñando distintas funciones políticas a partir de ese momento. Fue Secretario General de la Dirección General de Escuelas y Director de Suministros de la Provincia. En 1946 fue nombrado Director del Instituto de Trabajo. Paralelamente tuvo una activa labor gremial para llegar a presidir desde 1961 a 1963 la Unión Nacional de Educadores. Declaró a *Los Andes* lo siguiente:

Nuestro gobierno estará necesariamente enmarcado en el proyecto de reconstrucción nacional que el Frente Justicialista se ha impuesto como tarea prioritaria. Daremos a las obras de infraestructura el lugar que les corresponde: estar al servicio del hombre y no viceversa. Para llevar adelante una administración comunal, al servicio de los intereses del pueblo, se requiere la planificación de la gestión municipal pues las soluciones no son obras de la improvisación ni del invento. La planificación se sustenta en una intensa preparación humana y una preparación técnica adecuada. La preparación humana garantiza el concurso organizado del pueblo en la gestión de gobierno, pues no se trata de representarlo, sino que el pueblo deberá intervenir en la discusión y análisis en todas las etapas de los estudios, investigaciones y diagnósticos que se realicen ...

Izquierdas y derechas diríamos nosotros. Ni una palabra para la juventud maravillosa, la liberación latinoamericana o la revolución sobre las que se suele explayar don Alberto. Al menos habla de participación y de los técnicos pero sospechamos que no se refiere a los de Julián Licastro. Eso sí, la participación dentro de un cuadro organizado, nada de desmanes, ingeniero ¿no? No somos improvisados ni tampoco nos damos al invento ¿no habrá nada que inventar, don Manzur? A ver si se me desmovilizan, chicos, ¿eh?, sean buenos.

En la página 8 de ese mismo 15 de marzo se encuentra el recuento del sureño corresponsal anónimo de *Los Andes* que titula su nota: "Entusiasta recepción brindó San Rafael a MB". Escribe que "ocupantes de cientos de automóviles, camiones y camionetas se dieron cita en el Cristo de las Praderitas para dar la bienvenida al candidato a gobernador más votado en los comicios del 11, señor Alberto Martínez Baca". Según el distinguido corresponsal se mandan una marcha por unas cuantas calles de la cabecera departamental. Lo notorio es que "al pasar la manifestación frente a la sede del PD, y al recibir aplausos de algunas personas que se encontraban frente a la misma [algunas personas, ojo, no muchas y ni por asomo, todas] el vehículo en el que iba MB se detuvo y bajó éste, acompañado del dirigente Masini. Allí se estrechó en un abrazo con el senador electo por el PD, señor Antonio Teruel, expresando el señor MB: 'Tenemos que luchar unidos por la patria'" [ese espíritu deportivo, don Alberto, así me gusta, caramba]. El reprimido cronista informa asimismo que "la manifestación, muy entusiasta y bulliciosa, a la que se habían sumado ciclistas y gente de a pie, y que encabezaba un jinete [¡iuju!] portando la bandera argentina, en perfecto orden y sin cometer desmán alguno, se concentró en la sede partidaria". Cómo hinchan los desmanes y el orden: dan ganas de un viajecito por el túnel del tiempo para arrojar un par de pedradas. A continuación se pide un minuto de silencio en memoria de la abanderada Evita y de los compañeros caídos. Después de varios oradores don Alberto hace uso de la palabra. Saluda a los obreros por su adhesión [¿y, Manzur?, ¿se aprende o no?] y recuerda a quienes están ausentes porque rindieron homenaje con sus vidas por sostener la bandera de Perón. Luego afirma: "Soy gobernador por un destino de la vida y porque Perón lo ha querido". Dice que hará un gobierno para el pueblo y se queja del estado ruinoso en que les van a entregar la provincia, una provincia que tiene fama de rica y "nos la entregan sin un solo peso". Prometió erradicar las villas miserias y que "como me lo pedía un obrero, comeremos carne todos los días, así como lo hacíamos antes". Hizo también la promesa de que gobernará con asambleas populares y con equipos técnicos, "surgidos de las entrañas del pueblo".

H.D:

En la misma edición del 15 se anuncia el estreno en el teatro Independencia de la obra "Chúmbale" de Viale presentada por el grupo Fray Mocho. Entre los integrantes del elenco figura mi antiguo jefe de deportes del diario *Mendoza* en los años inaugurales del Proceso, el temible Enrique "Cabezón" Romero. El Negro Ábalo me comentó en más de una ocasión que el "Cabezón" se esmeraba en esos menesteres tiempos antes de volverse duro y repelente. Así y todo me cuesta verlo como actor, aunque ahora que lo pienso ...

Monzón anuncia que viaja para ver cómo Nicolino le gana a Pambelé.

G. M (I).:

Por ejemplo, uno llevaba un activismo en el peronismo desde los años cincuenta, pero digamos, más activo desde que salí de la Marina en el 57. Yo tengo 69 años. Es decir, yo de chico ya andaba en el peronismo. Lo que se adopta en la niñez de uno, sea un equipo de fútbol, sean ídolos deportivos, artistas, eso perdura en el tiempo, no hay una variación.

En el juicio político, por ejemplo, de un lado y de otro, manejaban gente que a la postre unos instrumentaban la política de los gremialistas y otros instrumentaban la política del Poder Ejecutivo, "llevemos al otario de MB" y aunque figuraran otros al frente, los que diagramaban la política eran tipos que con el tiempo, lo hemos visto, algunos reciclados por el radicalismo, otros reciclados por el justicialismo, por Duhalde, por los de acá. Y sin embargo los tipos que eran peronistas, los que tenían un historial peronista hemos sido ... algunos se acobardaron, porque yo estuve en la cárcel y cuando vos salís, la familia, todo es un problema ... así que te metías a cuenta gotas. Yo estoy totalmente marginado, totalmente desconocido, nunca me han dado nada y sin embargo, los que estaban de un lado y de otro, que habían aparecido a finales del 60 y principios del 70, eso ha sido la plana mayor de todo el justicialismo de la provincia de Mendoza y llegamos a la conclusión que hoy, por ejemplo, de que después de 30 años, de 7 u 8 candidatos a gobernador, son todos los de la misma línea nacional de aquella época. Todos. Y en aquella época, la Tendencia Revolucionaria movilizaba en Mendoza, sin exagerar, 10, 12 mil personas y ellos no movilizaban ni 200, porque eran todos cuadros dirigentes que no tenían ninguna vinculación con nada ...

—¿Vos te referís a los de la Tendencia?

—No, no, yo te digo los de la Línea Nacional.

—¿Quiénes eran los de la Línea Nacional?

—*Los de la Línea Nacional tenían al Chueco Mazzón, a Manzano, que era un pibe, a Roitman, a la Mosso, a Abhaggle, a Pardal, el mismo Amstunz, que era también un pibe, era también candidato a gobernador, o Pons, todos estos estaban en este grupo. No estaban en la Tendencia. No, nunca se acercaron a la Tendencia. Ellos al comienzo se acercaron en el caso de Mendoza cuando sale Martínez*

Baca gobernador, se acercan para rapiñar algunos cargos. Consiguieron algunos cargos, algunas direcciones, secretarías, como el caso de Abhaggle. Pero eran tipos espías o informantes. Todo lo que pasaba en el Poder Ejecutivo, la Legislatura lo sabía de inmediato. Yo lo descubrí en aquella época porque en Rentas había un director, que lo habíamos nombrado nosotros, Morganti (con i) que era de los de la Línea Nacional. Y yo estaba en la Subsecretaría de Economía. Un día me llamó el presidente de la Cámara de Diputados, el Negro Ortiz. Se ve que le dijeron, ubicalo a Morgante, o a Morganti y la secretaria dio donde estaba yo. Cuando Ortiz habla dice que quería "hablar". Yo le reconocí la voz a él y le digo qué hacés Negro, qué querés, y el Negro me dice, no, Flaco, no era con vos, era con Morganti que quería hablar. Ya estábamos en los prolegómenos del juicio político y estaban buscando información. Y ellos después estuvieron con los gremialistas y cuando fue el enfrentamiento entre los gremialistas y López Rega, es decir, antes de ese enfrentamiento, estuvieron con López Rega. Acá pegaban carteles a favor de López Rega; cuando cae el Brujo buscaron otra vez el refugio de los gremialistas o se rodearon cerca de la Isabel, pretendían proteger a la Isabel ahí. Acá ponían carteles en las paredes, "la vida por Isabel". Después ellos estaban todos "liberados" cuando viene el proceso democrático, nosotros, los viejos, nos acercábamos, éramos amigos, conversábamos, pero nunca ... nos podíamos afiliar, podíamos hacer todo, pero no figurar, siempre te ponían algún problema, que mirá, que vos esto, que el otro, que fijate que la gente, aunque vos no hubieras estado, pero la gente que estuvo con los Montoneros es mal vista, toda esa cuestión. Y a su vez, había otros tipos que eran las cabezas visibles de los Montoneros acá, que en una primera etapa no fueron afectados, pero que con posterioridad ingresaron en oleadas a la administración pública acá y en el nivel nacional. Yo tomo un ejemplo, después de veintiséis meses que salgo de la cárcel, un teniente, un teniente coronel, me dice bien clarito, ni piense que va a entrar al Diario Los Andes *de nuevo, y eso que yo en el diario* Los Andes, *yo lo único que hacía era las crónicas de ciclismo, te imaginás qué revolución o qué podía hacer yo ahí. Y efectivamente han pasado 25 años, desde 1978 a ahora, y no ingresé al diario* Los Andes. *Sin embargo otros tipos que salían de la cana, jefes montoneros, y a los cinco días ya estaban trabajando. Los nombraban directores, acá y allá. Nunca los sacaron de la cárcel de Mendoza; a mí me llevaron a La Plata; a otros los llevaron a Sierra Chica, pero había un grupo que nunca lo sacaron de la cárcel de Mendoza ... yo creo que eran botones. Eso eran, por supuesto. Y muchos de la JP, también. Algunos son gobernadores, como Obeid. Él era el delegado regional de la JP. Había una vuelta que cayó uno, yo estando acá preso en Mendoza, cayó uno de esos, lo metieron en la celda conmigo y a la noche empezamos a hablar, de algunas cosas así, ¿viste? Y al tipo le afloró un sentimiento de, qué sé yo de qué, pero la cuestión es que me dijo, no, a mí no me contés nada. Yo tampoco le iba a contar nada, pero el tipo ... lo que era en cierta medida público, porque yo siempre contaba lo que era público. Lo que pasaba era que los militares eran tan brutos o habían agarrado tan apurados la cosa que no sabían ni lo que habían dicho los comandantes de ellos.*

El juicio lo manejaron ellos, el juicio político. Para darte nombres, de un lado, por ejemplo, el Chango Díaz, el Pato Made, esos eran los que le daban letra a los gremialistas. Por el lado nuestro estábamos el Martínez Agüero, tres o cuatro más de ellos, de ese grupo, uno que era bancario, Surballe, que todavía anda por ahí. Evidentemente eran ellos, de los dos sectores, entonces hicieron una especie de pinza y nosotros reaccionamos tarde. Fijate vos cómo son las cosas, ayer, por una de esas casualidades me entero que Boris, uno de los gremialistas de mayor peso durante aquella época, él no era proclive al juicio político porque él sabía que con el juicio político venía la intervención a Mendoza y efectivamente, perdimos nosotros y perdieron los otros. Eran dos sectores: el sector de la Tendencia, y el sector ... podríamos decir que ahí se mezclaban un poco los generacionales, es decir los de Licastro, la gente de Alejandro Álvarez, de Guardia de Hierro, de Grabois en el orden nacional. Ellos le daban la letra a los gremialistas. Entonces, en vez de llegar a un acuerdo, cada vez el enfrentamiento era más, más y más. Si vos te ibas a los bloques, por ejemplo, ... el Poder Ejecutivo menos porque allí, bueno ... pero en los bloques, los asesores pertenecían a esos sectores. Los que correspondían al Poder Ejecutivo sería gente que era de la Tendencia, pero de la Tendencia ya en un grado de compromiso superior al que podíamos tener otros; recibían órdenes directamente de las

Orgas. Y a su vez, los asesores de los gremialistas, también estaban en esos grupos generacionales.

Así que después vino la intervención de Cafiero, que a pesar de que era un hombre propuesto por los metalúrgicos y todo eso ... todavía anda con los metalúrgicos en estos días ... les da un porcentaje de poder pero no les da el poder que los tipos de ellos realmente querían. Pone de Ministro de Gobierno a Tabanera que era un tipo que había perdido, en el setenta y tres, se había quedado marginado. Y el tipo fue dueño y señor mientras Cafiero estuvo. Tabanera había perdido las internas, había perdido todo y estaba marginado. Era uno de los propulsores del peronismo sin Perón. El enfrentamiento ese se definió en Mendoza en el 66, vos eras muy chico, pero Perón mandó a Isabel y acá para las elecciones hubo dos fórmulas, una peronista, donde MB iba de vicegobernador y otra del vandorismo; este se llamó Movimiento Popular Mendocino, los doblamos en votos. Desapareció la experiencia esa, estaba Illia en el gobierno. Vino el sacudón y le hizo que Lorenzo Miguel, después de la muerte de Vandor, incluso el mismo Vandor antes, volvieran otra vez al riñón del Viejo. En aquella época la CGT se había dividido en dos, con lo de las 62, una que la manejaba Vandor y otra que la manejaba Alonso, que era del gremio del vestido y que había sido Secretario General de la CGT, se llamaba las 62 de Pie. Ellos se pusieron del lado de Isabel y de Perón. Acá le ganamos ... ganó Gabrielli las elecciones generales por la división del justicialismo pero, los que seguíamos la línea de Perón les sacamos un montón de votos, los otros no sacaron nada. Acá se terminó la experiencia del peronismo sin Perón.

Yo siempre estuve, te decía al principio, que cuando salí de la marina, yo hice la colimba en el 55 y en el 56, o sea que yo viví la caída de Perón. Yo podría asegurar que el 95% de los suboficiales de la Marina eran peronistas, pero de los oficiales no más del 10 ó 15% y los tenían totalmente individualizados porque habían sido tipos que Perón los había becado. Los becaba y los metía, pero eso después de la revolución prácticamente ... yo he encontrado a algunos ... eran pilotos de aerolíneas, porque yo estuve en la parte aérea, en la base aeronaval ... lo que a mí me convenció es que el peronismo solamente podía volver por los votos. No había otra alternativa. Estuve siempre en líneas peronistas. Yo estuve en Tres Banderas en los 60. Pero un grupo dejamos bien claro, un grupo de gente joven, que cuando el Justicialismo tuviera personería jurídica, volvíamos en bloque al partido. Y así lo hicimos. Justo yo fui diputado en el 63 y 64 y al mes de estar adentro, hicimos el Bloque Justicialista. Y cuando se unieron 3 Banderas y el Partido Blanco por el cual habíamos ido nosotros, porque estaba proscripto el peronismo, creamos, de 15 que salimos electos, el grueso de estos, formó el Bloque del Movimiento Popular, al que se unieron, los Blancos y 3 Banderas y quedó el Bloque Justicialista. Éramos tres los que movíamos, MB, la señora de Bajú, la señora Barbera de Bajú y yo. Y fuimos los tres ... creo que es el primer Bloque Justicialista después del 55.

¿Cómo siguió evolucionando? Y siguieron evolucionando siempre dos tendencias, una era el grueso de Tres Banderas, de los Blancos, todo eso, tal vez por un problema de edad, porque los viejos veían que se iban muriendo y Perón no regresaba y ellos estaban en banda. Eso siguió dentro de una línea del justicialismo sin Perón. Y nosotros no, nosotros estuvimos en todo lo otro. Cuando sale, cuando se empieza a mostrar la orga, se crea la Tendencia Revolucionaria ... en el 70, 71, acá en Mendoza también. No, no, nosotros adherimos, no que formáramos parte, no. Nosotros, el grueso, ya éramos personas que estábamos alrededor de los cuarenta años. Bueno, podíamos formar parte de una juventud, pero adherimos a los principios de la juventud, en esa época, la boga, el esnobismo, como vos quieras llamarle, era un socialismo nacional. Nosotros adherimos a eso. Acá estaba el Gordo Reig, Zannoni, un montón de tipos, se unen primero FAR y Montoneros, porque estaban divididos. Pero nosotros seguíamos ahí ... cómo te podría decir ... en el enfrentamiento con Perón, muchos no quieren, otros, arrastrados por la corriente, continuábamos. Con los encuadrados no teníamos mayormente vinculaciones, ni nos daban la más mínima pelota tampoco. Si lo que te pedían era un trabajo político, entonces yo entendía que había que dejar las armas y hacer política. Ya estaba Perón y el asunto era no enfrentarlo. Los pendejos terminan enfrentándolo y todo eso hizo qué: que los capitostes, de una y otra, salvo algunos, están todos con vida o han muerto de muerte natural. Y el grueso de los 30.000 desaparecidos, si es que hay realmente 30.000, yo no voy a discutirlo, el 80% de esos son peronistas que adhirieron con un mayor o menor grado que yo. Y a veces hasta los

mandaban a matar cuando cosas como la boludez de la contraofensiva. A mí hasta me llevaron los pasajes para que yo me fuera a Italia para hacer el Comando del Partido Auténtico allá. Yo los saqué cagando. Yo estuve siempre en el país, pero yo salí de la cárcel en junio del 78 y a principios del 79, llegó a mi casa un muchacho que yo lo conocía por el Partido Auténtico y me traía todo, el pasaporte, los pasajes, todo, para que fuera a Italia ... y después no sé adónde para que se hiciera el Partido Auténtico en el exterior. Y yo no, qué, los mandé a la mierda. Acá a los que venían de vuelta los liquidaban a todos.

Acá en el 73, 74, cuando llegó Perón había que hacer política. MB llega así: las candidaturas a gobernador y a vice, las manejan en Buenos Aires. Sí, tienen en cuenta a los sectores de acá pero la Isabel y Perón, más o menos en lo más importante, tuvieron la última palabra. Mirá, los Montos no sé, no impusieron ... es probable que Perón haya dicho, bueno dividan el territorio, equis cantidad para uno, equis cantidad para los otros, cierto. Pero si vos analizás, Bidegain en Buenos Aires, Obregón Cano en Córdoba, eran tipos grandes, que habían sido funcionarios cuando Perón era presidente. O sea que siempre había que tener una vinculación. Y el caso de Mendoza, que a mí me consta, en Mendoza en aquella época, Evans que había sido gobernador y los que habían sido funcionarios de él y otros que no lo eran y estaban en contra, que cuando Perón le organiza el partido, y que cae Leloir al frente del partido, no, no era el premio Nobel, no sé si era hermano, pero tuvo muy poca actuación, estuvo preso y cuando salió de la cárcel dijo dos o tres cosas y enseguida, Perón tenía que endurecer el espectro y lo puso a John William Cooke al frente. Perón hacía así, cuando tenía que endurecer ponía un duro, cuando tenía que ablandar ponía un blando. En aquel comando de Leloir, ese partido cuando se organiza el Partido Peronista o Justicialista con Leloir a la cabeza, uno de los integrantes es Picallo que fue radical que es el primer gobernador de Mendoza. Según dicen, es que ellos tenían ya pensado cambiar a varios de los que habían sido gobernadores y entre los gobernadores, a Evans por acá.

Cuando viene la Isabel, por el año 66, nosotros lo elegimos a Corvalán Nanclares que venía del Movimiento Popular Mendocino. El MPM hace la convención en la mañana de un día domingo y se postu-

lan dos: Corvalán Nanclares y Serú García. Le gana Serú a Corvalán. Entonces nosotros lo traemos a Corvalán Nanclares y a la tarde lo consagramos candidato a gobernador. Te digo nosotros, porque en cierta medida manejábamos el Congreso partidario. En aquellos tiempos el que llevaba un escribano ganaba. Y los metalúrgicos estaban muy metidos en ese congreso, armados y todo, y ellos estaban esperando un escribano que se llamaba Lucena Carrillo. Mi señora y otros más que eran congresales estaban ahí y eran la diez y pico y el tipo no venía. Entonces, nosotros habíamos escuchado el apellido y ahí nomás nos fuimos a buscar a otro escribano amigo nuestro que tenía el mismo primer apellido pero no el segundo; Lucena no sé qué. Cuando llegó el tipo les dijo a los metalúrgicos yo soy el escribano Lucena y lo dejaron pasar. Y ahí le ganamos el congreso: le nombramos el presidente, le nombramos los secretarios del congreso, en definitiva, se les ganó el congreso. Como a los diez o quince días sale que nombran a MB vicegobernador. Era de San Rafael, muy inocentón, un hombre de bien, pero muy inocentón, poco conocedor del espectro político provincial, era más bien un profesor, entre los libros, la universidad, las escuelas, todo eso. Corvalán Nanclares que había venido del otro lado para acá, la Isabel lo sabía, había venido porque había perdido. Entonces casi toda la campaña, la Isabel la hizo con MB. Incluso, creo que MB, que en la reputa vida había ido a misa, la acompañaba a Isabel a misa y eso lo hacía porque era un tipo de bien, no porque fuera un chupamedias ni nada de eso. Al contrario.

Los viejos políticos lo proponen a Evans pero a Perón este hombre no le hacía ninguna gracia ... acá hay rumores que entregaron el gobierno por teléfono a la Libertadora, por ejemplo, a la Revolución. Entonces Perón debe haber dicho, no a éste no. Los pendejos le propusieron a MB, la Juventud, las Orgas, porque ahí andaban todos revueltos, en el 72. Yo creo que la Isabel tiene que haberle dicho "yo me acuerdo de MB, es un señor así y asá". Aparte en aquella época había 2 ó 3 sectores gremialistas en Mendoza. Uno era un ferroviario, porteño el tipo, Florentino Cortez; otro era el Gordo Mendoza, y estaba Naranjo. Evans que sabía que los gremialistas tenían mucho peso, dijo que él quería llevar de vicegobernador a Florentino Cortez. Y los "metas" le dijeron no, Florentino Cortez era ferroviario, y no, al vicegobernador lo ponemos nosotros. Cuando le preguntan a MB que a quién llevaría de vicegobernador, él dijo yo creo que le corresponde a un gremialista pero yo no soy quien para elegirlo. Y ahí los "metas" aprovecharon, con este lo podemos meter al Gordo, y lo metieron. Era todo igual, como Bidegain-Calabró. Se equivocaron en Córdoba por eso tienen que hacer el Navarrazo, porque a Obregón le meten un tipo que también estaba en la Tendencia, a Atilio López. Por eso tuvieron que inventar ese golpe, ellos no pudieron hacer el juicio político. En Buenos Aires lo reemplazan a Bidegain con Calabró. Pero acá en cierta medida era un poco impresentable ya solo el hecho de que subiera un gobernador metalúrgico. Además ellos ya habían perdido peso, no te olvidés que acá ya llevábamos un año y algo más. Lo de Calabró y lo de Obregón fue en poco tiempo. Acá duró un poco más y eso sirvió para que los metas perdieran un poco de peso.

El tema de los cargos lo manejaron tipos cercanos a la orga, o eran de las orgas, encuadrados, yo no sé. Entonces, como sabían que tenían que darle algo a los gremialistas, volvieron a cometer el error de querer ponerlo a Florentino Cortez. Lo metieron como Ministro de Bienestar Social, cuando debieron haber puesto un metalúrgico. Pero ellos decían que el metalúrgico propuesto era botón y qué querés que te diga el otro también era botón ...si los gremialistas que duraban muchos años en el cargo eran todos botones. Han estado de ministros, igual que ahora, con todos los gobiernos. Todos los gobiernos dicen vamos a descabezar la CGT, vamos a hacer esto, vamos a hacer aquello, los milicos, todos, y resulta que siempre están ahí. Alfonsín los acusaba del pacto sindical-militar y después tuvo que transar con ellos.

Yo llego como Subsecretario de Economía. A Economía, Gobierno y Educación los querían las organizaciones que había ahí, querían 5 ó 6 en total ... La Gobernación General no la íbamos a poder agarrar, porque MB tenía un hijo grande, un abogado, un pajero, un boludo, que también andaba coqueteando con las orgas, el Horacio Martínez Baca, que ahora está en San Francisco, ¿qué? ¿te llamó a Toronto? Ese había estado en Córdoba, acá nunca había venido; allá tenía algunos contactos y llega acá, bueno, llegó, abogado, todo, MB lo iba a poner de Secretario General. En otros casos, como Obras Públicas se lo dejamos a MB para que pusiera a algunos de sus amigos. Educación y Gobierno lo agarramos nosotros, y Economía. El que tenía mucha influencia sobre MB porque lo conocía de chiquito era el Guevara, que ahora es senador, el Gordo Guevara. Y ése iba a ser el ministro de Gobierno, pero claro, MB tuvo que ir a Buenos Aires, hablar con Cámpora, para poner el gabinete. El Gordo este no caminaba allá para el gabinete, pero él estaba en las tratativas. Resulta al final que lo proponen a Zannoni, un tipo de mucha reputación a nivel profesional como abogado y en la universidad como profesor. Y después lo proponen al Gordo Reig en Educación; también un tipo viejo peronista, no viejo por edad sino por militancia, y anduvo. MB pone a un ingeniero amigo de él en Obras Públicas, que fue el rector de la universidad, un tal Carretero. Y los viejos peronistas manotean Hacienda poniéndolo a un ex ministro que es de Evans, un tipo que había estado en la cárcel, que compró la bodega de Giol, un tal Caplán. Y quedó en el aire Economía. Entonces yo, y también el Gordo Guevara, habíamos estado, habíamos pertenecido junto con un tal Baztán a la juventud, pero allá por los años 50. Era bastante dinámico el hombre. Como él había sido uno de los gestores de la fórmula del año 66, se le puso cerca de nuevo a MB. De repente, MB, eso te lo habrá contado el Gordo Guevara, que no miente, porque el Gordo es amigo, a pesar de que discrepamos, aun en aquella época ya discrepábamos, ahora más todavía. MB le pide consulta a él ¿lo nombramos a Baztán, de ministro de Economía? El Gordo le dice "me parece bien, pero déjeme que yo haga unas llamadas y usted no diga nada hasta mañana a las 12". Y el Viejo le obedecía al Gordo Guevara. Entonces el Gordo me llama y me dice andá y ofrecele el ministerio de Economía a Baztán, de parte de don Alberto, si él estaría dispuesto a aceptar. Entonces yo me voy a la casa de Baztán. Ya estaba todo decidido pero el Viejo no había dicho nada. Yo le digo, mirá ayer me han llamado de Buenos Aires, anoche, y MB y el Gordo Guevara quieren que vos seás el ministro de Economía. Lo que queremos saber es si vos estás de acuerdo, si querés aceptar, y él dice ... y bueno ... Yo lo comuniqué allá y listo. Siempre habíamos trabajado juntos. Después nos habíamos abierto cuando aparecen todas estas otras cosas. Entonces el tipo quedó realmente comprometido y ese cargo se lo disputaban otros más, el Roberto Roitman ése que es ahora de Rodríguez Saá, quería ser él ministro de Economía; este venía de los sectores de

Guardia de Hierro. Él también andaba bastante congelado y ahora ha empezado a salir.

Después estaba un tipo que era el yerno del presidente de la Unión Industrial y Comercial, un tipo González, se llamaba, se llama porque todavía anda, el tipo también quería Economía. Baztán estaba comprometido, si yo lo había hablado ¿cómo no iba a estar?; él ya sospechaba, y además los gremialistas le dijeron, mirá que el Flaco está en esta, qué sé yo. Pero al tipo no le importó, estaba muy ilusionado. El Gordo, que había sido abogado de Roitman cuando, en el 68, 69, como estudiante, en eso hay que reconocerle, eran unos 4 ó 5 los peronistas de la Facultad de Ciencias Económicas y Roitman era un tipo muy activo en ese aspecto. Pero después se habían peleado. El Gordo le había dicho al Viejo, bueno, a mí no me nombre de nada, pero si usted lo quiere nombrar a Roitman en algo, yo no lo saludo nunca más. Y el Viejo aceptó. Y el otro que andaba rondando ahí era el González, y ese andaba buscando un cargo realmente, se produce antes de que me nombraran a mí, el 26 ya renunció el síndico del Banco de Previsión Social o del Mendoza, no recuerdo bien, como era contador, ahí nomás lo llamamos, lo llamaron ... este militaba un poco en la Coordinadora en ese tiempo, que era aliada de la orga, no, en CASA estaban las FAR y recién un tiempo después las dos orgas. Estos estaban en otro grupo que era la Coordinadora, que venían del Peronismo de Base. Entonces lo llaman y lo nombran. A Baztán lo primero que le dijo MB fue que le agradezco que cuando Morgante le pidió si usted quería ser ministro de Economía, usted le haya dicho que sí, que no había ningún problema. La cuestión que estaba comprometido por todos lados.

Pero, en octubre vino una reestructuración y se unen el Ministerio de Economía y Hacienda. Y Martínez Baca, la orga, lo pone a Caplán que era un técnico que tenía 3 ó 4 laderos peligrosos, pero él era un técnico, políticamente no había problemas. M. B. le ofrece el Ministerio y le dice usted puede hacer lo que quiera, nombrar al que quiera, que se vaya el que quiera, pero eso sí, yo le voy a pedir que a Morgante no lo toque. Yo al día siguiente fui y le presenté la renuncia, cuando lo nombraron a Caplán, era hermano del actor Marcos Caplán, un tipo muy correcto, un técnico en finanzas muy, pero muy bueno. Cuando yo le entrego la renuncia le digo, mire le vengo a entregar la renuncia para que usted decida. Él me dice, mire, si quiere déjela, si quiere se la lleva. Recién han venido 4 ó 5 de la Legislatura con el vicegobernador a la cabeza a decirme que el primero que se tiene que ir es usted. Pero MB antes de preguntarme si quería el ministerio, me dijo que al único que yo no quiero que toque es a fulano de tal, así que ... La cuestión es que yo seguí. Después vino otro y me pasó lo mismo y después vino el otro, 3 en total. Baztán se fue finalmente. Realmente el que manejó Economía en aquella época de Caplán, que le pusieron el cargo de asesor, pero el tipo manejaba, hacía y deshacía, era el Vichi, que había sido un subsecretario allá por los años 50, hasta el 55 en Economía. Era gerente de la Bolsa de Comercio. Ese fue el que hizo el acercamiento con los industriales bodegueros, tenían muy buena relación. Eso, si seguía, si no venía el juicio político, yo me iba de todas maneras de la Subsecretaría. Porque realmente yo no era un técnico, yo manejaba muy bien lo que era comercio porque en esos tiempos había precios, márgenes y todo lo que era desabastecimiento, eso andaba bien. A mí me habían propuesto crear una dirección general donde se agrupaban industria y comercio. Yo iba ahí y les dejaba el lugar para que hagan, si yo no tenía ningún problema, si el problema mío era estar ahí y serle útil a Martínez Baca de alguna manera.

Caplán estaba rodeado de gente de Evans y en un momento, con eso del juicio político, y medio lo tocaron a él. Evans le pidió que renunciara, en el mismo momento en que Evans decide el juicio político porque manejaba los 5 ó 6 diputados, y 6 ó 7 senadores. Había un grupo que se llamaba La Departamental; cuando MB fue gobernador, esa Departamental, la manejaba Evans con su socio Farmache. Evans, que era Senador Nacional, cuando él se definió, los 5 ó 6 diputados y los 6 ó 7 senadores con los que Evans tenía peso, les dio la orden de seguir con el juicio político. ¿Si el Gordo Mendoza estaba implicado? Y, él era el vicegobernador, era la cabeza de los que estaban en contra. No, no era aliado de Evans. Evans comienza siendo aliado nuestro y lo sigue siendo. Pero allá en Buenos Aires se veía con López Rega, se metió mucho allí, tanto es así que en un tiempo fue presidente provisional del Senado. Y se prende en el juicio porque la orden ya había sido dada de que a MB había que encerrarlo en la casa. Ellos creían que MB amparaba muchísimo a la orga, y no, ya prácticamente no había quedado gente de la orga en el gobierno. Al comienzo puede haber habido, pero ya no quedaban. MB tenía un desconocimiento de la política y todo eso; tal es así que a veces venía y me preguntaba a mí o a mi señora quién es este, me ha venido a ver un viejo de Lavalle, de San Carlos, quién es, tiene algunos votos, decía el Viejo y bueno ... Puso de ministro de Gobierno a un tipo que había sido del gobierno de Evans, cuando tuvo que largar a Zannoni, digamos, porque al Zannoni lo presionaron, tuvo que irse, lo mete a este tipo, era un penalista, eficaz como penalista, pero no era político, se llamaba Pedro Baglini el tipo, un buen hombre, buena persona pero no tenía muñeca para maniobrar todo el despelote, ese era el panorama.

En aquel tiempo, cuando se armó el gabinete, MB quería darle algo a Farmache y ya que era amigo, nombrémoslo a Pardal en Vialidad, y lo nombraron. Además, aquel tenía un tío que era santiagueño, de senador nacional de Santiago del Estero. El tío le dijo, mire yo tengo un sobrino que es ingeniero, bla, bla. ¿Sí? ¿cómo se llama? le preguntó el Viejo. Como era de la gente de Farmache y quería darle algo, dijo lo ponemos a este. Pero ¿cómo lo controlamos a este? Y, le nombramos a Lafalla, le dijimos nosotros. El Lafalla era el segundo de la Coordinadora. Después fue gobernador acá en Mendoza. Pero era botón, en esa época ya era un botón. La Orga, en el afán de tener, de meter, se equivocaba abiertamente y hacían esas pifiadas y eso que, por ejemplo, manejaban la policía, lo manejaban todo ahí: lo primero que hicieron fue quemar los archivos. Hicieron una pantomima, quemaron los archivos, todos los prontuarios. Ahí estaban el Gordo Guevara, Cerutti, todos. Y los milicos dijeron, sí, cómo no, quemen todo ... deben haber tenido cuarenta copias como mínimo ... y estos fueron a la plaza, se los quemaron, entonces, los boludos, a partir de ahí, cuando les pedían un dato a la cana, la cana les decía, pero muchachos, ustedes mandaron a quemar todos los prontuarios, ¿qué quieren que hagamos nosotros? Hay casos ridículos, mirá. No, no les podíamos parar la mano porque no hacían caso ... por ahí se los podía parar algo ... vos les podías decir, mirá, lo que están haciendo es una payasada. Los militares, la policía, ellos tienen el prontuario de todos nosotros. Lo que van a quemar es una copia o ¿ustedes van a ir a revisarlos uno por uno? A lo mejor van a acceder a quemar los prontuarios del 900, que ahora serían documentos históricos, por lo cual sería una flor de cagada. Pero los pendejos eran triunfalistas, ellos se creían Gardel. Hacían lucubraciones cuando fue el problema de Ezeiza y habló Perón, decían no, ahora Cámpora hará el papel de Evita y Perón, no, no, no.

Sí hubo obra de gobierno. Se habilitó un parque petroquímico, que estaba medio parado. Algunas fábricas se instalaron en aquella época, que estaban cerca de la destilería. Eso se hizo. Se agrandó una feria, se la concentró porque antes había una en Guaymallén, otra en Godoy Cruz que todavía subsiste. La cosecha de uva estuvo muy bien porque hubo un acuerdo entre los viñateros y los bodegueros. Hubo una reactivación económica. En el año 74, parte del 73, el PBI del país fue el más alto. Recién debe haberse superado a partir del 83, si es que se superó. O lo tiene que haber superado Menem en el 91, 92. Es decir, se hicieron cosas, pero fue más que nada rebote de la política nacional. En Mendoza el asunto andaba, había más consumo, más movimiento. Se instalaron muchas industrias y fábricas. La obra pública, prácticamente, fue poca porque acá nosotros a la Legislatura la tuvimos en contra desde el primer momento.

En la cartera donde estaba yo hicimos un plan, que lo hizo Patroni y Vilches, que primero, la metodología fue que los distritos se juntaban, un poco piloteados por las Unidades Básicas, por las orgas, donde determinaban ... porque Vilches, que era un dirigente, decía acá perduran más las obras chicas que las grandes, porque si vos les hacés el puente a un pueblito de doscientos habitantes de los que cien pasan diariamente por ahí, y ahora tienen que dar un rodeo y meterse en el agua, qué sé yo, se van a acordar toda la vida; más que si vos le hacés un edificio de veinte pisos en la ciudad de Mendoza a la que vienen una vez cada diez años. Primero entonces se dio el plan con la información recabada en el distrito. Después había una elección en el departamento, donde se sumaban las de otros departamentos o las de los barrios y luego había una cúspide en el orden provincial que determinaba las grandes obras de infraestructura, de caminos, en fin, que abarcaran varios departamentos o que fueran realmente obras de la provincia. De las obras chicas se seleccionaron y se hicieron muchísimas. De las grandes, muy pocas porque estuvimos por un año, no estuvimos tampoco mucho más, esa fue la situación. Pero el plan,

un plan trienal, avanzó bastante mientras estuvimos. Además otros han reeditado cosas que estaban ahí, pero eso no tiene nada que ver.
 ¿La cuestión de las papas? Sí, sí, ahí te ayudaban, por ejemplo, los militantes de la orga, de la JP. Ellos te detectaban, porque por ahí los paperos te desabastecían, que por ahí había un galpón que tenía dos mil bolsas de papas, tres mil de cebollas. Pero no era que yo fuera y dijera ... yo iba y los hablaba a los dueños: les decía, mire, acá hay tanta cantidad, si mañana aparece la provincia desabastecida, el mercado debe echar mano a esto, pero bien el asunto ... no, yo no era un tipo que los verdugueara, para nada ... eso que vos decís que trascendió fue un frigorífico al que intervenimos, porque los tipos tenían ahí la papa y la cebolla y tuvimos que intervenirlo. Yo les iba a la feria, ¿viste?, les despachurraba las bolsas, pero los tipos cuando la elección de Perón, creo que fue en septiembre o antes, no me acuerdo. Cuando Perón e Isabel, después de Cámpora, Perón le pidió al secretario de comercio, Revestido, que por favor no le desabasteciera el Gran Buenos de productos, que les iban a dar subsidios, todo, por lo menos hasta el día de las elecciones. Era el cordón de Buenos Aires, el uno, el dos, el tres, eso que ahora manejan como un millón de planes de jefes de familia, ya en aquella época también se manejaba la zona electoralmente. Entonces Revestido se conecta con los paperos de Buenos Aires, con los acopiadores y ellos se conectan con los de acá, y estos vivos, como en Mendoza valía veinte centavos el kilo de papas, allá Revestido les prometía, quince, veinte centavos más y el flete, otros quince centavos. Entonces los de acá se las querían llevar todas para allá. Dos o tres días acá no hubo papas ni cebollas. A mí me dieron el dato de un frigorífico donde los tipos tenían las papas ahí. Yo me uní a ellos y le decomisamos unas pocas, pero no todas, unas pocas como para abastecer dos o tres días la provincia. Y ahí llegué a un arreglo con ellos en el sentido de que a mí me tiraban, por ejemplo, mil bolsas en Mendoza por día de papas y quinientas de cebollas y las otras se las podían llevar para allá. Pero las mil bolsas me las iban a tener que tirar todos los días. Es decir, que los camiones que iban a ir cargados con las papas para Buenos Aires tenían que pasar primero por la feria de Godoy Cruz, que era la nuestra y después si en todas las ferias de Mendoza no estaban las papas por las

que ellos tenían que responder, no salía nada para allá. Entraron por el ángulo, los tipos entraban.

Cuando a mí me quisieron coimear, que yo los saqué zumbando, bah, entre joda y todo, los saqué de ahí. Los tipos me lo dijeron bien clarito, nosotros hemos visto a personas que tenían los pantalones todos remendados y después han salido multimillonarios. Me lo decía un tipo que era el coimero más fuerte, "mire a mí con una semana que me den libre, una semana ... yo ahora gano, pero no gano lo que querría ganar..." porque fijate, Perón le dio un incremento al salario, una explosión tremenda "... yo gano, pero no lo que podría ganar, a mí con una semana que me den de libertad de comercio, uuh, recupero todo lo que usted me está haciendo perder y mucho más". Vino Cafiero y les dejó libertad de comercio por dos años. Esa vuelta que me querían coimear les digo yo, ¿bueno pero esto me lo dicen en serio o es chiste? No, qué va a ser, abrieron un portafolios que tenía plata adentro. Ellos hablaban de diez mil dólares. Yo en esa época sinceramente no sabía lo que eran dólares, pesos sí, de dólares no sabía un carajo, en la puta vida había manejado un dólar yo. Entonces les dije, mire, si es un chiste nos reímos y punto, si es algo serio ya llamo al jefe de policía. Agarraron el maletín y se fueron afuera. Ahí venía entrando mi mujer y le dijeron, "señora si alguna vuelta lo encuentra al Flaco debajo de un puente, no averigüe quién fue". No, pero siempre se dieron cuenta que ... siempre se portaron bien. Los tipos vieron que uno no los coimeaba ni nada, entonces, hoy voy a la feria y algunos de ellos que están todavía, se acuerdan, me estiman y todo. Es lo único que me ha quedado porque guita no.

Hemeroteca

No todas son albricias en esta vida loca. El sábado 17 de marzo Nicolino no pudo con el morrudo colombiano Kid Pambelé. Con los tiempos nuevos los mendocinos esperaban el doblete que nos proveería el mago, luego del holgado triunfo en la primera vuelta del candidato peronista local: pero nos derrapó la magia. De todas maneras, en el tercer round el Intocable le amagó un zurdazo a Cervantes que lo hizo trastabillar del julepe y hasta casi se va al piso con su propio envión de puro aparatoso, si ni lo había tocado. Lo habrán cagado a trompadas al nuestro, pero por lo menos ese amague antes del golpe funesto sobre el arco superciliar izquierdo, ese único amague, por un instante volvió a confundir a Pambelé, como en la primera pelea en que se comió como mínimo 10 iguales a éste. Lo de que Locche guapeó como el mejor de los nuestros, herido y todo, importa menos; sí, cuando tiraron la toalla corrió llorando hasta el centro del ring y le metió una patada olímpica en la desesperación de verse, de cuerpo presente y por primera vez, acabado. Por acá, nosotros, también, qué desazón verlo así, pucha digo. No fue un cabezazo lo del corte y Nicolino lo sabe: fue una flor de piña. Aunque si no somos tan generosos como solemos podríamos argüir, junto a Santos Nicolini de Telam, que a Pambelé le gustaba demasiado avanzar con la cabeza y la situación fue cuando menos confusa... En fin, una verdadera pena, che. Deberíamos poner una queja retrospectiva a la AMB.

Esta noticia de Locche parece haber sido un pájaro de mal agüero. Porque no alcanza, no alcanza por culpa de esos miserables 16.309 votos que faltaron: hay que ir a la segunda vuelta el 15 de abril. Sistema francés. Se viene nomás entonces el cara a cara contra Vicchi, mal perdedor: ¿por qué no habrá puesto violín en bolsa como Balbín?: no importa, esto no será óbice. Se descuenta la victoria y por eso hay que hacerle la vida imposible al interventor milico aportado por los serviciales gansos, el señor Gibbs. Le hacen huelgas en la administración pública y se tiene que ir. Lanusse nombra en su reemplazo al futuro terrorista de estado, general Ramón Genaro Díaz Bessone.

Cámpora se pone las pilas y, con providencial muñeca, se manda un viajecito a la provincia. Entonces nuestro Viejo exclama: "Después de esta visita obtendremos unos 350 mil votos. Y no le pifió por lejos, vea usted; en realidad, se quedó corto. El 15 de abril la fórmula provincial del FREJULI sacó 366.629, el 71, 46%, contra 137.722 de los del PD. Pero para eso todavía quedaban seis días. El 9 de abril *Los Andes* indica que MB confía en que "el resultado de los comicios confirmaría la unión inédita hasta el momento de las fuerzas populares y la desaparición del conservadorismo" (Dios lo hubiera oído; pero, como de costumbre, estaba en otra cosa). Emocionado por el recibimiento popular de los mendocinos al mandatario nacional electo dijo que el hecho ratifica también "las grandes condiciones políticas del

General Perón" (por favor, como si nadie lo supiera; reconozcamos que aquí don Alberto, groggy por la alegría, se nos quedó sin libreto).

Solo a 3 días de la paliza histórica a los gansos, la oposición de la ortodoxia se torna clara, como reportó el Negro Ábalo unas páginas más atrás: unos miserables balacean la casa sanrafaelina de MB, por un lado (poca cosa si comparamos con el futuro inmediato del tiempo de la crónica); por el otro, el 1 de mayo, Carlos Fiorentini, es reelecto por la CGT local, fruto de la decisión de 67 delegados que representan a 47 gremios y le advierte a don Alberto, de cuerpo presente, que no se vaya a hacer el piola en su connivencia con los jóvenes tendenciosos ni se aparte de la senda trazada por el líder, si es que desea conservar el apoyo sindical. MB ni se inmuta. Cuando le toca el turno en el uso de la palabra hace saber su satisfacción de estar en esa reunión ya que considera a la CGT la columna vertebral del peronismo. Expresa además que aunque él cursó estudios universitarios se considera un trabajador auténtico, como su compañero de fórmula, Carlos Mendoza. Asegura a los gremialistas que de ese plenario saldría un ministro para su gobierno. Por último añade, antes que le pasen la gorra, que debido a los recursos restringidos su gobierno no podrá llevar adelante un plan ambicioso de obras públicas, pero sí solucionar el problema de los trabajadores y de quienes se encuentran en situación afligente.

Saltamos nueve días para percatarnos de otro frente que se le abre a don Alberto. El interventor Díaz Bessone se quiere avivar y enzocarle unos cuantos proyectos, personas y leyes al nuevo gobernador. MB recibe en su despacho a autoridades de la futura Cámara de Diputados de la provincia para hablar del actual estado de desorden dentro de la administración pública y su aparato. Han podido averiguar que se proyecta, en forma inminente, emitir decretos y medidas para consolidar en el poder a los grupos dominantes relacionados al gobierno de la intervención. MB junto a su vicegobernador, presentan al gobierno una nota solicitando no innovar y cumplir funciones meramente administrativas hasta el 25 de mayo, fecha del cambio de autoridades. "No vamos a reconocer ningún nombramiento, ningún contrato de obras públicas o iniciación de nuevas empresas de gobierno producidos después del 11 de marzo, salvo aquello que favorezca a los sectores populares".

La página once de *Los Andes* del glorioso 25 de mayo titula una nota, "Martínez Baca dio la integración del gabinete". La anuncia en la sede central del Partido Justicialista:

Ministro de Gobierno:	Eduardo Zannoni
Cultura y Educación:	Francisco Reig
Economía:	Sebastián Baztán
Obras y Servicios:	Roberto Carretero
Hacienda:	Benedicto Caplán
Bienestar Social:	Florentino Cortez

El promedio de edad de los ministros es de 40 años.

El 26 de mayo se da inicio por fin a la gran joda. MB y el Gordo Mendoza prestan juramento ante los nuevos legisladores provinciales reunidos en asamblea para tan importante ocasión. El flamante presidente del Senado, Edgardo Boris, propone a los presentes rendir homenaje a la revolución de mayo, en su 163° aniversario. Hay una serie de discursos, pero el primero ya nomás deviene motivo de trifulca. En efecto, durante las palabras de Adriano Yanelli, representante del bloque ganso, el díscolo público presente, en más de tres oportunidades, interrumpe al demócrata con exclamaciones y en los que se escuchan notorios los nombres de Perón, el Tío, MB, Montoneros, FAR y FAP. Se quedan en el molde, sin embargo, cuando les toca el turno a radicales y peronistas. El asunto es que al representante del Partido Demócrata le resulta imposible continuar su espiche por lo cual el bloque en pleno del afectado abandona el recinto: "Nos levantamos y dejamos la asamblea cuando vimos que la presidencia no ponía orden en la sala y era incapaz de impedir lo que estaba sucediendo. Boris recién comenzó a hacer sonar la campanilla de orden cuando estábamos afuera", dice airado el diputado Falaschi. *Vayan a llorarle a Díaz Bessone*, les espeta uno de los presentes, no tan joven el hombre, pero queda en evidencia su falta de familiaridad con el funcionamiento de las instituciones democráticas. Parece que gansos y radichetas tampoco saben mucho del asunto, por lo menos no sabían hasta hace poco.

La historia cuenta que mientras el gobernador procede a la lectura de su discurso inaugural, en los exteriores de la Legislatura se producen escaramuzas entre gremialistas y adherentes de la Tendencia. Estos últimos, en su mayoría jóvenes, arrían la bandera argentina tal y como se la conoce e izan en su reemplazo otra igual pero con la diferencia de tener adosada dos insignias: las de FAR y Montoneros. A los gremialistas esto no les produce gracia alguna por lo que uno de sus dirigentes, ofuscado, repite la ceremonia de sus pares juveniles, en sentido inverso. Está tan caliente que quita de la bandera los agregados exógenos a la tradición y los tira sin ningún comedimiento a una acequia ahíta de barro podrido. Los tendencios observan impacientes el desaire, aunque con una madurez que excede sus tiernos años eligen no accionar. El cronista interpreta que a pesar de la actitud de la juventud, el hecho banderil fue la piedra de la discordia. Sin embargo, el bisoño escriba desconoce que alguien le había gritado a los gansos retirados del recinto aquello de *vayan a llorarle a Díaz Bessone*. Los gremialistas tampoco se caracterizan por ser muy duchos en cuestiones de institucionalidad democrática y menos aún en las sutilezas de las divisiones partidocráticas. Creen, equivocados, que los gansos que se olivan pertenecen a los suyos y les desagrada la exclamación con la referencia a Díaz Bessone, vaya Dios a saber por qué. Es entonces que un miembro de lo más eximio de la pesada gremial se cruza hacia el hombre no tan joven que acaba de proferir el grito y le lanza un mandoble descomunal que lo deja planchado en el piso. Ahora sí que hay reacciones: al musculoso pesado le llueven puños, patadas, palos y cadenas espontáneas hasta que se impone el autodominio de los iracundos juveniles quienes sin siquiera proponérselo como tregua a sus cuerpudos adversarios comienzan a entonar la marcha peronista. Funciona como arte de birlibirloque: la pesada gremial, que se aprestaba al auxilio del compañero en dificultades, se detiene y a su vez se pone a cantar el himno que los hermana. Pronto se suman el que había quedado estirado en el piso y el maltrecho y pesado agresor agredido. Se ha comprado el sosiego por unos instantes.

No por mucho. Una vez que se marcha hacia la explanada de la casa de gobierno las desconfianzas afloran de nuevo. Los diversos cánticos ponen de manifiesto el cisma. Al *Ni yanquis ni marxistas / peronistas* de los ortodoxos se responde con la literalidad contradictoria de *Perón / Evita / la patria socialista*. A las consignas las suceden improperios lanzados en sendas direcciones. Los tendencios llaman a sus rivales "traidores"; los sindicalistas les contestan "infiltrados". Se pudre la cosa. A más de los insultos ahora vuelan cascotes, pedradas, surgen palos de escoba cortados al uso y las cadenas presagian ominosos cuerpo a cuerpo. Escasos minutos antes MB había ingresado en la sede del gobierno, inquieto junto a su entorno por el desarrollo de los acontecimientos. Se desata la gresca desigual: los jóvenes son más numerosos, los gremialistas desenvainan el lustre de sus fierros. Aquel hombre no tan joven de la poco ceremoniosa filípica a los retirados gansos, curado de espanto, busca refugio al lado del temible Gordo Cachi, algo así como el equivalente de San Martín (por su temprano renunciamiento) en la UES mendocina, compañero exuberante que, como jefe de los secundarios, se encuentra munido de la correspondiente cadena y está a punto de usarla. Para ser franco el Gordo Cachi es un Gordo tierno que parece temible pero en realidad no lo es y si bien se las aguanta, no tiene idea de lo que es el combate callejero organizado. Pronto queda aislado de los compañeros. Lo rodean cinco cadeneros inmensos que lo castigan a voluntad, con la única compañía de aquel no tan joven que también cobra a rabiar. El Gordo se limita a encogerse y entre sus ayes reclama a los suyos: "¡cabrones, vengan a ayudar que me están cagando a palos!" (de Cachi no nos consta que hubiese leído a Walsh). Hasta que los tendencios se sacuden la calentura y la sorpresa pasan unos preciosos momentos que el Cachi no los aprecia. Se organizan por grupos y en definitiva baten en retirada a los gremialistas, algunos de los cuales se defienden a tiros en la desbandada por el contiguo Barrio Bombal, vecindario hasta donde se limita el hostigamiento de la juventud. En el trajín, los gremialistas se olvidan de Carlitos Fiorentini, el titular recién reelecto de la CGT local, quien no tarda en ser individualizado por una avanzada de los tendencios. La lluvia de pedradas que se cierne sobre él lo conmina a piantarse a la carrera. Parece una motoneta desbocada, pese a los kilos de más y a los años maduros. Alguien se agencia una maceta y desde lejos, bastante lejos [*si no lo observara ahora le concedería que esto pueda parecerle inverosímil*], se la pone como si tal cosa en la parte superior de la cabeza. Fiorentini trastabilla pero logra balancearse y continúa el ritmo violento de huida enloquecida cuesta abajo hasta que se les pierde a los perseguidores por el lado este de la Casa de Gobierno. *Los Andes* señala que solo se producen incidentes, aunque no especifica sin son serios o menores. MB desea que se acaben los disturbios y se le ocurre la idea, pobre viejo a quien no le damos tiempo, de comenzar antes de horario el espectáculo artístico programado. El saldo de los desmanes es de siete lesionados y contusos, sin contar al Gordo Cachi y a su eventual compañero en la desgracia, aquel hombre no tan joven, el que cobró a roletes, el que había gritado *Vayan a llorarle a Díaz Bessone*.

R. A.:

Bronca desde el primer día

Lo acontecido el 25 de mayo de 1973, día de la promoción a gobernador del farmacéutico sanrafaelino (en verdad de la Provincia de Buenos Aires, de donde era oriundo) fue premonitorio, como se diría en una novela de misterios y cruces de pasiones. Después de dar su mensaje inaugural en la Legislatura, MB se instaló en la escalinata de la Casa de Gobierno para presidir los demás actos protocolares, pero lo que presenció desde las alturas fueron los forcejeos y las patadas y trompadas que se lanzaban los de la Tendencia y los ortodoxos, estos referenciados por los militantes sindicalistas de la UOM, que ya se destacaban por una cerrada oposición a la JP, Montoneros y FAR a los que calificaban como zurdaje y otras lindezas.

La cuestión fue el asunto del mástil en el que los muchachos de las orgas izaron, junto con la celeste y blanca, banderas de Montoneros y FAR, lo que provocó la reacción rabiosa de los metas y demás, que lograron bajar esas insignias. La contraofensiva no se hizo esperar y los zurdos finalmente se quedaron con el espacio, haciendo huir a los contrincantes. Se oyeron algunos disparos y MB, para romper con la violencia, que corría en ancas de la belicosidad armada de unos y otros, apuró ese acto final y se estableció finalmente en su despacho, mientras seguían, esporádicamente, las refriegas. El saldo fue una buena cantidad de cabezas rotas, y una sensación de que a partir de ese instante se instalaba la discordia en torno al gobierno, siendo los sindicalistas los que se convirtieron en la vanguardia contra MB. Orgánicamente, desde la CGT partieron las municiones más gruesas, objetando la composición del gabinete, objeción que se centraba en el ministro de Gobierno, Zannoni; el de Educación, Reig, y el de Economía, Juan Baztán. Lo de Baztán no se entendía, habida cuenta que se lo tenía como hombre de la más rancia ortodoxia.

Paulatinamente MB fue cediendo, influido por su hijo Horacio, el Ropero, como le decían, nombrado secretario general de la Gobernación, puerta de entrada al despacho mayor, y proclive a los entendimientos con los rebeldes ortodoxos. Me acuerdo que me sorprendió la presencia de Decio Naranjo, dirigente gremial de los empleados de los cines –en ese momento había más de una decena de salas en la ciudad solamente– en una actitud muy cordial con el Ropero. Naranjo, de la burocracia, era muy ducho y tenía buena cintura para conseguir prebendas. En un viaje reciente a Estados Unidos había conseguido, por intermedio de la AFLO-CIO (la central obrera de aquel país) un crédito para viviendas, que se concretaron en lo que es hoy el Barrio UNIMEV, en Guaymallén. Precisamente su presencia se relacionaba con esa problemática y con cómo encaraba al nuevo gobierno. Al comentarlo, alguien del entorno de MB me dijo "el Viejo quiere congraciarse con los lobos. Naranjo es pura sonrisa pero a la hora de los bifes, sabe dónde cortar". La cuestión es que de ahí en más la contienda se desarrolló a campo descubierto y también entre bambalinas, pero sin pausas. MB, para equilibrar había designado Ministro de Bienestar Social a Florentino Cortez, dirigente nacional de los ferroviarios, pero no les bastó eso a los burócratas de la CGT: pedían más. Ningún funcionario, de ministro para abajo, se libraba del mote de "infiltrado", es decir, zurdo. Se trataba de socavar las bases de sustentación política que tenía MB, obligarlo a despedirlos y llenar los espacios con sus propios cuadros.

Desde los despachos se filtraban confidencias, cruzamientos y trenzas, de acuerdo a los ecos similares del exterior. Las confrontaciones tenían picos y desniveles, como aquella vez que fue nombrado Subsecretario de Gobierno el Buby Cerutti, conflictivo para los burócratas, al que señalaban como a un "marxista peligroso", y eso que venía de la democracia cristiana. Según se decía, el Viejo lo nombra al Buby para compensar la no presencia en el gabinete de Alfredo el

Gordo Guevara, tal vez el más contundentemente señalado como un Robespierre, dispuesto a cortar cabezas por doquier. Era, para muchos, el candidato cantado a ministro de Gobierno, pero a lo que pareció, MB tuvo en cuenta la diatriba que lanzaban del otro lado y lo dejó colgado.

Guevara, a quien acompañé en la aventura de El Peronista, tenía formas, gestos, dichos, que lo hacían irritativo para muchos, incluso para sus compañeros. Y, en verdad, ideológicamente, desde su personalidad trascendía un tufillo que se acercaba a revolucionario marxista, según sus detractores. Para mí siempre fue un empedernido peronista de izquierda, como hasta ahora, siendo, desde siempre, un destacado y firme defensor de los derechos humanos en Mendoza. Algunas páginas del periódico tenían esa impronta, y al respecto, un texto elaborado por el Gordo sobre ideología, levantó polvareda hasta en el ámbito de conducción política de los Montos. Peor, dio pasto a los burócratas, que tenían permanentemente un ojo firme para descubrir las "debilidades marxistas" de sus enemigos, porque fue este el nivel que alcanzaron las desavenencias.

Qué lástima, no se encuentra ni un solo ejemplar de El Peronista. Yo tenía algunos en casa pero se los llevaron los milicos que me fueron a buscar inmediatamente después del golpe. Mi amada esposa Amalia –ya fallecida– contaba que revolvieron todo, subieron a los techos, destaparon el pozo séptico, miraban detenidamente las fotos y se llevaron algunos papeles, entre ellos los numerosos periódicos como El Peronista, Descamisados, El Che y otros de la época, la mayoría de fuertes tonos revolucionarios, peronistas y de izquierda. Para mí la pérdida más valiosa fueron algunos ejemplares que me habían quedado de La Chispa, un periódico de contenido guevarista, de absoluta adhesión a la revolución cubana. Lo pensamos un grupo pequeño que nos habíamos constituido en libertarios pero lo realizamos David Eisenclhas y yo, y finalmente salió con mi dirección. Fue aproximadamente en el 63 / 64, y hoy todavía desespero por dar con algún ejemplar. Igual le pasa al Gordo Guevara con El Peronista. Yo creo que es posible que todavía demos con alguno. En fin, volviendo al principio, el acoso al gobierno de MB no tardó en deslizarse desde las propias filas de la Tendencia, de los Montos, que entendían que el Viejo no estaba en la línea de los cambios reales. Como se afirma en algunos de los testimonios que hemos recogido, MB no era montonero ni pertenecía a ninguna orga de la Tendencia. Hay versiones de que provenía del socialismo de Palacios, pero fue después peronista de la primera hora y leal al peronismo en tiempos del líder y de Evita, y también posteriormente.

Hemeroteca

Al día siguiente de la asunción las cosas no pintan mejor. La mayoría de las iniciativas de don Alberto y su elenco se estrellan contra la estrechez de miras de la tropa propia, de la enemiga y de la de cualquier extraño. El Tío firma el indulto que permite la salida de las cárceles de los compañeros en todo el país: 371 en total. Las flamantes autoridades, en consonancia con los hechos nacionales, se encaminan entonces, confiados, a la penitenciaría provincial para hacer realidad la liberación de los 3 presos políticos locales. Los chorros comunes malician beneficiarse en río revuelto; aprovechan la presencia del primer mandatario provincial para exigir a su vez una amnistía. Don Alberto se caracteriza por ser un tipo sobrio, paciente y comprensivo, aunque a decir verdad le revienta la situación planteada. Sin embargo, él mismo explica a los delegados de los comunes de qué se trata el asunto. Los reclusos no entienden y se alzan en motín. MB ordena que no se reprima: "solo la persuasión debe primar". Y prima nomás. Los comunes, merced a los esfuerzos de Eduardo Zannoni, deponen su actitud luego de unas 5 horas de intensas negociaciones.

Les toma tres días en llegar a Mendoza a otros 2 presos, liberados del penal de Rawson. El 28 de mayo son recibidos, junto a los tres que penaron en la cárcel local, en el salón de acuerdos de la Casa de Gobierno donde les dan la bienvenida el propio gobernador, Eduardo Zannoni y Florentino Cortez. Los tres funcionarios declaran a los ex prisioneros políticos "héroes de Mendoza". Afuera del predio gubernamental los militantes de la JP cantan complacidos y entusiasmados, *aquí están / estos son / los fusiles de Perón* y *FAP, FAR y Montoneros / son nuestros compañeros*. El ferroviario devenido ministro de Bienestar Social, Florentino Cortez, expresa: "Simplemente debo decirles que nosotros ocupamos ahora un cargo por los sacrificios realizados por los compañeros. Ellos se sacrificaron por el pueblo y por lo tanto nos toca a nosotros devolver al pueblo el fruto de ese sacrificio, para que se haga verdad la construcción del socialismo nacional, la revolución nacional y la liberación de la patria".

La jornada siguiente el pueblo mendocino se enorgullece en recibir a Osvaldo Dorticós. El presidente cubano visita a don Alberto y a los cumpas de las distintas organizaciones que militan en la Tendencia Revolucionaria de la gloriosa Juventud Peronista. ¿Dónde está la Mendoza conserveta? Adonde va, fuera el rincón espontáneo que se le antojara, el pueblo lo aclama. El pueblo mendocino da la impresión que es más izquierdoso de lo que se supone.

R. A.:

Dorticós en Mendoza

Tres días antes había estado en la asunción de Cámpora y vino a Mendoza especialmente invitado por MB. Después del protocolo nos amontonamos a su alrededor y lo seguimos hasta la bodega Giol, la todavía gran bodega estatal—la más grande del mundo, según el orgullo menduco: al pan, pan y al vino ... Toro. Hubo un suculento asado masivo, muy bien regado con vino, como era de esperar, la forma más hospitalaria de agasajar a todo visitante. La comitiva del Presidente también estaba compuesta por periodistas y uno de ellos era Santiago Álvarez, famoso internacionalmente por sus cortometrajes documentalistas. La cuestión es que después del tradicional agasajo carnívoro, acompañamos a los visitantes al aeropuerto, desde donde partirían a su país, vía Baires. Serían las cuatro o cinco de la tarde y mientras en el bar esperábamos el momento de la partida, estrechábamos lazos fraternos en una mesa aparte con los periodistas, hasta que nuestra insistencia de que se quedaran unas horas más a disfrutar el paisaje lugareño y su gente –nosotros, que éramos el Pepe Lisandrello, el Alberto Rodríguez (h) y creo que también el Julio Castillo, el Julio González [*padre de Ramiro, el compañero de la UES*], entre otros– tuvo su efecto: los visitantes aceptaron la invitación con gusto. Fue el Pepe Lisandrello quien nos llevó a casa de su padre, en la Colonia Segovia de Guaymallén, a unos veinte kilómetros de la ciudad. Allí nos recibió alborozado don Salvador o don Turi, la madre del Lisandrello, familiares y vecinos amigos, que acudían presurosos a conocer a los cubanos, especie de rara avis: "¿cómo? ¿y las barbas?", preguntó intrigado un vecino, que tenía memoria de uno de los signos más emblemáticos de la revolución cubana: "los barbudos guerrilleros".

Don Turi fue magnánimo en su euforia y pronto una mesa ubérrima solventaba esa pequeña hermandad mendocino-cubana. Todos comprendíamos que íbamos a vivir un momento histórico, como ese contacto con auténticos revolucionarios, admirándolos y envidiándolos por saberlos triunfadores. Jamón, pan y vino tinto, todo casero, fue como el maná sagrado que consagraba en tierra menduca a los revolucionarios universales. Los brindis se sucedían entre vivas a la revolución cubana, abrazos y afirmaciones mutuas de amistad imperecedera. Nosotros, los locales, hasta nos atrevíamos a proclamarnos militantes de una revolución en marcha –Perón, Cámpora, las formaciones especiales– que auguraban, como brindábamos esa noche, un camino cierto, inclaudicable hacia la definitiva liberación social, política y económica, como nos lo hacía vislumbrar esa consigna nacida al calor de la lucha armada a partir de la última década: la patria socialista. En verdad muchos estábamos convencidos de que, enmarcado en el triunfo del luche y vuelve, el regreso de Perón, su presencia, serían los elementos que precipitarían el cambio revolucionario.

No sé hasta dónde los amigos cubanos se fueron convencidos pero sí estoy seguro que gustaron y gozaron el agasajo, para ellos valedero en lo humano. Y si no convencidos, por lo menos esperanzados de que los argentinos –el pueblo argentino– se constituyeran en amigos y defensores de la revolución. Recuerdo que uno de los cubanos, en la despedida, me dijo: "... qué distinto va a ser para nuestra revolución y para la liberación de todos los pueblos el que ustedes hagan realidad tantas ganas de revolución ..." A tantos años de ese momento solidario, la amargura del presente por la acumulación de frustraciones, nos consuela la presencia de Fidel este último 25 de mayo de 2003 y sus palabras en la explanada de la Facultad de Derecho: "No saben ustedes el bien que le han hecho al mundo al derrotar y hundir en lo más profundo del mar al signo máximo de la globalización neoliberal". Se refería obviamente a la vergonzosa retirada de Menem, ese signo mayor del cipayismo de nuestra historia.

Fue este encuentro el comentario obligado durante días en la mesa del café. Nos sentíamos eufóricos, pero también cautelosos de nosotros mismos porque, como ser yo, palpitaba muy de cerca en la Casa de Gobierno, dificultades políticas en las alturas. Yo había sido nominado –y me hice cargo– de una responsabilidad en prensa de la Gobernación y pude, por ello, estar muy cerca de las acciones, dichos, proyectos y rumores que se desgranaban desde los despachos de decisión y se desparramaban por los pasillos. Estaba claro que el poder político peronista en el gobierno se expresaba en dos líneas ideológicas antagónicas: la de la Tendencia y la de los ortodoxos con mucho olor a facho. Referentes visibles, por un lado MB, el Buby Cerutti, Zannoni; por el otro el Gordo Mendoza y el senador Edgardo Boris. Desde el mismo instante de la asunción, la división ideológica se expresó en la violencia física.

Los Andes del 2 de junio del 73 cuenta que se celebra la primera reunión de gobernadores provinciales del entrante régimen constitucional con el Presidente Cámpora. MB, en su exposición, indica que Mendoza está en la misma situación de penuria que el resto de las provincias, y agrega que "vista desde la Capital, Mendoza es conservadora, es pacífica y es rica". Don Alberto refuta estas concepciones explicando "que no es conservadora porque el peronismo ganó por un margen muy superior al de otras provincias; tampoco es del todo pacífica porque el pueblo se halla con inquietudes muy justas y no es rica porque no faltan las ollas populares y villas miseria". Concluye que la imagen que se tiene de Mendoza es producto de la propaganda de los gobiernos conservadores que se sucedieron en el ejercicio del poder y que en la actualidad esa imagen debe desecharse por falsa y se debe reconstruir una nueva, acorde con su verdadera realidad. MB también realiza propuestas y reclamos en los diversos campos en que la provincia tiene intereses particulares. Así por ejemplo expresa: "Deseamos que se normalice el Instituto de Vitivinicultura y que para ello se consulte a las provincias que juntamente con nosotros tienen industrias importantes, en lo tocante al equipo que lo dirigirá y a las pautas a seguir". En referencia al petróleo y en apoyo al gobernador de Neuquén propone "una justiciera reinversión de las riquezas extraídas y a extraerse, para establecer una infraestructura acorde a las necesidades de la provincia". En salud pública llama la atención sobre la reaparición de enfermedades endémicas como la hidatidosis y el mal de Chagas: "La vinchuca ya no es un plaga de los ranchos, sino que ha invadido toda la provincia (...) Creemos que la solución del problema sanitario es la creación de un ministerio de Salud Pública que tenga independencia completa para poder atender una rama tan importante del gobierno como es la salud de los mendocinos". De la educación señala que, al igual que otras provincias, "Mendoza deja bastante que desear, tanto en cuanto a los programas vigentes como a la edificación y mantenimiento de establecimientos educativos". MB declara que cuenta con el apoyo de las demás fuerzas políticas de la provincia [¡seguro! Acá el Viejo se hace el sota o es más inocentón de lo que nos imaginábamos], de los obreros [no todos ni mucho menos] y de la juventud. Destaca que es la única provincia que ha nombrado un ministro de Bienestar Social propuesto por los trabajadores. Para finalizar dice que "las Unidades Básicas del PJ [más bien, únicamente, las que están bajo la férula de la JP] colaboran en los barrios por medio de ferias francas que abaratan productos de primera necesidad hasta tanto se puedan ejecutar otras medidas más de fondo".

El 3 de junio se reinstituye el nombre original "17 de octubre" a la Escuela Hogar situada en el Parque General San Martín en reemplazo de "Doctor Carlos María Biedma". El gobernador asiste a la ceremonia en que se descubre una placa donada por representantes de ex presos políticos con la nueva denominación. MB describe que el acto es una señal de que el país está en el cambio. Al otro día le toca el cambiazo al Barrio Uruguay por el de "4 de junio". Se hallan presentes en la oportunidad, don Alberto, el Gordo Mendoza y algunos ministros y sus secretarios. Las autoridades hacen alusión a la reivindicación de esa fecha (4 de junio de 1943) como final de la década infame en la historia argentina.

El 5 de junio debuta el nuevo Senado Provincial con su primer esbozo de ley. El proyecto, presentado por senadores justicialistas, es crear un Juzgado de Paz Letrado y de Faltas en el departamento de Malargüe, debido a la extensa distancia que existe en la actualidad hasta el más próximo, en San Rafael. Uno de los promotores más activos de la medida, el senador Jalil Naser, agradece la aprobación por unanimidad de la ley.

El 7 de junio, *Los Andes*, en su página 8, dice que el cuerpo consular de la provincia ofrece sus saludos al nuevo gobernador. Se presentan los cónsules de Italia, Alemania Federal, Perú, Dinamarca, Noruega, Líbano, República Árabe Siria, Finlandia y Chile. MB expresa que esperaba con ansiedad la visita puesto que "en los momentos difíciles adquiere gran importancia el intercambio entre los pueblos" [¿se las verá venir?] Aparte, el mandatario desea seguir el consejo de Cámpora de "estrechar las relaciones con los consulados para incrementar el intercambio cultural y comercial. En ese sentido, resalta que la Casa de Mendoza situada en la Capital Federal "estará dispuesta a albergar exposiciones de artistas extranjeros" y también se va a procurar dar becas y promover intercambios de estudiantes. Declara asimismo, "Tengo el mayor interés que nos conozcan en todas partes, especialmente en Europa". Mala intervención de la Fortuna que el mandatario añada al mencionado interés el difundir la verdadera y pura imagen del peronismo, ya que las presiones de los fachos de su gabinete le han hecho entender que a menudo se confunde (esa imagen) con el socialismo marxista. Las sospechas que nos declaró el Gordo Guevara sobrevuelan la conducta concesiva de don Alberto. Está en él (otra vez, pobrecito) ponerse firme o dejar que lo apabullen.

En la misma página 8 hay una buena noticia para el pueblo mendocino, sin que cuenten las banderías, aunque a los ortodoxos les dé en el forro de las pelotas: el ministerio de Bienestar Social, bajo la batuta del ferroviario Florentino Cortez, emite la resolución número 559 –por medio de las facultades conferidas por el decreto 933/72– que se propone eliminar los aranceles hospitalarios fijados para pacientes que concurren tanto a esos establecimientos como a clínicas y centros asistenciales. Las autoridades fundamentan la medida en que el cobro del arancel deforma "la verdadera concepción del derecho a la salud, ocupando ineficazmente recursos físicos y elementos humanos del Estado, a la vez que significa una sensible disminución de los ingresos familiares en los momentos en que la enfermedad incrementa las necesidades". ¡Gol!

A la mañana siguiente le toca al gobierno arrastrarle el ala, mediante agasajo, al poderoso plantel del periodismo local. Se recibe a todos los medios de difusión y a los corresponsales. Por parte del gobierno se encuentran presentes en el ágape, el gobernador, los ministros y subsecretarios y el Director de Difusión, señor Juan López Quiroga [Lopecito[4]]. MB aprovecha la ocasión para manifestar su deseo de "mantener un permanente contacto con la prensa y por su medio, con el pueblo todo. Un gobierno popular debe informar al pueblo permanentemente sobre su gestión y para ello solicito la colaboración de ustedes, porque gobierno y prensa se complementan al trabajar por el pueblo y al mantenerlo informado sobre ese trabajo". Ideal, don Alberto, ideal. Pero mejor le hubiera valido transformar *El Peronista* [aquel que el Gordo Guevara le había encargado al compañero Negro Ábalo para mantener bien informada a Mendoza] en una publicación diaria provincial dada la falta de prensa propia. Ya ve usted, en la página siete de *Los Andes*, justo enfrente de la noticia del agasajo al periodismo, aparece la primera señal pública de alarma en cuanto a las diferencias en las filas oficiales. Dice el titular: "Expresó la CGT su disidencia por algunos funcionarios del gobierno". La nota se explaya sobre un enfrentamiento entre la CGT, delegación regional Mendoza y el gobierno de la provincia, a raíz de la designación de algunos funcionarios en el gabinete cuyos nombres son señalados por la central obrera como futuros factores de descontento y desconfianza entre obreros y dirigentes sindicales. Carlos Fiorentini, sin la maceta que le pusieron de sombrero unos días atrás, le manifiesta confianzudo a don Alberto que tiene "la misión de expresarle una vez más, con el respaldo de todas las organizaciones adheridas [sí Juan, andale con ese cuento a magoya], la preocupación de los dirigentes gremiales, del compañero trabajador y del pueblo por una infiltración ideológica ajena al justicialismo en el seno del gobierno". Los miembros cuestionados [que quede claro para todo el mundo quiénes son los principales tendenciosos enquistados en el gobierno] son ministros como Eduardo Zannoni; Francisco Reig, el subsecretario de Gobierno y Municipalidades, Juan Carlos Cerutti; el secretario privado del gobernador,

---

[4] El segundo de Lopecito no es otro que don Ramón Santos Ábalo, ilustre coautor de este volumen, quien ejerce este cargo con la adicional responsabilidad otorgada por los Montos de ser una especie de comisario político, ya que Lopecito no es hombre de la Tendencia, aunque sí muy leal a don Alberto.

Horacio Martínez Baca Cejas y otros. MB, un poco en el molde, recibe la declaración de Fiorentini, les agradece la visita y, entre educado y canchero, expresa estar abierto permanentemente a sus críticas y apoyo.

Otro gol del gobierno de don Alberto reporta *Los Andes* en la página nueve con el título, "Suspendió el Senado los efectos de un decreto-ley". El matutino informa que en sesión ordinaria, bajo la presidencia de su titular, el vicegobernador Carlos Arturo Mendoza, el Senado aprueba un proyecto con el apoyo de los bloques justicialista, demócrata y radicheta sobre la suspensión de los efectos del decreto-ley 997-73. El anterior establecía un régimen jubilatorio de excepción para los miembros de la Suprema Corte de Justicia y para el Procurador General de la Provincia. Los que proponen la ley manifiestan que así como estaba el decreto "crea un privilegio injustificado a favor de un reducido grupo y quiebra el principio de igualdad ante la ley". El propósito del Senado, dicen, "es contemplar la sanción de un régimen jubilatorio para la generalidad de los jueces". No será mucho pero hay que sacarse el sombrero frente a esta iniciativa cuyo liderazgo lo emprende nada más y nada menos que el vicegobernador Mendoza y recibe el apoyo de lo más granado del conservadurismo mendocino, razón por la que podría sospecharse que esta ley tiene gato encerrado. Sin embargo, vamos a pasar por alto nuestras desconfianzas y consideraremos la acción, sino un golazo, al menos un empate sobre la hora. Lo que se quiere demostrar, después de todo, es que el argumento de que el gobierno no hizo nada, esgrimido hasta por las propias autoridades de la época, no resulta tan cierto y cerrado como se imagina.

Hemeroteca, día siguiente

Claro, no tan cerrado y cierto. Si no, corroborar en la página 6 del por entonces casi centenario matutino de la tierra del sol, las declaraciones del Secretario General de la Gobernación, el Ropero Horacio Martínez Baca, quien señala sobre la gestión de gobierno (y planes para el porvenir) desde el esplendoroso 25 de mayo hasta el 11 de junio inclusive: solo 17 días. La síntesis siguiente toma como base los datos más importantes de los informes de algunos de los ministros:

Bienestar Social: supresión de la cobranza de aranceles hospitalarios. Estudio y puesta en marcha de un plan de saneamiento y lucha contra el mal de Chagas. Restauración de la Subsecretaría de Salud Pública.

Gobierno: Contacto con las comunas para elaborar una política coherente que contemple los requerimientos de cada zona. Elaboración de un proyecto de reforma del Estatuto del Empleado Público. Presentación en Diputados de un proyecto para la creación de comisiones vecinales para el control de precios.

Hacienda: Análisis acerca de cómo financiar proyectos para resolver el déficit presupuestario de la provincia por medio de posibles aportes adicionales del sistema de coparticipación federal. Un proyecto de ley que otorga plazos para el pago de impuestos sin multa.

Educación: Asignaciones para copa de leche en establecimientos de educación primaria. Construcción de nuevos edificios y reparaciones necesarias en los existentes. Propuestas de incrementos salariales a docentes.

MB desea que el control de precios no solo sea cuestión de sociedades de vecinos sino que pretende involucrar a productores y comerciantes. Con ese objetivo, el gobernador acepta la invitación de los administrativos de la Cooperativa Feria de Guaymallén a visitar sus instalaciones el 13 de junio. El mandatario recorre el lugar, bebe un refrigerio y de inmediato se pone al corriente de los diversos aspectos de la comercialización de productos regionales, y sobre el ánimo de la Cooperativa de contribuir con el gobierno en la campaña de abaratamiento de los artículos de primera necesidad, además de colaborar en la solución de problemas que surjan de esta iniciativa.

El mandatario acuerda con el Intendente de Capital, ingeniero José A. Manzur, y el de Guaymallén, Ricardo G. Belleli, la instalación de puestos en lugares estratégicos de la ciudad –y luego en todas las ciudades de la provincia– para la venta al menor precio posible, de los productos mendocinos que vende la Feria.

Se apuran nomás los muchachos. Tomamos todo lo que se pueda tomar, escuelas, empresas, fábricas, garitas de guardabarreras, baños públicos, sin donarle el más mínimo resuello a este Viejo bueno que tenemos por gobernador y que tanto nos tolera nuestros apresuramientos revolucionarios. El 14 de junio, para variar, los compañeros que laburan en la Compañía Argentina de Teléfonos (CAT) toman simbólicamente el local de la empresa en demanda de su nacionalización. Hay que nacionalizar los medios de producción y servicios, qué tanto escorchar. Los trabajadores se dirigen a la Legislatura donde le entregan al Presidente de la Cámara de Diputados, Gabriel Montoro, un memorial con los puntos solicitados. Maldita la gracia que le hace a este hombre tener que atender a semejantes exaltados. Los muchachos siguen viaje, a renglón seguido, a la Casa de Gobierno, para hacer llegar el reclamo a MB. El gobernador, entre el entusiasmo y la alarma, les dice con propiedad: "la visita de ustedes está demostrando lo que nosotros dijimos desde la tribuna: vamos a gobernar con asambleas populares. Esto es una asamblea popular. Ustedes vienen a exponer directamente ante los hombres que nos toca manejar la cosa pública, los problemas que tiene el pueblo para que sean conocidos". El mandatario se compromete ante los cumpas que va a enviar todos los antecedentes al Congreso de la Nación para "refirmar lo que, por otra parte, ya está incluido en las pautas programáticas del compañero Cámpora".

El 18 de junio hay anuncio de primavera, cuando está por llegar el invierno, para docentes y no docentes: siguen las buenas intenciones oficiales. En una conferencia de prensa se puntualiza sobre la implementación de varias resoluciones que afectan de manera positiva al gremio de los educadores. Con la presencia de MB, del Ministro de Cultura y Educación, el Subsecretario de Educación y el Subsecretario de Cultura, el gobernador se explaya sobre la pronta elevación a la Legislatura de un proyecto de ley que postula un aumento para los salarios docentes. MB recuerda a su vez el decreto de reintegros de gastos a los docentes y personal de servicios. Asimismo, se refiere al descuento del 50% en los boletos de media y larga distancia para educadores y del proyecto en estudio para mejorar el sistema jubilatorio de los maestros.

Nada de primaveras para las delegaciones que a pesar de los terribles nubarrones que se ciernen en torno a La Vuelta, andan de puro jolgorio por varios sitios de nuestra ciudad. En plena joda, pero apurados, da comienzo la partida a la Capital Federal con la esperanza de llegar a tiempo a Ezeiza el miércoles a eso de las 15:00, donde desde el palco especialmente montado por los muchachos, el ex presidente Perón ha de dar su discurso. Se parte desde la Legislatura, el Partido Justicialista (sede de la Rama Femenina), Hogar y Club Universitario, CGT y Casa de Gobierno. En este último lugar, MB (que también marcha, en avión por supuesto) le transmite el mando provisorio de la provincia al vicegobernador y dirige unas palabras a quienes aún no han salido, esperando impacientes los ómnibus cedidos por un gremio automotor. Elogia a Perón, de quien dice que "es el líder de los argentinos, el hombre más grande del siglo, creador del Tercer Mundo, cuya figura ha desbordado el área argentina para proyectarse universalmente".

El 19 de junio anuncia la nueva Directora de Asistencia a la Ancianidad e Invalidez, Adriana Fernández, que se van a crear nuevos hogares para ancianos. La funcionaria también menciona los objetivos de su labor a los delegados departamentales de esa repartición. Su tarea inmediata es la creación de un hogar de ancianos en el departamento de Rivadavia, la refacción total de los hogares en la Capital y la gestión para un aumento de emergencia en las pensiones. Fernández asimismo indica que ha comenzado los trámites pertinentes para adicionales creaciones de hogares en los departamentos de Tunuyán y General Alvear.

20 de junio de 1973:

Es conocida por todos la demoníaca festichola del Brujo López Rega, Osinde y los horribles, dispuestos como están a frenar el ímpetu contagioso, emancipatorio de la juventud maravillosa. Desatan una masacre de la cual nunca se sabrá el número exacto de víctimas (Verbitsky dice que la cifra oficial llega a catorce muertos; es probable que hayan sido muchos más) Los que van con las delegaciones mendocinas logran más o menos zafar porque están lejos del palco, pero los más aventurados entre ellos que se cortan por la libre y pueden avanzar un poco, no mucho, se tienen que tirar al suelo y dispersar ante la balacera, y luego deben emprender la vuelta al pago como mejor se las ingenien. Esto causa alguna confusión en cuanto a las bajas. Al principio se cree que hay algunas entre los mendocinos pero después se concluye en que no ha habido ninguna. La UES nacional sí pierde a un compañero de Buenos Aires, Hugo Omar Lambert, la primera víctima de los secundarios de la JP. Lo recordamos porque más de un pelotón operacional nuestro, incluso en Mendoza, llevó su nombre. Lo demás ya se sabe, aunque por las dudas que quede claro: no hay dos demonios aquí. La masacre la maquinan los fachos peróneos de la ortodoxia, los policías represores y alcahuetes de siempre, los torturadores conocidos, la gente del Brujo y otros de similar laya: ellos, nuestra derecha sucia y feroz. Nosotros solo queremos acercarnos al palco y que Perón nos escuche y vea.

Los Andes anuncia que los contingentes mendocinos de la JP y de Unidades Básicas que estuvieron en Ezeiza regresan el 21 a la noche. Trasciende que un joven sanjuanino que había ido con ellos y de quien no se sabe su nombre, habría resultado muerto. Quien estaría herido por haber recibido dos disparos sería el diputado provincial Elio Verdejo; su estado, sin embargo, no reviste gravedad. Dos jóvenes de Godoy Cruz también habrían resultado heridos, pero sus nombres se mantienen en reserva.

El que no las tiene todas consigo es el agente Raúl Alberto Bartolomé quien presta sus servicios en la sección canes de la policía mendocina. Como él es originariamente de Buenos Aires aprovecha el transporte gratis que ofrece el gobierno para visitar a su familia en la Capital. No se sabe cómo el policía termina asistiendo a la concentración de Ezeiza, nada más y nada menos que por las inmediaciones del palco oficial que está bajo la custodia de las huestes del horrible Osinde. Viste ropas de paisano pero carga consigo la pistola calibre 11.25 provista por la repartición y además lleva una filmadora de 8 milímetros. Cuenta el agente que los disturbios del puente N° 1 se inician cuando una columna de las FAR y Montoneros se acerca en actitud que a él le parece amenazante. Se abstiene de mencionar quién tira primero pero lo que sí asegura es que los jóvenes se abren para tomar el puente a la manera de una "pinza" clásica. Bartolomé, alucinado ante tremenda situación, juzga que es necesario ponerse cuerpo a tierra y comenzar a disparar a discreción contra las huestes de faroles y de montos. Después de todo estaban enfrente ¿no? No parece creíble lo que cuenta por lo tanto se extrae de su discurso que él es uno de los que cubre la guardia de los horribles que comienzan un fulminante avance contra sus rivales en el que personalmente vacía 2 cargadores de 7 proyectiles cada uno. El agente de Mendoza se encuentra en todo momento en la primera línea de fuego y se mantiene ahí hasta que los Tendencios quedan cercados en una escuela de las inmediaciones. Dice Bartolomé que ve caer gente de los árboles y a otros en el campo del ataque. Los de la juventud se reagrupan y comienzan una contraofensiva que hace retroceder a los agresores. Alguien ayuda al agente a poner pies en polvorosa. Se arma una pequeña confusión entre los fachos. El policía desea retirarse del escenario de la refriega pero es capturado por la guardia del palco a cargo de la Juventud Sindical y trasladado al primer piso del hotel de Ezeiza. Allí están Osinde y un tal capitán Ahumada al mando de las operaciones de interrogatorio y tortura de contrincantes. Les dice Bartolomé que su detención es un tremendo error, trata de explicarles que es uno de ellos: nadie le cree pues no se lo conoce, lleva un arma y está recién disparada. Ve a Leonardo Favio que se pasea histérico por las habitaciones donde castigan de modo brutal a todos los detenidos. Bartolomé confiesa que están como enloquecidos y por eso a él también le pegan enfervorizados. Le rompen la cabeza y cuando está por desmayarse le ponen una pistola en la frente y le gritan: "hablá hijo de puta o te fundimos". En eso llega Favio y lo salva. Después los fachos se dan cuenta que Bartolomé es un policía de Mendoza y que estuvo junto a ellos en la batalla del puente N° 1. Uno de los torturadores le pide disculpas: "perdoná hermano, nos confundimos". Le reemplazan la ropa que le habían desgarrado para que pueda retornar a la provincia más o menos presentable pero no le devuelven ni el arma ni la filmadora. Vuelve a Mendoza con un tajo en el rostro, el brazo inútil y seguro que con pocas ganas de hacerse de nuevo el héroe cana (Tomado de: "Informe reservado", Revista *Claves*, página 13, semana del 6 de julio del 73, Año 3 N° 74)

El 23 de junio regresa don Alberto de Buenos Aires. En el aeropuerto El Plumerillo, la gente de prensa de la provincia inquiere al mandatario sobre los sucesos de Ezeiza. MB responde que no trae novedades ya que los medios locales han realizado una exhaustiva labor de información, por lo tanto los felicita y los alienta a que continúen por la misma senda. Agrega que lo que se haya comentado debido a los acontecimientos ocurridos en la Capital el pasado miércoles queda superado con el "magnífico y formidable discurso que pronunció el líder del justicialismo, en este momento líder también de América Latina". Comenta asimismo que no logra reunirse con Perón y que, quizá, recién en 10 días los gobernadores sean recibidos por él. Sobre la matanza de Ezeiza expresa que "son acontecimientos de un pueblo que estuvo durante tanto tiempo reprimido y que no hay que darle mayor importancia a eso, sobre todo después del discurso del General que ha concitado en Buenos Aires unánimes opiniones favorables. Estamos frente a un hombre que, como él mismo lo dijo, está descarnado (...) Muchas veces dijimos que era el hombre del siglo y esto no hace sino confirmar nuestra opinión". El cronista de *Los Andes*, conciente de la trifulca interna en el seno del gobierno pregunta si es que habrá algún cambio en el Ejecutivo Provincial, a lo que don Alberto, categórico, responde que "no hay motivos para hacerlo".

El mismo sábado 23 de junio se reúnen en horas de la mañana los intendentes municipales con el licenciado Baztán y con el subsecretario de Industria, Comercio y Minería, Gerónimo Morgante. El que recibe a los intendentes es Carlos Arturo Mendoza. El motivo del encuentro es aunar criterios para el control de precios de los artículos de la canasta familiar y las pautas a tener en cuenta para el cumplimiento de los objetivos estipulados por el Gobierno Nacional en la materia. En la reunión se conviene que las comunas se constituyan en órganos de vigilancia para lo cual deberán coordinar sus funciones con la Dirección de Comercio de la provincia, dependiente de la Subsecretaría de Industria, Comercio y Minería. Morgante revela que se han de fijar algunas directivas de aplicación con respecto a los precios de los artículos esenciales que se van a conocer en su debida oportunidad y que la Dirección de Comercio mantendrá un contacto permanente con los municipios para asesorar y verificar el cumplimiento del dispositivo de contralor. El subsecretario propone asimismo que el control lo ejerzan los municipios a través de las uniones vecinales y unidades básicas para determinar su eficacia a nivel popular. Roberto Sansone, subsecretario de Comercio Interior de la Nación se hace presente con la reunión en marcha; promete apoyo a la iniciativa y advierte que los infractores serán sancionados con la máxima energía.

El mismo día, a pesar de los sobresaltos políticos y de alguna incertidumbre con respecto al futuro de la administración provincial, se comunica que se electrificará la zona rural de Carrizal del Medio y zonas de influencia de la presa de embalse sobre el curso del río Tunuyán, con un costo de 2.400.000 pesos.

También se anuncia la distribución de material sobre educación para la salud: el Departamento de Promoción y Educación para la Salud, dependiente de la Subsecretaría de Salud Pública del Ministerio de Bienestar Social, comunica que dispone de material didáctico sobre enfermedades venéreas, tuberculosis y otros temas del calendario anual de educación para la salud destinado a docentes y público interesado. Los establecimientos de enseñanza y organismos de bien público pueden solicitar proyecciones de cine sobre el mal de Chagas, rabia y sobre vacunación.

Se aprueba asimismo el contrato para la construcción de la escuela República de México, en el dique Cipolletti de Luján de Cuyo. Por otro lado, Eduardo Zannoni, pone en funciones al nuevo titular de la imprenta oficial, señor Pedro Argentino Lencinas Benítez.

A las cinco de la tarde del 25 de junio hace su debut la palabreja que va a rondar todo el periodo de gobierno de don Alberto: la promoción de un juicio político al gobernador, aunque esta primera vez la sustentación de tal emprendimiento fuera solo a pegar en el palo. El dirigente gremial Joe Barrera Oro presenta a la secretaría legislativa de la Cámara de Diputados el reclamo aduciendo la violación del artículo n° 188 de la constitución de la provincia ante la resolución del poder ejecutivo que dispone intervenir el Departamento General de Irrigación. El reclamo, luego de indicar la invalidez jurídica de la medida, manifiesta que "en la historia de Mendoza nunca hubo un acto similar en el Departamento General de Irrigación, ni aun en épocas de gobiernos de facto". Unas horas después de la presentación, el hijo de don Alberto y secretario general de la Gobernación, doctor Horacio Martínez Baca, manifiesta: "Cualquier ciudadano tiene derecho a pedir juicio político de los gobernantes". Hecha esta salvedad, agrega que "aquí se ha usado un sistema constitucional para una promoción personal, a costa de una aventura jurídica descabellada, porque si el Poder Ejecutivo no tuviera facultades regladas desde el punto de vista administrativo para intervenir una repartición cuya normalización de funcionamiento urge, llegaríamos a la conclusión de que el Departamento de Irrigación sería otro poder. El Poder Ejecutivo ha procedido en uso de facultades regladas dentro del marco que le compete y para solucionar un problema de su exclusiva competencia, estando en receso el Senado. Es normal en un estado constitucional, que ciertos individuos interpreten que las cláusulas legales pueden ser usadas en forma caprichosa e indiscriminada y es desafortunado que parte del tiempo que debe dedicarse a la función de gobierno en esta etapa que requiere la ardua labor de todos a favor de la reconstrucción, deba destinarse a este tipo de cosas".

Joe Barrera Oro alcanza el clímax de sus dos días de inmortalidad, el 27 de junio, en la sede de la Legislatura. En ese ámbito el diputado peronista Eduardo Molina, amigo de la Tendencia, propone que se trate la cuestión del juicio político a MB a posteriori de la orden del día. Con el voto de la todavía no escindida mayoría justicialista y la oposición de gansos y radichetas, se resuelve archivar el pedido del gremialista. El diputado radical, Miguel Mathus, se da el lujo de citar a Perón para justificar la adhesión a la moción de juicio político. Como señala el líder justicialista, "no será con intervenciones aviesas o con decretos ilegales como vamos a regresar al estado de derecho". Los guarismos finales son los siguientes: a favor de enviar al archivo la propuesta de Barrera Oro: 27 votos (todos justicialistas; en contra: 20 votos (gansos y radichetas).

Ese mismo miércoles alrededor de veinte mil expedientes y fichas personales de contenido ideológico se queman en un acto público en las instalaciones del Cuerpo de Infantería Manuel Belgrano de la Policía de Mendoza. La documentación había sido material de consulta entre los miembros del Departamento 2 de Inteligencia que durante los siete años del gobierno de la Revolución Argentina trabajó en estrecha colaboración con el Servicio de Seguridad del Ejército. Asisten el Buby Cerutti, el Director de Difusión de la Provincia y el Jefe y Subjefe de la Policía. Se dice que lo incinerado está constituido por

7.217 expedientes, 10.000 tarjetas de filiación personal y 236 de información general, en especial revistas y periódicos de difusión ideológica. Entre la documentación se pueden ver legajos de conocidas figuras de la política local, de magistrados, estudiantes, actuales funcionarios, gremialistas y hasta el de un compositor de música popular. El Buby dice mientras arde la pira: "Estos archivos políticos que sirvieron como instrumento para la persecución y para la conculcación de derechos humanos, son públicamente quemados como una demostración de la decisión inquebrantable del gobierno popular de llevar adelante, en unidad absoluta del pueblo y su gobierno legítimamente constituido, un proceso de paz basado en la justicia, un proceso de liberación política, un proceso de liberación social". [Recordemos las palabras del Flaco Morgante: "claro –los milicos dirían– quémenlo todo nomás, denle muchachos, quemen lo que se les antoje, total nosotros ya tenemos veinte copias por lo menos"[5]]

En otro orden de cosas (I)

H.D.:

Me sacan de la biblioteca a punta de enérgicas conminaciones. La situación no es para alarmarse: más bien se asemeja a un trámite administrativo. La actitud de unas pocas pistolas desenfundadas quizá sea la misma que antaño; el aparente decoro milico, no. En realidad a los canas les importa un sorete la emergencia por la cual han sido convocados. "Disculpe la molestia, señor, pero vamos a tener que pedirle que desaloje el predio". Las pistolas no apuntan a nadie, en todo caso al piso, como para mostrar que ahí están, que ahí se ven. En la hemeroteca ubicada en el subsuelo estoy yo solo. Ahí es donde me aperciben a que me retire. Ya en el piso principal me cruzo con pibes que parecen estudiantes de secundaria y que marchan hacia fuera menos

---

[5] Afirmación que se verifica en el año 2003 con el rescate que hacen los organismos de derechos humanos de Mendoza de una frondosa documentación similar a la que se quemó en 1973, archivada en el novísimo Ministerio de Seguridad Pública.

entusiasmados que yo. Es que desde hace unas cuantas horas amasijo diarios de 30 años y la verdad es que la siesta otoñal mejor me invita a caminar por la alameda. De la biblioteca San Martín se han afanado unos cien incunables: libros de los siglos XVII, XVIII y XIX, qué picardía. De haber sabido que estaban tan mal custodiados hubiese pensado en chorreármelos yo que, fija, los hubiera disfrutado mucho más que el hijo de puta comerciante deleznable que se los birló. Tarde piache. Después de patear un trecho llego a la esquina noreste de Buenos Aires y San Martín donde hay una apreciable hilera de taxis que no sé a quién pretenden transportar, ¡si es la siesta mendocina, pedazo de huevones! ¿Cómo creen que van a transformar en sustentables sus benditas pequeñas empresas? Nomás que me distraigo en este, mi hondo pensamiento, cuando un joven conductor que tendrá unos 35 años, me pregunta cordial al depositar yo mi mirada perdida en la suya, "¿necesita coche, maestro?" Tengo mala suerte con los tacheros locales ya que siempre me toca una manga entremezclada de fachos y lúmpenes. Los que me han conducido son dados a la conversación unilateral, o sea, aquellos que practican el monólogo pedagógico, político por lo común. No, el mal de Mendoza no es la extensión sino la opinión de mis tacheros: el asunto es que opinan con propiedad, aunque no sepan un carajo de lo que hablan. Unos días atrás me tocó un partidario de la derecha higiénica de López Murphy, que me explicó –al deslizarle yo la sugerencia de que había demasiado desempleo en el país– que los propietarios viñateros habían tenido que dejar que se pudra en los viñedos parte de la uva, porque los señoritos pobres y / o sin empleo rechazaron la oportunidad de conchabarse en laburo digno. "Para qué si con esos planes que da el gobierno no tienen que hacer nada y se ganan 200 mangos, por lo menos". El pago que ofrecían habrá sido una mierda, pensé para mis adentros porque si lo exteriorizaba el tipo podía reaccionar quién sabe cómo. Recordé que en los buenos tiempos había que tener un ojo especial con los tacheros porque había varios que trabajaban para la cana. Hay cosas que no cambian en esta provincia. En otra ocasión abordamos uno con el Negro Ábalo cuando fuimos a ver al Polo Martínez y también este chofer no pudo con su genio y se largó la burra perorata antipobre acompañada de la apología del régimen militar y de sus deseos fervientes para que vuelvan los asesinos. Por supuesto, el Negro no se la dejó pasar y le lanzó una contraofensiva verbal mortífera que el tachero se chupó sin chistar, aunque sin aprobar tampoco; se le notaba la contrariedad. Ahora, el joven de 35 que me llama maestro (¿tendré cara de maestro?), apenas subimos al coche me dice que él es hombre de Rodríguez Saá. Medito sin contestarle: menos mal; el puntano populista aunque se parece a Menem y miente como él, todavía nadie sabe que miente, y quizá tampoco lo sepa nunca nadie si nos aseguramos que siempre obtenga el cuarto lugar en todas las elecciones nacionales en que desee participar. Algunos así llamados progres y ex combatientes, cuyos nombres no quiero pronunciar, lo apoyan. También el criminal Rico, madre mía. Y eso es lo que ha llevado a este joven conductor a votar por Rodríguez Saá. Juro no hablar con él hasta que le pregunte, en la puerta de la casa de mi madre, cuánto es. No le importa, solo necesita tener a otro ser humano para deschavar sus miserias y, puta suerte, a mí me ha tocado estar ahí. Si no fuera porque en verdad aparenta no más de 35 años juraría que fue un torturador. Escucho –mientras miro por la ventanilla del auto el paisaje benévolo que rodea la Avenida de Acceso yendo hacia el este– que es un ex milico y quien fuera su jefe es ahora el aliado más controvertido del Adolfo. Rico ha mandado a votar por Rodríguez Saá, entonces el tachero, si bien no soporta a los peronchos, vota, obediencia debida, por Rodríguez Saá. Quiero bajarme pero más quiero llegar a la casa de mi madre. El tipo me atosiga hasta el límite de mi paciencia. Me cuenta que ha sido parte de las fuerzas internacionales milicas de paz, que ha estado en Bosnia y qué sé yo dónde más y que ya no puede servir al ejército que ama porque ha matado a 23 personas, cuestión que no parece poderse bancar, aunque yo no lo veo lo que se dice un mortificado. No me rompo mucho en el cálculo conjetural de que, quien mata a 3 o a 23 no se lo dice, a lo bocina, a cualquier hijo de vecino. ¿Por quién me has tomado, boludo? Conclusión: aparte de facho, es un delirante. A menudo dejo unas moneditas de propina a los chóferes que no me hablan durante el viaje. A este le doy el cambio justo y disparo presto puertas adentro de la casa de mi madre.

Jorgito López me dice que se va a aparecer a eso de los ocho y media pero lo hace, exactas, 3 horas más tarde. No me quejo, después de todo ya algo estoy acostumbrado a este tipo de informalidad tan irritante para los que vienen de afuera. Jorge sonríe igual que siempre y con eso me basta; ni siquiera acusa recibo del percance de llegar tarde: se lo ve bien, tranqui, la vida como a él le gusta. Jorge es el único de los 4 ó 5 que formamos el núcleo de la UES entre el 73 y el 75 que se queda en Mendoza. No le vengan a él con extranjerías ni con otras provincias. Si bien no se lo pregunto, creo que conserva sus simpatías por el peronismo indiscutible, el hecho maldito-masivo, aquel por el que nos matábamos contra los fachos ortodoxos; el que los radichetas, gansos y la aristocracia vacuna nacional (viñatera aquí en Mendoza) detestan a rabiar. De nosotros es también el único, que yo recuerde, que proviene de una familia proleta auténtica. Estas palabras sobre él pueden parecer un choto ditirambo de cuarta, pero me es difícil no sorprenderme y admirar la manera en que se las rebuscó, a fuerza de laburar como un condenado –sin olvidarse nunca de la solidaridad– para salir adelante cuando las tuvo, desde temprano en su vida, todas en contra. Maestro de una primaria y profesor de una secundaria, en sus ratos libres junta a una sarta de maduros y conflictuados conocidos de él (algunos veteranos de los 70, aunque ésa no es condición necesaria para pertenecer al grupo) para compartir nada más y nada menos que la sencilla sensación de la amistad. Cuando me cuenta del asunto de inmediato se me presenta la imagen de un club de corazones solitarios. Me imagino que el impulso le debe haber quedado de la época de la militancia, cuando una de sus funciones consistía en reclutar UESOS potenciales, como Ramiro y yo. Le copa tener gente con la que se siente a gusto e idear junto a ellos propósitos, cualquiera sean: casi, casi, igual que antes. No somos muy expresivos, por lo que no me es posible manifestarle el halago que siento por su afecto. De todas formas, nos consta que la cosa es mutua.

J. R. L.:

(Mientras habla su vista está más puesta en su compañera que en mí. Desde luego es ella la receptora. Jorgito espera nada más que yo apruebe y ratifique su discurso. Me pregunta socrático y me tira, de vez en cuando, miradas cómplices.)

En ese momento estaban con ese plan de Reconstrucción Nacional, ¿te acordás de la Reconstrucción Nacional? Entonces había que hacer obras. Nosotros nos vamos a Salta y allá nos contactamos con gente que venía de todo el país; tipos que venían de Córdoba, de Tucumán, de todos lados. Y ahí teníamos que hacer pozos sépticos, reconstruir algunas casas en las villas miseria, cosas así. De acá no me acuerdo cuántos habíamos ido, habremos sido diez. MB nos recibió en el salón de la gobernación para felicitarnos y alentarnos en lo que estábamos haciendo; hasta en el diario salimos. Yo no sé si salió la foto, ¿la viste? No, no, preguntas no nos hizo, fue más bien un discurso de estímulo, eso más que nada. "Joven, ¿y usted a qué escuela va?" De eso sí me acuerdo que fue un cagadero de risa porque creo que el Viejo era bizco o algo así y nosotros no teníamos idea a quién se dirigía, porque miraba por lo menos a dos a la vez, entonces le contestaban dos o tres. En Salta vimos la diferencia de lo que era Mendoza y lo que era el norte. Cuando hicimos el pozo séptico para una casa apenas llegamos estábamos alojados en una Escuela Hogar y después, de ahí partíamos en grupos a los distintos destinos, nos mezclábamos, a veces con los de Buenos Aires. Yo no me acuerdo con quién me toco a mí, de acá con el Ramiro o con el Pepe, de eso seguro. ¿Con el Yanqui? Este chico terminó siendo la única baja de la UES de Mendoza, pobre vago, pero no lo mataron ni nada sino que se murió después, de asma, se atoró cuando estaba comiendo polenta. También iba el Coco, el hermano del Coco, que está piantado ahora ¿sabías? Los vi a los dos hace poco, me dio una emoción tremenda. El Coco está bien, lo banca mucho al hermano que sí está realmente jodido. Reconstruir las casas era un lío, porque las casas de la villa de allá son totalmente diferentes a las de acá; allá son de cartón, no son como acá con esas chapas bien duras, que aguantan. Nosotros íbamos con el material, poníamos unos palos y los adheríamos a las chapas ... el respo nuestro era el Gordo Cachi, no, todavía no se había ido. En Salta, estaba de gobernador Ragone, al que después mataron, uno de los primeros, te acordás, ¿no? Estaba en la misma línea que MB. La experiencia de Salta fue espectacular, no solo por lo que hicimos, sino por los otros vagos que conocimos, yo no recuerdo mucho los nombres, porque éramos todos pendejos, muchos deben haber caído ... sí cómo que no me voy a acordar del Roña Beckerman *y del Barbeta Slemenson especialmente, si después como en el 75, creo, vino acá y lo llevamos a tu casa a esa reunión súper secreta que hicimos, la del millón de pesos, ¿adónde habrá ido a parar esa guita? Después se fue a Tucumán y en una semana nomás cayó, no apareció más. En una semana ... nos podría haber mandado totalmente al muere y no lo hizo, pobre Barbeta, sobre todo a vos porque conocía tu casa. Era un pendejo como nosotros, o ... creo que era más grande. Lo habían dejado en la UES porque era como un emblema para la agrupación. Aquel día del 75 lo fuimos a buscar vos y yo, que vos ibas con esa bicicleta medio rara en la que andabas, una Halcón creo que era y cuando los vimos venir al Barbeta y a esa compañera morocha de Montos que nos habían enchufado como responsable de la UES dijiste, todavía me acuerdo, "¿y este cara de boludo es de la conducción nacional?". Y yo te tuve que avivar, "quedate en el molde que es el Barbeta", que por supuesto venía sin ninguna barbeta, con un par de anteojos de viejo, vestía un blazer y se había puesto corbata: parecía un hombre de negocios, aunque un poco joven para eso.* [La compañera de Jorge menciona un par de nombres, que según ella también estuvieron, para ver si los ubicábamos] *No, no puede ser. Esos que vos decís son más chicos que nosotros y no podía haber nadie así porque nosotros éramos los más chicos; qué sé yo, es que con el asunto ese del 74 cuando pasamos a la clandestinidad a mí se me borraron casi todos los nombres; por el apodo sí, me acuerdo de algunos. No, lo de Salta no fue la coronación, fue el bautismo, y el sepelio más bien, porque después se anduvo mucho a las corridas. Slemenson era oficial, nada que ver con el nivel perejil nuestro. Nosotros éramos los últimos orejones del tarro, aunque te acordarás que cuando la mano se puso duro nos plantearon la promoción ...*

Otras cosas que vinieron después eran para revolcarse de la risa, ahora, porque en aquellos tiempos menudo cagazo ... sí reíte ahora, qué te parió ... un día teníamos que salir a hacer una pintada. Yo vivía en Villa Nueva, con mi hermana. Mi viejo tenía un camioncito Ford 40, chatarrero; yo no tenía carné, nada y le saqué al camión a mi viejo. Habíamos hecho el relevamiento por varios días, "relevar" era chequear las paredes donde se supone que íbamos a pintar ... ¿y cuántos éramos? ¿tres, cuatro?, vos, el Ramiro, el Edgardo y yo en la cabina del camioncito, un fato total, a las doce de la noche o más tarde todavía. Era por la calle Pedro Molina de Guaymallén, que conocíamos bastante bien. Como ya habíamos elegido las paredes entramos a la zona en confianza, pero cuando llegamos resulta que los del ERP nos habían ganado de mano. Todas las paredes que habíamos relevado estaban pintadas, con pintura fresca para colmo. La cana ya debía estar alertada y seguro que andaban por ahí pero a pesar de que lo hablamos en el momento no se nos ocurrió retirarnos inmediatamente, que en esa circunstancia era la decisión adecuada, la única que podíamos tomar. En vez de eso fuimos a dar unas vueltas para ver si por lo menos los pichos nos habían dejado una miserable pared, te imaginás, todo el laburo que hicimos se nos iba al carajo. ¿Y a quién nos íbamos a quejar? Andábamos por una paralela a Pedro Molina cuando vemos un Jeep de la cana que cuando está frente a nosotros, ahí nomás se nos cruza y nos para. Vos te cagás de la risa ahora pero ese día nos salvamos por un pelo porque si nos llegaban a descubrir los aerosoles nos hacían desaparecer. Primero porque iban a deducir que fuimos nosotros los que pintamos "Las tres A son las tres fuerzas armadas", así que con eso solo nos comíamos un flor de garrón; decí que no nos revisaron el camión porque los aerosoles estaban en la parte de atrás, ahí casi a la vista. Para colmo el Edgardo se había llevado una pistola veintidós que la puso en la guantera y que por supuesto, gracias a Dios, ni se le ocurrió manotearla cuando nos pararon. Yo les dije que le había sacado el camión a mi viejo porque íbamos a ver unas chicas, me pidieron los papeles, qué sé yo ... después nos hicieron bajar y nos pusieron contra el camión, de espaldas, a los cuatro. Nos preguntaban uno a uno la misma cosa, como si no hubiésemos escuchado la pregunta la primera vez que la hicieron: "¿de dónde viene usted?" Yo no sé de qué se reían vos y el Ramiro, y ahora, miralo Isa, se ríe igual que aquella vez, está loco éste. Mirá, ahí también, si se daban cuenta que ustedes se estaban cagando de la risa ... y al Edgardo, cuando le preguntan a él, les dice, "yo vengo de la casa del compañero ... del compañero de colegio", cuando decir compañero era lo mismo que militancia, la quiso arreglar pero metió más la pata. Esa metra que nos pasaba por la espalda el cana aquel flaco, de bigotes, seguro que era un torturador, eso fue para recagarse en las patas. Yo todavía creo que los tipos se dieron cuenta y realmente pensaban que fuimos nosotros los de las

pintadas. Nos dejaron ir vaya a saber por qué. Ese cuento que le hicimos no se lo podían tragar, para nada.
Del viejo MB no, no me acuerdo. Vos te debés acordar de aquella vez en el Teatro Independencia, que estaba Dromi, un acto creo que era para defender al Viejo, que después la derecha nos cuestionó diciendo que andábamos usando los lugares públicos para actos políticos ... sí, por supuesto que lo defendimos con movilizaciones y también le hicimos unas cuantas manifestaciones en contra al Gordo Mendoza, y después a Cafiero. Eso, es decir, ese tipo de respuestas no existe más. Se acabó. Pero fue muy importante. Deberían tomar el ejemplo los muchachos de ahora.

H.D.:

Terminamos de hablar con Jorgito de muchos otros temas, sobre todo después que la buena de su compañera nos deja solos en el boliche para que sigamos reencontrándonos y relatándonos lo que nos pasa en este lapso que va desde el 78 al 2003 donde cada uno encara por su lado, más o menos definitivo, mal que nos pese. Me cuesta más que con ningún otro retrocederlo a la época que me interesa. Pienso que es porque, como muchos sobrevivientes de la militancia, ese tiempo fue tan traumático que han puesto paredes macizas entre sus inconscientes y el pasado puntual del que Ramiro y yo nos solíamos reír a carcajadas, de los nervios tal vez, aunque no siempre. Como con el compañero oxímoron –el Negro Blanco hace unos días– con Jorgito hay otras vivencias más fuertes que esos tiempos raros que no me puedo sacar de encima. Será que ese tiempo es la Argentina, la Mendoza congelada, fija, con la que me identifico. La Argentina inamovible, la Mendoza de los compañeros. Mi estancia en el exterior así, equivale a un tiempo muerto, aunque si elaboro esta conjetura que de entrada no me apetece, me cercioro rápido de que no es cierta.

Al llevarme Jorge de vuelta a la casa materna me doy cuenta –si bien puedo estar errado– que para él nuestra historia es como un anecdotario de la pureza militant, o algo así: tiempos idos ideales, de los que el presente carece pero no tan trascendentes como para que uno se instale en ellos como lo hago yo. ¿Será cierto que la rutina opulenta de uno instalado en país rico se vuelve sofocante y atenta contra la historización de uno mismo por más bienestar que se logre? Me cuenta ahora el Jorge una experiencia más dramática que las anécdotas juguetonas y sin consecuencias lamentables –al menos para el círculo mínimo nuestro, los involucrados de modo directo en avatares de la UES durante aquellos setentas tan adolescentes, lejanos, sangrientos. No doy en acertar de entrada en cuál es el significado de su relación y eso que no nos dimos con alcohol de ninguna relevancia durante la cena. Por un momento llego a especular que se me ha vuelto místico porque le escucho un balbuceo misterioso de palabras graves acerca del significado último de la vida, algo más abarcador, más imponente que lo que hemos hablado hasta ahora. Me alarmo sin interrumpirlo y consigo descifrar el hilo de un monólogo nostálgico y algo solemne, de esos que revelan un camino incierto en cuyo transcurso, por más que se dude, es preciso ser fiel a uno mismo, a lo que usted piensa que debe ser y actuar así, no importa qué. Sucede que no hace tanto, pero mucho después de la militancia, Jorge empieza a poner en práctica las sesiones de lo que yo imagino como su club de los corazones solitarios. Conoce a una piba, separada, con hijos entre la niñez y la adolescencia también como él, de quien pronto se hace muy amigo y comienza a compartir con ella los asados del grupo de los corazones solitarios. En una ocasión la piba mantiene unas triviales pero trabajosas discusiones con sus hijos por lo que sale contrariada de su casa hacia la sesión y llega a lo de Jorge ya algo descompuesta. Como su estado va de mal en peor, tiene que llamar a la ambulancia, la trasladan al hospital y en unas cuantas horas se muere. Me digo esto no puede ser y además qué tiene que ver con lo que a mí me importa, esa acción trágica que nos involucra a muchos y que tiene por fin un renacimiento, una aspiración de lo que se desea en materia de mejoramiento de las condiciones de lo que puta sea, un propósito honorable y justo. ¿Por qué se le tiene que morir esta mujer a Jorge? ¿Cómo es que no puede esquivar el garrote igual que aquella vez que casi nos revientan por la pintada famosa que nos birlaron los pichos, a una cuadra al norte de la calle Pedro Molina de Guaymallén? Esta muerte de la chica, de quien ni siquiera sé su nombre, es trágica pero no tiene los elementos propios de la acción heroica que hacen a la totalidad de una tragedia. Es la muerte simple y llana. Jorge tiene que avisar a los parientes, tiene que quedarse durante la agonía en el hospital, cuando sabe que no hay arreglo, hasta el final. ¿Qué es esto? No puede ser. Me doy cuenta que pesa mucho más en su espíritu esta muerte que la época de la que le he querido sonsacar recuerdos y significados respecto de los cuales su memoria vacila y debe ser auxiliada de continuo por la mía. Creo interpretar que él desea que transcriba lo que me cuenta, junto a una especie de enseñanza. Desde mi específico punto de vista, percibo que el olvido puede imponerse cuando le dé la gana, llegar a los empujones como en la muerte de esta mujer que pone mis setentas en perspectiva, me los destotaliza. Jorge me deja en casa y de repente me doy cuenta que entre 25 y 30 años es una pila de tiempo; quedamos en vernos un par de veces más antes de que me marche. De mi parte lo haré con mucho gusto. Ya en la oscuridad del cuarto que me ha asignado mi madre, quisiera dormirme en el acto. Mañana tengo que levantarme temprano y continuar a todo lo que da.

Hemeroteca de la Legislatura

H.D.:

Los del PC siguen sin caerme bien. Flor de encontronazos nos pegamos con los pibes eruditos de la Fede cuando nos confrontamos con ellos en el plano del debate abierto y pluralista sobre, entre otras cosas, el carácter popular del peronismo y la forma de leer los clásicos. Salvo por las resistencias del Pepe Nardi, más por atrevido que por sabiondo, los pececitos nos hacen pelota verbal por lo que más de uno entre los nuestros se tienta en el pensamiento impuro de desenfundar un par de cadenas, aunque sea para mostrárselas y ver si aunque sea así se ayuda un poco a nuestra causa. Puerilidades (y distancias políticas enormes) aparte, el único que se salva con honores en mi acerbo es don Benito Marianetti. Tal vez por la simple razón de que se trata de un nombre sagrado dentro de la izquierda, sin discusión, un hombre pensante y elocuente con quien se puede disentir y que desde siempre, todas las oficialidades provinciales y nacionales –excepto el gobierno de MB– han perseguido sin darle respiro. Esto último, solo eso, demanda respeto. He aquí parte de su discurso en el acto del domingo 1 de julio del 73, en la intersección de la avenida San Martín y Córdoba:

> *Por eso han dicho nuestros camaradas que apoyamos las medidas positivas del gobierno. Cómo vamos a permanecer en silencio los comunistas, cómo vamos a permanecer con los brazos cruzados los comunistas cuando se han vaciado las cárceles de presos políticos. Cómo no vamos a decir en las tribunas públicas que constituye un hecho revolucionario que el primer acto del gobierno haya sido el de vaciar las cárceles y poner en libertad no solamente a los peronistas sino a los comunistas y a todos los presos políticos. Cómo nos vamos a callar la boca los comunistas y vamos a silenciar que se han derogado las leyes de represión, la ley anticomunista, la ley que prohibía hacer circular por el correo los diarios comunistas, las revistas comunistas, los libros comunistas. La ley que nos llevó a la infamia de hacer hoguera con los libros de Marx, con los libros de Lenin, con los libros de quienes son los dirigentes máximos de la revolución que está viviendo este mundo y que nos ha cabido el honor de usufructuar a nuestra generación. Cómo nos vamos a callar frente al hecho de que el nuevo gobierno llame a firmar el acta de asunción al presidente Dorticós, de Cuba y a nuestro querido camarada Salvador Allende, de la República de Chile. Cómo vamos a callar ante el pueblo argentino que las masas que estaban en la Plaza de Mayo, esa gloriosa plaza, impidieron el acceso a la Casa Rosada del señor Bordaberry, misérrimo servil de la dictadura militar que disuelve el parlamento, invade la Confederación del Trabajo del Uruguay y pretende implantar una dictadura militar fascista en la república hermana. El pueblo tenía olfato. El pueblo supo distinguir entre Allende, Dorticós y el señor Bordaberry. No hizo una ofensa al pueblo del Uruguay, hizo una diferencia entre un aspirante a dictador y hombres que representan a sus pueblos y a sus masas. Cómo íbamos a quedar en silencio ante las masas argentinas y no reconocer la importancia que significa restablecer relaciones con la República de Cuba. Cómo no vamos a aplaudir el hecho de que los argentinos a través de su*

gobierno, sus partidos populares manifiesten su solidaridad con la República de Chile.
Aquí se ha criticado a Rucci y creo que está bien criticado. Sin embargo es una cosa intolerable, una cosa infame que se ataque a Tosco en la forma en que se ha hecho. Pero reconocemos que por lo menos la CGT ha reconocido en este instante que era necesario ser solidario con Chile. Y la CGT de los argentinos, inmediatamente que se produjo la asonada en Chile, mandó el apoyo de toda la clase trabajadora de nuestro país a la clase trabajadora de Chile, que salió como un solo hombre a la calle a defender los poderes constitucionales.
Hemos aprobado también las medidas de rebaja de los precios de algunos artículos de primera necesidad. Decimos que, de la misma manera que aplaudimos y apoyamos estas medidas, criticamos públicamente con sentido constructivo.
En 1943, nosotros los comunistas, por reclamar una Argentina que fuera la patria socialista, fuimos a dar con nuestros huesos a la cárcel de Neuquén y otras cárceles argentinas. Ahora son las masas peronistas las que gritan "Patria socialista, patria justicialista". Encantados los comunistas decimos "Patria socialista, patria justicialista". A nosotros no nos importa esta disputa, en que parecen estar empeñados algunos sectores, en que sea patria socialista y otros en que sea patria justicialista. Para nosotros es la misma cosa si la justicialista es la patria de igualdad para todos los argentinos, si la patria justicialista es la patria de la soberanía nacional, si la patria justicialista es la patria para las relaciones permanentes, cordiales, fecundas, con el campo socialista, y todos los pueblos que luchan por la liberación, "viva la patria justicialista".
Patria socialista y patria justicialista, son exactamente la misma cosa. Aquí no se trata de hacer competencia entre peronistas, comunistas, radicales u otros partidos. Se trata de poner en común, en un alto ejemplo de patriotismo, todo aquello que podamos poner en común y hay muchas cosas que tenemos los argentinos para poner en común en beneficio del desarrollo histórico de este país.

Una sola vez en mi vida vuelvo a escuchar a don Benito ofrecer sus discursos floridos y grandilocuentes: en algún momento del 75 en la Asociación Mendocina de Box, la de la calle Mitre. Quién sabe por qué desquicio atávico del destino, Ramiro y yo nos apersonamos a la meca del boxeo mendocino, bastante llenas las tribunas de compañeros comunistas que se dan cita para escuchar a su líder histórico. Yo, en lo personal me siento como sapo de otro pozo, en especial cuando Marianetti discurre acerca de los defectos graves del accionar violento de las formaciones guerrilleras. No logro recordar el motivo por el cual los PC están reunidos en este mitin tan general y populoso, pero más que la perorata anti-violenta por izquierda, tengo claro que don Benito arremete con más energía contra la Triple A y se pregunta con ironía cómo es que las autoridades nunca atrapan a los extremistas de derecha. Me emociono cuando al final del discurso los camaradas entonan La Internacional, que Ramiro y yo no podemos acompañar con propiedad porque no nos sabemos la letra como la de la Marcha Peronista, en versión montonera. Termina la canción y pasa la esforzada Marta Agüero pidiendo firmas para un petitorio de no sé qué y ante nuestra negativa nos pone una cara de asco que espanta. Nos sentimos todavía pollos en corral ajeno. ¿A qué hemos venido aquí? No podemos firmar: si bien pertenecemos a un frente político de la JP no nos es posible quemarnos en un petitorio, que clavado, en menos de una hora lo tiene la policía. Hay que cuidarse, los montos en el 75 ya están en la clandestinidad.

Julio del 73

El *Mendoza* (más populista que *Los Andes* pero más o menos igual de conserveta) del 2 de julio anuncia en su página de provinciales que en el barrio San Pedro de San Martín se habilita la escuela Martín Fierro. Es tiempo que empecemos a usar nombres de gauchos, aunque inventados o bandidos, en nuestras escuelas. El edificio forma parte de la infraestructura de este barrio en construcción. Asisten al acto inaugural el gobernador MB, Francisco Reig, los intendentes de San Martín, Capital, Lavalle y otros funcionarios provinciales y municipales.

Siguen las obras, por más pequeñuelas que sean. El 7 de julio, en Las Heras actúan en conjunto el Ministerio de Bienestar Social y Saneamiento Municipal en la labor de obras profilácticas. Organizados en brigadas móviles se ocupan de vacunar niños (Sabín Oral, antisarampionosa, BCG, doble y triple). Los funcionarios de Saneamiento limpian acequias y van casa por casa, armados con venenos para guerrear a muerte contra roedores de toda laya. En el departamento de Godoy Cruz, brigadas integradas por autoridades comunales y vecinos limpian acequias y levantan escombros.

"IVN y gobierno unifican criterios" es el título de una nota en la página de provinciales del 4 de julio en el Diario *Mendoza*. MB recibe al interventor del Instituto Nacional de Vitivinicultura, el ingeniero agrónomo Mario C. Ceresa quien comunica al gobernador la necesidad de algunas medidas destinadas a atenuar el problema de la menor salida de vino en los últimos meses. Ceresa también manifiesta que resulta negativo para la normalización de la industria el aumento de vides plantadas con uvas que por su rusticidad no se condicen con lo que se demanda en los mercados internacionales. El funcionario argumenta que con ello los productores solo apuntan a aprovechar las desgravaciones impositivas. Dentro de su plan de industria integrada, Ceresa recomienda la creación de cooperativas de producción y cooperativas zonales de comercialización para favorecer a los empresarios que no pueden afrontar la situación por sí solos. MB promete apoyar esas iniciativas para impulsar no solo el sector vitivinícola sino la economía de toda la provincia.

<u>Una no muy buena</u> (en realidad, un cable a tierra, tremendo bajón): La mañana del 6 de julio, quienes leen la prensa provincial en el café del Automóvil Club Argentino se enteran que el día anterior, el ministro de Hacienda denuncia un déficit de 717 millones de pesos en la provincia. El anuncio tiene lugar en el salón de acuerdos de la Gobernación, en la que, dicen (quién sabe), es la más importante conferencia de prensa por parte del equipo de Gobierno hasta el momento. El ministro de Hacienda, Benedicto Caplán, luego de analizar la situación de penuria de las cuentas provinciales adelanta una serie de medidas que nadie quiere oler, escuchar ni leer porque son, cantado, una calamidad para todos los habitantes de estas tierras generosas de la

región de Cuyo. Caplán dice que Mendoza está, pesitos más pesitos menos, totalmente fundida.

Al otro día es a los trabajadores de Giol que les toca venir a manguear algo. Unos 50 miembros que desempeñan labores en nuestra mayor bodega se apersonan en la Gobernación y logran sacarle una entrevista a MB y al ministro Baztán en la que exponen la sensación de inquietud que hay entre los trabajadores ante la falta de presidente y directores del establecimiento que tiene la inmensa responsabilidad de regular tanto el precio del vino como el de la uva. En la entrevista le deslizan a los funcionarios provinciales, como quien no quiere la cosa, un petitorio con los nombres de dos obreros para que ocupen la presidencia y dirección de Giol. MB aclara, por las dudas, que al gobierno también le preocupa el problema de la bodega y recalca que si se demoran en los nombramientos de autoridades es porque no se puede andar con apresuramientos (recuerden: "ni apresurados ni retardatarios") puesto que Giol es "tanto o más importante que un ministerio". Les promete que en una semana estará completo el directorio.

Se anuncia asimismo que Baztán, acompañado del subsecretario de Industria, Comercio y Minería y del director de Minería viajarán a la Capital Federal para discutir el Plan Mendoza en lo relacionado a la exploración y prospección minera durante un periodo de 5 años. Mediante el convenio propuesto por el gobierno de la Provincia y la subsecretaría de Minería se aspira a lograr un plan de exploración de largo alcance en el que se busque manganeso, hierro, cobre, fluorina, talco y yeso (¿y piedra pómez?)

Cuatro soles más tarde don Alberto se zarpa: va a San Rafael, donde por razones obvias se siente como pez en el agua, con varios de sus ministros y secretarios, a reunirse con autoridades del departamento sureño y con miembros de unidades básicas peronistas. Les dice a los últimos que el cambio de estructuras y la revolución ya están en marcha y se hace visible en la mejora de los sueldos docentes y el viraje de la política de los bancos de Previsión Social y de Mendoza. En cuanto al primero denuncia que no es de previsión ni social ya que ha estado manejado por un grupo de veinte a cien familias. Los créditos, asequibles antes solo luego de engorrosos y desalentadores trámites, han de conseguirse ahora nada más que "con el respaldo moral del solicitante". En una conferencia de prensa anuncia que se crearán en San Rafael fuentes de trabajo, dado que el intendente municipal, Chafí Félix, tiene un plan para formar un parque tambero en el que se llegarían a producir dos mil litros de leche diarios. También expresa que es preocupación tanto del gobierno como de la población, la constitución definitiva de autoridades de la bodega Giol. Asimismo anticipa que se procederá a la estatización del Banco de Mendoza, puesto que en la actualidad no cumple con las funciones para las que fue creado. A los periodistas les manifiesta lo siguiente: "Ustedes saben perfectamente bien, porque así lo ha informado el ministro de Hacienda, doctor Caplán, acerca de la mala situación económica de la provincia, tanto la nuestra como todas las demás y la Nación inclusive: es desastrosa. Este término que pareciera aventurado y que fuera utilizado por otros gobiernos como un término político, para nosotros es una realidad. La provincia nos la han entregado en una situación económica deplorable". Un periodista poco aquiescente le replica durante la conferencia al gobernador si la afirmación de bancarrota no es un poco exagerada, a lo que MB responde: "el gobierno del pueblo ha puesto a disposición de los periodistas y de quien quiera verlos, los libros de contabilidad de la provincia que no los que hemos manejado nosotros hasta ahora, de manera que esa es la mejor garantía de que nosotros estamos diciéndole la verdad al pueblo y esto no lo decimos para desacreditar a los que estuvieron antes porque no nos interesa el pasado". Con respecto a la estatización del Banco de Mendoza consigna que "entendemos que el Banco debe apoyar al que lo necesita y no a los grandes capitales". Dice además que las finanzas deben estar al servicio del pueblo y que las inversiones que se realizan por parte del banco en la edificación de departamentos, por 40 o 50 millones de pesos, se van a destinar a construir casas para los que no las tienen, y de la misma manera, para la erradicación de villas inestables.

El ministro de Economía, Juan Baztán, que acompaña a MB revela que el 42% de los recursos que gasta la provincia son aportados por la Nación, número que, según el funcionario, no representa recursos genuinos. En cuanto al problema de la desocupación, MB asegura que en San Rafael se van a crear fuentes de trabajo. Dentro de esta óptica se va a dar impulso a la minería de Malargüe, donde hay planes muy concretos, aludiendo a que a fin del mes en curso se realizará una conferencia en Buenos Aires donde se van a dar a conocer las pautas para el desarrollo minero. Esta propuesta ocupará a bastante gente. En el mismo departamento de Malargüe se va estatizar su frigorífico para que funcione con mayor actividad. El gobernador insiste en su visión optimista: "Tengan la más absoluta seguridad en que a San Rafael y a todo el sur se les van a dar suficientes fuentes de trabajo.

En lo referente a obras públicas, el titular de esa cartera, ingeniero Huerta dice que "tienen prioridad las obras mayores para el trasvasamiento de las aguas del río Grande. Informa a su vez que en el hospital Teodoro J. Schestakow, donde se han invertido sumas apreciables de dinero, se van a acelerar los trabajos a los fines de concretarlos dentro del tiempo de la administración peronista. Según manifiesta, el camino por Las Horquetas está casi terminado, faltando únicamente aspectos complementarios. Dice por último que otras obras públicas que interesan a San Rafael serán importantes para la absorción de mano de obra.

Por su parte el director de Medicina Asistencial, Armando Caramazza, indica que los planes de salud son muy amplios para el departamento, siguiendo las pautas del gobierno nacional y provincial. El funcionario revela que las cifras de mortalidad infantil en la zona sur son alarmantes y que los planes tienden a disminuir esta plaga. En la actualidad, en la subsecretaría a su cargo, se trabaja en la implantación de los planes que van a alcanzar al hospital Schestakow, nosocomio que, por medio de un convenio con la Nación, recibirá en breve fondos para sufragar los gastos por la construcción de su nuevo edificio.

En cuanto al incierto panorama político del departamento sureño, MB trata de calmar las aguas: "La verdad que para mí, como dirigente del Movimiento Peronista, ha sido una sorpresa, porque hasta hace poco tiempo teníamos problemas de índole interno y todos ellos han sido superados, demostrándose que los hombres del movimiento respetamos ciegamente las instrucciones de verticalidad emanadas del general Juan Domingo Perón, y eso para mí es una gran satisfacción". Los periodistas presumen que la demora en nombrar a algunos delegados en reparticiones estatales del departamento se debe a la falta de acuerdo entre las distintas perspectivas políticas que parecen ocupar la administración provincial. Don Alberto contesta, como lo hizo con la gente que le reclamaba celeridad en la constitución de autoridades de Giol, que si se quieren hacer las cosas bien es mejor tomarse el tiempo necesario y elegir sin equivocarse a personas que estén consustanciadas con el sentido revolucionario del gobierno, para lo cual la administración se encuentra en la actualidad analizando los hombres que van a ocupar los cargos.

Otra por la cual lo quieren bajar: Claro, si al Tío lo renuncian el 13 de julio, en Mendoza los fachos se quieren deshacer de nuestro viejo con el mismo tiro: largan rumores que por más rumores que sean tienen su correlato en la realidad antagónica que vienen representando la ortodoxia y la Tendencia. La noticia es lo suficientemente trascendente como para que el *Mendoza*, el 17 de julio, la ponga en primera página: "Martínez Baca desmintió su renuncia y la del gabinete". Después de la renuncia de Cámpora se barajan tres versiones: 1) que MB presentaría su dimisión al cargo y sería reemplazado por el vicegobernador, Carlos Arturo Mendoza; 2) que el gobernador lograría salvar su gobierno con la mayoría de los funcionarios pero sacrificando un par, o más, de sus ministros más cuestionados por la derecha (peronista, católica, gansa, radicheta, milica, etc.). 3) que la provincia sería intervenida por el poder central.

Dos días atrás MB se había reunido con los principales funcionarios de su gobierno y de allí trasciende que el mandatario accedería a reestructurar el gabinete y el cuadro superior de la administración a conformidad con lo que desean las autoridades transitorias en el nivel nacional (léase, Lastiri, el Brujo, etc.). Sin embargo don Alberto decide tomar el toro por las astas y pide que terminen los rumores que corren por la calle, que no hay ni habrá renuncias en el elenco gubernamental, que la provincia no será intervenida y que en el orden nacional no hay nada de qué preocuparse ya que está todo solucionado con la proclamación de la candidatura de Perón.

La nueva situación conduce a que figuras políticas del medio local analicen las reglas de juego que se presentan de aquí en más:

Carlos Arturo Mendoza: "De acuerdo a las últimas noticias, entiendo que todos estos hechos históricos que se están sucediendo son la culminación de un proceso que no hace más que confirmar que Perón siempre hará lo que el pueblo quiere. Y el pueblo argentino en su conjunto, peronista o no, ve en el general Juan Domingo Perón al líder y conductor que necesita la patria en estos momentos. Como es historia en nuestro movimiento, son los trabajadores, columna vertebral del justicialismo, que en los hechos de estos momentos –quizá no con las mismas características pero con un sentido de patria y grandeza– protagonizan un nuevo 17 de octubre. La culminación no puede ser otra que la toma del poder por parte del general Perón. De aquí en adelante, estimo que el accionar, no solo de nuestro movimiento sino del país mismo, ha de estar enmarcado en los términos del discurso que el general Perón pronunció un día después de su retorno definitivo a la patria. Yo pediría a mis compañeros del movimiento peronista total disciplina e identificación con la verticalidad hacia nuestro jefe, el general Perón, demostrando así el deseo ferviente de servir a nuestra patria, por lo que hemos luchado durante tanto tiempo".

El apoderado provincial del frondizista Movimiento de Integración y Desarrollo, doctor Héctor Corvalán Lima: "Pienso que el país, con el triunfo electoral del 11 de marzo, empezó a reencontrarse con la verdad. No había ninguna duda de que Perón era el candidato natural del Movimiento Nacional, circunstancia que no pudo concretarse por manifiesta imposición del señor Lanusse, como es de pública notoriedad. Las renuncias de Cámpora y Solano Lima y la posterior elección y toma del poder por parte del general Perón completan el reencuentro en la verdad a que hice alusión precedentemente. Esta circunstancia tonificará sin duda al pueblo argentino, que en su gran mayoría considera al general Perón el necesario conductor del proceso de reconstrucción y liberación nacional".

David Guiñazú, del Partido Radical: "Creo que se está caminando un poco sobre la cornisa institucional. Si todo esto va a servir para arrimarse a la realidad del país será positivo en la medida en que sirva también para producir definiciones ideológicas y la adopción definitiva de un modo de vivir democrático. Creo que en última instancia esto es un problema de definición ideológica dentro del peronismo, problema que estaba claramente planteado en los últimos tiempos. A la pregunta de cómo veo la posibilidad de una fórmula Perón-Balbín, contesto: si el radicalismo hace una evaluación de los acontecimientos y llega a la conclusión de que se abre un auténtico proceso de liberación democrático, debe decir sí. Porque si los problemas nacionales no los arreglan entre Perón y Balbín, no los arregla nadie".

<u>Ricardo Lauzón, vicepresidente del bloque de Senadores:</u> "Opino sobre la base de información periodística, ya que no poseo información oficial. Siendo el subscripto un soldado de la verticalidad del movimiento, y teniendo en cuenta que en estos sucesos participa el líder y conductor del justicialismo, teniente general Juan Domingo Perón, considero que estos sucesos son para bien del país y de los argentinos. Doctrinariamente todo está orientado a la reconstrucción nacional y a la liberación del país. Puedo recalcar expresamente lo dicho por el general Perón respecto a que 'esto lo tenemos que hacer todos, o si no, no lo hará nadie'. De producirse la asunción de Perón al poder, tendrá el más amplio apoyo de la masa ciudadana. Lejos de ser una distorsión, esto significa contribuir a la tranquilidad y a la unidad nacional".

<u>Don Benito Marianetti, secretario general de los comunistas mendocinos:</u> "En cierta medida esto era previsible teniendo en cuenta que en realidad el Partido Justicialista fue impedido de llevar como candidato a la primera magistratura a Juan Domingo Perón. Si no se hubieran producido ahora estos sucesos se habrían producido más adelante. Desde nuestro punto de vista consideramos que la situación es más clara en esta forma que teniendo dos gobiernos, uno en la Casa Rosada y otro en Gaspar Campos. Por otra parte, la situación de Cámpora era bastante incómoda porque se trataba de un presidente nominal, en tanto el presidente real siempre fue Perón. Nosotros pensamos que es mejor que Perón asuma toda la responsabilidad".

<u>Doctor Emilio Jofré, ex gobernador electo, Partido Demócrata:</u> "Como sin duda habrá ocurrido con la mayoría de la ciudadanía, me ha sorprendido extraordinariamente esta derivación del proceso político. Sin duda, la posible elección de Perón va a encauzar la organización de su propio partido porque en realidad era el virtual presidente y el señor Cámpora no era más que su personero. Deseo, como lo desearán todos los argentinos, que el país se encauce definitivamente, pues de lo contrario, esta inestabilidad política puede traer consecuencias

gravísimas desde el punto de vista social y económico. Considero que el procedimiento adecuado y que se ajusta a las disposiciones constitucionales, frente a las renuncias del presidente y vicepresidente, es llamar a una nueva elección. Todo otro procedimiento sería contrario a todos los precedentes que han existido en el país".

La mayor parte de los que emiten su opinión se guardan lo que piensan en cuanto a la administración provincial, en peligro, acorde a rumores, de ser intervenida por el poder central. Ninguno de los opinantes, ni siquiera don Benito, habla del vuelco nacional a la derecha, aunque se notan más que satisfechos los peróneos ortodoxos. La JP tiene que quedarse en el molde olímpico porque para eso se ha luchado y se lo ha traído al Viejo. Se ha cosechado lo que se plantó: estamos jodidos.

MB en su despacho concede una entrevista a los periodistas acreditados en la Casa de Gobierno donde se explaya, en apariencia tranquilo, sobre los eventos nacionales y sus probables consecuencias en el medio local:

> —*Nosotros conocemos los acontecimientos a través de la prensa, porque oficialmente no tenemos ninguna comunicación hasta ahora, pero en la forma como se van desarrollando las cosas se nos presenta clara: el candidato natural era el general Juan Domingo Perón. No se pudo dar eso porque la dictadura no permitió que el pueblo eligiera libremente su candidato a la presidencia. Entonces es lógico que si ahora está gobernando el pueblo elija el candidato que él quiere. Ahora están dadas las condiciones para que Perón asuma el poder, vale decir, para que se cumpla aquello que predicamos durante la campaña: 'Cámpora al gobierno, Perón al poder'. Es lógico que los peronistas luchemos para que el general vaya al cargo que el pueblo le ha designado. Apoyamos a Perón para presidente de la república porque hemos luchado durante 18 años por ello. No estamos sorprendidos de que el pueblo salga a la calle y repita otro 17 de octubre: en aquella oportunidad lo sacó de Martín García; ahora lo hará de Gaspar Campos para llevarlo a la Casa Rosada.*

—Ciertas informaciones periodísticas señalaban la posibilidad de que algunas provincias (Mendoza entre ellas) fueran objeto de una intervención. ¿Cuál es su opinión frente a esa posibilidad?

—*Creo que no hay ningún motivo de carácter político, dado que Mendoza ha sido precisamente la provincia donde más votos ha sacado el peronismo. No encontramos entonces motivos que justifiquen la intervención a ninguna provincia. Nosotros desconocemos esas versiones y si vamos a buscar motivos, tampoco los encontramos ni los justificamos.*

—Pero si esa circunstancia se produjese, ¿cuál sería la actitud del gobierno provincial?

—*Nosotros obedecemos la verticalidad. En el caso que usted menciona cumpliríamos con las disposiciones que ordene el general Perón. Si él considera que los gobernadores debemos irnos, entonces, respetuosamente cumpliremos con ello, porque será en bien del movimiento y de la República. No tenemos ninguna duda.*

—En ese cúmulo de versiones, algunas afirman que Balbín sería designado para ocupar la vicepresidencia. ¿Cómo ve usted la posible integración política?

—*Pensamos que Perón (eso lo ha dicho él) está descarnado en política. Él busca algo mucho más grande que el movimiento político argentino porque él tiene una visión latinoamericana que para realizarla necesita, en primer lugar, la unión de la familia argentina. Si él ha considerado que ese puede ser un paso adelante en la unidad de la Argentina, que tan necesaria es para lograr su despegue de este desastre económico, político y financiero en que sumieron 18 años de dictadura, entonces estamos seguros de que Perón sabe lo que hace.*

—Otras versiones aseguran que la decisión de llevar a Perón al poder habría sido anticipada con respecto a planes ya elaborados que decían otra cosa. ¿Cree que pueden haber existido presiones para acelerar esa decisión?

—*Ese es un comentario que se ha hecho y que posiblemente tenga algún fundamento.*

—Es decir, que la explicación de todo este proceso no es tan sencilla como afirmó en un principio.
—*Para los peronistas las cosas están claras porque es una cosa deseada por el pueblo. Además, Cámpora mismo lo dijo muchas veces: yo soy candidato porque el general no puede serlo ya que no hay libertad para ello.*
—¿Está informado de lo que pasa en el ámbito nacional?
—*Mantenemos un contacto permanente con Buenos Aires.*
—Si usted tuviera que hacer un rápido balance de lo hecho en el gobierno desde el 25 de mayo ¿cree que el resultado de esa evaluación sería positivo?
—*En los pocos días de gobierno que llevamos hemos realizado algo, hemos dado un paso hacia delante en la realización del cambio. Indudablemente la situación de la provincia en materia económica es conocida lo suficiente porque ustedes han sido bien informados.* **En la administración reina la anarquía por el estatuto que nos dejó la dictadura. Pero se han suprimido los aranceles hospitalarios, se ha tratado de eliminar el negociado infame de la sangre, a los maestros se les aumentó el sueldo, aunque no en la medida que hubiéramos deseado; se les ha dado partidas para la compra de útiles escolares; se les ha conseguido un descuento del 50% en el precio de los boletos, ya no viajan a dedo como antes; se les ha dado copa de leche y ropa a chicos que lo necesitaban; en Bienestar Social se han hecho obras bastante positivas, etc. En otras palabras: hemos hecho una obra de gobierno que nadie puede criticar.**
—¿No piensa que el enfrentamiento que se suscitó con distintos sectores –concretamente con la cúpula cegetista– provocó el desgaste prematuro del gobierno?
—*En realidad no hubo enfrentamiento con los gremios; la prueba está en que las 62 Organizaciones apoyaron al gobierno. Fue sencillamente un accidente en la vida de los hombres que quedó totalmente atrás y no creo que tenga ninguna importancia.*

—Al margen de todos estos hechos circunstanciales, es interesante conocer su opinión frente a la instancia que se abre en estos momentos.

—*Le diría que desde el punto de vista interno del peronismo es positiva; queremos que Perón sea no solo el conductor político, sino el conductor del gobierno. La única forma para que se realice es que él esté en la presidencia de la República; si no sucedió antes es porque la dictadura no lo permitió. En lo demás es una expectativa que veremos cómo termina.*

—¿Pero esta circunstancia imprevista no contradice en alguna medida, los postulados de normalización institucional que defendió el justicialismo con tanto fervor?

—*Tal vez sea el principio de normalización que esperaba el pueblo argentino.*

—¿Por qué no amplía un poco este concepto?

—*Estando Perón al frente de la conducción nacional va a unificar todas las tendencias que hay dentro del justicialismo. Es un hecho evidente. Unificado el peronismo que es la mayoría del país, los demás argentinos que tienen la esperanza de que su país se realice van a apoyar una cosa organizada, clara y decidida, con un rumbo marcado. Porque es evidente que hoy hasta los conservadores hablan en 'peronismo'. Perón busca la unidad de todos los argentinos. Ese anhelo debemos hacerlo una realidad. ¿Cómo?: llevándolo a la presidencia. Él va a unir a los argentinos.*

—¿La presencia de Perón como elemento aglutinante significa que las distintas tendencias en que está escindido el Movimiento Justicialista van a quedar definitivamente superadas o no existirán más?

—*Estoy completamente seguro de ello.*

Don Alberto, a través de su director de Difusión, envía un despacho remitido a Perón, Cámpora, Solano Lima, al Presidente Provisional del Senado, doctor Díaz Bialet y a todos los gobernadores, que dice:

El gobierno de la provincia de Mendoza brinda su incondicional apoyo a la asunción de la presidencia de la Nación del teniente general Juan Domingo Perón, cumpliendo así el objetivo fundamental de nuestro pueblo: Perón al poder. La lucha del pueblo argentino por su liberación nacional y social se ve coronada por la digna actitud del compañero Héctor José Cámpora.

Reiteramos la necesidad de unidad, solidaridad y organización del pueblo peronista tras los principios doctrinarios de nuestro Movimiento, liderados por nuestro único jefe, el teniente general Juan Domingo Perón.

Firma: Alberto Martínez Baca, Gobernador de Mendoza

A pesar del desconcierto por las renuncias de Cámpora y Solano y los desmentidos de rumores en el plano provincial, obras y planes mantienen el curso de acción planteado desde el mismo momento de la asunción del nuevo gobierno mendocino. Se pone en marcha la antigua reivindicación progresista de tratar de unificar lo que se enseña en los establecimientos terciarios y universitarios con la labor institucional. Para ello, Roberto Carretero y Francisco Reig acuerdan constituir una comisión mixta para que estudie la coordinación integral de actividades educativas y de acción cultural que desarrollan la universidad y la provincia. Uno de los puntos que se discuten es la organización y desarrollo de los establecimientos de nivel superior y universitario de manera que puedan satisfacer las expectativas de la población tanto en el material a estudiarse como en el libre acceso a estos estudios.

El 15 de julio unas unidades básicas bajo el nombre un dudoso de Coordinadora de Unidades Básicas del Partido Justicialista, resuelven, los muy oportunistas, exigir las renuncias a sus cargos al gobernador de la Provincia y a los ministros del Poder Ejecutivo provincial. Pícaros como ellos solos consideran patriótico el gesto de renunciamiento del Tío y Solano para facilitar la toma del poder por parte del Viejo descarnado. Los atrevidos, además, piensan que el accionar del gobierno provincial ha provocado hondas y graves divergencias en el seno del movimiento en la provincia por lo que resuelven, sin más, "exigir que el gobernador de la provincia, don Alberto Martínez Baca y los ministros del Poder Ejecutivo provincial, presenten la renuncia a sus cargos [se les olvidó pedir la renuncia del vicegobernador también; un descuido ¿vio?]

R. A.:

Los enemigos encubiertos

Gorilas, gansos y radicales formaban la oposición a MB o al gobierno, y cumplían con su rol sin llegar a excesos. Los gansos lo hacían por ser una minoría reducida y los radicales se esmeraban en ser consecuentes con su líder nacional, Ricardo Balbín, que a poco del regreso de Perón hasta tuvo que saltar una tapia para abrazarse a él y sellar un pacto de amistad y gobernabilidad futura. Como se sabe al pisar tierra argentina después de dieciocho años de exilio, Perón dijo aquello de "vengo amortizado, en son de paz", lo que provocó –recuerdo– la desazón de los muchachos que esperaban un mensaje revolucionario. Pero a los radicales los convenció y Perón dejó de ser el enemigo del capital, como dice aún la marchita, y por lo tanto, convertido en un adversario respetable. En diciembre del 73, el comité provincial del radicalismo emitió un mensaje en torno al gobierno local en el que señalaba puntos de coincidencia.

Paradójicamente, los verdaderos enemigos acechaban al interior del justicialismo donde se parapetaba la vieja clase dirigente, el sindicalismo burocrático y los vicios de la politiquería. Una vez me dijo el Alfredo Guevara, "otro de los errores es que menospreciamos el aparato partidario. Éramos movimientistas pero cuando llegó lo peor de los enfrentamientos, nos dimos cuenta que perdíamos la pulseada, porque el poder de maniobra estaba en tener el poder del aparato partidario, que tenía el monopolio de otorgar o negar la legitimidad de la identidad peronista. Nosotros, así, éramos los infiltrados".

Fue en la legislatura donde se concentraba la maniobra anti-Martínez Baca, anti- tendencia, antizurdos, antimontos, antiinfiltrados, con mucha virulencia desde la CGT. En los pasillos de la Casa de Gobierno se decía que el Gordo Mendoza encabezaba la cruzada y la conjura para voltear al gobierno. Se movían embozadamente, Edgardo Boris, senador, proveniente de las filas del gremio de Sanidad. Y el llamado Chango Díaz, casi abogado, tal vez el monje negro de la banda dispuesta a terminar con MB y compañía. Con Boris tuvimos una historia común cuando en 1956 conformamos la intersindical provincial con el propósito de recuperar los gremios y la CGT de las intervenciones militares. Yo representaba al gremio de Prensa y Boris, a sabiendas de que militaba en el PC, me solía decir, "Negro, el futuro es del socialismo ... pero antes es del peronismo ... todavía tenemos cuerda para rato, así que no nos jodan". En ese momento sindical, después de reconquistar gremios y CGT, se constituyó la conducción de la central mendocina y seguimos juntos. Él accedió a la secretaría de Bienestar Social y yo a la de Prensa. Hablo del 56 hasta el 62, siendo él, el único peronista. En un secretariado de siete miembros, cuatro éramos comunistas y dos simpatizantes de otras líneas. El idilio duró hasta el 62 cuando ya los sindicalistas seguidores del Líder empezaron a desplazar de las conducciones sindicales a los comunistas, gracias a la nueva ley de Asociaciones Profesionales que se puso en vigencia por el gobierno de Frondizi para gloria y loor de los burocratizados sindicalistas seguidores de Vandor, el Lobo, convertido en estratega máximo en las negociaciones de las reivindicaciones de los trabajadores en los despachos privados de las patronales, donde la confrontación se dirimía en suculentos negocios para las partes: patrones y dirigentes, que a su vez se iban transformando en empresarios. En la provincia, los Carlos Mendoza, Boris, Decio Naranjo, mediante golpes de mano, se enquistaron en las conducciones. Sin embargo, Boris había tenido una dura confrontación con el frondizismo y fue, valga la paradoja, representante en Mendoza de la CGT de los Argentinos, expresión en su momento, de una línea sindical combativa, crítica y rebelde a los planes de entrega del frondizismo. Un sindicalismo que daba batallas masivas en los cinturones industriales de Buenos Aires, Santa Fe, Córdoba. Boris fue una víctima del Plan Conintes, secuestrado y herido. Su final, sin haber muerto, es el de los mínimos de grandeza moral, asegurándose en algunas fuentes, que en épocas de la dictadura se había convertido en el amanuense del genocida Massera, cuando este intentaba, a finales del Proceso, crear un partido político.

Y el Chango Díaz, factótum, monje negro del Gordo Carlos Mendoza, ¿el poder detrás del trono y el que le serruchó el piso al Viejo? Este no es una leyenda, y sigue vivito y coleando, sacando hoy en día, jugosos dividendos de una trayectoria zigzagueante, por lo menos. Comencemos por el final, aunque todavía no, de su exitosa carrera política en el campo de la docencia, pues es un honorable docente de la Universidad de Congreso, epicentro del establishment empresario de Mendoza y que tiene entre sus mentores máximos a Enrique Pescarmona, quien en más de una oportunidad se ha mostrado compungido porque los obreros y trabajadores argentinos todavía gozan de cierta seguridad laboral: "... yo no hago una cuestión moral ... en Malasia los obreros son felices si tienen que trabajar 12 horas diarias..." Recordemos que el Chango Díaz fue ministro de Trabajo de la primera hora menemista y uno de sus más fervorosos, conspicuos y adherido como un felpudo al decálogo entreguista de su patrón. En un farragoso reportaje que le hizo el diario Uno en el 2002, el personaje decía, seguramente que sin rubor: "La Argentina ha tenido extraordinarios éxitos durante la década pasada. Hay que analizar la causa de los éxitos para reforzarlos, y hay que analizar las causas de los fracasos, para no repetirlos. Hay que seguir estudiando para seguir avanzando ... en octubre de 1999 fui invitado a Harvard por la Kennedy School ... que me designó research fellow ..." El Chango devino al círculo áulico de Menem con una real experiencia política desde la década del 70, cuando se afirmó en diversos pivotes para practicar su don principal: la ubicuidad. En una nota de la desaparecida revista Claves del 17 de abril del 74, en el momento cumbre de la arremetida contra MB, titula esa nota "Donde calienta el sol", y dice:

> Pocos políticos han gozado de tanto poder, a nivel provincial, como el que actualmente ostenta un abogado de flamantes 30 años, poblados bigotes y ojos brillantes: Rodolfo Alejandro "el Chango" Díaz, consejero dilecto del vicegobernador Mendoza, a la mañana; secretario legislativo del Senado provincial a la tarde. ¿Cómo es que en plena juventud, este activo hombre de leyes ha llegado a manejar los resortes de los poderes Ejecutivo y Legislativo? El Chango Díaz llegó al peronismo como Napoleón a París desde una

Córcega apenas francesa; fue en 1968 y desde la cátedra de Derecho Político de la Facultad de Derecho de la Universidad de Mendoza, propugnador de las tesis corporativistas del entonces presidente Onganía. Fue también dirigente de la Democracia Cristiana cuando se acusaba a ésta de infiltración ultraizquierdista. Fue ese partido que, en época de Frei (en Chile) lo becó para una larga temporada en la sede de la FLACSO en Santiago. Al retorno de su viaje, este estudioso, que había asimilado con idéntica alternativa pasión el cursillismo onganista y los principios democráticos de Lenin y alguna frase de Marx, que siempre ayuda, descubrió un país que bajo Lanusse, tendía a la institucionalización. No dudó, por lo tanto, en ingresar al peronismo bajo la tutela del entonces ascendente Horacio Farmache. Discípulo de éste, Díaz no cesó en sus estudios partidarios cuando Farmache fue suplido por Evans, con quien colaboró con idéntica pasión. Ni Evans por Pedro Cámpora, a cuyo lado supo estar en su momento. Incapaz de personalismo, demostrando una garra política que muchos tachan de simple ubicuidad, Díaz quiso mantenerse firme al lado de cada capitoste sin hacer diferencias de apellidos: a Cámpora lo sucedió Martínez Baca y después vinieron Edgardo Boris, Carlos Mendoza, pero a Díaz no lo sucedió nadie. Desde CASA, [cuna de la Tendencia que él creó junto a Cerutti, Molina, Boris] apoya la candidatura de MB, mientras que al mismo tiempo, se recuesta en Boris, quien ya comenzó a mostrar sus diferencias con el futuro gobernador. Cuando el peronismo asume el gobierno, Díaz, quien ya ha aprendido que en política es mejor ser que parecer, elige estar junto a Boris en un puesto poco quemante del Senado y desprecia la posibilidad de una secretaría ministerial para lo cual, evidentemente, habría sido cuestionado. La ceremonia de juramento para la secretaría del senado, tendrá el valor de una reafirmación de su ruptura con la Democracia Cristiana. Es a partir de entonces que se convierte en la mano derecha de Carlos Mendoza [trata de que se olvide de su paso fundador por CASA] y es éste quien lo resguardaría de los enemigos de adentro y fuera del justicialismo que, entre otras acusaciones, le imputan 'comprar libros y disponer del personal de la biblioteca del senado para fines particulares, reemplazar despachos firmados por la comisión de legislación por otros por él redactados, tratar de co-legislar al hacer declaraciones en conferencia de prensa sobre proyectos de leyes en trámite e intento de formar un aparato de abogados bajo su dependencia. Es evidente que la constante actividad de este joven neoperonista le ha valido la inquina de propios y extraños. De suceder esto los mendocinos habremos asistido al raro espectáculo de ver pasar por nuestro cielo político una estrella fugaz que resplandeció siempre al lado del sol y que terminó quemándose (como otras estrellas fugaces) en su pretensión de acercarse demasiado rápidamente al poder.

Hemeroteca, mismo día:

Don Alberto se banca el temporal desatado por las cuestiones nacionales. Se quieren deshacer de él y de los funcionarios de la Tendencia en su gobierno pero el Viejo terco no da el brazo a torcer. Asegura en forma categórica en conferencia de prensa el 17 de julio que no va a haber intervención para Mendoza y, según cree, no la habrá en ninguna provincia. Trata de poner buena cara al mal tiempo y se echa un bolacito cuando afirma que no hay problemas entre el gobernador y el vice; que tampoco los hay entre el Poder Ejecutivo y la Legislatura y que en estos momentos se discute y planifica (entre todos) el definitivo despegue de la provincia. Algunos rumores indican que por las desavenencias que se producen en la provincia luego de las renuncias del Tío y Solano, el Gordo Mendoza sufre un quebrantamiento de salud que motiva su internación. En fuentes oficiales se desmiente la versión de las peleas intestinas: el vicegobernador sufre una leve hemorragia digestiva causada por analgésicos que consume al estar bajo tratamiento odontológico. Hoy mismo se le dará de alta. Los fachos comienzan, por su parte, a apoyar la política de la ortodoxia a través de actos violentos y de intimidación. A la manera de las formaciones guerrilleras genuinas dejan un comunicado en un bar de la calle 25 de Mayo y Las Heras que expresa:

> *Comando Pro Defensa Gobierno Popular de Mendoza. Ante la agresión de la burocracia sindical y de la oligarquía peronista, representantes del antipueblo, que tratan infructuosamente de hacer fracasar en todo el país la Revolución Socialista, este Comando ha procedido a advertir mediante los operativos efectuados en la noche de hoy que, de no cesar el hostigamiento al compañero Martínez Baca y su gobierno popular, desencadenará una guerra total en todos los niveles y de cuyos resultados deberán responder los cipayos imperialistas ante la justicia popular.*

El cronista encargado de armar esta nota, necio o artero, se le ocurre la peregrina idea de preguntarle a una autoridad del justicialismo su opinión sobre esta nueva modalidad violenta en el medio local. El consultado experto dice que "grupos extremistas pertenecientes al Ejército Revolucionario del Pueblo están intentando promover enfrentamientos en el peronismo con el móvil oculto de provocar situaciones caóticas donde precisamente se expande el extremismo". Puro cuento. Ni el ERP ni los Montos pueden haber sido ya que este tipo de operaciones no es congruente con sus líneas políticas.

La ortodoxia eleva aún más la apuesta:

Antes rumores, ahora cuetazos. El asunto, es crear el mayor bochinche posible para desprestigiar las actividades del gobierno. Dentro de esta lógica facha, el 18 de julio a la una de la mañana le tirotean la casa al diputado Domingo Farías. Seis impactos de bala quedan incrustados en el frente de su casa pero no hay heridos. En el centro de la ciudad se atenta contra tres entidades gremiales en la que se producen daños materiales pero no víctimas. Las acciones se registran en la sede de la Unión Intersindical Mendocina para la Vivienda y el Desarrollo Económico Social (Garibaldi y Montecaseros); en la sede del Sindicato de Madereros (Salta al 2000) y en la sede del Sindicato de Trabajadores Ferroviarios (Suipacha 627). La comisión ejecutiva de esta última exhorta a sus afiliados a la unidad ya que "nuevamente grupos anónimos que prestan sus obsecuentes servicios a los intereses extranacionales, se han puesto en movimiento para crear por todos los medios el caos y la destrucción de nuestra patria".

Es razonable intuir que los hechos tienen la firma de la matonería sindical metalúrgica, o la de los servicios, que a esta altura del tiempo son más o menos lo mismo. Pero no nos apresuremos porque hay fuentes confiables sobre los cuatro atentados de la fecha ni de los que ocurrieron antes. No creemos que los montos vayan a ser tan boludos de mandarse este tipo de provocaciones, aunque ahora estamos en la duda porque algo boludos eran, son y serán. Pero hay que considerar que durante el gobierno de MB y bastante después no deben poner caños ni tirotear a nadie ya que, en el plano oficial, apoyan al gobierno: o más bien, desde cierto punto de vista, son parte del gobierno; recelamos, de todas maneras, que alguna pillería habrán hecho. Pero no estas: no, no.

Educación continúa al frente de las instancias de gobierno en cuanto a planeamiento y realización de actividades. El 18 de julio el ministro Reig ofrece una conferencia de prensa en la que se hallan presentes Rogelio "el Peque" Gil y Julio Carricondo. En la reunión se elabora acerca de la labor cumplida hasta el momento que incluye haber atendido las necesidades de un tercio de las escuelas provinciales. Otros puntos a destacarse de la conferencia: se creará la Dirección de Planificación Docente y Educativa y la Dirección de Enseñanza Técnica, Perfeccionamiento y Capacitación Obrera; el presupuesto de educación del año siguiente podría alcanzar un veinte o veinticinco por ciento de los recursos provinciales; las instituciones terciarias pasarán a depender de la UNC.

Apoyos: el mismo día de la conferencia de Reig, la oficina de prensa de la Casa de Gobierno comunica que continúa el flujo de adhesiones al gobierno popular de Mendoza. Algunas de las entidades y agrupaciones que así lo manifiestan son las siguientes: Agrupación Peronista de Trabajadores de la Educación; Juventud Universitaria Peronista (Facultad de Antropología); Empleados del Casino; Juventud Peronista de Lavalle y de Las Heras; Movimiento Obrero de

Renovación Sindical Argentina (MORSA- Gremio de la Construcción) y Unión de Estudiantes Secundarios. En la misma onda apoyatoria, el 20 de julio los compañeros electos de ATE (Asociación de Trabajadores del Estado) visitan a MB para expresarle "la más amplia adhesión a la tarea que viene realizando el gobierno popular de la provincia". Se comprometen además a aunar criterios y acciones.

Obras: El 22 de julio, ante la marea impugnadora y crítica desatada contra la administración local, se hace necesaria una réplica que demuestre que a pesar de la herencia dictatorial y de quienes se proponen obstaculizar la gestión se mantiene la iniciativa en cuanto a obras, acciones y planificación. Para ello el gobierno provincial da a conocer por medio de solicitadas de una página entera en los dos diarios principales las obras realizadas en solo cincuenta y cinco días en funciones. Los avisos se presentan divididos en seis apartados: Educación y Cultura; Bienestar Social; Hacienda; Economía; Gobierno y Obras y Servicios Públicos. Cada uno de los apartados tiene dos secciones: 1) *Estado anterior*, donde se explica cómo de mal recibió la presente administración las diferentes carteras de gobierno, y 2) *Hasta el día de hoy*, donde se informa de las medidas, acciones y planes del gobierno durante magros casi dos meses en ejercicio de sus funciones. He aquí una selección de los puntos más destacados:

Educación y Cultura:

a) Elevación a 2.700 puntos del índice docente a fin de proporcionar a los maestros una remuneración decorosa. Se agrega a lo anterior un aumento de 200 pesos mensuales dispuestos recientemente por el Gobierno Nacional, la incrementación de un 40% del salario familiar y sustanciales bonificaciones por zona inhóspita y especiales, cuando corresponda.

b) Dotación a 190 escuelas de guardapolvos, calzado, útiles, golosinas, artículos de limpieza, estufas y mobiliario.

c) Asignación y ampliación de la copa de leche a 110 escuelas. En 55 días se ha registrado un sustancial aumento de peso en los niños.
d) Reparación de 22 edificios escolares.
e) Creación de jardines de Infantes en Capital, Godoy Cruz, Guaymallén, Medrano, Eugenio Bustos y Malargüe.
f) Subsidio en caso de muerte para alumnos, maestros y profesores.
g) Modificaciones a la ley de jubilaciones para maestros: disminuyendo a 25 años el tiempo de prestación de servicios y la edad jubilatoria.
h) Creación de comedor escolar en Punta de Agua.
i) Estructuración de la Dirección de Enseñanza Técnica, Perfeccionamiento y Capacitación Obrera que contará con escuelas técnicas, del hogar y artes femeninas, con centros educativos vecinales, fabriles, agrarios y enseñanza planificadora a través de los medios de comunicación de masas. Los centros educativos fabriles e industriales tratarán de lograr la iniciación del alumno en los mecanismos de control de la producción; los agrarios pretenden capacitar a los alumnos en los objetivos técnicos y sociales de la reforma agraria, con estudios prácticos en agricultura, ganadería, tecnificación rural y cooperativismo.
j) Programa de popularización de la cultura a través de actos múltiples y polifacéticos. Se realizaron festivales culturales en Las Heras, Godoy Cruz, Colonia 20 de Junio, Penitenciaría, General Alvear y Parque O'Higgins. Fiestas populares en Guaymallén, San Carlos, Godoy Cruz, Capital; actividades culturales tales como Ciclo de Cine de Liberación, Infantil, Debate y Nuestro Cine. Teatro experimental, de Liberación, de Títeres; festivales de música y canto, utilización popular de la Agrupación Sinfónica, programación de conciertos didácticos en las escuelas; asistencia a grupos independientes de estudio y experimentación. En la rama de las artes plásticas, exposiciones itinerantes, exposiciones fijas, muestra de obras premiadas en la IV Bienal; apoyo a asociaciones literarias y muestras de literatura.

Bienestar Social:

a) Reorganización de la Subsecretaría de Salud Pública.
b) Supresión de los aranceles hospitalarios.
c) Establecimiento de la norma de devolución solidaria de sangre.
d) Derivar los fondos del PRODE al área de Minoridad, especialmente en el sector materno-infantil.
e) Operativos populares de salud y saneamiento en los barrios Independencia, Cocico, Mathieu y Uspallata, que proseguirán sistemáticamente en toda la provincia.
f) Implantación del servicio de atención médica para recién nacidos en la Maternidad José Federico Moreno que funcionará día y noche, todos los días.
g) Hospitales al servicio del pueblo; se aumentará la cantidad de camas disponibles, reestructurando la red hospitalaria del Gran Mendoza, habilitando las dos terceras partes del hospital Paroissien de Maipú, activando la pronta habilitación del monobloque en el hospital Schestakow de San Rafael, completando y habilitando cuatro nuevos pabellones en el neurosiquiátrico de El Sauce que incorporan 120 nuevas camas. Se apoyará la construcción del Policlínico de la ME y OP. Se construirá un nuevo hospital polivalente de máxima complejidad en reemplazo del Emilio Civit.
h) En conjunto con la Asociación de Lisiados se elaborará un programa para cubrir las necesidades de rehabilitación.
i) Lucha contra el mal de Chagas: se mejorará la vivienda insanitaria a través de préstamos generosos y sin interés; desinfectación de viviendas con participación de los gobiernos comunales y las entidades del Pueblo.
j) Cuidado de la salud rural; se comenzará por Malargüe utilizando el hospital Regional como base para vacunaciones, educación sanitaria, asistencia alimentaria y asistencia médica.

Hacienda:

a) Se ha normalizado la representación estatal en los dos bancos oficiales, restando solo la aprobación de los acuerdos para el nombramiento del directorio del Banco de Mendoza.

b) Se trabaja en la elaboración de un proyecto para adquirir las acciones del capital privado del Banco de Mendoza a fin de orientar definitivamente el crédito en función de la pequeña y mediana empresa y hacia fines sociales. Esto no implica avances ilegales sobre los legítimos derechos del capital privado y se hará previa consulta con legisladores y autoridades financieras de la Nación.

c) Se creará en el Banco de Mendoza un departamento de Cooperativas para apoyar y promover esas entidades sustituyendo la práctica de conceder subsidios que agravan la capacidad contributiva de la población.

d) Se trabaja en la elaboración de un proyecto para crear la Empresa Provincial de Seguros que protegerá los bienes del Estado, de las Municipalidades, los contratistas de obras públicas y abarcará paulatinamente otros rubros.

e) Se implantará en la provincia el presupuesto por programas.

f) Se proyecta la Empresa Provincial de Pasteurización.

g) Se trabaja en la implementación de un plan de colonización de tierras fiscales que comprende más de 1.600 hectáreas.

h) Se implantó el seguro de vida a alumnos y educadores de las escuelas provinciales, por convenio con la Caja Nacional de Ahorro Postal, sobre la base de un beneficio de $100.000 per capita que se duplicará en caso de accidente.

i) Se creó una Delegación de la Dirección de Rentas en la Capital Federal para controlar el convenio multilateral de actividades lucrativas, de cuya labor se espera un fuerte incremento en la percepción impositiva.

j) Se preparó un proyecto de ley otorgando un plazo para el pago de tributos sin multas, luego del cual se intensificará la fiscalización tributaria.

Economía:

a) Se fijaron precios máximos a 42 artículos de primera necesidad y se analizan otros rubros para extender las disposiciones a los consumos esenciales.

b) Se articuló el dispositivo de control de esos precios que ya ha comenzado a funcionar y que en julio permitió correcciones visibles.
c) Se realizaron reuniones periódicas con consumidores y comerciantes para lograr adhesiones voluntarias y patrióticas en la campaña contra la inflación.
d) Se reactivó el Matadero Frigorífico Mendoza a fin de satisfacer las necesidades de hospitales, Penitenciaría, Escuela-Hogar y otras instituciones del Estado.
e) Se habilitó el Registro Gráfico Minero de Malargüe y se actualiza el Catastro Minero.
f) Se logró la defensa del precio del vino asegurando su estabilidad por dos años, a través de la dinámica actual de la Bodega Giol en este proceso.
g) Se activaron las licitaciones suspendidas en la obra de construcción del dique Agua del Toro.
h) Se reabrió el Hotel de Potrerillos.
i) Se organizó la fiesta "Pueblo, Sol y Nieve" para facilitar al pueblo el acceso a los deportes de invierno.
j) Se elaboró el Plan de Producción y Fomento Agrícola que comprende áreas para desarrollo de la horticultura, semillas de papa, viticultura y fruticultura. Existen ya predios en producción de semillas de tomate, pimiento, cebolla, arveja y maíz para choclo, que se entregará a precios de fomento. En el Plan Vitícola se han preparado 130.000 estacas y barbados de variedades seleccionadas en forma zonal. El Plan Frutícola comprende la producción de especies de alta pureza varietal y el control de viveros, en la Estación Experimental de Rusel. Todo ello en combinación con las estaciones del INTA.

Obras y Servicios Públicos:

a) Electrificación Rural: están en marcha 14 obras, la mayoría de ellas impulsadas por cooperativas zonales, por más de $4.000 millones.
b) Se prosigue activamente la construcción de 75 obras menores y mayores de riego por un total de $20.0000.000.

c) Se construyen 26 obras de provisión de agua potable a distintas localidades por valor de $9.273.359,79.
d) Se construyen 11 escuelas primarias, 2 escuelas secundarias, varias obras hospitalarias, varias obras turísticas y otros edificios públicos por un total de $24.184.333.
e) Hasta el 31 de diciembre de 1973 se habrán certificado $1.219.501, 53 en diversas obras viales; se iniciarán obras por $1.200.000 y se realizarán pavimentaciones municipales a través de la D. V. P. por valor de $1.060.417.
f) A través del Departamento General de Irrigación se trabaja en 28 obras en todos los sistemas de la red de riego por un total de $3.070.000; se proyectan 18 obras por un monto aproximado de $7.780.000; se han incluido disposiciones de la ley 2508 para el corriente año.
g) Defensa aluvional: se llamó a licitación para las obras en construcción del sistema integral en torno al Gran Mendoza, que demandará una inversión de $10.634.000.
h) Arreglo de las compuertas del Dique Cipolletti por valor de $30.000.000.
i) Limpieza de desagües en General Alvear que provocaban la salinización de extensas zonas agrícolas que se encontraban totalmente abandonadas desde hace más de diez años.
j) Se dispuso la reparación de todo el equipo vial paralizado, por un valor de más de $500.000.000.

Gobierno:

a) Está a punto de culminar la total reorganización de la justicia.
b) Se trabajó junto al sector gremial en la elaboración de reformas al Estatuto del Empleado Público.
c) Se reestructura el sistema interno de la Penitenciaría Provincial bajo el lema justicialista de que las cárceles deben ser lugares de readaptación y no de castigo.
d) Se trabaja en un proyecto de ley para la creación de Juzgados de Familia y Correccionales de Menores.

e) Se está en permanente contacto con todas las Municipalidades a fin de establecer lazos fluidos y relaciones de recíproco respeto con el gobierno central para resolver los problemas comunales.

f) Se elaboró un proyecto de ley que crea las Comisiones Vecinales de Control de Precios.

g) Se ha elaborado un proyecto de ley sobre régimen de excarcelación y hábeas corpus.

h) Se elaboró un proyecto de ley estableciendo la incompatibilidad con la docencia para magistrados y funcionarios judiciales.

i) Se destruyeron archivos políticos de la Policía de Mendoza.

j) Se puso en marcha la panadería de la Penitenciaria Provincial para proveer a la población interna y posibilitar la venta al público.

Conclusiones:

Este resumen, que omite por obvias razones, la relación detallada, revela que los hombres a quienes el justicialismo ha encomendado la responsabilidad de conducir la Reconstrucción Nacional y la Liberación en la provincia de Mendoza están sobrellevando una tarea pesada y esforzada. A pesar de las circunstancias desfavorables, de la casi total carencia de recursos, de la necesidad evidente de un lapso de adaptación y toma de conocimiento de la mecánica y la gestión administrativa, esta enumeración proporciona indicios ciertos de una labor dinámica y tesonera. Y todo permite pronosticar que el ritmo tendería a acelerarse a medida que se van solucionando los problemas de base y se establecen cada vez mejores condiciones operativas. Frente a este balance resulta sensato y lógico confiar en una acción en que los hombres cuentan menos que la filosofía y la pasión justicialista que los inspira.

<u>Viva la cultura</u>. El 21 de julio, MB, Francisco Reig, José Manzur, el Peque Gil y Julio José Carricondo asisten a la segunda reunión del Consejo Provincial de Coordinación Cultural. El gobernador expresa:

"Esta es una asamblea que para nosotros tiene un enorme significado. Los que tenemos un sentido de la revolución en avance y de los cambios de estructuras, estamos convencidos que ello no puede suceder si no se asienta sobre bases culturales. Cualquier cosa que haya ocurrido en la vida de los pueblos modernos se ha cimentado sobre la cultura; nosotros ahora ocupamos la misma posición que los romanos en la antigüedad y pretendemos hacer que esta doctrina justicialista, que es una doctrina filosófica, se imponga también. Estamos orgullosos de que haya sido nuestro país y nuestro conductor, el general Perón, el que haya dado al mundo la tercera posición. La nuestra es pura y exclusivamente una revolución cultural que avanza y quiere destruir un sistema liberal que tiene atado al mundo. Perón sostiene que la elevación de la parte industrial del mundo ha frenado la cultura. Nuestro compromiso es avanzar solo a través de la cultura. Deseo suerte a los participantes de las deliberaciones, que tienen una responsabilidad que también tiene el gobierno del que forman parte".

El 23, las 62 sanrafaelinas no se dejan prepear por las de la capital y no solo sostienen la candidatura del Viejo Mayor (Perón) sino la gestión de don Alberto. En un comunicado firmado por secretarios y delegados gremiales (Micros y Ómnibus, UOM, Vendedores de Diarios, SMATA, Panaderos, SUTIAGA, Unión Ferroviaria, Vialidad Nacional, Lustradores de Calzados, FATFA, Obras Sanitarias, Químicos y otros) se solidarizan con el gobernador. Apoyan además a Perón y su próxima candidatura, se identifican con la declaración de la CGT nacional enunciada por su secretario general José Ignacio Rucci y se dicen "conocedores de la trayectoria insobornable del compañero Martínez Baca". No hay que olvidar que mientras él "mantuvo una conducta sin desviaciones durante 18 años de persecuciones y dictadura, muchos de estos sectores que hoy lo critican y pretenden escudarse en una muy vapuleada verticalidad, fueron artífices de la división del peronismo".

<u>Don Carlos Arturo se echa un descansito en Potrerillos</u>. Si bien es a MB que debería haberle dado un ataque de nervios el que se toma vacaciones por una semana es el vicegobernador, aquejado por una afección gastrointestinal. Para superar el trance sus médicos le recomiendan calma y paz por siete días ya que la dolencia se debe al estrés que le depara su actividad cotidiana. No le ha de resultar del todo fácil

abstraerse de lo consuetudinario ya que con él se encuentran el presidente de la Cámara de Senadores, Gabriel Montoro y el secretario legislativo de la misma, Rodolfo Díaz junto a sus respectivas familias. No hay problemas, dice Mendoza, porque ambos funcionarios se encuentran ahí solo como amigos personales suyos. [La Tendencia candorosa presume que el Gordo y los otros dos se hallan ocupados en delinear la estrategia conspirativa contra don Alberto] El séptimo día de su descanso es el 25 de julio por lo que don Carlos Arturo se apresta a regresar a la capital provincial para asistir al vigésimo primer aniversario de la muerte de Eva Perón y para analizar las cuestiones de licencia, estatuto y escalafón del empleado público.

Mientras el vice se prepara para la vuelta, el local de la CGT provincial situado en 25 de Mayo entre Gutiérrez y Espejo, es tiroteado, según el Diario *Mendoza*, por francotiradores apostados en los techos de viviendas cercanas al edificio. Los atacantes abren fuego contra el personal de vigilancia que se encuentra entre el primer piso y la planta baja pero a pesar de una veintena de disparos no hieren a nadie. La custodia de Fiorentini repele la agresión causando la huida de los tiradores. Las primeras pesquisas de la policía no arrojan resultados positivos como para identificar a los atacantes. [No nos sorprendamos: como en los atentados del 17 y 18 de julio, éste huele a súper cuento; a los montos, ya sabemos, no les conviene embarcarse en estas acciones; los pichos no se meten en la interna peronista, según se desmarca el Pelado Gorriarán (*Memorias de Enrique Gorriarán Merlo*, 206-07). Por lo tanto, o es algún grupo descolgado y bruto, lo cual es bastante improbable, o se trata de acciones de los mismos fachos metalúrgicos / ortodoxos o son los de los servicios (la inteligencia que tan bien hace la milicada según enseña en varias oportunidades el libro antes citado del Pelado Gorriarán) y que pretenden envenenar el ambiente: encontrar excusas para desalojar del gobierno a MB]

Para el 26 de julio el recinto de acuerdos de Bienestar Social es bautizado como Salón Evita. El Florentino Cortez, pide al gobernador que haga uso de la palabra. MB dice, entre otras cosas, "Dijimos desde el principio que íbamos a hacer una revolución y eso es lo que estamos realizando; por eso Florentino Cortez está a cargo de este ministerio, un auténtico trabajador".

Mientras tanto, cuando en la iglesia Loreto se lleva a cabo una ceremonia religiosa en memoria de Eva Perón, una multitud de manifestantes que pertenecen a la gloriosa JP marchan por las calles del centro hasta la Casa de Gobierno. Van coreando consignas acerca de la necesidad de que Perón asuma la presidencia. Se escuchan asimismo cánticos de una enjundiosa animadversión hacia las figuras de López Rega y la burocracia sindical. Llegan a la sede gubernamental con antorchas y pancartas y en la terraza del ala central los recibe MB junto a otros funcionarios. El gobernador dice: "Debemos demostrarle a Perón que en las próximas elecciones ganaremos por más del 80% y entonces vamos a preguntar a los que quieren la intervención a esta provincia, ¡a ver si atreven a venir a intervenirnos! Ahora el voto no será un papel en la urna: será un arma de combate".

¡Cómo gobierna este gobierno mendocino! El 27 de julio se convierte en ley la suspensión del régimen de jubilación para ministros de la Corte. Este acontecimiento es el más positivo de la jornada parlamentaria. También, flor de disgusto para los ministros de la Corte del gobierno anterior puesto que al suspenderse el decreto del 22 de mayo último **ya no corren las jubilaciones de privilegio.**

La mano se comienza a clarificar. Además de la burocracia sindical, gansos, radichetas y catolicones, en el senado provincial se observa el destino manifiesto de embarrarle la cancha al gobierno para que el poder central disponga la intervención. Una de las maniobras de la cámara alta mendocina es captada por los miembros de SOEP (empleados públicos) quienes alarmados, la noche del 28 de julio en estado deliberativo en el Teatro Independencia, se dan cuenta que se han convertido en una bomba de tiempo que se pretende lanzar contra el gobierno provincial. Juan Carlos Dolz y Luis María Vázquez, secretarios general y gremial del sindicato no se cansan de afirmar que la aprobación dada por el Senado a la modificación del artículo 2 del Estatuto del Empleado Público, genera la inestabilidad de casi todos los agentes estatales y lleva "la sola motivación política de provocar reacciones para coadyuvar a un estado de caos que haga imperiosa la necesidad de una intervención a la provincia por parte de la Nación". Otro móvil de los senadores denunciado por los empleados públicos es producir vacantes para que puedan ingresar personas con las que el justicialismo tiene compromisos convirtiendo a la Casa de Gobierno en 'una bolsa de colocaciones'. El SOEP, gremio nacido de las batallas del Mendozazo, expresa que se han reunido ochenta asambleas de afiliados en un corto periodo y que de ellas se extrae la advertencia común de que "si tocan el estatuto, se tomarán medidas hasta las últimas consecuencias". El gremio aclaró que su acción está dirigida contra el Senado y no contra MB y su gobierno. Dolz afirma que SOEP apoya con conciencia las medidas revolucionarias y fundamentalmente los derechos de los trabajadores y no se permitirá que el gremio sea usado por minorías, por la burocracia sindical o el neofascismo, que desconocen los objetivos de la clase trabajadora.

El 29 de julio Florentino Cortez reúne a los intendentes de todos los departamentos para recabar información acerca de los problemas de la salud más acuciantes de cada uno. Se coincidió en que la situación es grave y estiman que sería muy positiva la puesta en marcha de un plan de emergencia que esté bajo la dirección del ministerio de Bienestar Social y los municipios provinciales. Los intendentes conforman otro de los frentes de aguda oposición que se le han abierto a don Alberto en las últimas dos semanas.

<u>Río revuelto</u>: Una banda de delincuentes, informa el Diario *Mendoza*, trata de extorsionar por 500 millones de pesos al presidente del directorio del banco Crédito de Cuyo, señor Moisés Burstein. Es evidente que el grupo extorsionador, autodenominado "Comando 26 de julio, Evita Capitana", no es una formación armada ni de la guerrilla peronista ni de la no-peronista, por lo que se puede deducir de una carta enviada a los miembros del directorio del banco. Si bien en la misiva se habla de los males del capitalismo, se lo hace desde una perspectiva que demuestra afinidad con el fascismo y de ninguna manera con fuerza alguna de la izquierda conocida. Las expresiones antisemitas y la torpeza con que se las mezcla a los conceptos del vocabulario común de los miembros de la Tendencia permiten suponer que este grupo bien puede ser el embrión principal del ultraderechista y parapolicial Comando Pío XII local, célebre por sus crímenes moralinos contra las prostitutas e ideológicos contra los militantes populares entre el 74 y 75 que después son reemplazados y / o absorbidos por los milicos del Proceso[6]. Con esta acción absurda, aparte de enchastrar la imagen de la alternativa guerrillera genuina, estos chorros oportunistas quieren hacerse de unos cuantos mangos.

---

[6] El comando Pío XII es fundado y comandado por el tétrico represor, comodoro Julio César Santuccione, jefe de la policía provincial durante la dictadura.

Casa de mi madre, noche:

H.D:

Mañana con el crepúsculo inicio el luengo viaje vía Baires donde asistiré a la asunción de Kirchner, personaje que desde hace una semana me tiene intrigado. La noche de hoy la he guardado para una reunión de trabajo con el Negro Ábalo quien queda a cargo del proyecto acá en Mendoza, con la ayuda de Santiago Centeno. Estamos en el medio de las empanadas y el vino cuando suena el teléfono. Es el ex vicegobernador de la provincia que me llama para concertar la famosa entrevista. Gracias Dardo, sos Gardel, disculpas mil veces por mi falta de confianza, por la ley de flexibilidad, en fin, te debo una, grande. Pero hay un problema: como me voy mañana no hay tiempo.

—¿A qué hora sale? –me pregunta comedido el ex antagonista de don Alberto.

—A las 7 de la tarde –le contesto apesadumbrado–, pero voy a volver ...

—¿Qué tal si nos vemos por la mañana, entonces? ¿A eso de las diez le parece bien?

—Perfecto

C. A. M.:

Extorsión. Cuando voy al juicio el supuesto extorsionado me dice "hola cómo le va doctor Mendoza, qué agradecido que estoy con usted". Claro, los jueces miraban y no entendían nada. El tipo dice, "será que siempre le iba a llevar esa bolsa de cebollas que le prometí"; yo me preguntaba ¿de qué está hablando este tipo? El supuestamente extorsionado por mí me agradecía por no sé qué y le dice al juez "y si usted quiere, señor juez, también un poquito de verdura se la puedo llevar". Bueno, esa clase de juicio me hicieron. Salí absuelto de todo; y la Corte Suprema me pasó a la justicia federal porque me habían hecho Consejo de Guerra, ¡Consejo de Guerra! Me anularon el Consejo de Guerra y me pasaron a la justicia federal, yo ya estaba libre, y me habló el presidente de la Corte Suprema y me dijo, mire usted va a seguir. ¿Seguir qué? le dije yo, primero que no me tenían por qué hacer Consejo de Guerra a mí –estaba el Proceso todavía– yo creo que tengo que estar en la justicia. Y así fallaron, eran siete: seis fallaron a favor y uno en contra. Salió en la revista La Ley *y todo. Después hubo casos muy famosos aquí que se agarraron del fallo mío para rebatir el consejo de guerra, como el caso Graiver, el más sonado. Y de todos los otros juicios quedé absuelto. Usted sabe que yo voy al Registro Nacional de las Personas a pedir un papel, después de estar en libertad, ¿no?, para sacar la tenencia de un arma, porque tenía un arma y quería todo en regla, fui con mi señora, me senté y vino un tipo, al que me presenté, y me dice "espérese un ratito", después salía otro tipo que me miraba también. Yo me dije ¿qué están haciendo estos cosos? Al final no me atienden, vámonos, qué se creen estos, no saco ningún permiso ni nada, qué miércoles; entonces me llama el director y me dice perdone, pero mire su expediente, claro, tenía todo: pedido de captura, todo lo del Proceso –estábamos en el Proceso– mire yo estoy absuelto de todo, le dije. Él dice "lo que pasa es que ellos mandan nomás pero después que salen los fallos no arreglan nada y nosotros no sabemos qué es una cosa ni la otra. Yo le digo: claro lo que pasa es que yo tenía como treinta pedidos de captura, fíjese si quiere con Nicolás Becerra, el Procurador General de la Nación nombrado en la época de Menem, que era uno de mis abogados y el otro era Carlos García. Me hice llevar todo el fallo en una carpeta, ahí lo puso el director, me dice, claro, a mí me interesa que no tenga nada en su contra, pero cómo, le digo yo, si fui afectado por el Plan Conintes también en la década del sesenta ... y ese tema fue peor porque mandaron hasta la Interpol, pero se portaron y cumplieron porque informaron que ya no teníamos nada que ver en ese asunto. El fallo fue un Consejo de Guerra que me había condenado a 8 años, con todo lo que el Consejo de Guerra significa, imagínese, si mi defensor era un mayor dentista y el que acusaba era un coronel, entonces, qué cosa podía hacer, no podía levantar mucho la voz. Aparte se terminó el Consejo y ¿qué pasó? me preguntan si tengo algo que decir; yo les contesto que se podían ir a la madre puta que los parió todos ustedes. Todo eso incidió en que me condenaran.*

Yo nací el 12 de septiembre de 1933 en la ciudad de Mendoza. La niñez la pasé mal: yo nací y a los seis meses fallece mi padre que era un empleado de la Mercantil Andina, que todavía sigue, una compañía de seguros, él era jefe ahí. Él había sido lo que llamaban perito contador y trabajó también para la bodega Vasso Tonelieri que es la actual Santa Ana. Era un hombre preparado pero, como siempre ¿no?, era medio guitarrero también, le gustaban los deportes, como andar en bicicleta y otras cosas de ese tiempo. Cuando fallece en una operación de apéndice mi madre queda con mi hermana y conmigo, en la vía. Pasamos una infancia bastante de barrio, ¿no? Mi madre fue una de las primeras que entró como mucama en el Hospital Español, vivió toda su vida trabajando y murió ahí. Ella era de las que ponían inyecciones, yendo a las casas. Yo vivía en la calle Rioja y Brasil, ahí estuve, rendí para la escuela de suboficiales de la aeronáutica y justo cuando estaba en el segundo año a mi madre la desalojan, por culpa de un sinvergüenza que después fue uno de los que festejaba en septiembre del 55 con la Libertadora. Ese sinvergüenza fue el que la hizo desalojar a mi mamá con una carta de Evita. En ese tiempo se permitía a los inquilinos comprar la casa y mi madre con mucho sacrificio había hecho todas las gestiones, se podía quedar con la casa, en Rioja y Brasil. Y este desgraciado, Almejía se llamaba, dirigente de Luz y Fuerza, con una carta de Evita, imagínese, que nunca pudimos llegar porque el nacimiento mío fue muy humilde. Volví con ese tema y yo estaba muy bien conceptuado, no era tropero, era especialista en radiocomunicaciones y tenía muy buen promedio, entonces tuve que pedir la baja y me vine. Había entrado con una trampita, tuve que ir a rendir a San Juan y San Juan en esa época todavía estaba bastante destruido y entré con menos de quince años, o sea que hacía guardia con quince años, imagínese, no sabía qué tenía en mis manos.

    La primaria, muchos de los años de la primaria los pasé en el Hogar del Niño Obrero que es Leonardo Murialdo ahora. Se llamaba Hogar del Niño Obrero porque trabajábamos, cuidábamos una viña, había una carpintería con un padre, Victorio Gagliardi, que fue un santo el padre ese, cómo lo encaminó a uno en muchos valores ese hombre. Pasé de tercero a sexto ahí y uno de mis maestros por dos años fue Víctor Volpe, el de los niños cantores. Después trabajé en una sastrería, luego en Bonafide, andaba con una bicicleta repartiendo café hasta que me metí ya con trece años y pico, de metalúrgico *en una fábrica que producían bombas para vino y para agua que todavía existe. De ahí rendí para medio oficial y después entré a un taller muy grande que estaba en los galpones ferroviarios que eran de capitales húngaros y suizos que se llamaba Gans-Argentina y que traían los trenes esos famosos, todos blancos, cuando nosotros los armábamos acá, hacíamos las cajas de velocidades. Fue una infancia difícil. Yo voy a Murialdo porque mi mamá eligió bien: la hija o yo. No aguantaba el morfi para todos. Vivía con mi abuela, tenía unos tíos que eran bastante calaveras, en ese tiempo era cuando la juventud, los muchachos –lo digo porque mi mamá me internó ahí en los curas, digo, me imagino que ella me internó ahí por eso– se ponían de acuerdo, se juntaban unos pesos, se iban a Palmira y de ahí se tomaban un carguero y desaparecían seis o siete meses en Buenos Aires. Venían con ropa y todo, pero mi mamá no quería que pasara eso conmigo. En Murialdo obtuve una educación que yo creo me permitió pasar muchas cosas. Fíjese, si entre el 56, el 60 y el 76 ya casi tengo nueve años de preso. En eso hay que tener pasta para aguantarse, para no salir igual que los presos comunes y tener la voluntad ...*

Antes del 73 la fuerza que uno tenía era el retorno de Perón, esa era la vida y alma de uno ¿no? Porque con todo lo que me ha pasado, imagínese. O sea, al principio, por ejemplo, en junio del 55 o por ahí, cuando los líos de Plaza de Mayo que la bombardearon y todo eso, nosotros salíamos del taller y nos prendíamos en cualquier manifestación, supóngase, una de la Alianza Libertadora Nacionalista, qué sabíamos nosotros lo que era eso, andábamos siempre haciendo lío, en fin, cosas así.

¿Política? No, yo entré primero en el gremialismo. Yo fui el secretario general no de la seccional Mendoza de la UOM sino del país. Con veinticuatro años fui secretario general. Me molestaba todo lo que se había dicho de Perón porque yo había visto lo contrario, o sea, siendo aprendiz yo pude estudiar, estuve en el ciclo de capacitación, después de técnico industrial, en la escuela de la calle Hipólito Yrigoyen, ¿cómo se llamaba la escuela?, de la Fundación Eva Perón. Yo trabajaba y de noche podía estudiar. Estaba la Universidad Obrera que después se convirtió en la Universidad Tecnológica. A la Universidad Obrera, la Revolución Libertadora la quería hacer desaparecer. Yo tuve activa participación en las peleas callejeras, estudiantiles,

por eso me expulsaron. En el taller no era delegado, solo aprendiz, los cuatro años de aprendizaje, después medio oficial, cuando se instala aquel taller. La idea en tiempos del gobierno peronista es que con los tratados bilaterales se llegue a crear un taller acá y hacer los trenes. Era Gans-Argentina, eran trenes diesel. Le doy un ejemplo, un cigüeñal pesaba 900 kilos, para ver de qué motor estamos hablando, ¿no? Imagínese, con doce cilindros, trabajábamos como locos, y ese taller llegó a tener casi cuatrocientos empleados, éramos más que los ferroviarios y todo, pero como trabajábamos ahí nos llamaban a todos ferroviarios. Ahí había muchas huelgas, había muchos activistas, a los catorce años me afilié al sindicato metalúrgico, a los veinticuatro fui secretario general, vino el Plan Conintes, me detuvieron, pero todo dentro de una línea peronista en el sentido de Perón, es decir, no aceptábamos otra cosa. En esos tiempos pudieron haber habido algunos errores, pero nosotros éramos bien cerrados, Perón o muerte; no había retoques ahí. Entonces ahí empecé a activar, desde la organización gremial sí nos mezclábamos en la política justicialista ... bueno, también se metían los comunistas que eran los enemigos nuestros. En aquellos tiempos había decretos que si uno nombraba a Perón lo mandaban preso. No se podía cantar la marcha. De eso nadie habla, nadie se acuerda. Nosotros nos preparábamos en el sindicato y nos íbamos a hacer manifestaciones a la calle San Martín, con la bandera y todo y nos decían cómo es que se van temprano ustedes y nosotros, sí nos vamos a pelear por Perón, pa-pa-pa, cerrábamos el sindicato y nos íbamos. Temprano, bah, era a las diez de la noche, no era tampoco tan temprano. Y eso me fue llevando a consustanciarme con la doctrina Justicialista, con todos los defectos, errores que se le puedan achacar pero que tiene una función social muy importante. Estábamos en el Partido Justicialista. Yo salí senador por ese partido, primero acá en Mendoza en el 65, porque antes estaba acá el Tres Banderas que era de Serú García y el Movimiento Popular Mendocino en el que estaba Corvalán Nanclares. Todos los que hablaban de peronismo sin Perón. Nosotros éramos el Partido Justicialista y queríamos a Perón. Con todas las cosas que se dan en la vida ¿no? Porque cuando yo salí electo senador, me acuerdo que en el Partido Justicialista estaba el Doctor Ruiz Villanueva, Leiva Hita, padre del juez este Leiva de ahora, o sobrino no sé, pero es familiar.

Nuestra lucha era el retorno de Perón. Todos los gobiernos que se sucedían hacían todo lo contrario de lo que nosotros queríamos, entonces se daba la lucha permanente en el plano gremial y era política, indudablemente nos guiaba la política. Alguna gente se confunde y dice ahí ya están los sindicatos metidos en política y se olvidan que en Inglaterra el Laborismo nació del gremialismo y Estados Unidos que pone plata en el sindicalismo ¿y acá qué? ¿estamos prohibidos nosotros? Yo participé en el congreso de la CGT de Patrón Laplacete aquel, en que la cosa era entregar el sindicalismo, a la CGT, no al peronismo sino al socialismo, al socialismo democrático, todas esas historias, y se ganó por siete votos, ganamos el congreso, entonces Patrón Laplacete que era interventor levantó el congreso porque el poder lo ganó el peronismo. Se retiraron entonces los treinta y dos gremios democráticos y después se quedaron ahí las 62, que no eran 62 porque luego se retiraron los 19 que eran comunistas o alentados por el comunismo o el socialismo. De ahí las 62 fueron creciendo, la CGT también, y comenzó la siguiente etapa y todo eso nos fue inclinando porque teníamos este tipo de participación dentro del movimiento obrero y del justicialismo.

 Con respecto a la vicegobernación, yo era viajante, no estaba con los metalúrgicos, pero cuando surge Cámpora, anteriormente, Perón quería que hubiera gremialistas en las fórmulas, entonces ... yo estaba peleado, a mí cuando me llamaron los metalúrgicos me calcé el treinta y ocho en la cintura porque me dije a ver si todavía hay tiros ... está mal que uno lo diga pero estaba catalogado de duro, fuerte, pesado, toda la historia, aunque yo nunca pegué un tiro, nunca me peleé, a trompadas sí, pero nada más. Mire, le doy un ejemplo, mientras yo fui vicegobernador no hubo ni un solo preso político. No metí a nadie preso, ni cuando fui vicegobernador ni gobernador, a nadie. Vino la Arrostito acá, a hacer un acto y yo lo permití porque se acuerda, habían dado la amnistía. Había sí un enfrentamiento con el gobernador, que después le voy a contar pero honestamente cuando tuve el poder nunca metí en cana a nadie. En cambio yo sí vivía en cana: me daban un año de senador y me mandaban tres años preso. La decisión fue de Perón que hubiera fórmulas con gremialistas, ¿vio? En algunos lados calzaron como en Buenos Aires con Bidegain-Calabró, que después quedó Calabró; en Córdoba, Obregón Cano con este otro muchacho Atilio López que después matan, sí eran los dos de la Tendencia. La Tendencia era lo que ahora hablan que es Kirchner ¿no? Yo apoyé a Kirchner y trabajé por él. No, pero eso no importa, no, porque la verdad es que en la cancha se ven los pingos. Yo veía a tipos a quienes les decía, che dónde dejaste el fusil maricón, decí que sos peronista, qué, ¿tenés miedo ahora? Se ablandaban, qué sé yo, y otros que estaban en la lucha de extrema izquierda peronista y después se pasaban a la extrema derecha siguiéndolo a Pescarmona, por ejemplo. Entonces, acá lo difícil, siempre he dicho yo, es seguir siendo peronista y no irse ni para un extremo ni al otro. Ahora le llaman centro, centro-derecha, centro-izquierda ... yo digo peronista.

Me propuso la UOM, se hizo un congreso acá, en realidad dos congresos, se cambiaba el candidato a gobernador pero me dejaban a mí. O sea, con los antecedentes que yo tenía del Plan Conintes, de estar preso, acusado de poner bombas y todas las historias esas. Claro, todos los grupos de juventud me apoyaban a mí. MB salió y después se hizo otro congreso en la UOM y había gente del gremio que estaba en contra mío, pero la mayoría estaba conmigo. Fue un congreso duro, no entraba cualquiera y lo hicieron porque querían sacar al candidato a gobernador; ¿si lo habían votado porque lo íbamos a sacar? Hubo influencias de Buenos Aires para cambiar la fórmula, bueno, todas esas cosas que pasan. Pero resistimos y salió proclamada la fórmula Martínez Baca-Mendoza. MB había sido el vice de Corvalán Nanclares, porque por allá en el año 65, 66 estaba el problema de Vandor, de que querían rebelarse contra Perón, ese lío. En esa época acá se eligieron dos fórmulas. Hay que tener en cuenta que las personerías se manejaban provincialmente. El Partido Justicialista, en un congreso que se armó un lío bárbaro, habían unos escribanos y los demócratas que manejaban todo, le dieron a Corvalán Nanclares la personería y no a Serú García que era el jefe del Movimiento Popular Mendocino. Por indicación de Isabel que vino acá nos recomendó la unidad con el MPM, que iría en una fórmula con el Partido Justicialista para derrotar a los gansos que para esa ocasión llevaban a Jofré que después no se hizo cargo por el golpe de Onganía. Isabel viene –el año anterior también había venido– y estuvo en la CGT con nosotros; le pusimos una guardia y todo para que no la molestaran y después nos viene con que había que hacer la unidad con Serú García. No, le dijimos, cómo vamos a hacer la unidad con la gente de Serú García si no son peronistas esos ¿cómo?; Carlos, es orden de Perón me dijo. Bueno si es orden de Perón sí ... nosotros teníamos una bomba para ponérsela a Serú, qué hacemos ahora con la bomba, le preguntamos. Bueno, entonces hacemos la unidad con el MPM. Cuando hicimos la unidad viene y nos dice, no, son todos unos traidores los de Serú. Perón no decía nada, él solo cuidaba que nadie se levantara contra él. Se presentan Corvalán Nanclares y MB y ganan, pero en el colegio electoral no alcanzó para ponerlos ... ahí es donde se reforma el artículo 120 donde los radicales votan con los demócratas ... esa es una historia de la que no se habla pero que quizá si se analizara entenderíamos muchos de los desencuentros y sus raíces que vinieron luego.

La cuestión es que surge la fórmula del 73, que es otro proceso, otro problema, muy conectado con todo lo nacional, con los Montoneros, todo eso ... la relación con el gobernador era buena, él era una buena persona, sí. Influenciado por la Tendencia, él me lo decía ¿no? Me lo contaba todo, mirá a mí me puso la Tendencia, Mendoza. Mire si lo puso la Tendencia tal vez puede ser, él era el que decía, yo no sé, yo creo que sí porque acá vino mucha gente, como Abal Medina. Yo fui con él a recibirlo, él me conoció a mí en ese momento y la verdad que fue una risa. Abal Medina en la barra era mucho más profundo para el lado de la Tendencia y el Viejo no sabía cómo señalarle que tuviera cuidado conmigo, él pensaba que éramos todos compañeros. Abal Medina hablaba de la burocracia sindical, que esto, que aquello. Tenía con él un metalúrgico con un auto que le hacía de chofer, le pagaba los viáticos, todo ... bueno esas cuestiones que la historia decidirá quién tenía razón. Pero la relación mía con MB no era mala, no, para nada. Me decía, te voy a dar unos libros de socialismo para que leas y yo le decía, déjeme de joder, a mí deme unos libros peronistas. Él tenía un problema serio con la vista: no tenía un ojo y con el otro su visión era de 0,25, no veía bien para nada, tenía que usar una lupa. Yo me iba en la mañanita y le decía al viejo, esto firmelo, esto también, lo ayudaba como mejor podía ... pero evidentemente se fue creando una antinomia, en el sentido de que a mí me acusaban de ser de la patria metalúrgica y yo decía estos eran de la patria socialista

... se daban unas peleas de la gran siete. Hasta que se inició el juicio político, por mal desempeño en sus funciones, no por ladrón ni nada.

Los problemas de MB eran los hijos que tenía, uno de ellos, uno grandote, que está en Norteamérica ahora, era el secretario general de la Gobernación. Lo que él hacía no era corrupción sino corrupción con letras mayúsculas. El tipo estaba en la joda, él era de esos que me decían, dejate de joder que te damos el Banco de Mendoza y chau. Y yo le contestaba, estás en pedo vos, qué me vas a venir a dar a mí, qué, si esa no es la cosa, acá o se es peronista por lo que hemos surgido o se es Montonero, que mierda venís con macanas. Si tu viejo va al banco de Montonero, cómo voy a ir yo ahí, yo no voy nada. Acá hay un Partido Justicialista que es por el que hemos salido electos. Y tenía también otro hijo más chico, que ahora anda en una Agrupación Martínez Baca, que era comisionista y eso está en la Legislatura, todo, no es invento mío. Iba a las cooperativas y decía yo soy el hijo del gobernador, blablá, y se lo grababan; a mí me tienen que vender vino para la política, todas esas historias de las cooperativas, y las cooperativas lo grababan, él tomaba mate ahí, todo. Eso fue la iniciación del juicio político, por culpa del hijo, no, no, el más grande era el secretario de la Gobernación y tenía otro que trabajaba en el Banco de Mendoza, una excelente persona, no se metía con nadie. El más chico, bueno ... era el hijo del gobernador y qué pasó, se creó una comisión de juicio político en la Cámara de Diputados donde estaban todos los partidos, no solo los peronistas, había radicales, demócratas, cinco eran y comprueban, a través de las actas y los pedidos y las investigaciones y todo eso, que realmente el hijo del gobernador no puede ir a pedir plata y cuanta cosa más. Lo peor era que cuando le pagaban la plata la depositaba en la cuenta del padre. ¿Cómo corno podía ser esto? Se aprobó por dos tercios de la Cámara de Diputados, o sea, había diez diputados que respondían a MB, la mayoría no es que me respondía a mí porque había diferentes maneras de pensar, había desde locos, hasta muy buenos, sinvergüenzas, había de todo metido ahí. Los demócratas todos conmigo, pero no porque yo fuera demócrata sino porque se habían tomado de alguna de esas tonteras ¿vio? que la izquierda siempre habla: como que vamos a hacer los tribunales de familia, vamos a incautar el Club Regatas, esas boludeces que al final me trajeron a todo a esa gente para mi lado, por miedo más que nada. No, yo les decía por qué vas a incautar el Club Regatas si no es de millonarios, ahí va gente laburante, si me dijeran El Andino Tenis Club vaya y pase. En todo caso le pueden pedir a las autoridades del Club que dejen ir a las escuelas. Nosotros sacamos una ley donde habíamos negociado que fueran las escuelas. ¡Pero expropiar Regatas, imagínese! Eso me trajo un montón de gente, entre ellos los demócratas. Los del radicalismo decidieron no apoyar el juicio político, pero siete de los diez que había sí lo apoyaron, entre ellos, Pato Escorihuela, una persona muy conocida y respetada. Se votó a favor y pasó a la cámara alta. En senadores, entre un total de 38, 3 estaban en contra del juicio y 35 a favor.

Pero qué pasa con todo esto: lo que pasa es que nos acercamos a la muerte de Perón; llega la suspensión, llega el juicio político, lo suspenden al gobernador, yo le seguí pagando el sueldo, no le saqué el auto, seguía teniendo chofer, qué me voy a poner a hacer pavadas. Esto fue en junio del 74. No, yo no ejerzo como gobernador sino como vicegobernador a cargo del Poder Ejecutivo. Ojo, acá hay que tener cuidado porque si no me hacían un juicio por usurpación de títulos y honores. Algunas personas me empezaron a llamar doctor y yo me decía, la puta, ahora resulta que me llaman doctor y yo no soy doctor, tengo un título de la secundaria pero doctor, qué joder. Se hace el juicio y fue una comisión de Senadores, habló con Perón y él les dio luz verde, siempre que lo hagan dentro de la ley porque claro, había pasado en Córdoba, que un comisario, un coronel Navarro, había atracado un micro en la gobernación y metido en cana al gobernador al vice y Perón no quería nada de eso. Dice, si ustedes tienen para hacer un juicio político lo hacen, si no, no quiero líos de ninguna clase. Eso fue en junio y yo duré hasta agosto. En julio se muere Perón. Entonces MB no podía ir, tuve que ir yo al velorio, fui al Congreso. Y en el velorio, donde había unas 25 personas en un salón, me agarra López Rega. Me dice, mire compañero usted va a ser el gobernador pero nosotros le vamos a poner algunos hombres nuestros. Vamos a ver, le digo yo. Después cuando lo llevan a Perón del Congreso a la quinta de Olivos, yo ya estoy ahí, donde había soldaditos paraguayos, lloviznaba, todo muy emotivo, yo no me olvido más de eso. Y ahí me agarra otra vez López Rega y ahora sí le digo, compañero, una de las causas del juicio político a MB que todavía no ter-

mina porque todavía no lo ha tratado senadores, es que no le daba bola al partido. Dos afiliados le iniciaron el juicio político, eran el doctor Teruel y Tato Made, ellos como afiliados le inician el juicio político, el partido los apoya, ¿cómo yo no le voy a dar bolilla al partido en esto? Me van a hacer juicio político a mí también, es una cuestión de sentido común; mire espérese que yo vuelva y ahí hablamos, lo que sea. Él me dice, está bien, está bien y ya le vi el cambio de cara. Qué puta, no terminó el juicio político que ya me mandaron un interventor. ¿Quién era el interventor?: Cafiero, el interventor de lujo, que después tuvo un montón de juicios, pero lo del piano son macanas, eso de que se robó el piano, ya me cansé de desmentirlo. Ese es el tema del juicio político. Hay muchos detalles que yo conozco. Hubo un atentado a MB, que no le pasó nada pero sí al muchacho que estaba limpiando. Yo creo que eso provenía del mismo hijo porque él llamó para que se retrasara el padre. Se la pusieron debajo del escritorio y quién fue el que se jodió: el de la limpieza, yo después lo fui a ver, pobre muchacho. Yo no salgo en el parte, nada que ver, los que habían sido fueron toda esa matufia que estaba ahí, y yo los cargaba, cuando el padre se iba yo les decía, che, a ver los zurditos, vamos, vamos afuera. Eeh, Carlitos me decían y yo vamo' los montos pa' fuera. Son muchachos que ahora yo los encuentro, los saludo, menos al Gordo Guevara, que es senador, a ese Gordo no. Hay un muchacho, que se llama, ¿cómo se llamaba? Morgante, sí, sí. Él vino a verme para decirme, che Carlos metete en la Comisión del Círculo de ex Legisladores y yo le dije, dejame de hinchar las bolas, Flaco, a mí no me gusta toda esa huevada, porque como le dije yo fui senador ... cuando me eligieron uno me dice usted es el octavo senador, han salido siete, y tiene seis años de mandato, qué mierda no llegué ni al año, vino Onganía y nos sacó cagando. No me sacaron en el reglamento, no me querían reconocer y yo les dije, está bien no me dan los papeles míos, yo voy a volver pero voy a entrar por acá, por la puerta principal, una verdadera premonición, porque en el 73 entré por ahí como vicegobernador.

 Con el asunto de los retratos fui también un castigado en eso porque como yo estaba preso, hicieron cualquier cosa con el retrato mío, lo hicieron dos veces, tres veces, qué sé yo, me importan un pepino los retratos ni nada. A mí me lo hicieron por fotos al retrato, si yo estaba *preso en el 76. Yo no tenía retrato en ese tiempo, porque después del problema del golpe de estado, ni siquiera al de MB lo pusieron. Cuando decidieron hacerlo yo estaba preso. Lo hicieron mal, después lo volvieron a hacer. Un curro todo eso; lo hicieron bajo la gobernación de Llaver ... mire, si me lo sacan mañana qué problema me voy a hacer. El tema es lo que uno es lo que ha vivido. Yo tengo la suerte, con todos los enfrentamientos, y enfrentamientos en serio le digo ¿eh?, peleas, qué sé yo, a mí me encuentran por la calle, no he tenido problemas, me saludan, por ahí me paran y me dicen gracias por la casita en que yo estoy viviendo, o sea, cosas que para mí, por suerte, son las que tienen importancia ¿no? Yo tengo jubilación, algunos me dicen que es de privilegio pero es mentira porque yo me jubilé con la edad. El único privilegio que existía y que también así es la ley, es que yo tenía 30 años de servicio a la nación como metalúrgico, por los descuentos de los puestos en las fábricas donde trabajaba, pero yo tenía 3 años de aportes provinciales y había que tener 10; el privilegio mío fue que no me pagaron la retroactividad y después me fueron descontando hasta que cumplí los 10 años de aportes, ese fue el privilegio; la ley era así y yo a la Caja no la defraudé ni nada, aporté todo como cualquier otro. Pero nadie habla de los 30 que tengo en el orden nacional, 40 años en realidad en que deposité ...*

Era otra época, había peleas y peleas entre el gobernador y qué sé yo. MB era un hombre bueno, como le dije. Yo creo que su problema físico lo hacía un poco ingenuo, vulnerable. Yo, ya le digo, me iba en las mañanas y le leía las cosas, el hijo era el sinvergüenza, imagínese, cuando el Viejo sacaba la cartera, el hijo, el grandote, delante mío, le decía, che Viejo no me dejés sin plata. Sí, ese que ahora está en Estados Unidos, es el que le ha hecho juicio a un general, en Buenos Aires, a Suárez Mason. En la cárcel estuvimos los dos, en La Plata. Yo estaba siempre castigado, no me dejaban salir de la celda, en cambio él ... ¿cómo era que le llamaban a los que hacían ese laburo? De los que iban a la cantina a comprar, yo le decía, traeme cosas pero no me cagués, traeme la cantidad que te pido, era un bandido. Después, él estaba en la celda de enfrente y me decía me voy, y yo le preguntaba adónde te vas y él, me voy a Francia, ¿así que te vas a Francia? Sí, me voy a acordar de vos, me voy a tomar unos whiskys en tu honor ... salió después que yo. No sé con qué huevada lo conectaban con los aviones de la gobernación, se ve que alguna gente ha llegado de Rosario, alguno debe haber hablado, lo mandaron hasta las bolas: lo terminaron llevando a Rosario y yo me enteré que salió mucho después. Y yo no cumplí la condena, porque en primer lugar había planteado el problema ese de la Corte, no llegué a cumplir el consejo de guerra, a mí me conmutan la pena, estaba Viola de presidente ¿por qué?: porque aprovecharon a un español y a un francés que les conmutaron las penas y como yo estaba allí me conmutaron la pena a mí también, yo creo más que nada fue por la presión del indulto, como yo estaba acá en Mendoza, estuve también en Salta, estuve en La Plata, en Resistencia, me paseaban por todos lados y siempre que nos sacaban nos cagaban a palos. Cuando volvíamos lo hacíamos como señoritos pero cuando salíamos para qué le voy a contar. ¿Y yo a quién me le iba a ir a quejar por el lugar al que me llevaban? Bueno, a pesar de que me conmutaron la pena yo sigo el juicio ante la Corte Suprema. Me dijeron, no, pero si usted está libre, y yo, no, no, yo quiero que me digan por qué me hicieron consejo de guerra a mí. El abogado que era el doctor Camus, el hijo del que había sido gobernador de San Juan, me llevó a ver al presidente de la Corte, Gabrielli se llamaba, nada que ver con el ganso mendocino, era un cordobés y también me dijo usted está loco, si está libre para qué. Y yo insistía, pero es que yo considero que a mí me han hecho mal un consejo de guerra, yo quiero que me lo anulen eso, ¿por qué me van a hacer consejo de guerra a mí? Cuando me llevaron a La Plata me pusieron un sello en mi carpeta como que era subversivo y yo les decía no, no, no, peronista, no le terminaba de decir que a la mierda, me cagaban a palos y me llevaban al calabozo. No dije más nada, al final pensaba que pongan lo que quieran. Un sello enorme: subversivo. Yo soy peronista, qué subversivo, pero lo que yo no entendía era que para los milicos era lo mismo, nos ponían a todos en la misma bolsa, peronistas, Montoneros, comunistas, todos eran subversivos, yo era subversivo.

    En ese tiempo, Dios me ayudó a que no fuera un desaparecido. Porque a mí el hecho de haber sido Conintes me dio la oportunidad de conocer a muchas personas, alguno de ellos, muchachos que han muerto, otros, como los fundadores de las FAP, yo los conocía a todos. Si se les resbalaba mi nombre yo era boleta. He tenido la suerte de que eso no pasara y además ya tenía la experiencia. Hay que ser buen preso, solidario, calladito, porque cuando me llevaron a La Plata yo creía que iba a ser como en el Plan Conintes ¿no? que uno podía hablar, nosotros estábamos en Magdalena y cantábamos la Marcha cuando se iba uno. En La Plata uno que se iba dijo, compañeros, hasta la victoria final y lo metieron derechito de vuelta al calabozo, cuando lo vimos después de un mes decíamos, ¿cómo no se había ido éste? Sí, con el gritito ese se fue al calabozo, por un mes. En La Plata cuando uno salía al patio si alguien le decía compañero, salía corriendo, eeeh, la puta, tenemos miedo hasta de decir compañero, che. El régimen en La Plata era atroz y el calabozo era peor, por supuesto.

Sí que hubo tiempo para hacer cosas. Se hizo el parque industrial que está todavía, en Luján. Esa fue una idea de MB, yo lo apoyé. Y en la Legislatura se aprobaron muchas leyes pero una, principal, fue el impuesto a la vasija vinaria. Nosotros en marzo del 73 y 74, cuando viene la cosecha, se nos presentan los empresarios entre comillas, los vivos en letras grandes, y nos dicen que no tienen vasijas vinarias, que había mucha producción pero que no había vasijas, por lo tanto había que tirar la uva. Entonces agarramos y sacamos una ley de inspección para las vasijas vinarias que existían y un firme impuesto para aquellos que no usaban las vasijas. Resultado: no se tiró un solo gramo de uva. Tampoco, por supuesto, se impuso ninguna multa. Con esta sola ley se solucionó todo el problema de la cosecha. Otro proyecto que no se terminó de hacer era respecto a los empleados del Estado. Yo era de la idea de declarar en comisión a todos los empleados del Estado, y mire que yo venía de un gremio. Pero yo no concebía que los empleados del Estado tuvieran más beneficios que los que producen; por lo menos que los beneficios fueran iguales, pero no mayores. O sea, que los que trabajan en funciones de servicio no pueden tener más que los que generan riqueza. Y acá, ¡mama mía!, los empleados no querían saber de nada. El criterio desde la Legislatura era declarar en comisión a todo el personal. Póngale que se necesitaba un chofer en alguna repartición y este chofer trabajaba en Vialidad usted no lo podía sacar de Vialidad para ponerlo en otro lado donde lo necesitaran. ¡Pero si era todo eso el Estado! La idea que surgió entonces, y no se concretó, fue hacer un único estatuto del empleado público: único, es decir, donde sí existían ramas, sanidad, vialidad, etc., pero un solo estatuto que estableciera que nadie superara los beneficios que tenía el sector privado, nadie. Si el sector privado tenía 20 días de vacaciones, el público no tenía por qué tener 30. Como le dije yo era gremialista y tuvimos con los míos buenos enfrentamientos. Los empleados me venían con que limpiar las acequias era trabajo insalubre y yo les preguntaba pero por qué trabajo insalubre ¿por qué limpiar las acequias es trabajo insalubre?

Otra cosa que no concibo yo es que en una municipalidad, vamos a hacer números redondos, que de mil personas haya ochocientos en las oficinas y doscientos en las calles. Tiene que ser al revés porque para eso la gente paga. No se llegó a concretar eso porque vino la intervención, no lo siguieron ... Hubiera sido una buena solución, sin echar a nadie, pero dando funciones adonde realmente se trabaja y después para aplicar este estatuto se necesitaba requerir condiciones, también, porque esto era una joda como eso del que decía que el que limpiaba acequias estaba haciendo trabajo insalubre, el mismo tipo después de 6 meses iba a una oficina y no mucho después era jefe, qué quiere que le diga, eso era una joda bárbara. ¿Por qué? por los políticos que los apoyaban. Fíjese, en este proceso, que se ha dado en estos últimos tiempos, los que mejor parados han quedado son los del Estado. Porque no sufrieron lo que sufrieron los gremios privados con los cierres de fábrica, de trabajo en negro, de pago en negro. Está bien, no habrán tenido aumentos: que se necesita tener un mejor salario, de acuerdo. Pero a estos otros se les cerró la fábrica, tienen que ir a ofrecerse por 2 pesos y todo eso y estos son los que le van a generar la riqueza. Yo digo que los estatales deben estar bien pero no superior a los privados.

Estuvimos solo un año, un año y unos meses, no hubo tiempo. En la Legislatura están todas las leyes que se aprobaron. No, no hubo una pelea entre el Legislativo y el Ejecutivo, salvo el juicio político, pero así con juicio y todo, fuimos aprobando un montón de leyes. Yo creo que la más significativa y que era un verdadero problema, era qué se hacía con la cosecha por lo de las vasijas. Imagínese, nosotros ganamos la segunda vuelta casi con el 80% de los votos, nunca se superó eso, pero con esa popularidad, a la primera de cambio, la riqueza de Mendoza, la uva, iba a terminar en las acequias. Fue un trabajo bien elaborado, con el apoyo de todos los bloques. El Poder

Ejecutivo inmediatamente promulgó la ley porque muchas veces chicanean, la demoran, no sale. Pero no con esta ley hubo una gran firmeza de entrada y esa es la que yo más recuerdo y de la que me siento más orgulloso. Algunos pocos días se dieron en que la Legislatura y el gobernador estuvieron inactivos, pero fueron los menos. Con todas las situaciones que existieron, a pesar de eso, se hicieron un montón de cosas. Hubo sí una fuerte pelea ideológica entre el mismo peronismo. Yo no discuto que la gente que apoyaba a MB no era peronista, pero los de la Tendencia se daban mucha manija y nos decían que nosotros éramos la patria metalúrgica, gremialista, eso era lo que sostenían ellos.

De saldo no me queda nada porque fui un año senador y un año vicegobernador y estuve ocho años preso, así que saldo, bienestar... ¿satisfacción personal? era otro tipo de satisfacción, nosotros queríamos el retorno de Perón, no había condicionamientos para eso, y eso nos unía, nos hacía fuertes porque considerábamos que cuando viniera iba a pacificar al país y aparte era un hombre increíble. Siendo vicegobernador fui a la Casa de Gobierno, me acuerdo de una de las impresiones que me llevé sentado ahí en la primera fila, de chiripa, porque con el asunto del protocolo yo como vicegobernador tenía que estar sentado en determinado lugar y justo vino uno vestido de militar que me pregunta ¿vos sos Mendoza? y le digo sí. Resulta que habíamos estado presos juntos durante el Plan Conintes, en Magdalena. Estaba este tipo, que se llamaba Videla, como jefe de unidad en la Casa de Gobierno. Me pusieron en la primera fila de sillas. Con este capitán Videla, peronista, jugábamos al fútbol y al básquet, después lo ascendieron a teniente coronel y lo habían metido preso en Magdalena por haber participado en la revuelta de Iñíguez en los años sesenta. Al final me tuve que ir para atrás porque con los reflectores y todo eso hacía un calor de la gran siete ... cuando me di vuelta y lo vi, todo de blanco, con el uniforme militar ... se le caen las medias a uno ... y habló sobre el plan quinquenal, un plan bien orgánico ... quién sabe lo que es el destino, si hubiera llegado al 76, por ahí lo mataban, uno nunca sabe, hubo mucha violencia ... fíjese que después de mi negativa a López Rega cambió todo. Yo era de las 62 y tuvimos una reunión donde pedimos la salida de López Rega del país, que se fuera, que renunciara al cargo. El asunto es que yo llego al aeroparque y una persona me está esperando, me dice vení por acá. Salí por atrás de los aviones porque estaba pedido. Estaba pedido, así que imagínese, en dos días cambié tres hoteles, después me fui a la casa de un compañero. O sea el no haberle dado el sí a López Rega, que lo que quería era armarme el gabinete, me causó todo el problema. Estábamos discutiendo a MB por eso de que le armaron el gabinete y él me venía a pedir que yo hiciera lo mismo. Yo le dije bien claro: yo lo que tengo que hacer es ir al Partido Justicialista y decir, para ministro de Gobierno, mándenme una terna y yo voy a decidir, entre los tipos que yo conozca, quién va a ser ministro de Gobierno. A mí me parece que eso es lo correcto, al menos en aquel momento. Después el peronismo se fue transformando, que entran los independientes, que entran los Cavallos y todo y cada vez estamos peor.

Si pudiera cambiar algo, me hubiera gustado estudiar más. Cuando yo era muchacho siempre había quilombo con la policía y yo estaba metido ahí. Yo fui un tipo de la Resistencia ... me hubiera gustado ser más estudioso, estudiar más. Yo fui, cuando estaba con Vandor y con Lorenzo en los metalúrgicos, y propuse la creación de una universidad y estos me miraban como diciendo, éste se volvió loco. Yo les decía, pero no, escúchenme, los empresarios están preparando gente, abogados, todo, para ir contra nosotros; preparémonos nosotros también, los hijos nuestros, para discutir en un pie de igualdad, en su mismo nivel, les decía. No me hicieron nunca caso. La Universidad del Congreso está comprada por Pescarmona, por Terranova, todos esos grupos empresarios mendocinos y ellos tienen un plan para diez años por lo menos. Pescarmona es creador también de las cooperativas obreras, o sea, donde les dicen, trabajen para mí, tomen, páguense la jubilación, yo les presto las máquinas pero me llevo el bocado de todos ¿qué plan puede ser ese para los mendocinos? Lo que está haciendo es un plan para sus propios intereses. Bueno, en relación a eso, yo les decía a mis compañeros, prepárense, hagamos algo porque después nos van a robar.

En fin, yo tengo fe en el presidente que han elegido. A mí me han dicho que eso de que es un chirolita son huevadas; el tipo tiene carácter. Por lo menos a mí me gustó que haya nombrado ahora a Cepernic, el último de los gobernadores de aquella época, es un buen gesto porque no hay que olvidarse de lo que fue ese pasado, lo que significó ...

Papeles de la hemeroteca

No será el invierno del cinturón ajustado de Álvaro Alsogaray pero este de 1973 que lleva once días en funciones requiere del nuevo gobierno provincial cierta frugalidad que los compañeros de la Tendencia, quizá menos verdolagas que consecuentes en cuestiones administrativas, asumen con celo franciscano. De todos modos, los otros, los que no pertenecen al palo, necesitan que se los sujete y nada mejor que don Alberto para que les pare la mano. El gobernador les envía entonces una comunicación a sus ministros para que se haga extensiva a la totalidad de los ámbitos de la administración en la que se insta a poner en práctica las pautas de austeridad a que se refiriera Cámpora desde el momento mismo de su asunción. MB insiste en su nota que por ejemplo el uso de viáticos, viajes y la utilización de vehículos oficiales debe tener el sello peculiar y ecuánime de su gestión de gobierno. Esta conducta pretende favorecer la articulación de los puntos del Acta de Compromiso del Estado que van a firmar los gobernadores el 2 de agosto en Buenos Aires.

El 31 de julio se aprueba la ley que otorga 20 mil pesos adicionales a los empleados públicos. El proyecto llega de la Cámara de Diputados y trata del aumento de los 20 mil pesos. El tratamiento en el Senado lo pide Ricardo Lauzón (justicialista) a quien apoya Raúl Bustos Morón (demócrata). El proyecto es aprobado por unanimidad y se aplica con retroactividad al 1 de junio.

El 5 de agosto los maestros elogian al gobernador. La comisión directiva del Sindicato del Magisterio de Mendoza agradece las palabras que expresara MB en alusión a esa organización gremial en el acto de asunción del nuevo Director General de Escuelas: "La paralela y concreta evidencia de que el gobierno va produciendo hechos que corroboran sus palabras, afianza nuestra gratitud y amplía nuestra esperanza en los compromisos que asume usted con relación al proceso educativo presente y futuro. Dejamos en pie el deseo de que nuestro gobernador siga hablando el idioma claro y recto del pueblo (…)"

El gobierno continúa dictando leyes que se anunciaron durante la campaña. El 6 de agosto se decide el aumento de las asignaciones familiares de los empleados provinciales. El monto se eleva al 40%, según el decreto 1.623, que aplica lo dispuesto por el artículo 2 de la ley provincial número 3.917 y que autoriza a adecuar las asignaciones familiares a los montos fijados en la jurisdicción nacional. La medida incluye además, el incremento de 200 pesos mensuales, otorgados por la misma ley. Estas normas regirán retroactivas al 1 de junio del corriente año.

El 7 de agosto Carlos Arturo Mendoza, ante la ausencia de MB que anda de viaje por Buenos Aires, preside una reunión en la que se planifica un gasoducto que uniría Mendoza, San Juan, San Luis y Córdoba. Están presentes el secretario general de la Dirección de Industria y Comercio Interior de la Nación Roberto Sanzone, el ministro de Economía, Sebastián Baztán, el presidente de Giol, Esteban Popón y otros funcionarios. El gasoducto beneficiaría a importantes centros industriales. En el caso de la provincia proveería combustible barato a El Nihuil y al parque petroquímico de Luján.

MB regresa a Mendoza luego de una visita al ministerio del Interior en Buenos Aires donde, junto a los otros gobernadores, se lo instruyó acerca del esperado comportamiento de los mandatarios provinciales en las próximas elecciones nacionales. El papel de los gobernadores debe ser de prescindencia absoluta para asegurar la limpieza y sentido democrático del acto comicial. Don Alberto informa que trató algunos puntos relacionados a su gestión y a la proclamación de la fórmula Juan Perón e Isabel Martínez por el congreso justicialista. Los problemas políticos de la provincia que fueron discutidos, según su opinión, están todos solucionados y por si fuera poco, se explaya: "no hay problemas políticos en Mendoza ni en el país. Las pequeñas rencillas, que ni serían rencillas siquiera, sino distintas maneras de enfocar las cosas aquí en Mendoza, han quedado solucionadas. Hay que trabajar para que Perón sea presidente de la república por la mayor cantidad posible de votos [¿y la prescindencia?] Por otro lado el plan de emergencia presentado por la Provincia a la Nación, destaca el gobernador que ha sido muy bien recibido en Buenos Aires y que otras provincias se aprestan a seguir el ejemplo mendocino.

Durante la ausencia, don Carlos Arturo, en ejercicio del poder ejecutivo, parece haberlo primereado con el cambio de interventor del Casino de Mendoza por disposición propia. MB desconoce totalmente la problemática suscitada a partir de este cambio.

El Sindicato de Obreros y Empleados Públicos continúa enfrascado en la lucha por un justo Estatuto que los mantiene en estado de alerta desde hace varias jornadas. El 8 de agosto y en solo dos horas **organiza el primer paro que se verifica en todo el país a las autoridades que asumieron el 25 de mayo,** abandona las instalaciones de la Casa de Gobierno y organismos descentralizados a partir de las 12:00 y congrega una multitud de afiliados frente a la Legislatura provincial (unos 2.000). Allí se entabla diálogo directo con una comisión de diputados que se compromete a no tratar el estatuto sin previa comunicación al gremio. La comisión de diputados invita a los dirigentes sindicales a que integren la comisión bicameral que estudiará el proyecto.

Pasa casi una semana y el asunto del estatuto del empleado público no cede. El 14 los afiliados al SOEP realizan un paro de dos horas al enterarse de la modificación y tratamiento por la Cámara de Diputados del artículo 2do. del mencionado estatuto sin previa consulta con el gremio. Hay río revuelto y los que observan el bolonqui sin participar de modo directo no alcanzan a formarse una opinión sólida, informada y mucho menos inequívoca acerca de un problema que no debiera existir entre los trabajadores y un gobierno que proclama representarlos. Así las cosas, los sindicalistas Luis María Vázquez y Alberto Carrizo, delegados del SOEP, convocan a una conferencia de prensa donde ratifican la oposición del gremio a unas modificaciones impuestas por la cámara alta al proyecto original enviado por el Poder Ejecutivo de la provincia. Los gremialistas sostienen: "La única garantía que se nos da no es a través de una ley sino de la palabra de legisladores como Boris, Montoro, Mendoza y el secretario Díaz que afirman que lo que vale es el espíritu del estatuto. Pero sobre esto podemos recordar dos frases de Perón, cuando afirma que *la Constitución debemos interpretarla por su letra y no por su espíritu* y cuando asegura que *los hombres son buenos, pero más cuando se los vigila*". Asimismo reconocen que el gremio está dividido, que hay marchas y contramarchas e intereses creados que favorecen la confusión aun entre los mismos afiliados. Obviamente hay sectores que responden al presidente del Senado, que es el vicegobernador y que actúan sin comunicar sus decisiones a los representados. Vázquez también denuncia que la Cámara de Diputados, la semana anterior se había comprometido a comunicar al SOEP el día en que tratarían el artículo 2do. cosa que no hicieron hasta las 20:00 de ayer, por lo cual el sindicalista reafirma que "no se puede tener como garantía de estabilidad de los estatales la palabra de los legisladores cuando incluso se olvidan de promesas hechas públicamente. No aceptaremos bajo ningún punto de vista que se lesionen nuestros derechos, sea con buenas intenciones o malas leyes".

Una cosa es ser parte de un gobierno popular y otra situarse en las barricadas, simbólicas o reales, de una oposición de izquierda. Eduardo Zannoni es un hombre de la Tendencia que precisamente por tal necesita sincerarse, explicar a su base de sustentación, o sea, cómo es que la administración peronista quiere hacer pasar un estatuto que a partir de su letra (su artículo 2do.) no garantiza en forma incuestionable la estabilidad de los trabajadores públicos. Seguro que con esto en mente concurre a responder a algunas preguntas de los periodistas acreditados en la Casa de Gobierno:

P: —¿Cuál es la opinión del ministerio de Gobierno respecto de la huelga decretada por SOEP?

Z: —*El gobierno provincial garantiza el derecho de huelga que, en el marco de la Constitución y la ley, constituye una conquista de la clase trabajadora. Sin embargo, como el ejercicio de todo derecho debe darse en un plano racional, cabe preguntarse contra quién luchan los trabajadores del Estado en este caso, o qué es lo que atacan ...*

P: —Se afirma que, de sancionarse el proyecto de reforma al Estatuto del Empleado Público que propone el Senado, se producirían cesantías masivas o se dejaría al gobierno con las manos libres para vulnerar las conquistas logradas.

Z: —*Vea (...) respetando las opiniones que se vierten por todos lados, le respondo: el gobierno popular de Mendoza pretende representar a la clase trabajadora. No se trata de la dictadura militar. El profundo pensamiento y la doctrina justicialista no se compadecen con los trascendidos que pretenden prefigurar la imagen de un Estado que está dispuesto a cesantear masivamente o a arrasar con los trabajadores de la administración pública. Muy por el contrario: el Poder Ejecutivo no va a desconocer los derechos, entre ellos la esta-*

bilidad, que tras sus luchas consiguieron consolidar los trabajadores del Estado.

P: —Sin embargo, se dice que algunos jefes de reparticiones habrían alertado a su personal de que la huelga evitará que ellos pierdan las normas protectoras de la estabilidad.

Z: —*Eso es absurdo. Si bien el proyecto que tiene media sanción del Senado no coincidirá exactamente con el proyecto de reformas al Estatuto que fuera elaborado por el Poder Ejecutivo con la participación de los gremios estatales, de ninguna manera afectaría –y que quede bien claro esto– la estabilidad del empleado público. La carrera administrativa queda garantizada. Los jefes a que ustedes aluden, de adoptar esa actitud, y si fuese verdad que instan al personal a su cargo a que abandonen sus tareas, estarían atentando no solo contra la libertad de trabajo sino que, quizás, estarían también actuando por móviles que en nada coinciden con los intereses de los trabajadores del Estado, ya que responderían más bien a la intención de los enemigos del gobierno de provocar una situación política conflictiva. El gobierno, es verdad, necesita en los cargos directivos, es decir en todos aquellos que suponen un nivel de decisión política, a hombres de su confianza. No puede tolerar que, como ocurre en la actualidad, esos niveles de decisión estén todavía en muchos casos ocupados por funcionarios que representan ideas extrañas al justicialismo y que desde el comité lo combaten o pretenden hacer fracasar. Esta infiltración debe ser combatida decididamente y, si un estatuto dictado menos de una semana antes del 25 de mayo pretendió condicionar al gobierno popular por la dictadura militar, ese gobierno popular tiene todo el derecho de desmontarlo. Los compañeros trabajadores del Estado no pueden caer en la trampa de creer que, porque el gobierno quiere disponer de estos cargos, sus derechos o conquistas estén peligrando.*

P: —En realidad no se imputa esta intención al Poder Ejecutivo sino al Senado, contra quien iría dirigida la huelga ...

Z: —*El gobierno popular es uno solo. Los compañeros legisladores, los senadores del bloque justicialista, en particular, participan del pensamiento del general Perón. Las decisiones adoptadas por los compañeros legisladores, como la constitución de la comisión bica-*

meral, tienden a lograr que, mediante un estatuto, se afiance una legislación.
[H.D.: Más claro echale agua, Negro. Se ve que el ejercicio real de gobierno conduce a convenios (con el Senado, controlado por el Gordo Mendoza) que celebrados en el fragor de la función, los pocos compañeros nuestros en la administración, pensaban que les sería permitido sobrevivir. Suave error o especie de agachada, como más te guste. De los laburantes hay dos baluartes: los que menciona Zannoni que le hacen el juego a gansos, radichetas, promilicos y chupacirios y los que no quieren de modo alguno que les vengan con promesas ostentosas que van a ir a parar ya sabemos dónde, en especial en unos cuantos meses, cuando no quede ni uno de los buenos en el gobierno, ni siquiera nuestro querido Viejo local. El decreto pasa el 15 de agosto con 25 votos (justicialistas) a favor y 14 en contra (demócratas y radicales) El diputado de la Tendencia Eduardo Molina no se deja usar por la reacción encarnada en gansos y radichetas pero confiesa que "por disciplina del bloque, mi voto es afirmativo", pero bien podrían irse todos al carajo, parece sugerir. Julio Crimi[7], en tanto, declara, "le aseguro al pueblo de Mendoza que el gobierno popular no va a cometer ningún tipo de injusticias con el trabajador que es capaz y que ha ascendido de acuerdo a sus virtudes. Solo deben temer los que asaltaron el cargo público y que entraron por la ventana. Es bien sabido que en los últimos años han ingresado muchos sin merecimientos y con favoritismo. Tengan plena seguridad que habrá justicia" Pasa así el proyecto al poder ejecutivo para su promulgación.]

El 14 de agosto MB, luego de firmar el acta de cesión de un terreno para el funcionamiento del Juzgado General de Mendoza, se traslada a la dirección de Construcciones junto a su secretario privado para reunirse con el titular de la misma, Pablo Márquez, e informarse sobre la reestructuración de esta repartición. El señor Márquez, entonces, está en plena ejecución del plan de emergencia, cuyos puntos más importantes son crear fuentes de trabajo (una fábrica de bloques a instalar en el barrio Virgen del Valle); construir nuevos edificios escolares y salas

---

[7] Julio Concetto Crimi es un viejo peronista de la Resistencia, leal como pocos al gobernador y amigo de la Tendencia.

de primeros auxilios, y el autoabastecimiento de ripio para la repartición.

La regional IV de la Juventud Peronista convoca el 18 de agosto a una conferencia de prensa, según el *Mendoza*, en la que se refieren a un incidente entre el vicegobernador y el vicepresidente primero de la Cámara de Diputados, Eduardo Molina. Se infiere que el Gordo perdió los estribos unos días atrás. Los jóvenes señalan que don Carlos Arturo "olvidó su investidura" y le piden que "vuelva a la cordura para no caer en el juego que nos quieren tender las fuerzas oscuras de la antipatria". A los muchachos les gusta parafrasear a Perón, entonces nada mejor que agregar: "mandar es obligar, gobernar es persuadir, y al hombre es mejor persuadirlo que obligarlo". Los dichos del Viejo mayor vienen siempre bien, para cualquiera. A pesar de todo, véase cómo nos esforzamos en tender la mano, poner la otra mejilla, aunque las consignas en nuestras movilizaciones parezcan infiltradas y con "fines inconfesables". La regional denuncia asimismo garrotazos derechosos recibidos en los últimos días, como el secuestro y torturas a los miembros de la JP de San Rafael Cirilo Heredia y Teresa Guardia; el secuestro y la agresión del adherente a la JP de Tupungato, Enrique Ramón Frecina y los atentados con armas de fuego contra los diputados nacionales Armando Croatto y Roberto Bustos. Por último declaran su "total acatamiento a las directivas de Perón; el apoyo, defensa y control al gobierno de Mendoza y el aporte militante a la etapa de reconstrucción y liberación nacional y social". Qué rabia que da, todavía hoy.

Los compañeros en funciones pretenden ganar el favor de los docentes a como dé lugar con medidas que podrían evaluarse como progresistas: que sean ellos mismos los que elaboren la legislación educativa. En la sala de situación de la Casa de Gobierno el 20 de agosto se celebra una conferencia de prensa con motivo del Seminario de Educación. Preside MB y se hacen presentes también varios funcionarios del área docente. El gobernador anuncia que esta es una manera de hacer llegar la revolución a la educación. Por su parte, Julio Carricondo, asegura que el ministerio de Educación "ha interpretado el viejo anhelo de la docencia al permitirle expresarse sobre la problemática docente y elaborar su propia legislación". El subsecretario de

Educación añade que están invitadas a participar todas las instituciones y personas que así lo deseen, no solo los docentes.

El 21 de agosto otra vez hace su ominosa aparición la yunta de palabras "juicio político" en torno a don Alberto. Ahora es el jefe de la bancada gansa, Alberto I. González, con sus adláteres, el diputado Arturo Barrera y el senador Alfredo Mestre. La vuelta anterior lo intentaron impugnando la intervención justicialista a Irrigación, ahora acusan al gobierno de pagar con fondos del erario público propaganda partidista. El grupo representante de los demócratas pide la presencia de Zannoni en la reunión del cuerpo legislativo que a realizarse el 29 de agosto para que informe sobre lo que se denuncia. González no se va a dar por vencido así nomás. Advierte que "en el supuesto caso que el proyecto de juicio político sea rechazado con el voto del sector mayoritario, el asunto se orientará a la investigación personal". Para hacerse el generoso el diputado González señala que la invitación a Zannoni es para darle la oportunidad de que explique la situación. Y así y todo, si hubo intervención indirecta del gobierno, lo mismo la maniobra es dolosa y por lo tanto alguien ha de pagar su culpabilidad.

El 26 de agosto se declara al departamento de San Carlos capital de la tradición. El gobernador preside los actos que dan cierre a la Semana Blanca de Pueblo, Sol y Nieve, cuyas actividades han sido auspiciadas por la Dirección Provincial de Turismo. Están presentes los intendentes de San Carlos y Tunuyán y también autoridades religiosas y las reinas de la vendimia y de la nieve. Finalizada la ceremonia MB y las autoridades municipales se trasladan hasta el que fuera el Fortín San Carlos donde se practica el bautismo del séptimo hijo varón de la familia Donaire. Luego, el intendente de San Carlos, Francisco Marinelli, en la plaza departamental, adopta tono telúrico y lee los decretos por lo cuales ese espacio pasa a ser llamado "José Hernández" y San Carlos, "Capital de la Tradición".

Se anuncia en la misma jornada que los habitantes de la cabeza de Goliat –los ombligudos porteños– tendrán en breve la oportunidad de escuchar un ciclo de conferencias sobre nuestra provincia auspiciadas por el gobierno de don Alberto. Se trata de dar a conocer la problemática mendocina y sus posibilidades. La primera conferencia estará a cargo del ingeniero Florencio Casale, quien se referirá a la importancia de los recursos mineros en el futuro nacional. Esta primera disertación contará con la presencia del gobernador.

El último día de agosto trasciende que la pugna entre MB y Mendoza alcanza picos que, se sospecha, se van a tornar irremontables. El ministerio de Interior nacional ha convocado en Buenos Aires a los dos y los dos viajan, separados. De vuelta en la provincia, el Gordo Mendoza llama a una conferencia de prensa en su despacho en el edificio de Sarmiento y Patricias Mendocinas. Llega lo más pancho, un poco atrasado pero de buen ánimo, vestido de sport y portando en su mano derecha copias de una declaración en torno a la convocatoria formulada por Interior Nacional. El vicegobernador, antes de entregar su versión de los problemas, declara que "tanto por la cantidad de pedidos de informes como por las críticas que han tomado estado público, las dos carteras cuestionadas son las de Gobierno y las de Cultura y Educación ocupadas por los doctores Eduardo Zannoni y Francisco Reig". Se reproduce a continuación lo más saliente del comunicado:

Declaración de Carlos Arturo Mendoza en la tarde del 31 de agosto de 1973

Frente a ciertos trascendidos vertidos por la prensa y a algunos interrogantes que parecen haber surgido en el pueblo de la provincia, y con el objeto de dar una información amplia, veraz y concreta a la opinión pública, el vicegobernador de Mendoza hace saber lo siguiente:
—*El día 23 de agosto pasado, entre las 11 y las 12, mantuve una entrevista con el jefe del Movimiento Nacional Justicialista, teniente general Juan Domingo Perón, juntamente con los compañeros Florentino Cortez, ministro de Bienestar Social; Héctor Masini, subsecretario de Promoción y Vivienda; Lisandro Zapata, secretario adjunto de la Unión Obrera Metalúrgica –seccional Mendoza– y José Rucci, secretario general de la CGT.*
—*En el transcurso de la misma, el líder y conductor del pueblo argentino nos expuso con todo detalle las grandes líneas que orientarán la acción del peronismo en función de gobierno en esta etapa de*

la lucha por la liberación, así como las medidas y pautas concretas que a nivel internacional, nacional y provincial y en las áreas económica, social y política, habrán de conducir al logro de los objetivos propuestos, con los que, como trabajador y como peronista, me encuentro absolutamente identificado.

—*El día 30 de agosto, a las 12, concurrí al despacho del señor asesor de gabinete del ministerio, doctor Deheza, para mantener una entrevista con el subsecretario de Interior. En conocimiento de que el señor gobernador ya se encontraba en dependencias del ministerio de Interior, el doctor Deheza lo hace llamar, informándosele en ese momento que el gobernador de Mendoza no había esperado la reunión conjunta con el suscripto y el subsecretario de Interior, y ya se había retirado.*

—*No obstante ello mantuve una extensa reunión con el doctor Guillermo K. López, quien me impuso de la inquietud existente a nivel nacional por la marcha del gobierno de Mendoza, que no refleja en plenitud la voluntad peronista masivamente manifestada el 11 de marzo y 15 de abril, ni la dinámica de acción revolucionaria que, a juicio del gobierno nacional, exige la actual situación del país.*

—*El subsecretario de Interior hizo especial hincapié en la necesidad de que el PE provincial arbitrara las medidas a su alcance para realizar todos los cambios necesarios en el gabinete, que permitan darle al gobierno de Mendoza coherencia y eficacia en su acción, y la imagen peronista que el pueblo de Mendoza y todos los sectores del movimiento peronista exigen.*

—*Esa reestructuración, en opinión del Ministerio de Interior, debía hacerse de común acuerdo entre el gobernador y vice de Mendoza, por lo cual se nos había invitado juntos.*

—*En el día de la fecha, a las 11, el doctor Deheza, por especial encargo del doctor Guillermo K. López, me informó telefónicamente que en virtud de no haberse podido realizar la reunión conjunta por no haber concurrido el señor gobernador, en el día de ayer, a las 18, el gobernador de Mendoza fue citado por el ministro de Interior, doctor Benito Llambí, quien le hizo saber, tal como se me manifestara a mí horas antes, que a juicio del gobierno nacional y del Movimiento Nacional Justicialista, en la provincia de Mendoza deben realizarse a nivel de gabinete los cambios necesarios ya referidos en esta declaración.*

En mi calidad de vicegobernador de la provincia, desautorizo y desmiento cualquier versión de estos hechos que no se ajusten exactamente a lo expuesto en esta declaración.

Los periodistas cebados por el aroma embriagante de la sangre se trasladan de inmediato a la Casa de Gobierno para escuchar lo que don Alberto tiene que decir del asunto:

P: —Señor gobernador, a su regreso de Buenos Aires usted no hizo ninguna declaración vinculada con un pedido o sugerencia del ministro de Interior en el sentido de que se vería con buenos ojos una reorganización del gabinete provincial, para adecuarlo a los postulados justicialistas. Esa revelación la ha hecho el vicegobernador, en una conferencia de prensa de la cual usted ya tiene amplio conocimiento. La conferencia de prensa deja entrever una discrepancia entre el gobernador y el vice, que usted reiteradamente ha desmentido.

MB: —*La verdad es que a mí en ningún momento el ministro me ha impuesto ningún cambio de gabinete. En primer lugar, porque el ministro es muy respetuoso de la autonomía de las provincias. En segundo lugar, por el hecho de respetar la Constitución. El general Perón acaba de recalcar, en su último discurso, y lo dice siempre: primero la Constitución y la Constitución sobre todas las cosas. De manera que le digo con toda honestidad: el ministro no me ha impuesto a mí nunca un cambio de gabinete y menos en este último viaje.*

P: —Usted dijo que se habían tratado aspectos de la economía provincial y nada de cambio de gabinete. ¿No recibió alguna sugerencia sobre cambio de gabinete?

MB: —*Los gabinetes, no solo el de Mendoza sino los de todas las provincias, están sujetos a cambios de acuerdo a cómo se va desenvolviendo la marcha de los gobiernos. En Mendoza puede haber algún cambio, indudablemente, pero no en este momento. Sobre todo a tan pocos días de una elección no vamos a producir nosotros un cambio de gabinete. No hay ninguna necesidad de hacerlo. Si la hubiera, lo haríamos, pero nuestro gobierno se está desenvolviendo, creo yo, aunque es un poco pedante decirlo, con muy buenos resultados. Tan buenos, que ayer mismo el señor ministro me invitó a que haga una conferencia de prensa en la Casa Rosada para que yo diga a los medios de difusión lo que estamos realizando en Mendoza en esta última semana. Por ejemplo: las obras de defensa aluvional (un peligro que amenazaba permanentemente a la ciudad de Mendoza y a Chacras de Coria). Otra cosa que informé fue la iniciación del parque petroquímico. Y el ministro vio con gran satisfacción la iniciación de las obras dentro de breves días de aquel viejo anhelo del sur provinciano para la unión de los ríos Cobre y Tordillo. Le aclaré también la confusión que había acá respecto a los seminarios de educación. Conocen ustedes que fue solo un error de interpretación. Algunos pensaron que nosotros queríamos suprimir la enseñanza privada. Ustedes saben que, aclarada la confusión, el ministro Reig se apersonó a los manifestantes que estaban frente a la Casa de Gobierno y la multitud, que hasta hacía poco gritaba contra el gobierno, lo aplaudió y le agradeció, y un sacerdote tomó el micrófono y dijo que todo estaba solucionado y que felizmente trabajaríamos todos juntos. Estuve una hora con el ministro Llambí y se mostró muy satisfecho.*

P: —Carlos Mendoza dijo esta tarde que el subsecretario de Interior había hecho especial hincapié en que el Ejecutivo Provincial arbitrara las medidas a su alcance para realizar los cambios necesarios que den coherencia y eficacia y se respete la imagen peronista que la provincia exige. Esa reestructuración debía hacerse de común acuerdo entre el gobernador y vice, por lo que se los había invitado juntos.

MB: —*En primer lugar el subsecretario de Interior no me dijo eso. En segundo lugar no veo yo que no haya coherencia. Si no hubiera coherencia no se estaría trabajando con el éxito con que lo estamos haciendo, como lo reconocen los mendocinos y en otras provincias, inclusive en el Ministerio de Interior. En cuanto a lo de que la reestructuración del gabinete haya que hacerla de común acuerdo entre el gobernador y el vice, creo que no ha sucedido en ninguna parte. El gabinete es una cosa privativa, exclusiva del gobernador. Si yo, en momentos de formar el gabinete, di participación al compañero Mendoza, como debe ser en un movimiento como el nuestro, para que formáramos el gabinete y no solamente de acuerdo con él sino con el presidente del partido, don Pedro Cámpora, eso fue una facultad que yo me tomé para trabajar en armonía. No es una cosa que yo delegué. No es una obligación. Lo mismo ocurrió en la designación de ministro* de Bienestar Social. Ninguna provincia ofreció a los trabajadores un ministerio. Yo lo ofrecí durante la campaña política porque entiendo que si tanto hablamos de que la clase trabajadora es la columna vertebral del movimiento, no son frases declamatorias, sino realidades. Como gobernador, quise cumplir con esa promesa. Más claro ...

P: —Queremos saber cuáles van a ser las relaciones futuras entre el gobernador y el vicegobernador a raíz de esta pequeña discrepancia

MB: —*Creo que es obligación de peronistas –del señor Mendoza y mía– trabajar por la provincia primero y por el movimiento peronista después. Ni el señor Mendoza ni yo debemos ni podemos dejarnos llevar por caprichos personales. Los problemas de Mendoza debemos solucionarlos aquí en Mendoza; y amigablemente, como hombres de un mismo movimiento, que hemos asumido la responsabilidad de gobernar a un millón de mendocinos. Todos los caprichos y todas las divergencias, que no las hay o no las había hasta ahora –yo recién ahora las empiezo a conocer– son cosas que tenemos la obligación de solucionar en casa.*

P: —Concretamente, en el Ministerio de Interior ¿no se mencionaron los nombres de Zannoni y Reig?

MB: —*No. Solo tuvieron palabras de elogio para el doctor Zannoni por la forma en que había conducido el debate donde se nos acusaba de haber invertido fondos de la provincia en propaganda política.*

P: —¿Usted se va a reunir con Perón?

MB: —*No hay tal cosa. No voy a mantener ninguna entrevista por ahora. El general Perón está demasiado ocupado en este momento para que nosotros le hagamos perder su tiempo en conversaciones en que no tienen importancia para él. Y solamente el hecho de decir "estuve con el general Perón" no beneficia a la provincia. Podrá tal vez beneficiar a alguien ...*

P: —¿Usted entonces estaría en desacuerdo que el vicegobernador lo haya entrevistado al General Perón?

MB: —*De ninguna manera. Al contrario. Lo he felicitado a Mendoza por haber tenido la suerte de conversar con el general Perón.*

P: —¿Usted había solicitado alguna entrevista con el general Perón?

MB: —*No. No obstante, para cualquier peronista es un orgullo y un honor estrechar la mano del jefe del movimiento. Por último, para tranquilidad de la provincia y de los peronistas, no hay ningún problema entre el gobernador y el vice. Queda aclarado. El gobierno se preocupa exclusivamente de beneficiar al pueblo de la provincia.*

Observemos que MB continúa tratando de mantener esa armonía esquiva que no logra hacer pie entre los ventarrones que están ahí desde el nacimiento mismo de la gestión, en su mero núcleo. Sigue a la defensiva ante los desplantes de la ortodoxia que se vale de cualquier instancia para ponerlo en falta. En la entrevista del 31 no le ha quedado otra alternativa que calzarse los guantes, contestar con dignidad y esmerarse por llamar al orden al Gordo Mendoza, aunque siempre con la mano extendida en la denegadora y absurda porfía de no alienarlo. ¿Creerá que es posible rescatarlo de las garras de la pesada de la UOM? ¿O es que lucubra que al preservar el protocolo y los buenos modales su gobierno, aun con sus insalvables contradicciones, podrá salir adelante? ¿Será por eso –para no enemistar a la reacción– que da aquella explicación a los periodistas acreditados acerca de que el gobierno, y en especial el ministro Reig, no tiene ningún interés en abolir la enseñanza privada? ¿Por qué no? Es probable que a Alfredo Guevara le asista algo de razón cuando recela que el Viejo MB, en la primera oportunidad que tenga, nos va a dejar en la estacada. No literalmente, por supuesto; porque don Alberto podrá ser cualquier cosa menos un desleal. Lo que hace es intentar mantenerse a flote en un mar endiablado. A no confundirse que no es tan ingenuo. Además, a esta altura ya se lo puede probar: no es monto, no es del todo de los nuestros y nosotros no queremos que sea del todo de los nuestros. Los montos siempre quieren ir por más, protagonizar y quizá en este reventado momento histórico, por única vez, estén cerca de lo que hay que hacer, pero con esa actitud lo hemos dejado varado al Viejo, solo con un racimo diezmando de funcionarios desprevenidos a quienes, no tan en el fondo, los compañeros montos desprecian. Eso es: ya bien se puede otear su soledad.

En cambio Mendoza, no; Mendoza se siente acompañado. Si bien representa nada más que la cabeza de playa en el desierto mendocino que han colocado los metas angurrientos –como por ahí don Alberto representa, solo representa, la cuña de otros– aunque Mendoza se encapriche en la postura de expulsar cualquier vestigio de la Tendencia en el gobierno, se infantilice en pregonar que no autoriza a nadie que desmienta su declaración, y en este día del encontronazo con el gobernador, lo delate una tozudez rayana en la locura (no quiere reunirse con don Alberto, se niega a cumplir el rito formal de devolverle el gobierno), le lleva esa ventaja inmensa a nuestro Viejo: se siente muchos y apoyado y armado en la guerra mortal a los bolches, por más que caigan en la volteada unos cuantos peronistas decentes.

En el 31 de agosto de 1973 no todas son peleas ya que también en este día se gobierna, como se puede pero se gobierna. El subsecretario de Salud Pública, Luis Loyola, y el director de Medicina Preventiva, doctor Santos Bonsangüe, anuncian una campaña contra la hidatidosis en la provincia. La campaña se lanza en simultaneidad con la reapertura del matadero de Tunuyán, en el que se ha instalado una cerca alambrada, fundamental elemento de prevención contra el principal transmisor del parásito, el perro. Loyola caracteriza la hidatidosis como flagelo endémico del sur mendocino por lo que estas medidas resultan indispensables.

Al día siguiente Carlos Mendoza sigue todavía sin aportarse por la Casa de Gobierno después de la diferencia surgida con el gobernador por las declaraciones de este último. MB aclara: "No me he reunido con Carlos Mendoza porque aún no ha venido. Ni siquiera lo hizo para entregarme el mando. Reasumí por decreto. Lo he invitado a que venga por acá porque no tengo ningún problema personal ni político con él. El problema planteado es de orden interno y se debe resolver aquí, en Mendoza, sin apelar a la instancia nacional y fundamentalmente con buena voluntad, pensando en los intereses de la provincia, no en cuestiones personales que solo entorpecen la acción del gobierno".

El 3 de septiembre, con insistencia machacona, el presidente del bloque de diputados demócratas, doctor Alberto Ignacio González, comienza con vigor su propia ronda de hostilidades contra el sitiado gobierno provincial. Ha decidido remitir a la justicia del Crimen –conforme lo anticipara en reciente sesión de la Cámara Baja en la que fue interpelado el ministro Eduardo Zannoni– los antecedentes que ese sector legislativo califica de propaganda partidista pagada por el gobierno con fondos del tesoro público. González, disconforme con la exposición de Zannoni en la Cámara de Diputados, manifiesta: "La conducta de los responsables del hecho ha sido ratificada por el ministro de Gobierno de la provincia en la sesión del 29 de agosto, de cuyas expresiones dará cuenta la versión taquigráfica respectiva. En virtud de lo expuesto, elevo a consideración de la Justicia del Crimen, los antecedentes del caso a los efectos que hubiere lugar".

Al día siguiente, en la vigésimo sexta sesión de tablas el Senado (recuérdese que tiene la influencia abrumadora de su presidente, Carlos A. Mendoza) aprueba y se transforma en ley un proyecto progresista que prohíbe la discriminación por sexo a cargos de cualquier jerarquía en los tres poderes del Estado. La medida sería extensiva también a las municipalidades, entes centralizados, descentralizados, autárquicos y bancos. Respecto a estos últimos, Antonio Teruel dice que "discriminaban negando el empleo de mujeres. En este sentido la ley repara un daño moral".

El 8 de septiembre MB se traslada a San Rafael, junto a una comitiva importante compuesta por Juan Baztán, Paulino Huerta y el superintendente general de Irrigación, Sánchez Martín. Lo reciben autoridades departamentales en el aeródromo Las Paredes donde sorprende al público que el intendente sanrafaelino Chafí Félix se estreche en un abrazo con el gobernador ya que había habido roces importantes entre ellos en el pasado. Una vez finalizado el protocolo MB recibe las presentaciones de los miembros del comité Prodefensa del Río Grande, encabezado por su presidente, doctor Francisco Navarro, quien señala, "sabemos que la obra del vuelco de las aguas del Río Grande es necesaria pero también sabemos que no se puede demorar ni un minuto más la decisión del gobierno para iniciar esta obra que va a venir a llenar sentidas necesidades de las cuales se han hecho eco todas las fuerzas vivas del departamento. Si es necesario que se grave algo a la agricultura, Irrigación puede hacerlo, porque nadie retaceará su apoyo a la concreción de tan importante obra". Navarro asimismo compromete a las autoridades provinciales el más amplio apoyo, el asesoramiento y la colaboración del comité para llevar a cabo los trabajos finales, a fin de que se cristalice el anhelo del sur mendocino. MB contesta que su gobierno ha conseguido el dinero de Buenos Aires para iniciar la obra, y que aunque todavía no saben cómo han de hacerlo el solo hecho de que el pueblo sanrafaelino haya ofrecido su incondicional apoyo al proyecto augura un final feliz y de éxito para el mismo, porque el pueblo y el gobierno se encuentran en este momento histórico totalmente mancomunados.

El 11 del corriente el diario *Mendoza* informa que el operativo Sabín nacional ha concluido en la provincia. En el quinto piso de la Casa de Gobierno, el Subsecretario de Salud Pública, Luis Loyola, informa sobre el desarrollo del operativo, cuya organización ha estado a cargo del ministerio de Bienestar Social. Se dio término a la operación en los dos días estipulados, administrándose la dosis a 126.878 niños entre dos meses y seis años de edad y a embarazadas a partir del quinto mes de gestación. Se movilizaron 10.000 personas en el nivel provincial para satisfacer las demandas del operativo.

Con respecto al golpe en Chile que desaloja y asesina al presidente constitucional Salvador Allende, don Alberto se muestra en su cara pública cauteloso y dubitativo; más de lo que la Tendencia, los montos, la izquierda radicalizada y moderada y los progresistas de la provincia desearían: "En estos momentos mi opinión como ciudadano no interesa. Solo interesa como gobernador de la provincia. Desde este punto de vista diré que antes que nada soy un hombre que responde al Partido Justicialista y a la doctrina del justicialismo. Ateniéndome a lo expuesto debo decir que el justicialismo, entre sus principios fundamentales, establece la no intervención en los asuntos de otros países y respeta en esencia la autodeterminación de los pueblos. Entonces, como hombre que responde a un partido, a un movimiento y a una doctrina clara y conocida, solo debo decir que el justicialismo respeta, repito, la autodeterminación de los pueblos. Por otra parte, las informaciones que tenemos nosotros no son muy claras ni se conocen fehacientemente los hechos. De tal manera, sería apresurado abrir un juicio definitorio sobre los acontecimientos del país trasandino". Parece que estas declaraciones se las hubieran estado dictando los más moderados entre los ortodoxos del partido. Si estiramos con un toque de exageración sus palabras podríamos decir que como hombre y no como gobernador nuestro Viejo opinaría que el general Pinochet es un magnicida y un asesino de su pueblo. Sin embargo no lo dice, porque juega a la defensiva como lo viene haciendo desde hace un tiempo a esta parte. También se podría argumentar que mejor no dice demasiado porque a ver si todavía se le vienen encima a él (imagínese si no a los "metas" con el apoyo de la milicada conosureña en bloque) Esta vez Perón lo superó por izquierda, solo ese día puntual, aunque después se contradijera mil veces con esos giros campechanos, redundantes que le daba al lenguaje. Para él, el golpe en Chile "es una fatalidad y un mal ejemplo para los países del continente". Al menos eso.

Don Alberto recién se abre un poco más al día siguiente, cuando Perón ya ha dicho lo suyo, legitimando para abajo. En oportunidad de la visita de Carlos Fiorentini, el de la maceta en la cabeza, previo paso por Interior nacional donde Benito Llambí le ha exigido a los compañeros sindicalistas que paren la mano con los ataques al gobierno porque se necesitan todos los votos, incluidos los de la Tendencia. El petiso es tan transparente –aunque en la foto del diario *Mendoza* da la impresión de lo contrario– que no encuentra mejor cosa que descerrajar en la propia cara del gobernador toda la verdad: "el motivo de nuestra visita, compañero gobernador, es el de comunicarle que el domingo se me invitó a que me hiciera presente en el Ministerio de Interior, en donde mantuve una larga entrevista con el ministro Llambí. Allí analizamos diversos aspectos de la situación general de Mendoza, políticos, gremiales, etc. Se me sugirió dejar de lado cualquier situación que pudiera perjudicar el resultado del acto electoral. Y como las diferencias que ha habido no han sido de sectores ni personales y porque estamos dispuestos a cualquier sacrificio por Perón y por la patria, es que estamos aquí. Y MB le contesta comedido [¿qué más puede perder?]: "Compañero Fiorentini, usted no ha hecho sino interpretar un sentimiento que llevo muy profundo, porque nuestro único líder, el general Perón, nos ha enseñado que primero la patria, después el movimiento y luego los hombres. Es muy grato para mí tenerles aquí, porque esta contingencia marca el comienzo de una nueva etapa (…) *Frente al imperialismo que avanza, como lo hemos visto en las últimas horas* [se refiere al golpe de Pinochet] *debemos oponer un peronismo unido, para que los demás se agrupen alrededor de nuestras banderas y de nuestro movimiento*". Fiorentini replicó filosófico: "hay hechos equivocados y hechos que no lo son. Estoy seguro que esto que estamos haciendo no es equivocado". A Fiorentini, entre otros, lo acompaña un tal teniente coronel Pedro Quiroga del Consejo de Planificación Justicialista que, para no dejar dudas ratifica las órdenes de Llambí --y de Perón– a Fiorentini de no hacer olas antes del acto comicial: "lo importante es que el general obtenga muchos más votos que los que obtuvimos la pasada elección y eso solo lo conseguiremos en base a la unidad, verticalidad y organización".

Más genuinos parecen "los 16" quienes también visitan al gobernador en representación de la CGT y afirman que a partir de ahora tiene que haber unidad y que ellos han venido a expresarla en nombre de la confederación regional. Don Alberto los recibe con los brazos abiertos, como lo hace con todos, y se emociona. O sobreactúa: "Desde que soy gobernador esto es lo más lindo que he escuchado". Los sindicalistas aclaran que algunos de los 16 no están ahí porque o se encuentran en los medios de difusión para divulgar las buenas nuevas o están haciendo actos en solidaridad con el pueblo chileno. MB dice finalmente que Allende cayó por la falta de unidad de quienes lo apoyaban y que al peronismo, de ninguna manera, debería pasarle lo mismo.

Durante la misma jornada los representantes del comité prodefensa del Río Grande le envían un halagador telegrama a MB: "Señor gobernador, al emprender Ud. el regreso a la Capital de Mendoza, queremos hacerle presente el júbilo de este comité, ante la decisión de iniciar hoy mismo los estudios que conducirán a una pronta ejecución de las obras para volcar el Río Grande al Atuel. Consideramos que el 8 de septiembre marcará una fecha que puede ser considerada como el Día de Mendoza. La historia ha de juzgar la importancia de poseer un río más en el sistema de riego y producción de energía y para atender las necesidades en permanente crecimiento de nuestra población".

A los intentos de desestabilización por parte del vicegobernador y de la bancada demócrata un nuevo frente se corporiza y suma en abierta oposición contra las políticas del área de Educación del gobierno. Los representantes de la Federación de Padres de Alumnos de Escuelas Privadas acuden el 17 de septiembre a la redacción del diario *Mendoza* para expresar su desacuerdo frente a medidas gubernamentales, algunas en aplicación y otras en trámite de aprobación. Sostienen que tales leyes conducen a establecer el monopolio estatal y que provienen de la infiltración marxista presente en el gobierno provincial. Alegan no defender a los colegios privados pero sí a la familia [*vade retro, satanás*]

El gobierno se defiende a través del ministro Reig quien desmiente categóricamente versiones sobre el propósito de la presente administración de coartar la libertad de enseñar y aprender, sobre el cierre de colegios particulares y en torno a presuntas modificaciones del calendario escolar tradicional en cuanto al régimen de vacaciones de verano. Reig reiteró "la profunda vocación, popular, nacional, cristiana y humanista del gobierno justicialista" y atribuyó las versiones a una maniobra electoral.

Se anuncia asimismo que Mendoza, San Juan, San Luis y Córdoba firman un convenio para el llamado gasoducto Centro-Oeste. El proyecto que uniría Catriel (Neuquén) con las cuatro provincias mencionadas representaría para la Nación un ahorro de 48 millones de dólares anuales y facilitaría el desarrollo industrial.

Lo prometido es deuda. En la mañana del 18 de septiembre se formaliza en la municipalidad de la capital la entrega de leche a escuelas del ámbito de la ciudad. Están presentes el doctor Reig y el intendente José Manzur. El ministro de Educación manifiesta la importancia que guarda el hecho de la entrega de leche para los niños. La entrega incluye cacao, azúcar y dulce de batata. Reig puntualiza que la política del gobierno justicialista llega a todos los argentinos, pero en especial al niño. Cabe acotar que en Godoy Cruz, Guaymallén, Las Heras y Maipú también se harán entregas de este tipo.

Unas horas más tarde, el Poder Ejecutivo se reúne para tratar la creación de la secretaría de Planificación. MB informa que por medio de un decreto-acuerdo se dispone la puesta en vigencia de dicho organismo que dependerá del sistema provincial de planeamiento.

Gabriel Montoro, presidente de la Cámara de Diputados de la provincia, revela que en tres meses se han presentado 465 proyectos. Agrega que se trabaja aceleradamente ya que tal número fue presentado en 25 sesiones, es decir, el equivalente de 18,6 por sesión.

La noche del 19 de septiembre otros padres de alumnos –ya no solo los padres de alumnos de escuelas privadas– preocupados por las presuntas acciones que el gobierno llevaría a cabo en el futuro en el terreno de la educación, se manifiestan en una "marcha del silencio" que abarca cuatro cuadras del centro mendocino. La oficialidad gubernamental sospecha con fundamentos que a solo unos días antes de las elecciones nacionales la manifestación puede ser resultado de una maniobra intimidatoria con fines electorales de los sectores reaccionarios de la provincia –la jerarquía de la Iglesia y el Partido Demócrata– a la conformista y tradicional clase media y media alta local. El gobernador y vicegobernador hacen saber de esta inquietud a la delegación que entabla diálogos separados con ellos. El ingeniero José Alberto Masera, uno de los portavoces de los manifestantes, responde que tal presunción no se ajusta a la verdad ya que ellos no son más que padres preocupados por el rumbo educativo del gobierno. En plena reunión con Carlos Mendoza se corta luz, por lo que se debe continuar primero a la luz de una linterna y luego a la de una lámpara de petróleo. En la calle el resto de los convocados teme que el apagón no haya sido casual y amagan con retirarse. Sin embargo no hay motivos para pensar que desde algún sector oficial se pretenda dispersar la protesta. Luego de ver al vicegobernador la marcha continúa sin mayores incidentes hasta la Casa de Gobierno. De los incidentes menores se puede decir que en el camino hacia ese lugar se cruzan con algunos militantes aislados de la JP y quizá otros partidos de izquierda, de quienes reciben una andanada de variados insultos. Los activistas dispersos, cuando se dan cuenta del contenido puntual de los panfletos que distribuye la columna se encolerizan y desde ahí comienzan a juntarse y proferir los exabruptos mencionados. El libelo de la Federación de Padres demanda lo siguiente:

1) Exigimos se respete nuestro derecho a opinar sobre todo lo que se relacione a nuestros hijos.
2) Que se respete el derecho constitucional y natural de enseñar y aprender.
3) Que se respete nuestro derecho de ser primeros en la educación de nuestros hijos.
4) Que se rechace todo intento de infiltración marxista en el Estado, especialmente en la educación, teniendo en especial cuenta que el pueblo argentino rechaza, en un 98%, esta aberrante y deshumanizada filosofía.

Luego de haber efectuado la lectura, los mirones o activistas, lanzan desafíos de lucha cuerpo a cuerpo que no llegan a materializarse, aunque sí se distinguen objetos de dimensiones y material diversos arrojados hacia el grueso de la manifestación que parecen no causar heridos ni contusos. La columna se mantiene en orden ejemplar y solo entona cánticos siguiendo el compás de un altoparlante líder en defensa de la libertad de enseñanza [*como si alguien la estuviera amenazando*] Lo que no se muestra muy pacífico es la ideológicamente violenta y nada democrática furia anticomunista del discurso de estos padres, que cuando menos están desinformados cuando acusan al área de Educación del gobierno de padecer lo que llaman "infiltración marxista". Habría que preguntarles si alguno de ellos sabe de esta filosofía de la que tanto abominan. De la misma manera se observa cómo algunos de entre los que acometen de palabra a la columna conserveta se esmeran en controlar que los exaltados espontáneos del lado popular no inicien agresiones físicas. Hay uno, el único con cara de obrero entre los transeúntes ya definitivamente arremolinados, que viste un mameluco de metalúrgico pero al parecer no pertenece a los matones [*¿el Mudo?*] Parapetado detrás de un plátano en la nochecita sin luz eléctrica, arenga: "Esto es la democracia, che, déjenlos tranquilos que marchen por lo que se les cante. Pero mírenlos, si pueden, y recuerden que los que más gritan son los que en unos meses nos van a andar correteando fiero por toda la provincia, por todo el país".

MB recibe a los padres delegados sin ningún inconveniente, como a todo el mundo. Eso sí, no se privó de amonestarlos por no haberse presentado antes a exponer sus dudas y desacuerdos: "... lástima que no se hubiera iniciado el planteo del problema con el diálogo, en vez de hacer toda una campaña sin consultar a las autoridades sobre cuáles eran realmente sus intenciones". Cuando Masera le pasa las peticiones, don Alberto replica molesto: "Si lo que dice acá es lo mismo que dicen los panfletos que han estado tirando, hechos por autor anónimo, les digo desde ya que no hay nada de eso. Son todas afirmaciones falsas y sin fundamento. Acá nadie ha dicho nada en contra de la familia, ni de los padres. En cuanto a los seminarios de educación, parece que lo que asusta es la palabra". Después les recuerda que los manifestantes de hoy se pueden retirar sin sufrir ningún tipo de represión policial y que desde el 25 de mayo no hay marcha que haya sido reprimida porque el gobierno entiende que los grupos de interés pueden exteriorizarse como mejor lo deseen, asunto muy distinto a lo que le ocurrió durante 18 años de proscripción al peronismo.

A pesar de algunas muestras de entendimiento mutuo y de despedidas cordiales a la fuerza queda expuesta, a partir del día de la fecha, la nueva punta de lanza organizada que afianza su hostigamiento al gobierno de don Alberto. A estos manifestantes no los ha juntado el Zonda; sus énfasis en la familia [¿*en la tradición y en la propiedad?*], su aversión ignara hacia la filosofía marxista y la promulgación sospechosa de un remilgado apartidismo, no puede ser otra cosa que un producto de los trabajos más recalcitrantes en que se encuentra imbuida la jerarquía de la poderosa, convocante y antiperonista iglesia católica provincial.

Educación: un seminario conflictivo

La batería ideológica contra MB tuvo picos máximos en el área educacional. Los fachos burócratas encontraron aliados incondicionales y fundamentalistas en la Iglesia Católica –con Maresma a la cabeza– y sectores de padres de los colegios privados católicos. Una mezcla bastante explosiva. Recordando aquellos tiempos, el ministro Francisco Reig decía que los maestros mendocinos "venían trayendo muchos conflictos porque habían sido abandonados a su suerte. No solo la parte de los salarios, sino que la escuela estaba abandonada en su parte curricular y fundamentalmente en su parte social, es decir se había desprotegido totalmente a los alumnos, no se habían renovado los estudios en su parte educacional. Esto había traído terribles consecuencias que desencadenaron el 2 de abril de 1972 el famoso Mendozazo, donde el gremio docente fue apaleado, se lo mojó con pintura..." Reig y su equipo, en el que se encontraban Julio Carricondo, Felipe Mirábile, Antonio Guzzo y José Gagliardi se lanzaron a solucionar, o paliar en parte, los 3 grandes problemas: el salarial, mediante un inmediato aumento de sueldos; el social, mediante la satisfacción de todas las necesidades que tenían los niños; y el curricular con la realización de los Seminarios de Educación, definidos como "el parlamento docente, donde se dio participación a todos, de los distintos niveles, las distintas especialidades para que ellos, que eran los que verdaderamente conocían el problema, dictaran su reglamentación, su ley, para que la provincia la promulgara", según Reig. Había sido el mismo MB el que, reunido con representantes del Sindicato (SUTE en formación), en ese entonces conducido por Marcos Garcetti, les pidió que formaran una comisión para asesorarlo, la que fue constituida por Alfredo Bisquet, Judith Caruncchio de Moyano, Américo D'Angelo, Florencia de la Cruz de Sierra y Francisco Suárez, que representaban a distintos sectores del magisterio.

Esta comisión elaboró las "Pautas Educativas" que constaban de tres partes: una de fundamentación, otra de posición del gremio y la última sobre los requerimientos de todos los sectores de la educación pública. Apenas iniciados los seminarios, el 27 de agosto de 1973, se produjo el primer planteo de parte del Consejo Provincial de Educación Católica, por lo que el gobierno optó por darles participación con voz y voto, pero Julio Carricondo, subsecretario de Educación afirmó que los privados debían obligarse a cumplir con lo que se resolviera, como por ejemplo el sueldo a los maestros y la estabilidad, más otras exigencias que emanaran de las pautas, y así se puso en rojo el diferendo, máxime cuando la Liga de Madres de Familia acusó de marxistas a las pautas basándose para ello en el primer párrafo de los "Lineamientos generales sobre la educación popular", que decía: "Es de todos conocido que las relaciones de producción responden a los intereses de los dueños de los medios de producción y es también fácil de deducir, que la clase dominante organiza el proceso educativo teniendo fundamentalmente en cuenta sus intereses de clase..." ¡Para qué!, gansos, radichetas, fachos y franquistas de toda laya se lanzaron al ruedo para acosar al gobierno. Se formó una Federación de Padres, integrada entres otros, por Denis Cardozo Biritos, César Gei, Yolanda Bello de Cocconi, Edgar Butterfield, Jorge Comadrán, franquistas la mayoría de ellos, metidos en la Universidad, y futuros mentores de la dictadura militar. De los huevos ya asomaba el veneno ofídico.

La comunidad menduca quedó peligrosamente dividida, y como dice Yamile Álvarez en su trabajo, "La educación en Mendoza durante el gobierno de Alberto Martínez Baca: los seminarios y el conflicto con padres y docentes": "Lo lamentable es que todas estas discusiones estériles no valoraron temas realmente importantes que se desarrollaron en las Pautas, tales como el perfeccionamiento docente, el derecho de agremiación, salario digno, la libertad ideológica, el desarrollo de la escuela rural, la transferencia de las escuelas nacionales al ámbito provincial; la necesidad de articulación de la enseñanza primaria y la media, etc. De todas maneras hay que destacar que las "Bases para la Ley General de Educación de la Provincia de Mendoza", que fueron el resultado del Congreso Provincial de Educación, demuestran un notable espíritu de conciliación entre los distintos sectores. Desgraciadamente las circunstancias políticas que meses después vivió la provincia, impidieron que se cristalizaran a través de una ley".

[R.A.: Peor estamos 30 años después: la educación pública es hoy –ojalá que el gobierno de Kirchner haga algo al respecto– una hechura del más crudo neoliberalismo menemista, capitalista al servicio de la estrategia depredadora del imperialismo de las grandes corporaciones, el capital financiero y el centro hegemónico mundial que es Estados Unidos]

El 20 de septiembre el gobierno se esmera en seguir gobernando, a pesar de todo. En una reunión presidida por MB, a la que también asiste el titular de la dirección provincial de Turismo, Juan Carlos Terrero, se aprueba la realización de la tercera edición de la "Feria Internacional del Vino y de la Industria y Vendimia 1974". El objetivo de esta feria es presentar a las demás provincias y a los países que participen, el potencial de Mendoza y sus posibilidades de intercambio comercial con el resto del mundo. Otro objetivo es extender el Parque General San Martín en las aproximadamente 80 hectáreas que están deforestadas.

El 22 por la tarde, víspera de las elecciones nacionales, el gobernador dirige un mensaje al pueblo de la provincia cuyo texto, en lo principal, señala lo siguiente:

> *Hemos sostenido siempre que todo el pueblo debe participar en las decisiones de sus gobernantes. Y debe conocer además, minuto a minuto, el pensamiento de los que dirigen el pensamiento en el proceso gubernativo. Eso el pueblo lo sabe y lo ha sentido en Mendoza. Hemos estado en permanente contacto con él en todas las manifestaciones más importantes del quehacer del gobierno y aun en los mínimos detalles de la acción pública que se ha cumplido.*

Hoy, en mi carácter de gobernador de la provincia de Mendoza, me dirijo al pueblo todo a efectos de dar a conocer el pensamiento del gobierno en las actuales circunstancias (...)
El gobierno y el pueblo comparten con satisfacción y optimismo la plena recuperación de los derechos y garantías consagrados por la Constitución Nacional, puestos en vigencia a partir del 25 de mayo de 1973.
Hoy cada ciudadano y ciudadana pueden expresar libremente su opinión dentro del marco de la ley a la que todos nos sometemos como única forma de sostener la libertad individual sin arriesgar los intereses del pueblo todo.
De la misma manera, y luego de 18 años trajinados y sufridos, ha sido recuperado —y creemos que firmemente para siempre— el derecho a elegir y a ser elegido sin condicionamientos espurios ni proscripciones opresivas.
El proceso que culmina hoy se ejecutará mañana con la libre determinación del pueblo y marca una pauta fundamental en la historia argentina: decidiremos en el país si la dependencia y la sumisión tienen todavía sustentadores, o si la liberación y la libre determinación han ganado el corazón de todos los argentinos para convertirse en presupuestos irrenunciables del poder ejercido (...)
Por eso el 23 es el nuevo día de la decisión popular. Ya lo señaló el líder del movimiento al que pertenezco cuando dijo: "Desde que la revolución que anhelamos cumplir ha de ser para los argentinos, nada será más lógico que sea lograda por todos los argentinos solidariamente unidos en este empeño. Nada ha de ser despreciable cuando tal unidad sea lograda, porque solo la unidad nacional organizada puede consolidar y dar permanencia a las nuevas estructuras que tratamos de adoptar para ponernos a tono con una revolución acelerada que los tiempos imponen en un mundo en el que permanecer inactivos es casi resignarse a la desgracia".
Quiera el hombre de Mendoza entender esa verdad en toda su dimensión. Y contribuir con el pleno uso de su derecho cívico, amparado por las seguridades y la libertad que ahora posee, para que la justicia sea una realidad.

Nada menos que eso espera el gobernador de Mendoza, el gobernador de un pueblo acostumbrado al hostigamiento, al sacrificio y a las penurias (...)

"Amplio triunfo peronista en Mendoza: 64,75%". La jornada electoral fue descripta como intachable; el comportamiento cívico, irreprochable, y los festejos bulliciosos, pero disciplinados. El total de votos para Perón fue de 330.818, casi las dos terceras partes de la población de la provincia.

MB expresa: "El triunfo de Perón no nos sorprende, ya que lo esperábamos desde hace 18 años. Sabíamos que cuando el pueblo votara libremente el general Perón sería presidente. Esa esperanza latente que tenía el pueblo argentino se ha convertido en realidad. El triunfo del general Perón es una esperanza para toda América Latina".

Por su parte, el vicegobernador declara lo suyo: "Hemos seguido desde el Senado el ejemplo cívico que han dado la provincia y la Argentina. He estado también por la tarde en la CGT y en el Partido Justicialista, y se imaginan el júbilo que hay en todas partes. Han sido 18 años de lucha, de proscripciones y de frustraciones que felizmente han sido superadas. Ya no es cuestión de sectores sino de argentinidad. Tenemos que seguir el ejemplo de este electorado que nos indica que debemos trabajar más que nunca para no defraudarlo".

La ejecución de José Ignacio Rucci, titular de la CGT nacional, ocurrida el 25 de septiembre ha tomado por sorpresa a propios y extraños. Como acontecimiento político supera con comodidad la noticia de 2 días atrás acerca del triunfo electoral de Perón. Según los testimonios recogidos por los vagos de *La voluntad* (II, 184-94), en Buenos Aires ni la gente de superficie ni los decentes que quedan en el gobierno tienen una idea clara de lo sucedido. Más o menos, el promedio militante de la Tendencia especula que no puede haber sido otro que la CIA (una clásica a la que Bonasso también recurre. A él le llega la noticia estando en la casa del recientemente reemplazado expresidente Héctor J. Cámpora [*El presidente que no fue*, 593]; Juan Carlos Dante Gullo estaba con Perón y creyó lo mismo [*Galimberti*, 198]), a pesar de que las columnas de la JP solían cantar no hace mucho, "*Rucci / traidor / a vos te va a pasar / lo que le pasó a Vandor/.*

En Mendoza se respira un desconcierto parecido. En la sede de la CGT, apenas enterados de la noticia, Carlos Fiorentini y Lisandro Zapata se estrechan en un doliente abrazo por el compañero caído. El senador provincial demócrata Luis Antulio Santamaría se hace presente para ofrecer sus condolencias a los trabajadores. Un gremialista sin demasiado tino –o un palurdo de la primera hora– pretende implicar de manera confusa al Partido Comunista al apoyar éste a Perón en los comicios pasados, indicando que así "el marxismo especula con la disminución de votos justicialistas, por eso se llaman a silencio después de las elecciones. Ahora viene el asesinato de Rucci, un dirigente que se había fortalecido con el resultado de la votación. Las bestias empiezan a mostrar su rostro y esto puede llegar a cualquier parte".

El vicegobernador suspende las sesiones del Senado y manifiesta exaltado: "El ataque a Rucci está destinado a Perón. Es obra del marxismo canalla que tiene idiotas útiles dentro de la sinarquía internacional. Así es cómo responden al triunfo del 23, matando a un hombre fiel a Perón, que enfrentó a Lanusse. A esa minoría hay que decirle basta, que cesen de inscribir en nuestra ciudad insignias del ERP. Los hechos de Chile, donde los apresurados que no entienden a hombres como Perón, hacen fracasar al pueblo. Que no nos extrañe: la extrema derecha de nuestro país está buscando a los mejores generales para dar un golpe de Estado, mientras la izquierda le hace el juego, utilizando a vagos que quieren decirle a los trabajadores lo que deben hacer. Nadie puede acusar de burócratas a los sindicalistas, porque estas muertes solo demuestran la firmeza de la clase obrera. Van a tener que voltear a muchos Ruccis para vencernos. Nuestra respuesta debería ser un baño de sangre, pero ojalá nos calmemos y mejor nos organicemos para vencer a esos asquerosos".

[Qué duda: a la bronca del vicegobernador la informa un anticomunismo cerril y un desorden que enreda ese engendro peroniano llamado la sinarquía internacional con los idiotas útiles y el ERP, que en esto de Rucci no tuvo nada que ver. Tal vez Mendoza esté sugiriendo que Allende era como Perón. Habla de extrema derecha; él no se considera tal. Menciona milicos y golpes porque sabe de lo que son capaces y desde 43 años atrás vienen haciendo. Ucronía: vaya a saber si los nuestros no se dieron cuenta que el Gordo a esas alturas, por ahí, estirando la realidad, resultaba captable. Eso: de haber habido entre los nuestros algo de madurez ¿Nos habremos perdido la oportunidad de nuestras vidas?]

MB arriba al local cegetista, acompañado de Eduardo Zannoni y Eduardo Mortarotti. Mientras suben las escaleras al primer piso donde se encuentra el salón de sesiones, don Alberto estrecha manos con los gremialistas presentes que le devuelven el gesto, algunos con desconfianza y otros con una tirria indisimulada. A quienes quieren escucharlo les dice entristecido y desconcertado: "esto es obra de la oligarquía y el imperialismo; debemos tener fe y luchar junto al general Perón porque su doctrina finalmente será la triunfante (...) es el resultado de todo un proceso histórico que ha dividido a los argentinos, a causa de las trampas tendidas por la reacción imperialista. Pido a los trabajadores que tengan fe, porque nada impedirá que la clase obrera luche y triunfe ..." En medio de su declaración lo interrumpe uno de los presentes en la sede llamando "a ganar la calle, porque debemos terminar con los homenajes. Hay quienes nos emborrachan con banderas raras y luego nos matan un dirigente". La CGT, como en el resto del país, dispone un paro de 30 horas en Mendoza por la muerte de Rucci.

H.D.:

Como la perplejidad del discurso de MB y la del resto del país frente al hecho, aun hasta el día de hoy, el caso Rucci –sin dudas por la matanza generalizada a los militantes populares infligida por los militares del Proceso– ha permanecido en una red de interrogantes, que como mínimo, resultan perturbadores, sin resolución definitiva ni satisfactoria para los anales. Los autores de *La voluntad* ni se molestan en cuestionar si los montos fueron los responsables intelectuales y físicos del atentado; cuanto más, los testimonios levantados sostienen, digamos caritativamente, que la ejecución fue un descuelgue autoritario –impuesto por la conducción montonera a las bases– y desaprobado por el grueso de los militantes de superficie. Se desliza que ni siquiera había consenso en la superestructura. Anguita y Caparrós parecen no interesarse en las teorías conspirativas que después de la dictadura cobraron algún vuelo: no es esa la intención del texto que tan amables nos legan y tal vez esté bien que así sea. Pero antes de la escritura de los 3 tomos de *La voluntad*, el puntilloso y medido profesor británico Richard Gillespie, solo en dos líneas y en una nota (la N° 4 de las páginas 206 y 207) en la segunda edición en español de *Soldados de Perón*, informa que "[los Montoneros] asesinaron **probablemente** a José Ignacio Rucci", que aparentaron lamentar su muerte pero que algunos [dentro y fuera del peronismo] sospechaban que ellos habían sido los responsables. Asimismo transcribe un rumor que va en detrimento del "probablemente" de la oración anterior, según el cual la organización guerrillera, de modo oportunista, decide atribuirse "la fama de un acto que había sido obra de la disidente columna José Savino Navarro". Cosas de gringo, diría el Polo Martínez Agüero, aunque el libro, en general, le gusta. Más tirado hacia el espectro ideológico liberal, Martín Edwin Andersen, en la edición revisada y definitiva de *Dossier secreto* (2000) –cuyo hilo conductor es querer probar que Firmenich es / fue agente del temible Batallón de Inteligencia 601 del ejército y, cuando se le presenta la ocasión, defenestrar a Horacio Verbitsky, Miguel Bonasso y Rodolfo Walsh por deficiencias autocríticas en cuanto a la violencia– sugiere que, de acuerdo a los informantes de su investigación (la Policía, el Servicio de Inteligencia del Ejército y ¡hasta el FBI!), la guerrilla peronista no ejecutó a Rucci sino la ortodoxia que respondía al ministerio de Bienestar Social del Brujo López Rega.

Con el silencio de Firmenich y compañía frente a estas objeciones, que me imagino se deberá a cuestiones legales (a ver si todavía le quieren ensartar otro muerto más a la conducción sobreviviente) o al embarazo de reconocer haber metido la pata hasta el cuadril, no se ayuda a resolver el misterio, aun cuando resolverlo tenga escaso valor hoy en día: por ahí solo un valor de contestarle con alguna clase de responsabilidad moral a las preguntas de la historia. Con ese silencio queda el recuento variopinto del mediático vocero de los peores nada y pulcros centroizquierdistas rioplatenses, el Jorge Lanata del best seller *Argentinos* (tomo II, 328-31), donde el autor baraja en su epidermis las versiones mencionadas arriba, más algunas otras pero sin aclarar nada –como nosotros– ni jugarse en demasía con ninguna, a excepción del amplio espacio otorgado a las teorías de la conspiración de Andersen, lo cual, qué duda, no es más que una opción ideológica.

Cuando recuerdo una noche, seguro que invernal –a menos de un año de lo de Rucci hacia el futuro– en que marchábamos en manifestación (¿la misma marcha de la primera página de este libro?) por la calle San Martín hacia el norte cambiando ese cantito de la muerte, "*Rucci, traidor / a vos te va a pasar / lo que le pasó / lo que le pasó a Vandor*" por "*Rucci, traidor / saludos a Vandor*", un escalofrío leve me recorre el espinazo. Es una vergüenza / culpa retrospectiva e insignificante quizá, no tanto por Rucci, un gangster irredento que andaba rodeado de asesinos y muy probablemente asesino él mismo. Me inquieta hoy que hayamos celebrado entonces, en frenesí que delataba el pavor que los jóvenes le teníamos a la muerte, la eliminación física de un ser humano, por más que fuera un acérrimo enemigo. Porque así, vale decir, actuando de esa forma, medio como que nos igualamos a ellos, a pesar de que nos desvivamos en proclamar ser la encarnación de sus antípodas. Ni qué hablar del daño irreversible a la gente de la superficie, a los peronistas decentes que simpatizan con la Tendencia, a los pobres Pichos que en Buenos Aires, por lo de Rucci, les cierran el diario *El Mundo* y después los declaran ilegales, y en Mendoza sufren los embates del vicegobernador, quien además de culpar a todos los marxistas del mundo pone el acento exclusivo nada más y nada menos que en las insignias del ERP, pintadas en las paredes de nuestra ciudad virgen. Y nosotros bancarnos sin decir lo suficiente, el largo mutismo escandaloso e incriminante de nuestros desaconsejados, descolgados, rotunda y criminalmente equivocados, compañeros de dirección]

R. A.:

El Caso Rucci:

Estaba en General Alvear, en noviembre del 72 –creo que ya lo dije– cuando por la TV, blanco y negro, nos sorprendía a los argentinos un Perón desafiando aquel reto de Lanusse, el mandamás de entonces: "… que venga si le da el cuero …" De todas las imágenes transmitidas hubo una que impactó al país y fue aquella en que Perón, después de bajar de la aeronave en Ezeiza, era solícitamente resguardado por un paraguas – obviamente llovía– sostenido con estoicismo por el máximo dirigente de la CGT, José Ignacio Rucci, de los metalúrgicos, el poderoso gremio donde habían campeado caudillos "pesos pesados", como Vandor, con quien compartiría, un año después, el mismo destino trágico: ambos murieron acribillados por balas provenientes del mismo bando al que pertenecían partidariamente. En aquellos años la historia de los argentinos se escribía a sangre y fuego con olor a pólvora. Era una parte de la tragedia universal que tenía, dolorosamente por escenario, el territorio sudaca, argentino. Los ajustes de cuentas ideológicos en el peronismo sumaban en lo cotidiano a sacrificados de alcurnia: de un lado, José Alonso, jefe de los obreros textiles, el lobo Vandor, de los metas; Coria, de la construcción (o los generales Aramburu y Juan C. González) Del otro, cientos de militantes de la izquierda peronista, caídos por los plomos de la ortodoxia, del brujo López Rega y los militares, como los 16 inmolados en la helada prisión de Trelew.

Pero esta de Rucci, ocurrida en septiembre del 73, después de aquella seguidilla de "ajustes" desarticulaba el proyecto lanussista basado en un acuerdo con el viejo líder, su regreso y las elecciones. Al menos así se analizaba o se discurría en todos los niveles de la militancia y los cuadros de la Tendencia. Pero también provocaba ojerizas entendiendo algunos que se estaba sacando los pies del plato, lo que significaba que se consideraban operaciones –esta de Rucci y parecidas– para entorpecer el nuevo gobierno de Perón. ¿Quiénes fueron, entonces? ¿Los montos, los milicos? Recuerdo que en la calle San Juan, en la sede de CASA, el punto central en las discusiones y acciones de la Tendencia, la ejecución de Rucci removió las diferencias y asperezas entre los distintos grupos y la mayoría miraba de costado a los montos, a los que suponían los autores y, por ende, los interesados en abortar el proyecto de regreso y triunfo de Perón ¿Por qué? Los más iracundos afirmaban: "para los montos el regreso y triunfo les quita campo de acción porque el proyecto de ellos es la toma del poder … con Perón eso se acaba …"

De todos modos Perón había vuelto y además ganó las elecciones, ganó el peronismo, pero nadie de los nuestros regresó a los "cuarteles" y la gran tragedia argentina se desencadenó pocos años después y aún no tiene su corolario [2003-04]

El 27 de septiembre se anuncia la puesta en marcha del Plan Mendoza para los trabajos de prospección minera. Según explica Luis Salado, director general de distritos de la subsecretaría de Minería de la Nación, el objetivo principal del plan es ubicar depósitos de minerales, con recorridos de campo para determinar áreas de mayor concentración. Se pretende reconocer los depósitos de manganeso y analizar en detalle los más aprovechables. Otros puntos del Plan Mendoza, en cuya jornada de constitución de la comisión ejecutiva participan el gobernador y el ministro de Economía, son: brindar ayuda positiva a los productores mineros y otorgar certificados de los yacimientos para el otorgamiento de créditos. La prospección minera se efectuará sobre 55.000 kilómetros cuadrados del sector sureste de Mendoza.

Una de las primeras acciones concretas en la provincia que sigue al atentado a Rucci es la creación de un así llamado Dispositivo de Prevención y Seguridad para Contrarrestar la Acción Subversiva Terrorista en todo el territorio de Mendoza. El operativo es explicado en el ministerio de Gobierno con la participación del subsecretario de esa cartera, doctor Juan Carlos "Buby" Cerutti y el jefe de Policía, teniente coronel Valentín Ugarte. El siguiente es parte del texto que lee a la prensa:

> *En Mendoza han surgido indicios que presuponen la intención de tentar acciones cuyo objetivo primario es crear un clima de alarma en la población. De la evaluación transmitida al Gobierno Popular de Mendoza se han recibido claras y precisas instrucciones conducentes a desplegar el mayor esfuerzo de prevención y eventual represión, conforme con las circunstancias y el orden legal vigente, contra aquellos que pese a repetidas exhortaciones, pretenden, inconscientemente y sin medir consecuencias, desconocer la voluntad soberana del pueblo (...) El comando superior policial se dirige a la población para poner en su conocimiento que a partir de la fecha iniciará operaciones de prevención y seguridad mediante la instalación de puestos móviles y fijos por lo que recaba la máxima colaboración y solicita que quienes transiten por cualquier lugar de la provincia lleven consigo la documentación de*

> *identidad personal y, en caso de automovilistas, aquella que acredite la propiedad del automotor para evitarse inconvenientes (...) El objetivo básico que se procura cubrir es el de impedir que grupos disociadores de cualquier índole alteren el orden y la tranquilidad pública, advirtiéndose que en todos los casos y sin restricciones se aplicará la ley con el máximo de rigor. Habrá también operaciones de patrullaje y pinzas y el dispositivo estará respaldado por un grupo de combate de la Guardia de Infantería, que permanecerá listo a actuar si se lo requiriese.*

El Buby, que se supone responde a la Tendencia y por lo tanto ya debe saber quién hizo qué el 25 (el asesinato de Rucci) tiene que estar presente en esa conferencia cana y sostener la iniciativa aun mejor que los encargados de ponerla en práctica:

> *Hemos visto, frente a los sucesos acaecidos en los últimos días, la necesidad de garantizar la seguridad de la población para que no sea amenazada por grupos minúsculos* [¿palo artero y desleal para los Pichos?] *que desconocen la soberanía popular. Nuestro plan de acción excede lo meramente subversivo, y tendrá una incidencia real en la prevención de delitos comunes* [Sí, tratá de arreglarla ahora; eso no es precisamente lo que especifica el comisario] *Se trata ni más ni menos que de prever posibles hechos que alteren la tranquilidad pública. Se pondrá en práctica con todo rigor la legislación vigente en materia de tenencias de armas y su portación* [uuuh, aquí ponele la firma que se refiere a los matones de la UOM] *De ninguna manera este dispositivo importa represión política, sino que se trata de un operativo estrictamente policial. Lamentablemente hay grupos que, actuando por derecha o izquierda* [¿para qué dice izquierda el boludo?] *pretenden "sacar los pies del plato", para usar la expresión de nuestro líder, y nosotros, con la ley como arma se lo vamos a impedir.*

El 2 de octubre se dejan sentir los coletazos mendocinos a la ejecución de Rucci. Una bomba de alto poder estalla en el domicilio del profesor universitario Enrique Dussel, titular de la cátedra de Ética de la Facultad de Filosofía y Letras de la Universidad Nacional de Cuyo. El aparato explosivo deja inhabilitados tres ambientes de la casa: el garaje, el living-comedor y la cocina y no causa heridos entre los que se encuentran allí al momento de la explosión, a saber, el propio Dussel, su esposa; sus dos hijos y un amigo. Los autores del hecho dejan panfletos en los que se adjudica al profesor adoctrinamiento marxista a mentes juveniles. Los agresores se autodenominan "Comando de Operaciones José Ignacio Rucci de la Federación Anticomunista" (FAC)

MB viaja de nuevo a Buenos Aires. A su regreso en la mañana del 3 de octubre dice que estuvo en una reunión de gobernadores y vicegobernadores convocada por el ministerio de Interior y a la que también asistió Perón. Ya instalado en Casa de Gobierno señala que el ministro Llambí le entregó un plan de lucha antiguerrillero, para implementar a través de la Policía de Mendoza [*se sube la apuesta anunciada con el Dispositivo de Prevención y Seguridad la semana anterior*] MB advierte que pese a que en Mendoza no hay guerrilla, el plan se aplicaría como aporte al mantenimiento del orden.

En lugar de ayudar a Atlético Argentino, Deportivo Guaymallén, Lavalle Cicles Club o Boca Juniors de Bermejo, por nombrar a unos pocos de los más necesitados, el gobierno, el 5 de octubre, otorga un subsidio a Independiente Rivadavia, el club de fútbol más rico de la provincia. Don Alberto les desea suerte a los miembros de la comisión directiva de los "Azules" a la vez que les hace entrega de una copia del decreto que hace constar el subsidio, que cubre el vestuario completo que el plantel vestirá durante el torneo nacional de la AFA.

El 6 de octubre la policía detiene a 12 personas acusadas de actividades subversivas. La nómina de detenidos en la policía de la Provincia es la siguiente: Rogelio Díaz; Héctor Francis o Gauna; Néstor Antonio Ortiz; Jorge Gustavo Schiaffino; Ana María Aguirrebarrena; María Adela Reyna Lloveras de Martínez; Marcelo Augusto Navarro y Roque Néstor Santángelo. En tanto que en la Alcaidía de Varones se hallan a disposición de la Policía Federal: Jorge Reynaldo Puebla; Néstor Sinturión, Gerardo Raúl Marino y Antonio Mario López. A estos últimos se les imputa poseer barras de trotyl (un poderoso explosivo del tipo "rompedor") Los cuatro residen en Luján de Cuyo. De acuerdo a *Los Andes*, a Díaz, Gauna y Ortiz le encuentran panfletos de "divulgación ideológica del Ejército Revolucionario del Pueblo" y un tarro de pintura en aerosol que habrían usado para pintadas a favor de esa agrupación. Por su parte, a Schiaffino, a quien se menciona como asesor de la Subsecretaría de Cultura de la Provincia, a su novia, Ana María Aguirrebarrena, y a la señora Lloveras de Martínez, se los sorprende con material ideológico de las organizaciones FAR y Montoneros.

[*Prestar atención al énfasis de la nota del diario insignia de la provincia: a Schiaffino "... se* [lo] *menciona como asesor ..." cosa que en forma directa compromete al gobierno encabezado por don Alberto y el cronista ni siquiera revisa el dato. También parecen ser dudosas las pruebas de la policía y en este caso el diario tampoco se molesta en cuestionarlas, corregirlas o confirmarlas: primero afirma que a Díaz, Gauna y Ortiz les encuentran material picho y después resulta que en el allanamiento a la casa de Díaz encuentran material de las FAR y Montoneros y nada de los pichos. O sea: o no saben que las 3 mencionadas son organizaciones independientes* (faltan unos días para la fusión de faroles y montos: el 12 de octubre) *o se están haciendo los boludos*]

El 9 de octubre en horas de la noche se entrevista el gobernador, de vuelta de un viaje a San Rafael, con miembros de la junta provincial del Partido Justicialista, entre ellos, el doctor Edgardo Bernal y el diputado Julio César Ortiz. La junta pide al gobernador que se expida en cuanto a un informe reservado de Perón en el que indicaría las pautas para su gobierno. Luego de la reunión, el diputado Ortiz manifiesta que "el señor Martínez Baca tiene en su poder la renuncia de todos los miembros de su gabinete y, como cuadra, su renuncia, en un acto de colaboración para la institucionalización del país, puestas a disposición del teniente general Perón. También que desea esperar la iniciación del gobierno porque éste, a través de su Ministerio del Interior va a dar las pautas y no sería lógica una reestructuración de gabinete por 2 ó 3 días". Ortiz y la junta piensan que esta decisión es criteriosa. Por otra parte, el diputado indica que se acaban de enterar de la toma de la sede del Partido Justicialista de Mendoza y que le parece un acto insólito y fuera de lugar. MB califica la acción como "una chiquilinada". En cuanto a la reunión con la junta, indica: "Se ha hablado de muchas cosas que no hacen a la cuestión porque inclusive se intercalaron algunas bromas, todo a nivel muy cordial. Se hizo una historia de todo este proceso, pero lo concreto es que el problema que le plantean al partido, no el partido al gobierno, es que había que cambiar el gabinete. Pero los gabinetes no son una cosa estable, definida, es decir que el gobernador lo puede cambiar en cualquier momento. Por lo demás, los ministros que tengo son amigos personales y buenos colaboradores. Trabajamos en equipo. Ellos ya me han presentado sus renuncias en dos oportunidades y hoy volvieron a ratificar esa decisión. Pero quien decide cuando sea presidente, es Perón y por lo tanto él será el único que decida si se cambia o no. El acuerdo al que hemos llegado es que vamos a mantener un diálogo permanente entre gobierno y partido".

Al otro día, los 16 gremios a cargo de la CGT, regional Mendoza –que no hace más de 15 días ofrecieron su apoyo a MB– en reunión conjunta con miembros de la mesa ejecutiva de las "62 Organizaciones" gremiales peronistas de la provincia adoptan una posición de agudo enfrentamiento con la administración local, "en virtud de que hasta el día de la fecha y hora, miércoles 10 a las 22:00, el gobernador de la Provincia no ha cumplido debida y estrictamente las directivas dispuestas por el jefe y conductor del movimiento y presidente de los argentinos, Juan Domingo Perón, en el sentido de proceder antes del 12 de octubre a producir los cambios de todos los funcionarios que estén incursos o se presuman de infiltrados ideológicos, como asimismo cuestionados en las esferas del gobierno provincial". Por ello, ambos organismos sindicales acuerdan, entre otros puntos, lo siguiente: 1) Declarar en estado de alerta a la clase trabajadora de Mendoza, atento al curso que sigan los acontecimientos y dispuestos a tomar toda medida de mayor envergadura que signifique garantizar sin reformas las terminantes directivas de Perón en relación a la infiltración ideológica y funcionarios cuestionados en la provincia. 2) Declarar a los gremios en asamblea permanente para ser convocados por sus comisiones directivas, en el momento que se considere oportuno y adecuado, para tomar medidas más terminantes.

La presión contra MB continúa en ascenso. El 14, es el Congreso Provincial del Partido Justicialista, reunido en el local de la UOM, el que emplaza al gobernador. A pesar del carácter secreto de la apelación, el presidente de dicho Congreso, Domingo Ambrosini, no suministra información al periodismo, pero trasciende de manera extraoficial que se han llegado a las mismas conclusiones adoptadas por las organizaciones gremiales el 9 del corriente. Lo principal es que el cuerpo emplaza al gobernador de la Provincia para que en un plazo de 72 horas produzca los cambios de funcionarios incursos o presuntamente incursos en desviación ideológica, o cuestionados. Se presume que ese cuestionamiento alcanza las carteras de Gobierno, Cultura y Educación y Economía. El Congreso se expide asimismo sobre las tomas de la sede del Partido Justicialista, de los locales de la Rama Femenina y de las Unidades Básicas, ocupados por un sector que reclama la intervención de la provincia en sus tres poderes. Se concluye que de no producirse la devolución de inmediato, el organismo partidario planteará una acción legal por usurpación.

[*Obviamente la ortodoxia está apurando la situación. ¿O se cree que si Perón quiere que MB se vaya no se lo hubiera exigido? Es la política de los hechos consumados que se le presentan al rey, que los acepta sin reparos una vez acabado el conflicto. Los montos frecuentemente pretenden hacer lo mismo, pero ahora es evidente que se encuentran sin mucha capacidad de maniobra*]

El documento reservado, que parece no muy reservado para el cronista de *Los Andes*, anuncia que una delegación del Movimiento Nacional Justicialista de la Provincia viaja a Buenos Aires donde se entrevistará el 15 con los miembros del Consejo Superior de la Agrupación para efectuar un planteamiento final tendiente a que el gobernador dé cumplimiento a los términos del emplazamiento que le formula el Congreso partidario. La delegación está integrada por: Edgardo Boris y Hernán Moschetti; el diputado Héctor Lucero; los intendentes municipales Rufino Videla, de Las Heras y Chafí Félix de San Rafael; el secretario general de las 62 Organizaciones, Manuel H. López y el dirigente gremial Cirilo Benítez; Alexis Popic y Miguel Ángel Páez por la CGT; los secretarios generales de los consejos departamentales de Luján y Las Heras, Francisco Corvalán y Jacinto Cabello; Magno Antonio Vitolo por la Federación de Unidades Básicas; Adela Monge de Piacentini, por la Rama Femenina, Raúl Morcos, por la Juventud y el presidente y secretario del Congreso provincial del justicialismo, Domingo Ambrosini y Carlos Jury.

Ya que sus adversarios viajan tan a menudo a Buenos Aires, MB también se va a la Capital para ver si puede encontrar a alguien dentro de su partido que legitime la gestión que encabeza. De paso asiste a la asunción del general y se las arregla en el ínterin para conceder una entrevista a la agencia Noticias Argentinas. Vuelve a mencionar "los caprichos de algunos sectores –antes había sido el capricho del vicegobernador– en alusión directa al Consejo Provincial del Partido Justicialista y su ultimátum de hacer cambios para adecuar su gobierno a las instrucciones del líder. MB sugiere que otras cuestiones valen más la pena que "pequeños problemas políticos". Además dice no haber recibido ningún emplazamiento por parte del Congreso y que se enteró del problema a través de la prensa. Como había manifestado en ocasión del primer enfrentamiento público con Carlos Arturo Mendoza un tiempo atrás, confirma que para los cambios ministeriales solicitados no tendría que consensuarlos ni con legisladores ni dirigentes cegetistas y tampoco con intendentes. Un gobernador no puede estar supeditado a otros cuerpos o personas para tomar una decisión privativa de él. También aclara que en su entrevista con el secretario general de la Presidencia, Vicente Solano Lima, le hizo saber que si el gobierno nacional "considerara hacer cambios en los gobiernos provinciales, Mendoza va a aceptarlos pero de no ser así no se aceptarán presiones". En realidad, don Alberto esperaba que el Congreso lo felicitara por su trabajo y la obra de su gobierno, pero no ha sido el caso. En cuanto a las infiltraciones marxistas dentro de la administración, el gobernador desafía a sus detractores que "digan de una vez quiénes son los marxistas y entonces los cambiaremos". En cuanto a su entrevista con Humberto Martiarena, el presidente del Consejo del Movimiento Nacional Justicialista manifestó que a él tampoco le informaron nada en lo referente a las conclusiones del Congreso Provincial. A MB lo que le interesa resaltar es su obra de gobierno porque ha asumido la titularidad de la provincia por el voto de 375.000 mendocinos y que al irse lo quiere hacer aplaudido por un millón. De la situación política, económica y social de Mendoza expresa que está al día en el pago de todos los suministros provinciales, que la economía está saliendo a flote y que espera que en el año entrante no haya déficit. De las obras, indica que una está dirigida al beneficio de la región sur mendocino: se trata de volcar las aguas del río Atuel para lograr el regadío de 100.000 hectáreas más de tierra, con lo que se cuadriplicará la fuerza motriz de El Nihuil. Las obras se completarían en 3 años. También menciona otros trabajos de envergadura como el parque petroquímico para el cual ya están en marcha obras de infraestructura, caminos, energía eléctrica y agua. Con el mismo tono optimista el gobernador se ufana en destacar que el aumento de sueldos a los maestros representa el índice más alto de todo el país y que los niños en edad escolar primaria gozan de un seguro de vida y salud. Por último, el cronista cree oportuno preguntarle si ha visto o tiene planeada alguna reunión con el nuevo presidente, sabiendo que si bien el general no da órdenes que parezcan terminantes y deja que los hechos políticos maduren por sí mismos sin su intervención directa ya ha recibido / legitimado al vicegobernador y a otros de los que ladran. MB responde que salvo en los actos oficiales no ha hablado con el presidente pero que sí lo espera hacer cuando éste inicie su ronda de audiencias con los gobernadores de todas las provincias.

Por otra parte, el ministro de Interior, Benito Llambí, que ya ha recibido a una multitud de disconformes con el gobierno de don Alberto, recibirá al sitiado mandatario que anda necesitado de un poco de oxígeno legitimador. Como el bolonqui a partir del emplazamiento del Congreso Provincial ha cobrado dimensión pública nacional, Llambí también ha de recibir a los miembros del Congreso partidario que figuran en la lista señalada más arriba y que partió desde Mendoza con rumbo a la Capital el día 14.

Se observa que MB está jaqueado por lo menos por dos flancos visibles y dispuestos a dejar todo por alzarse con sus propósitos. El más visible es el de la ortodoxia que desde múltiples sectores de burócratas sindicales, políticos inescrupulosos, aventureros y sedientos de puestos de poder, pretenden echar a andar sus redes politiqueras y deshacerse de quienes cuestionan (la Tendencia, los peronistas decentes) su esencia corrupta y su carencia de representatividad. Flirtean con Perón en el plano político, aunque debe reconocerse que si bien el líder no los rechaza y parece reconocerlos con su simpatía, tampoco termina de aprobar sus actividades terminantemente y mucho menos de modo formal. En el plano militar, están armados como en el resto del país, y dispuestos a sembrar el terror entre los movilizados por la Tendencia y sobre cualquier cosa que se identifique de izquierda.

Véase si no, el atentado que destruyó la casa del profesor Dussel (esta derecha lumpen también atentó, después de lo de Rucci, contra los dirigentes comunistas Benito Marianetti, Ángel Bustelo y Jacinto De la Vega) Como se sabe Dussel es un filósofo reconocido internacionalmente. Tuvo que exiliarse en México donde vive actualmente [2004] Pero los peronistas que quieren echar al gobernador no gozan de una unidad inquebrantable. Están los que toman la sede del partido y otros locales del justicialismo, según la revista *Claves* del 19 de octubre, que no cuentan con el beneplácito de los gremialistas y otros confabulados. La revista insinúa que Manlio Arturo Vítolo, uno de los propiciadores de las tomas de esos locales (otro es el tal coronel Pedro Quiroga, aquel del Consejo de Planificación Justicialista), sostiene que la intervención sería justa porque él y su séquito no tienen suficientes cargos. La embestida contra MB pareciera que se presenta sin cohesión. A las tomas antes mencionadas se suma la confección de "listas negras" (para aquellos a quienes "se la iban a dar") que los diversos grupos del peronismo que se oponen al gobernador preparan por la libre. De acuerdo a *Claves*, las listas dejan a muy pocos habitantes de Mendoza fuera de ellas. Una, llega al colmo de incluir como infiltrado marxista a Edgardo Boris. El moderado Julio Crimi, por su parte, abre un nuevo frente dentro del ya dividido bloque peronista en diputados, al oponerse a los ataques que "por permitir infiltración" se le hacen al gobernador. Cada uno está en la suya.

La otra oposición que cobra forma es la que compone la clase media bien pensante movilizada a instancias de la jerarquía católica local que se ha encargado de divulgar iniciativas de presunto origen marxista en el área de educación del gobierno –como "la marcha del silencio", entre otras. Dentro de este flanco, están los gansos y radichetas– el vicegobernador y el senador radical Luis Bobillo, en improbable camaradería, traman por los pasillos de la Legislatura, según *Claves*, la mejor manera de entablar juicio a MB. Los antiperonistas estructurales ofrecen apoyo sordo a las iniciativas de los príncipes de la Iglesia y realizan sus propios avances con cualquier artilugio leguleyo –como el diputado demócrata González que amenaza con un juicio por las supuestas irregularidades en los gastos de propaganda partidaria pagados con dinero público en que incurriría el gobierno.

La policía y el ejército, en tanto, se mantienen entre bambalinas pero siempre listos para reprimir cuando de subversión se trata. Ya se ve, que luego de lo de Rucci, se detiene a 12 personas acusadas de pertenecer a FAR, Montoneros y ERP pero la información que recoge *Los Andes* genera dudas en cuanto a la legalidad de tales arrestos. Lo cierto es que el gobernador se encuentra políticamente aislado, pareciera que del mundo entero. La derecha se lo quiere sacar de encima a como dé lugar. La izquierda va perdiendo fuerzas, quiere hacer, en lo fundamental, la revolución y parece que nunca tuvo voluntad de defender a este gobierno. Es difícil saber si, a esta altura de 1973, MB siquiera estuviera enrolado en lo que Bonasso llama "camporismo" (*El presidente que no fue*, 593) De todos modos resulta dudoso que este desinflado grupo, de tener una estructura en el nivel nacional, pueda ofrecer el aire que la soledad de nuestro Viejo parece reclamar.

Una cuestión a tener en cuenta, sin embargo, es que a pesar de la soledad de MB no es tan proclive a la torpeza ni tan ingenuo como el pedacito de historia del que fue protagonista y sus amigos pretenden hacerlo aparecer, y como se puede desprender de lo escrito hasta ahora y de lo que expresan los entrevistados. Tampoco le falta muñeca. Don Alberto da la impresión de siempre mantener la calma, aun en los momentos de la crisis más aguda de su gestión. Véase si no cómo ante la agudización de las distintas rebeliones amaga con trasladarse a Buenos Aires a solicitar al Congreso Nacional la intervención de la provincia. Este resultado no es el que buscan la mayoría de los gremialistas ni los políticos con algún cargo en el gobierno porque deberían resignarlos (no así Vítolo ni el militar Quiroga ni un autodenominado "grupo de los 10" que no tienen nada) Con esa amenaza nuestro Viejo zorro les para la mano a los insurrectos, al menos por unos días. También es interesante contemplar cómo se relaciona con el Viejo mayor, quien no desea de modo alguno inmiscuirse en la irresuelta y peliaguda interna mendocina y, de algún modo, a pesar de sus juramentos de respeto y lealtad, indicaría que lo pone a Perón en la disyuntiva de obligarlo a tomar una decisión: si quiere que el gobernador se vaya, tendrá que hacérselo saber directamente; si quiere que cambie el gabinete se lo tendrá que proponer. Pero es evidente que el líder nacional no quiere transformarse en el verdugo de nadie, cosa que MB sabe, y explota. Por otro lado en las entrevistas con Llambí, Martiarena y Solano Lima en Buenos Aires no trascienden las demandas del gobierno central que los adversarios de MB esperan. Es más, los funcionarios nacionales no aprueban las rencillas tortuosas, interminables que acontecen en Mendoza y, en el caso concreto de la toma de locales justicialistas, desaprueban, al menos como inoportunas, esas medidas y censuran a los ocupantes. MB se esfuerza, por otra parte, en enfatizar su obra de gobierno pese a los obstáculos. No, no este Viejo no es ningún ingenuo.

El 20 de octubre 26 agrupaciones sindicales declaran su apoyo al gobierno y a su gabinete. Los trabajadores se reúnen en la Dirección Provincial del Trabajo donde el director, Gervasio López (era además dirigente del gremio de Canillitas. En 2004 todavía mantiene su condición de dirigente) exhorta a la unidad gremial; la normalización de la Regional de la CGT; el apoyo integral al gobierno provincial, respetando la voluntad popular y evitar la intervención al poder legítimo que inviste MB. En parecidos términos se suceden los discursos del subdelegado de la zona este de la CGT, Renato Rochetti; el representante del Sindicato de Gráficos, Reinaldo Herrera, y el del gremio de Panaderos, José Raúl Tello. Pero los discursos más emotivos son los de Héctor Nicolás Brizuela de SOEVA, filial Maipú, y Faud Surballe de la Asociación Bancaria. El primero dice: "Los enemigos del pueblo alegan que en la época de Lanusse había más orden y que el pueblo no está preparado para gobernar. A los que así opinan les contestamos: el verdadero hombre argentino está por la liberación del país y América espera de esa liberación para iniciar su propio camino como en su época lo marcó el general San Martín. Hoy los enemigos del pueblo de afuera y dentro del partido peronista no lograrán sus objetivos. Nosotros evitaremos que se intervenga a la provincia". [*Héctor Brizuela fue fusilado por la dictadura militar junto a un compañero suyo, también dirigente de SOEVA, Antonio García, en octubre de 1976. El barrio en que vivía, La Colina, situado en las afueras de Maipú fue construido con la mano de obra provista por afiliados al sindicato (SOEVA - Maipú) del cual Brizuela era secretario general. Sus compañeros de entonces en julio del 2002 solicitaron rebautizar una calle de dicho barrio con el nombre del ex secretario general asesinado*] Surballe, entre otras cosas, subraya la necesidad de que los obreros tengan un brazo político y otro militar para defender los intereses del pueblo y de la clase obrera.

Más tarde, a sugerencia de López, los representantes de los 26 sindicatos se dirigen a la Casa de Gobierno para manifestarle personalmente su apoyo al mandatario. Una vez allí, son recibidos por MB, Zannoni, Morgante y el secretario gremial Bernardo Ferro (dirigente de Telegrafistas y Radiotelegrafistas que no era de la Tendencia) Surballe toma de nuevo la palabra para informar a MB que estos gremios aquí presentes no solo apoyan al gobernador sino a su gabinete y que se aprestan a viajar a Buenos Aires para ratificar esta decisión de manifestar confianza en un gobierno que es fruto de la voluntad mayoritaria del pueblo. Don Alberto, muy emocionado, confiesa que "ni cuando Perón me dijo que iba a ser gobernador me emocioné tanto como esta vez, cuando observo que el pueblo demuestra que confía en nosotros, a pesar de lo poco que hemos hecho. Digo esto porque no hemos hecho lo que queríamos sencillamente porque no nos han dejado hacer". En sus declaraciones, nunca olvida mencionar a Florentino Cortez, abiertamente en su contra, como un cumplimiento de las promesas de campaña en cuanto a la participación de la clase trabajadora en la administración. Ahora agrega al cuestionado Gordo Reig, quien también es un representante de los trabajadores del magisterio. En lo referente a la infiltración marxista MB aclara que la única pero importante infiltración en el gobierno es la gorila y reaccionaria.

Trasciende asimismo que el vicegobernador estuvo ausente en los actos de traspaso de poder (despedida de Lastiri, asunción de Perón y saludos protocolares al presidente) porque no fue invitado, situación por la cual hay malestar en el Senado local. Sin embargo, se trató de un error de la directora de la Casa Mendoza en Capital Federal, Gloria Guiñazú de Madariaga quien recibió las invitaciones pero las envió tarde. Esta acción, que Prensa del Senado tilda de deliberada, redundaría en sanciones "por violación de deberes de funcionario público".

El 22 de octubre estalla un aparato explosivo en el despacho del gobernador, quien no se halla presente. Como resultado del hecho, un ordenanza es seriamente herido. El atentado se lo adjudica el Comando de Fuerzas Anticomunistas José Rucci, el mismo que atentara días atrás contra el domicilio del profesor Dussel. Los medios de difusión reciben llamados de este grupo que, entre otros puntos, señalan "esta vez hemos fallado, pero la próxima no fallaremos". En Casa de Gobierno también se reciben amenazas en la cartera de Economía contra el ministro Baztán y en la Subsecretaría de Industria, Comercio y Minería, donde desempeña funciones Gerónimo Morgante, en las que se advierte la inminencia de otros ataques.

MB, junto a Zannoni y el gremialista Fuad Surballe, se reúne con periodistas para explicar el hecho:

P: —¿Qué opinión nos puede dar acerca de este lamentable suceso?

MB: —*¿Qué opinión se puede dar? Al gobierno peronista no lo pueden convencer de otra forma que haciendo lo que ustedes ven. Me parece a mí que nos están dando la razón. No han podido dominarnos, no han podido convencernos de que debemos cambiar nuestro rumbo y de que sigamos luchando por la recuperación del hombre argentino para cumplir todo un programa que levantamos desde la tribuna, y como no han podido convencernos de que no sigamos en esa tesitura, han llegado a esto. Vale decir, estoy convencido de que tenemos la razón.*

P: —¿Es exacto, señor gobernador, que desde que asumió el cargo se ha opuesto a las medidas de seguridad y ha preferido siempre salir sin ningún tipo de medida especial?

MB: —*Sí, es exacto. Entiendo que un gobernante del pueblo no puede andar en su provincia con custodias y sobreprotegido. Yo creo que la mejor protección es el pueblo mismo. Por eso me he opuesto siempre a andar con custodia y que me esté cuidando la policía. No me gusta, por principio.*

P: —¿A qué hora llegó hoy?

MB: —*Un poco más tarde de lo habitual. Porque me llamaron de acá por teléfono para que demorara un poco la llegada. Si no hubiera llegado a las 7.15 o 7:20 como llego siempre.*

P: —¿Este hecho, en sí puede obrar como un nuevo elemento para modificar en algún sentido la situación política de conflicto que hay en la provincia?

MB: —*Hablemos con claridad. La provincia no atraviesa ningún conflicto político. Yo creo que hay conflictos políticos cuando los crea el pueblo. Pero cuando un grupito de personas sin ningún carisma político ni apoyo popular, sin prestigio político ... eso es hacerle el caldo gordo a unos cuantos ambiciosos que quieren aprovechar la circunstancia de un Movimiento como el nuestro, que ha estado 18 años en el llano, y que ahora que llega al gobierno encontrando la situación económica, social y política tan anárquica por 18 años de dictadura, entonces surgen los falsos peronistas, como por ejemplo esa gente que toma el Partido, y tantos otros que hay que, en lugar de venir a dialogar con el gobernador o con el equipo de gobierno, quieren volar solos, y de ahí se producen estas cosas, pero no hay conflicto político en la provincia de Mendoza. El conflicto político se produce, repito, cuando el pueblo sale a la calle a protestar contra el gobierno; pero acá pasa todo lo contrario. Aquí el pueblo, en todos los departamentos y en la misma capital –eso lo pueden constatar ustedes– apoya decididamente al gobierno.*

P: —De todas maneras ¿qué va a pasar a raíz de todo eso?

MB: —*No va a pasar nada. Vamos a seguir gobernando, que es nuestra obligación. Lo único que hemos hecho es cambiar de local: antes la gobernación estaba en el cuarto piso y ahora está en el tercero.*

P: —¿Ha informado a Buenos Aires sobre lo sucedido?

MB: —*Ya hablé con el doctor Solano Lima para informarle. Con Llambí no lo pude hacer porque estaba en una reunión de gabinete.*

P: —¿Usted visitará al ordenanza que resultó herido?

MB: —*Efectivamente lo visitaré. Ya hablé dos veces por teléfono al hospital y se me informó que será operado.*

P: —Un autotitulado Comando José Rucci se atribuye el hecho. ¿Usted puede agregar algo a eso?

MB: —*Debe ser muy valiente ese comando, si existe.*

P: —¿A qué vino a la Casa de Gobierno el vicegobernador?

MB: —*Vino, como vicegobernador, a darme su solidaridad en estos momentos.*

Carlos Arturo Mendoza también parece encontrarse conmovido por los hechos y desea que no se culpe a ningún peronista por ellos. Declara lo siguiente:

P: —¿A qué obedece su presencia en la gobernación?

M: —*Apenas conocí lo sucedido decidí venir a hablar con el compañero Martínez Baca. Es prematuro abrir juicio sobre el atentado y entiendo que hay que esperar el informe técnico*

P: —¿Qué opinión tiene sobre el hecho?
M: —*Que es obra de algún demente. Solo una persona desequilibrada puede pretender resolver los problemas de esta manera. Creo también, que todo deberá ser investigado minuciosamente: siempre detrás de este tipo de atentado, existen motivos que hay que averiguar, vengan de donde vengan.*
P: —¿Alguna vez recibió usted amenazas similares?
M: —*Las he recibido permanentemente y desde hace mucho, pero no hay que darle importancia.*
P: —¿Qué o quiénes se encuentran detrás de esto?
M: —*Seguramente personajes que nada tienen que ver con el movimiento justicialista pero que pretenderán medrar con esta situación. Estoy seguro que el autor es completamente ajeno al peronismo.*

Entre toda esta batahola de altercados internos acompañados por una violencia que resurge con fuerza alarmante, el gobierno, de alguna manera se las ingenia para gobernar, para presentar proyectos: el 23 de octubre se anuncia que se construirán 4.744 casas para personas que habitan en villas inestables. El subsecretario de Promoción Social y Vivienda, Héctor Raúl Masini, lo anuncia en virtud de que en Mendoza el déficit habitacional es de 170.000 casas. Entre los planes –financiados por la Subsecretaría de Vivienda de la Nación– se incluye el beneficio a 2.509 familias de diversos departamentos de la provincia y la finalización de 500 viviendas que estaban paralizadas por falta de recursos. Con la puesta en marcha de estas obras también se pretende dar empleo a numerosos trabajadores del área de la construcción.

El 24, funcionarios de la Dirección de Gobierno clausuran el establecimiento que Molinos Río de la Plata posee en Godoy Cruz. El motivo de la clausura –de carácter preventivo– es la infracción al decreto provincial n° 2.383 y la ley nacional n° 19.508. La empresa facturó extracto de tomate a $ 1,48 y $ 1,55, cuando el máximo establecido es $ 1,45.

Durante la misma jornada, los gobernadores de Corrientes, Julio Romero y de Formosa, Antenor Gauna hacen llegar a MB mensajes de solidaridad por el atentado registrado en Casa de Gobierno.

La filial Mendoza del SUPE designa con el nombre José Ignacio Rucci el salón que utiliza para sus sesiones. Están presentes Carlos

Arturo Mendoza, el senador Ricardo Lauzón, el secretario gremial de la Gobernación, Luis Bernabé Ferro, Carlos Fiorentini, Ernesto Miranda por la UOM y los representantes de otros gremios invitados. El principal orador es el vicegobernador: "Conocí a Rucci en 1957 cuando solo unos pocos nos animábamos a concurrir a los gremios a rescatarlos de la dictadura [*R.A.: En 1956 los gremios y la CGT en Mendoza ya habían sido rescatados por la acción de un grupo de dirigentes que habían conformado la Intersindical; el Gordo Mendoza no se hizo ver en esa patriada*] (...) Los trabajadores no han podido ser convencidos ni por la derecha ni por la izquierda, por eso son la columna vertebral de la Argentina. Les puedo garantizar que hay una lucha tremenda aun en nuestra provincia. Pero no vamos a hacer una revolución con discursos o pintando con aerosoles las paredes; se podrá hacer solo con la participación de los trabajadores (...) esos ideólogos que intentan enseñarnos a nosotros cuál es el camino por el que tenemos que luchar están equivocados porque, en primer lugar tienen que empezar por trabajar, pues nunca lo han hecho. Quizá son niños bien que ahora toman una ideología extranjera para utilizarla entre los trabajadores e intentar una revolución, no importa cuál. Nosotros sabemos cuál es el camino marcado por nuestro líder: una revolución en paz pero con profundos cambios de estructuras ..."

Más hostigamiento para el gobierno de la provincia de parte del sindicalismo ortodoxo. En horas de la noche del 26 de octubre, el plenario de la CGT, junto a la mesa de los 16 y las 62 resuelve un paro de actividades de 14 horas para el martes 2 de noviembre "en razón de la falta de acatamiento del gobernador a la depuración ideológica de funcionarios de su gabinete". Según informan los gremialistas, habían aplazado sus demandas por pedido expreso de Llambí y Martiarena quienes comunicaron a los disconformes que MB había prometido hacer los cambios en un plazo de 10 días. En realidad, los dos funcionarios nacionales, como Perón, no se animan a refrendar de manera explícita ningún apoyo concreto que delate una interferencia en los conflictos provinciales, aunque es claro que les gustaría sacarse de encima a don Alberto. Según estos gremialistas, el mandatario, cada vez que regresa de Buenos Aires indica que no habrá tales modificaciones y mantiene la posición de eludir las promesas pre y pos-electorales de convenir con los trabajadores los nombramientos, con respecto a los cuales dicen que obró de acuerdo a su propia conveniencia. Entre quienes se encuentran presentes en la reunión están Alexis Popic de Luz y Fuerza, Lisandro Zapata de la UOM y el senador Hernán Moschetti.

Un nuevo golpe a don Alberto pretende darlo el Congreso del Partido Justicialista de Mendoza por medio de un comunicado con fecha 28 de octubre en el cual se disponen medidas contra el gobernador y el presidente de la Cámara de Diputados, Gabriel Montoro. El comunicado contiene nueve puntos de los cuales los más significativos son los que siguen: 1) Remitir los antecedentes del afiliado Alberto Juan Martínez Baca al Tribunal de Disciplina, aconsejando su expulsión del Partido Justicialista por no haber acatado las claras directivas del teniente general Perón y del Consejo Superior del MNJ; 2) Remitir los antecedentes del afiliado Gabriel Montoro al Tribunal de Disciplina aconsejando su expulsión por sus públicas manifestaciones agraviantes a este Congreso y a los demás cuerpos representativos del Partido Justicialista; 4) Aconsejar a los Bloques de Senadores y Diputados desvincularse y retirar totalmente el apoyo legislativo al Gobernador de la Provincia. Estas medidas son "ad referéndum" del Consejo Superior en el nivel nacional.

El 29 de octubre se divide el bloque de Diputados Justicialistas. El suceso era esperado por la opinión pública y ahora se precipita en todo su vigor. Uno de los bloques lo integran 12 diputados que son los que apoyan la gestión de MB y el otro está formado por 16. Según se informa el factor que desencadenó estos hechos partió de una propuesta de Gabriel Montoro, al pedir que el bloque diera una declaración de apoyo al gobernador, en oposición a lo determinado por el Congreso Partidario y el paro decretado por la CGT (que luego se levantó) El diputado Concetto Julio Crimi declara que "en vista de la situación imperante se había formado el bloque que en adelante se denominaría "Movimiento Peronista de la Verticalidad", integrado por los diputados Molina, Montoro, Lilloy, Berdejo, Ghilardi, Emmi, Martín, Crimi, Andreoli, Pérez Vilches y Davire. Este grupo respeta el acatamiento de la verticalidad del general Perón y lo ordenado por éste de respetar la Constitución.

El diputado Julio César Ortiz, por su parte, señala que "la división partió de ellos frente a un planteamiento con respecto al gobernador, el cual sobrevino inesperadamente". El nombre de este grupo continuará siendo el de "bloque justicialista" y lo presidirá el mismo Ortiz. Los 16 de este grupo son: Argüello, Bustamante, Cornejo, Díaz de Rivero, Donatti, Hinojosa, Leotta, Lucero, Mancilla de Tejada, Méndez, Mogni, Navas, Ortiz, Rodríguez, Videla y Yoma. Los legisladores demócratas y radicales se mantienen al margen del conflicto y no formulan declaraciones.

El mismo día la CGT da marcha atrás y suspende el paro que habían planificado para el 2 de noviembre. Tras arduas horas de debate en el plenario general de delegados, la filial sindical local, que ya había decidido ampliar la huelga de 14 a 24 horas, decide suspender la medida de fuerza en forma transitoria. La postergación se debe a un pedido del Consejo Superior y de la CGT nacional, que continúa oponiéndose a lo que ellos entienden como luchas intestinas dentro del Justicialismo.

El asunto del mantenimiento del gabinete no da para más. En horas de la tarde del 30 de octubre ya está aceptada la renuncia de los responsables de todas las carteras, excepto la de Benedicto Caplán, de Hacienda. En la Casa de Gobierno hay una especie de comisión mediadora, formada por el propio Caplán, el diputado nacional Arturo Ruiz Villanueva, el director del INV, ingeniero Mario Ceresa y el presidente del Banco Mendoza, Octavio Persio. Estos tres funcionarios se entrevistan con el mandatario en varias oportunidades durante el día para las tratativas en cuanto a la formación del nuevo gabinete y la normalización de la provincia. Varios son los que llevan sus preocupaciones y sugerencias a don Alberto. Entre ellos el vicegobernador, que mantiene una fructífera –según él– reunión con MB por espacio de una hora y media en la que le insinúa que la solución para que el nuevo gabinete funcione como corresponde es que se incluya a todos los sectores. También visitan al mandatario los diputados provinciales Andreoli, Molina y Nacer; los dirigentes juveniles de la JP, JUP y JTP (los gordos Capella y Sanhueza, y Surballe respectivamente) y el diputado nacional Sverzck; asimismo, asiste el intendente municipal de Godoy Cruz, Carlos de la Rosa. Por otra parte se sabe que Horacio Martínez Baca, a quien su padre hubiera pedido también la renuncia al cargo de la Secretaría de Gobierno, permanecería en el puesto por dos o tres días más, hasta que estuviera organizado definitivamente el gabinete.

El Sindicato del Magisterio, por su lado, expresa al gobernador su adhesión a la gestión del ministro de Educación Eduardo Reig a través de un comunicado. La nota enviada a MB dice:

> *Ante la reestructuración del gabinete provincial, producida en el día de la fecha, especialmente en el área cultural y educación, como Comisión Directiva del Sindicato del Magisterio, SUTE (e.f.) de Mendoza, a usted nos dirigimos con el objeto de expresarle: que lamentamos profundamente todas estas interrupciones del proceso iniciado el 25 de mayo con la asunción del gobierno constitucional de Mendoza. Que a nuestro pesar, advertimos que la opinión de los sectores directamente interesados no gravita en la toma de decisiones de tipo político, ya que el franco apoyo del magisterio a la conducción educativa provincial, no ha valido para asegurar su continuidad. Que aunque la decisión política interrumpa la gestión del doctor Francisco Reig no alcanzará a palidecer el amplio consenso favorable que su gestión ha creado en el ámbito educativo y el reconocimiento de los maestros que en él hallamos un alto espíritu de comprensión y apoyo para todas las iniciativas en pro de la educación popular.*

Firman: Arturo Marcos Garcetti, Juanita Lidia Carnevale, Nélida Calfa, Marta Elena Méndez de Orlando, María Josefina O. de Muñoz y Carolina A. Peralta.

G. M. (II):

> *Lo del juicio, viene Evans y se decide ... primero, del juicio yo podría decirte que antes que MB subiera el juicio ya estaba. Acá hubo a principio de mayo del 73 una reunión de gremialistas en Potrerillos donde los tipos ya dijeron que había que hacerle un juicio a MB. No, no por lo del pagaré ni nada, juicio político. En aquella época el Viejo estaba muy jodido de la vista y el juicio había que hacérselo por ciego. Incluso, ahí ellos, los cerebros –ojo, que no eran precisamente todos los gremialistas– le asignaron a dos o tres abogados, algunos*

muy pero muy buenos como Teruel, que está ahora en la Procuraduría de la Nación, un tipo muy correcto, muy capaz y derecho, Santiago Teruel, es el segundo del Nico Becerra ... el Santiago es un estudioso del derecho ... y él pertenecía a un grupo, Caballeros del Fuego, de un gobernador de Onganía ahí en Córdoba de cuando habían estado estudiando en derecho, ahí conectaron ... pero no es mal tipo, es un tipo ... bueh ... entonces él empezó a trabajar por el juicio político posible, seguro que habrá buscado todos los antecedentes del presidente Ortiz [Roberto María, presidente entre 1938 y 1942] *que le hicieron juicio político, lo hicieron renunciar más bien allá por el año 39, 40, por la vista. Ese fue el primero. Y después surge esta otra boludez ... entre los cargos que le hacían a MB uno era de unas ventas que el hijo más chico, ese que ahora habrás visto que es candidato a gobernador, qué sé yo, es un boludo ... sí, va por Menem pero es un pelotudo ese no puede ser ni mayordomo ... no sé quién le habrá dado unos mangos ... la cuestión es que el tipo hizo una sociedad con otro* [Martínez Howard], *que era de los servicios. Porque acá se dan esos casos que son así: esto yo lo puedo decir porque Juan Carlos Dante Gullo que era el jefe de la regional de la Juventud en Buenos Aires, se viene acá a Mendoza con un tipo al que presenta como su primo y los de la Orga entran como caballos, no sé si porque estaban en complicidad o si realmente eran boludos ... y no vienen y se lo ponen como jefe de la custodia de MB, a él lo ponen y a dos tipos más que también eran de la policía. Con el tiempo que este tipo era un oficial de la policía ... nooo, no era porteño, se hacía el porteño pero era de acá, era mendocino. No, no me acuerdo el nombre, pero el jefe de la custodia de MB. ¿El Caballo Loco? No, no creo que haya sido, no creo; este muchacho ha muerto hace un par de años, la última vez que yo lo he visto tenía un kiosquito acá nomás, por la calle San Martín; yo hacía una revista de ciclismo y él me daba unos avisitos. Pero, te digo, al otro tipo, yo descubrí, bah un hermano mío descubrió allá por el 78, 79: tuvo un accidente de tránsito enfrente de la plaza de Godoy Cruz; entonces justo pasaba este y le dice qué te pasó, que esto lo otro, vení vamos, entraba a la policía como Pancho por su casa dice mi hermano, ahí donde estaba la comisaría, iba por acá y por allá como si fuera un tipo que se hubiera criado allí adentro ... es raro, sí, es raro pero estaban, el Gullo también porque fue él quien lo trajo y lo propuso. Y después, por ejemplo, aparece un tal Martínez Teresere que no tenía dónde caerse muerto con un auto último modelo, un escritor seco, y ese andaba en el auto oficial de MB a todos lados. Ese tipo lo engancha al Albertito Martínez Baca para que cuando el padre estuviera a cargo del gobierno, hacer una sociedad para venderle vino a Giol. Entonces, con el tipo hicieron un par de operaciones que el Albertito este no las cobró nunca porque el otro las cobraba y nunca le daba la guita. El Viejo no sabía una mierda de eso, el Viejo no estaba en esa. Ese fue uno de los cargos que le hicieron.*

El otro cargo fue una tarjetita que él le había dado a un bodeguero de acá de Mendoza, una tal Pérez Lamela, que hizo mucha guita por los años 50 en el peronismo porque él estaba conectado con un tal Palarea que era secretario de Comercio en el orden nacional y vendían vino al Paraguay y otros lados, entonces hizo mucha guita. Siempre fue simpatizante del peronismo. Yo me acuerdo, en la clandestinidad habían 7 u 8 personas, cuando la proscripción, que vos ibas, les pedías unos mangos y te los daban para hacer un volante, para hacer un viaje a Buenos Aires a un congreso, para pagar un hotel, cosas así. Este hombre, cuando vienen las elecciones del 73, te imaginás que los viejos del justicialismo no tenían un mango. Estaba un Cámpora acá, que fue senador nacional, hermano de don Héctor, Pedro sí, que había sido presidente del Banco Mendoza. Este tenía una oficina de corredor de vino con otro socio, entonces juntaron unos pesos para la campaña. Y entra el Pérez Lamela este, creo que puso como 30.000 pesos, lo que era bastante. Entonces cuando viene el gobierno, Pedro Cámpora lo habla a MB, le dice, mire don Alberto, va a ir a verlo un señor Pérez Lamela, porque el Viejo ni lo conocía ¿viste?, va a ir de parte mía, quiere venderle un vino a Giol; si usted cree que se pueda hacer me agradecería que lo atienda. Entonces vino el tipo. Y el Viejo le hace una tarjetita dirigida a un tipo allá donde dice, el señor fulano de tal tiene un vino para vender, si se ajusta a las condiciones de lo que Giol está comprando me agradaría que se lo compraran y la firmó. Ese fue otro de los cargos que le hicieron en el juicio político. Una boludez.

El otro cargo que sí, que tenía un poco más de peso, pero que tampoco era un dolo, fue por Giol; primero formó un directorio para el que trajo un tipo de Corrientes, totalmente descolgado de lo que era la provincia. Lo único que tenía en la mente eran las finanzas y en economía creía que todavía las viñas tenían más del 50% del producto interno: no, acá las regalías del petróleo ya eran tanto o más importantes que el vino. También la fruticultura, verduras, frutas, las industrias de conservas, incluso las industrias frigoríficas de la carne eran por lo menos igual que la del vino. Pero el Caplán tenía en la mente el vino, entonces quería marcar Giol de todas maneras. Incluso un tipo, el presidente del directorio que trajo él, resultó ser un pistolero. Y los otros eran directores que le ponía MB por compromisos políticos, pero eran bastante mediocres, alguno por ahí tenía un poco de luces. Pero Giol se manejaba solo, si tenía unas estructuras de la gran siete. Cuando le fracasa este directorio la interviene. Y en la carta orgánica de la bodega Giol, el gobierno tiene, el Poder Ejecutivo, tiene que comunicar a la Legislatura dentro de un x plazo la intervención y los motivos. Bueno, eso no lo hizo.

Esas fueron las razones, las razones de peso. Ya te digo, el Viejo era incapaz de recoger un alfiler que a él no le correspondiera. Era un tipo de principios muy acendrados; yo tenía un gran respeto por él. Admiración tenía porque era un tipo muy correcto. Yo estaba en un lugar que manejaba, no la bodega Giol, pero tenía vinculación con ellos, manejaba, indirectamente digamos, el Frigorífico Mendoza. A mí me llamaban ministros, las mujeres de los ministros, los subsecretarios, tipos de la Legislatura, no, no, todo por derecha. Me pedían si, por ejemplo, tenían un cumpleaños a fin de mes o a mediados de mes, si les podía ofrecer a precio, digamos, más bajo, no de público, de bodegas, tres cajas de vino, Canciller, vino fino. O si les podía hacer vender cinco kilos de lomo del frigorífico, así, esas cosas. Hasta el vicegobernador que era el Gordo Mendoza me llamaba y me pedía. Aunque ellos iban directamente también porque el que estaba allá era un gremialista. Hacían festicholas, incluso ahí mismo en el frigorífico. El Viejo nunca jamás me pidió eso en el tiempo que estuvimos, jamás me dijo, Morgante consígame un poco de vino, nunca. Un tipo honestísimo.

Otra cosa que le metieron fue una mina que era botona, la Adriana Fernández, sí, domadora de gobernadores le decían, si había sido mina de no sé cuántos, esta sí que era de los servicios, servicios, de la aeronáutica era; y sigue estando muy conectada a Kogan que también *es de los servicios, debe ser ya casi comodoro o brigadier de la aeronáutica ahora. Acá tenía al Comando Pío XII y esos sí que eran todos botones. Y la mina lo era ... el Viejo era casado, pero le metía ... te imaginás un viejo de 70 años y una mina, loca, que se le ponía en bolas y qué sé yo, qué querés ...*

Cuando pierde el juicio no hay ninguna reacción popular. No hubo absolutamente nada. Salió sin pena ni gloria. Y a laburar. Nadie lo protegió, ni la Tendencia. Después anduvo un poco con el Auténtico conmigo. Mirá, te voy a contar. El Viejo se vino a vivir de San Rafael para acá, cerca de mi casa, a cinco o seis cuadras. Ahí el Viejo ya estaba ciego prácticamente. Estaba a una cuadra de donde pasaba el trole y venía, lo tomaba y se bajaba en la plaza San Martín, ahí cruzaba la calle, se tomaba otro trole y se bajaba cerca de lo que era la Estación del Estado, allá por Guaymallén. No me acuerdo bien, creo que por la calle Tropero Sosa u otra más acá, había una placita, cerca de Pringles. En la esquina suroeste de la plaza hay una farmacia o había en aquellos tiempos, te estoy hablando del 78, 80, a la que el Viejo iba todos los días. Firmaba unos análisis que los clientes le llevaban y el farmacéutico le tiraba unos mangos. De eso vivía.

Después, cuando yo salí de la cárcel, había unos radicales, entre ellos Llaver, que fue gobernador de Mendoza, a esos los manejaba Mario Fradusco, un diputado nacional, que había sido uno de los diputados que integró el juicio político y estuvo a favor del Viejo, él le juntaba junto con siete u ocho radicales, le juntaba unos pesos. No, qué jubilación. La jubilación le salió al Viejo después que Llaver, en la época de Alfonsín, fue gobernador. Después Patroni ponía unos manguitos, yo no porque estaba cagado, el Vilchez, don Ruiz Villanueva, Octavio Persio que fue presidente del Banco Mendoza y que fue uno de los culpables del juicio político, no porque el tipo fuera botón sino porque le negó el día del juicio 30.000 pesos a MB. El juicio político se perdió por un voto y había un diputado que pedía esa guita. MB en la mañana del día del juicio pidió un préstamo en el Banco Mendoza por 30.000 pesos y se lo negaron. Y después lo pedimos como a las 11:00, ocho o nueve funcionarios como garantía y también nos negaron el préstamo. Y como a esa de las 6:00 de la tarde, los metas le dan los 30.000 mangos y el tipo se pasa para el otro lado. Vos ves los detalles, por ahí hay alguno que está medio indeciso, así, un diputado de General Alvear ... bueno pero Persio después también le daba, lo ayudaba económicamente. Yo también le juntaba unos mangos.

Me acuerdo una vez, el Viejo cumplía los años el 2 de mayo, yo el primero y él el 2. Le hicimos un almuerzo en la casa de Patroni y estábamos Patroni y la señora, mi señora y yo y MB y su señora. La señora de Patroni y mi señora le regalaron una billetera que habrá tenido unos 200 mangos ... lloraba como un niño el Viejo ... sí el Viejo estuvo preso, estuvo en Magdalena, estuvo con Menem. Él siempre decía que Menem era un turquito muy barato pero que era muy solidario. Lo que pasa que Menem era el más joven y todos los demás eran gerontes, ya murieron muchos de ellos. A Menem era al único tipo que le entraban grandes bultos, los días domingos. Si un tipo estaba enfermo y había que ponerle una inyección se la ponía el Turco, en eso era un tipo muy servicial, fijate vos. Yo la única vez que estuve mano a mano con Menem fue en la casa de MB, a comienzos del 73, que vino acá y estaba en el Hotel Huentala y yo sin consultar ni nada con el Viejo, por hinchar los huevos nada más me fui y los encaré a una mina y a un tipo que estaban ahí que eran los secretarios, el hombre estaba cercano a los servicios. Yo les dije que quería hablar con Menem, de parte de MB, te imaginás cuando los otros escucharon el nombre del Viejo no sabían donde mierda meterse porque era mala palabra ese nombre entonces. Me dijeron, no que la agenda del doctor qué sé yo y detrás de una cortina salió el enanito éste y dice quién viene de parte de MB pregunta, "yo" le respondo, y él dice yo lo quiero ver a MB. Los otros dos no querían pero él sí. Me dice hable con Lidia Doncín y combinen hora y todo. Yo tenía cierta amistad con la Lidia, más ella con mi mujer que conmigo, en aquella época era ella menemista, ahora es antimenemista, yo en esa época no lo miraba bien a Menem, ahora yo lo apoyo, honestamente, sí, sí. Entre el proyecto de Menem y el proyecto de Duhalde yo me quedo con Menem, cien veces. Yo soy jubilado, a mí me ha reducido las posibilidades de consumo en dos terceras partes. Bueno, el asunto es que la hablo a la Doncín y me dice venite a la noche, en auto. Me avisás y nosotros te vamos a seguir. Yo no tenía auto así que le tuve que hablar a Patroni. Yo le había dicho a mi mujer y ella le avisó a sus amigas. Fuimos, y había un auto en el que yo vi que subía Menem y que lo

tapaban con una colcha. Iba la Lidia Doncin y un amigo personal todo. Habremos estado dos horas hablando, de todo. Y yo te puedo decir que no desagradé a Menem. Yo conocía a muchos y también leía bastante. En 15 ó 20 días yo voy al partido, y un amigo mío me presenta a Bauzá, a quien no conocía, porque él no había hecho nada acá en Mendoza, pero sí había trabajado con Menem allá en La Rioja
...
Cuando a don Alberto le hacen el juicio político, que nosotros nos enteramos de los resultados recién a las 11:00 de la noche, cuando fue la votación, tres renunciamos, ya no había más nadie que pudiera defenderlo ... ni siquiera de la Tendencia y nosotros tampoco, ninguno de los tres, que fuera de las Orgas; estaba el Gordo Patroni que era el secretario, Carlos Quirós, que es un periodista que anda por Buenos Aires ahora, que era el director de información y yo que era el subsecretario ...[Aún hoy, Quirós sigue siendo uno de los principales redactores de *Clarín*] *Durante el juicio aparece el subjefe de policía que era un tipo brillante, un tal Ibáñez, de carrera el tipo. Estaba en la terraza todo asustado y aparecieron otros que eran funcionarios de MB, de medio pelo, preguntaban si tenían que poner armas en la terraza y el subjefe estaba todo cagado; yo les dije no, qué armas, aquí nadie pone nada. Los voy a chequear con la policía les dije a los tipos. Al subjefe le dije, mire usted quédese acá y cuando voten, traten de cuidar el orden, como que no venga alguna patota y quieran pegarle a MB o algo por el estilo. De lo otro no va a pasar nada y así fue: no pasó nada. Salimos ocho o nueve ... cuando llega el Gordo a la Casa de Gobierno, ve las tres renuncias, el único que los puteaba era yo; los otros, "presento mi renuncia indeclinable, bla-bla-bla"; la mía, 30 años de peronismo y tal y cual y decía también, hoy el gansovandorismo, porque se habían unido para el juicio, entonces, renuncio indeclinablemente ... El Gordo Mendoza la dejó, no la publicó en el diario oficial; el 16 tuve que abandonar el cargo. Vos vas a* Los Andes *o* El Andino *del 15 o 16 dice "Morgante contra la patria metalúrgica" o algo así. El Gordo Mendoza no me la aceptó. Yo llamé a los periodistas el 15 o el 16, no recuerdo, y les dije que abandonaba el cargo, y me fui. Pero primero fui a hablar con el Gordo. Me presenté, dije quiero hablar con el Gordo y ahí nomás me dejaron entrar. Me dice, Flaco, acá tengo tu renuncia, tomá no seas boludo, retirala, yo*

no te prometo que te voy a dejar ahí en la subsecretaría, pero mirá, en Comercio hay una categoría así, asá. Yo le digo, no Gordo, vos hoy te has unido con los gansos, cuando vos me demostrés que no estás más con los gansos yo voy a venir a trabajar gratis con vos, ahora me voy, y me fui. Y soy amigo del Gordo, él estuvo en la cana conmigo, bah, no en el mismo pabellón, pero estuvimos juntos. También él fue víctima de esto. Mirá el Gordo no era un mal tipo, medio brutón. Lo empujaron desde Buenos Aires y desde acá ... y a él en última instancia también le agradaba ser gobernador ... y no duró una mierda.

Tan es así cuando renunciamos, al otro día nos reunimos en un lugar donde estaba el hospital San Juan de Dios, en el último piso, y yo les dije a los demás: renuncien a todo porque ¿cuál era la jugada de estos tipos?: no tocar a nadie, entonces van a creer allá en Buenos Aires que solamente MB es el maldito. Yo dije no, yo me voy, váyanse ustedes también porque el único de todos los que estamos acá que puede quedarse soy yo, porque sé que no me van a tocar, pero a ustedes los van a sacar a patadas. Algunos estuvieron, bah todos estuvieron especulando, y a la larga los echaron a todos. Al único que no quisieron echar era al viejito Ruiz Villanueva, que en ese entonces era ministro de Bienestar Social. Después vino Cafiero y los sacó a ellos también, lo rajó también al Gordo que además se ligó la cana. Ellos estaban prendidos con el Santuccione, el jefe de policía acá, y éste los mandó al frente. Les había dado unas armas, por supuesto que sabía donde estaban, entonces hizo un allanamiento y por eso le hicieron juicio al Gordo. Al pobre lo pasearon por Tucumán, por todos lados. Hoy sigue en su agrupación de gremialistas, algunos en actividad, algunos todavía son secretarios generales de gremios, otros son ex gremialistas, sigue en contacto con los metalúrgicos pero tampoco les han dado ni cinco de pelota ...

Con MB al principio se llevaba bien pero después sí se llevaban mal porque los dos estaban en cierta medida enfrentados. Pero cuando se murió MB uno de los pocos que le mete un avisto fue el Gordo Mendoza y no lo hace de oportunismo, lo hace de honestidad. Hace dos días estuve con él, hemos renovado la auditoría en el Círculo de Legisladores y yo fui y le ofrecí un cargo y lo he metido ahí. Es un tipo que fue víctima porque nunca más fue nada. No creo que le interese hacer declaraciones sobre esto ...

Yo hacía deportes en Los Andes *y* El Andino *antes de entrar en el gobierno. Hacía todos los deportes, fundamentalmente ciclismo, sí yo iba a las carreras y a las reuniones de la Asociación Ciclista Mendocina, por la calle José Federico Moreno, estaba tu viejo ahí. Tu viejo se fue de Argentino, de hacer ciclismo en Argentino, y ahí entré yo y hasta hace poco he estado, hasta noviembre, ahora ya no. Cuando hacíamos las carreras, las de pista, las hacíamos en homenaje a tu viejo, venía tu vieja, tu hermano. Yo tenía muy buena relación con tu viejo, un tipo muy sano, muy correcto. De la cárcel salí en el 78, ensayé ser vendedor de mercaderías, corredor, pero no funcionó, se me rompió el auto, así que me dediqué a hacer una revista de ciclismo y he vivido diez años más o menos con eso, es decir, vivir mientras ... vos sabés que si no te dan unos mangos oficialmente vas muerto. Por ejemplo, cuando estaban los militares fue interventor de la Provincia, Cejuela, un demócrata que había sido diputado conmigo, siempre me daba un aviso. Después Llaver lo mismo, habían varios amigos que me daban. Cuando subieron los nuestros nunca más me dieron. Me dio uno o dos el Banco de Mendoza porque estaba Viggiani, un amigo mío ahí todavía. Después cuando asumió Ramírez, uno del chueco Mazzón, que vos habrás sentido nombrar, también me tiró unos avisitos. Después ya no la saqué más.*

Pero te quiero decir los nuestros, ni pizca te van a dar, a mí me discriminaron, qué sé yo por qué y a los del grupo de MB también. El Gordo Patroni ganó un par de concursos de esos que llaman para la reforma del Estado, uno lo declararon desierto, el otro no sé qué hicieron pero nunca le dieron nada. No, qué la Tendencia, Lafalla era el número dos de la FAR y debe haber sido el número tres de los servicios de informaciones. Mirá, te cuento una anécdota: hace unos años, durante la democracia, yo conocí a un teniente coronel acá, y según me dijeron, había estado cuidando a los presos en el Liceo General Espejo; yo estuve en la cárcel, primero en el D2 y después en la cárcel directamente, pero a muchos los llevaban al Liceo; cuando subió Bordón lo llevan a Deportes, no de director sino en otro cargo, entonces hubo un escrache de los Montoneros contra este tipo. Claro, pasó el tiempo y una vuelta estaba yo con unos amigos y llegó este señor y me lo presentaron. Después tomamos varias veces un café y cierta vez me dijo que estaba haciendo unos libros de geografía. Vos sabés, yo soy muy rata y junto recortes que salen en los diarios y tenía unos de geografía, que se los ofrecí y se los di. Nunca más me los devolvió. Después de un tiempo me llama a mi casa, me dice mi mujer te ha llamado un teniente coronel que quiere hablar con vos; dijo que a la noche iba a estar a eso de las 8:00 en el Automóvil Club. Yo vine, tiene que haber sido en el 95 o 94, me dice que estaban postulándolo al Lilloy. El Lilloy, en los años 72, 73, era la cabeza visible, políticamente, de los montos acá en Mendoza, Rubén Lilloy, que estaba con el Kuki Montero, no sé si lo habrás sentido nombrar. El teniente coronel me dice que queremos llevarlo a este Lilloy de intendente acá en la capital, ¿te gustaría trabajar con nosotros? Yo le digo, mirá no tengo ningún problema porque en este momento estoy muy jodido, me estaba por recibir en Derecho y ya había abandonado el ciclismo y todo porque me quería recibir ... y hablando, hablando, ¿sabés lo que me dice el tipo?: que él lo conocía al Lilloy desde el año 72, y que se reunían en la calle San Lorenzo, en la esquina de España o Patricias, no me acuerdo, también con el Chango Díaz, con todos esos tipos que eran todos de las orgas, o de las FAP, de las FAR o de los montos. Todos estaban arrimados ahí, no sé si me entendés, ¡que él los conocía de esa época! Ya estaba infiltrado todo hasta la mierda en ese tiempo.

Yo te puedo decir, acá por ejemplo, antes del golpe, yo lo sé por uno que era vicedirector del diario Los Andes, *San Martín, porque yo le llevaba a veces noticias del* [Partido] *Auténtico a publicar; el tipo me decía yo no se las voy a publicar ¿y quién me las publicaba?: Del Giusti en el* Diario Mendoza *porque era botón. Y San Martín me llamó seis o siete días antes del golpe; me dijo venga que yo le tengo que decir una cosa: yo estoy muy conectado a la Iglesia y el golpe viene, yo le puedo decir que se ha hecho una reunión en el SUPE, era Cassia el secretario general, ese que ahora anda con Menem, donde se ha programado la lista de los que tienen que ir presos y ahí está usted. Bueno, yo a los dos, tres días me fui a San Juan, si no tenía un mango, ¿dónde mierda me iba a ir? Porque ellos decían que se venían con* [Luciano Benjamín] *Menéndez al frente, después resulta que fue Videla y Viola, entonces yo dije qué mierda, yo me presenté solo al ejército. Ya me tenían vigilado, me fueron a buscar a la casa de unos parientes en Barrancas, sabían que no estaba acá. Después sí fueron a mi casa y me llamó mi mujer, entonces le dije dejá, ya voy a ir, ya me voy, y me vine, me presenté solo. Nada más que cuando me fui a presentar había una cola, porque hablé al comando, mejor dicho le habló mi mujer a Alberto Day, al radical. Le dijo, mire el Flaco se quiere presentar pero quisiera alguna garantía. Entonces a Day, se ve que habló, le dijeron que tenía que presentarme donde yo había cumplido funciones. Me fui un día, tan es así que me fui en vehículo y todo porque yo sufría de los callos, qué me iba a ir caminando; yo hice un cálculo de seis, siete meses, ¿viste? Yo pensaba que estos debían creer que todos éramos guerrilleros, cuando se dieran cuenta que uno no era nada me iban a largar. Llegué, me puse en la cola y vino un tipo que era periodista, Bragadín, de radio Nihuil y del Diario Mendoza. El tipo iba con un militar, pasó, se volvió y me dio un abrazo. Mirá, yo no me quiero comparar con Cristo ni con Judas pero le dije a mi mujer, este hijo de puta me denunció. Yo subí donde había trabajado, llego y me dicen que espere, y esperé. Como a las dos horas vienen dos soldados y me sacaron detenido: me mandaron al D2. Es decir que el tipo me cagó. Allá en la policía yo escuchaba por una ventana a los milicos, porque me habían puesto en una sala grande, los oía hablar de mí; uno le decía a otro, así que Morgante quería hacer volar la Casa de Gobierno con un atado de cigarrillos y un encendedor ... porque ya en la guardia nomás me preguntaban que adónde tenía el arma. Qué arma les decía yo, en la reputa vida he usado un arma. Lo que pasa que este hijo de puta hizo una denuncia como que yo iba a hacer volar la Casa de Gobierno o alguna huevada así. Bueno, me tuvieron en el D2 por un tiempo, después me llevaron a la cárcel.*

No, yo nunca tuve nada que ver con la Organización. Yo había participado en un sentimiento que ellos explotaban que era el de que Perón volviera. Cuando ellos veían un tipo que tenía cierta vinculación con los sectores políticos, entre la gente más grande, trataban de engancharlos. Como la iban de peronistas, que esto que lo otro, que el regreso de Perón, que acá que allá, y los militares con que si había elecciones o no había elecciones, y bueh por ahí te venía un amigo, alguien, y te decía, mirá vamos a hacer un operativo en tal lado, necesitaríamos esconder ... eran boludeces que las hacían solo para comprometerte, como para tenerte después agarrado. Yo una sola vuelta participé con unas cajas de explosivos que no servían; las llevé a la finca de un hermano allá en Barrancas, ¡y no servían para nada! Después como a los cinco o seis días vinieron en una ambulancia de Córdoba para lleváselas y quedaron unas pocas ahí. Cuando volvió Perón, estos me decían que mañana voy, que pasado voy, hasta que mi mujer un día se le calentaron los ovarios y se fue para allá, lo agarró a mi hermano y las tiraron a la mierda al río, eso es todo lo que yo hice. Y asistí a algunas reuniones, pero de perejiles en última instancia. ¿Quién te dijo? ¿el Polo?, sí yo era jetón de ellos, del Auténtico en realidad. Pero el que traía la guita de afuera era el Sgroi, el que ahora está de interventor en troles, y la Susana Sanz, que está en Buenos Aires y trabaja en derechos humanos, es una abogada y ... sí era amiga de MB, más que yo, bah, yo lo conocía al Viejo de muchos años pero como ella estaba radicada en San Rafael tenía más contacto. ¿Tenés La voluntad II*?, ahí salgo yo dos o tres veces y la que ha dado los datos es la flaca Sanz. Pero es sobre el Auténtico, era cuando estos pelotudos ... nosotros poníamos la jeta y ellos estaban en la clandestinidad y nos querían mandar a todos a la clandestinidad. Ahí es donde sale lo de Guelar, yo lo conocía a él porque era el apoderado del Auténtico en Buenos Aires y yo era el secretario general acá y lo manejaba todo yo. MB era el presidente pero yo era el que andaba para todos lados, iba a congresos, fuimos al Nino, a Vicente López cuando fue el lanzamiento, fui a Córdoba y ahí estuve con Bonasso y todos esos tipos, Guelar, Rodríguez Zavala que es al que después lo mataron. Ese es el que a mí me llevó el pasaporte a la casa, ese que era un puntano y un tal Suárez que había sido subsecretario de Gobierno en San Luis.*

Esos me querían llevar a Italia. Cuando yo estuve en cana mi mujer jamás tuvo contacto con ellos, nunca nos dieron un mango. Mi mujer se metió en la iglesia, con Monseñor Rey que estaba acá y andaba en esa. Y cuando iba a visitarla alguno de los que estaba en la cosa ella lo sacaba cagando. Yo fui jetón, esa es la palabra. Cuando salí en el 83, en las elecciones, a mí me invitaron a unas reuniones, el Polo, todos esos tipos en la casa de MB y yo planteé las cosas: ésta se gana con fichas, así como les dije que en el 73 se ganaba con política y movilizaciones, éstas se ganan con fichas, ¿están dispuestos a afiliar? Nosotros con 4.000 fichas, no voy a decir que somos reyes, pero pesamos. Ahora, vos, vos y yo no vamos a ir en ésta ni de cadetes ¿estamos? Nosotros tenemos que buscar tipos que podamos llevar, que nos puedan abrir con el tiempo un lugarcito pero tenemos que tener no menos de 4.000 fichas para negociar, porque como digo, esta se gana con fichas. Ellos que sí, que no, al final decidieron diez días antes de las elecciones ponerse a fichar y afiliaron a 900 personas; lo engancharon a Andreoli de candidato a gobernador. Primero querían que fuera yo en las internas y les dije que no, que si me hubieran hecho caso hace un año y medio cuando les recomendé afiliar sí, ahora no. Pero yo no hubiera ido de candidato, yo hubiera negociado con los Verdes que eran los que ganaban, porque los Verdes tenían la conducción nacional y el peronismo, cuando Perón nombraba un delegado, así fuera un sorete, se llevaba el 50% del peronismo, que es todo oficialista, no sé si te imaginás. Rebelde es el otro 50. Hoy con Menem pasa lo mismo, si viene hoy y nombra a Juan Pérez, ese a los 10 días tiene a la mitad del peronismo con él; a los 11 días lo saca y pone a Rodríguez, Rodríguez ahí nomás se lleva la mitad. Así se maneja el peronismo y así se va a manejar el menemismo. Menem sacó el 20% de los votos aquí en Mendoza, pero son de Menem. Y hoy Kirchner puede ganar y va a ganar [la entrevista tiene lugar antes de las elecciones nacionales de abril del 2003 y antes del fallido ballotage por la deserción de Menem] *Puede sacar el 70%, pero de Kirchner no hay ni el 10%, todos los otros son antimenemistas, pero si Menem saca el 30%, esos votos son menemistas. Por eso es que si estos creen que si Menem pierde es su ocaso, están totalmente equivocados y te podría anticipar más, en octubre* [2003] *Menem le gana no menos de 10 provincias a Kirchner, al voleo, le mete senadores, diputados nacionales, gobernadores que son menemistas, eso es así ...*

Aquella fue una época muy convulsionada, muy violenta, pero 10 veces más solidaria que la actual. Por lo menos entre los peronistas que estábamos en distintos lugares ...

Buenos Aires, fines de mayo del 2003

H.D:

Córdoba y Esmeralda: a media cuadra al oeste de esa esquina me encuentro, en un departamento de dimensiones parisinas que me cobija mientras afuera este porteño mundo raro se apresta entre adormilado y confundido a recibir a un nuevo presidente. Estoy entusiasmado con mesura, por primera vez después del chasco del doctor don Alfonso, pero no me animo, no corresponde sumarme, digamos, del todo. Además creo que no puedo por una cuestión ética: desde que me fui, unos 25 otoños atrás, nunca he estado en el país por lapsos mayores de tres semanas, cada cuatro, cinco años. Y bien que he hecho y que me ha hecho no haber estado aquí en este último cuarto de siglo. ¿Con qué cara me vendría a sumar? ¿Jugando de qué? ¿con qué cicatrices malvinenses, hiperinflacionarias, privatizadoras, piqueteras?

El presente viaje, sin embargo, ha desbordado la regla. Voy a alcanzar los 50 días y, lugar común que alguna vez en mi vida debía re-emerger, también por primera vez, me cuesta irme. Porque me da que me voy a perder algo. Para siempre.

¿Y este Kirchner cómo se baila? Pareciera como que el viejo MB tiene una especie de continuación en esta coyuntura; da la impresión que el libro éste que hacemos cobra un poco más de sentido, de longitud. Y conste que no lo digo porque pretendamos amarrarnos a ningún carro ganador (a ver si el presi tendencio todavía nos termina embarrando más de lo que estábamos) Creo que tenemos la posibilidad de ofrecer una genealogía, un contexto a estos tiempos, con aquellos otros que a menudo pienso / pensaba, nos importan solo un poco a los de mi generación y a la del Negro Ábalo. Pues enhorabuena hemos de continuar:

Mi estadía semanal en Buenos Aires tiene dos intrascendentes motivos y uno más razonable, más central. El primero es dejar el país con suavidad –nada de a los santos piques y con la idea de alivio, como en ocasiones anteriores– para no crearme futuros traumas de alcances existenciales al llegar al norte; el segundo es visitar librerías y aprovisionarme de materiales de lectura, discos, pósters, etc., hasta donde me dé la guita. El tercero es visitar el local donde funciona

Página 12 y poner un aviso recordatorio con la rúbrica de mi familia y amigos para que aparezca el día del 27° aniversario del secuestro de mi hermana Lila en Mendoza ocurrido el 3 de junio de 1976. Es increíble que hasta el día de hoy me resulte embarazoso tratar con porteños de residencia en la Capital Federal, lo que no se da con los que están afuera, ya sea en el interior o el extranjero. Me empequeñezco, me cuesta articular, bah, un antiguo y ridículo complejo de inferioridad que me hace espetar con trabajo "Buenos días, quisiera poner un ..." y no termino mi requisitoria que ya estoy sumergiendo la mano, a lo boludo, en uno de los bolsillos profundos de mi pantalón canadiense para abonar el importe que el muchacho que atiende me indique, cuando en verdad lo que me dice es, "no, no cobramos esa clase de anuncios". El joven me manda a fotocopiar una fotografía que llevo conmigo de Lila a la vuelta del local del diario, donde hay unas máquinas especiales que según él hacen un trabajo finísimo. Por alguna razón se da cuenta que no soy del pago y me pregunta si tengo dinero, por lo cual pienso que mis pantalones, campera, camisa, pulóver, zapatos y medias, en lugar de otorgarme aires de extranjerías me los conceden de cabecita negra, a pesar de que todavía tengo el pelo castaño, con muy pocas canas. Uso un "usted" no recíproco y por supuesto inadecuado: "no se preocupe", y salgo con el intento de colocar mis sobresaltadas y subestimadas energías agonistas a mejor uso. Pienso en Lila y me pregunto si alguna vez habrá caminado por Belgrano en dirección al bajo como lo hago yo ahora, antes de escaparse a Mendoza, después del reviente de la casa donde pernoctaba, seguro que por aquí nomás, es decir, en algún rincón de esta loca, hermosa, altiva, inmensa Buenos Aires. En tanto que llego al lugar de la fotocopiadora sopeso aquel rumor de que el *Página* es ahora propiedad de *Clarín* o en su defecto, del siniestro conductor televisivo Hadad, como trasciende en los círculos de veteranos por donde me muevo, y comparo el dato al anuncio gratis que se me ofrece. Qué paradoja todo esto.

El muchacho se equivoca de cabo a rabo con respecto a la calidad y capacidad de la máquina de que me habló. O yo me equivoco en la sede de la fotocopiadora. La reproducción sale más oscura imposible, y a pesar de mis quejas acerca de que una cosa así no me la van a aceptar, me debo marchar de vuelta al diario ante la indiferencia de la empleada; sin poder creer que me hayan cobrado por esto, cotejo alarmado el original y la copia. La foto fue tomada en Mar del Plata, de fija que por mi hermana Lita, en el porche de la casa que alquiló mi padre entre algún diciembre y enero de mi niñez, al lado del domicilio de su hermana Haydée, la última vez que mi familia inmediata, incluido el abuelo Felipe Benicio Figueroa, se fue de veraneo –aún lejos de las futuras vacas flacas– al mismo tiempo. Lila debe tener aquí alrededor de 19 o 20 años: está sentada en el escalón del porche, con las manos apenas cruzadas sobre sus muslos y mira en plano oblicuo hacia arriba, a lo lejos, en evidente pose para la instantánea, con un gesto que no sabría si traducir como displicente, sorprendido o fastidiado. Esta Lila es de antes de la militancia seria, cuando todavía no se le han terminado de borrar sus berrinches y furias adolescentes, de las cuales, yo, en condiciones naturales de inferioridad física, pagaba comúnmente el pato; por lo que me inclino a apostar que el visaje es más displicente y fastidiado que sorprendido, marca esta última de fábrica de los cinco hermanos y sus respectivas proles.

La misma edad o algo menos que Lila en la foto para el *Página* debería haber tenido yo una mañana soleada de otoño mendocino en que cargaba un paquetito simpático de un kilo de costeletas vacunas para un anciano cliente a domicilio del mercadito Escolaro, cuando me la encontré de sopetón cruzando la calle San Juan, entre Garibaldi y Catamarca, en ostensible dirección hacia mí. Me parece que tenía puesto un poncho azul oscuro y llevaba el cabello castaño corto y lacio con una raya al medio, su estilo natural. No había en su rostro para esta ocasión ningún gesto displicente ni fastidiado como en la foto sino uno más bien entre divertido y cómplice, propio, según yo veía / veo hoy las cosas, de una persona vinculada del algún modo u otro al ERP, a los queridos compañeros pichos. Su pertenencia política no podría saberla a ciencia cierta de todos modos porque todavía no me la había declarado. Quizá la mía haya sido nada más que una pelada intuición, o por ahí se trate de una conclusión de ahora, es decir, *ex post facto*. No sé.

Lo primero que me preguntó es si podía quedarse en el departamento 4to. 2, de Catamarca 487, junto a su compañero, que se había quedado hecho un fato total mirándonos con preocupación desde la vereda de enfrente a la que conversábamos. Era un porteño rubio, de mediana estatura aunque ahora que lo pienso, más bien tirando a baja, de ojos claros. Parecía estar más flaco de enfermo que de falto de olla y chupaba a lo loco un cigarrillo que, estoy seguro lo debe haber caldeado como si hubiera sido el último que se iba a fumar en su vida. Después supe que su nombre era Eliseo Horacio Basterra, pero Lila en ese momento me lo presentó simplemente como Horacio.

Ese instante lo recuerdo más como que, en vez de hermana a hermano, Lila me hablaba de militante a militante en una especie de susurro tan comprometedor como las respectivas fachas de guerrilleros en apuros que los dos portaban. Yo me imaginaba que Lila tenía simpatías por alguna izquierda radicalizada pero no tenía idea que estuviera viviendo en Buenos Aires ni militando en el ERP. Me la hacía en Córdoba, donde primero estudió medicina y luego odontología. Que acabara de llegar de la Capital Federal en desorganizada huida me resultaba un tanto sorpresivo.

Ella sí sabía de mí. Nuestra madre se lo habría contado en el intercambio epistolar que me imagino habrán mantenido. Sé que sabía porque un buen día me llegó un paquete en su nombre (estoy convencido que desde Córdoba) con dos libros y una carta. Me felicitaba por la decisión de militar y por haber dejado de ser un burguesito pelotudo. Los libros eran *En Cuba* de Ernesto Cardenal y *Pasajes de la guerra revolucionaria* del Che. Después de devorarlos, con más entusiasmo por el primero que por el segundo, los doné a la biblioteca de la UES de la que yo mismo era responsable –o sea que me los doné a mí mismo–: la tenía embutida en la parte superior del placard de mi habitación del departamento de la calle Catamarca. Ningún UESO, que yo recuerde, me pidió jamás un ejemplar, de los más o menos cincuenta que había logrado acumular, ni siquiera para mirarle las tapas o para comprobar cuánto pesaba.

Yo usaba jodida e irresponsablemente el departamento de lo que quedaba de la familia (mis padres, mi hermano Gustavo que tenía 13 años, y yo) para mis actividades militantes perejiles y parece ser que eso también lo sabía Lila. Tal era el motivo por el que me pedía autorización para quedarse en una casa a la que ella también, en condiciones normales de existencia, se supone tenía derecho. No hubo reparos de mi parte en aceptar que se quedara, aunque eso sí, con la salvedad de que no se pusiera también ella y su cumpa a hacer olas en el departamento con el asunto de la militancia.

La segunda petición era ver si a través de mis contactos podía reinsertarse en la versión ERP de Mendoza. Los pichos no se caracterizaban en mi buena provincia por su visibilidad pública ni por su inserción de masas, y no estoy chicaneando.

La primera vez que entramos –la UES– en relación con ellos sin que sea a través de mi hermana fue en la Coordinadora de Escuelas Secundarias donde coincidíamos todas las fuerzas políticas de estudiantes de enseñanza media, pero eso creo que ocurrió recién un par de meses después. Llegaba a esas reuniones multipartidarias un compañero bastante morocho y algo gordito, de estatura mediana que se presentaba como Manuel y decía pertenecer a la Juventud Guevarista. Cuando había que votar una moción él no lo hacía para no deschavar su pertenencia; entonces el Goyo Ponce de la FAES. (Frente Antiimperialista de Estudiantes Secundarios, de la Vanguardia Comunista [VC]) lo secreteaba y ahí, por interpósita persona, los demás accedíamos al conocimiento de los planteos de su agrupación y, en última instancia, al voto de la JG; nadie ignoraba que el pobre Manuel pertenecía a la JG. Ese mismo año este simpático muchacho subió al monte tucumano y supimos que cayó en combate no mucho después. Ignoro su nombre verdadero.

Antes, había trascendido una opereta con la rúbrica del ERP que fue un intento de copamiento por la zona del Algarrobal de una comisaría de la que pretendían recuperar armas. Salió mal la cosa, aunque los pichos la recordaban con su característica frescura y buen humor: en la caótica retirada se metieron a un zanjón medio vacío para rajar por ahí, pero resultó que quedaron expuestos a una calle cercana y por lo tanto a plena vista de un micro repleto de policías que, avisado, se acercaba a reforzar la despavorida guardia de la comisaría. El chofer del micro, en lugar de frenar para que su carga se lanzase a tierra en frenética persecución, aceleró al mango para borrarse de la escena. Los compañeros pichos tampoco se dignaron en volver caras y disparar un solo trabucazo. Más bien aceleraron el paso ostensiblemente de la retirada. Esto era lo único que sabía del ERP, en Mendoza

Para el reenganche de mi hermana pensé que lo mejor sería pasar la inquietud a mi responsable, el Edgardo Riveros, y que de ahí a un tiempito, con suerte, saliera algo. Al mediodía pasó por el mercado, como era habitual, el Ramiro que salía de clases del Universitario Central. Sin demasiadas vueltas le conté las novedades. Se le ocurrió que lo fuéramos a ver de inmediato a su tío, el Negro Ábalo. Era más factible que él tuviera posibilidades más expeditivas que Edgardo de agenciarse un contacto que satisfaga la premura en reintegrarse de Lila y Horacio.

[En los esporádicos intentos de reconstruir la historia de Lila en Mendoza, pregunto por doquier y casi siempre reboto sin suerte ni nuevos datos, para mi desesperación: el tiempo vuela, se va acabando para algunos y para mí ha dejado de ser infinito, cosa que podría redundar en el olvido, en la puta nada. El Negro Ábalo no recuerda el episodio que estoy contando. Me dice que cuando se lo menciono se le encienden algunas luces y me corrige con que él nunca tuvo un contacto concreto con el ERP, pero como insisto, y él se afana en espantar cualquier omisión involuntaria me concede que a quien él debió haber visto para acelerar el contacto es al Turco Chediak, a quien yo conocí entre el 79 y 82 en Costa Rica, sin que jamás mencionara nada ni yo a él con respecto al asunto. Dudo que el Turco haya tenido algo que ver en esto]

Pasó mucho menos tiempo del que ellos suponían cuando el Negro vio a Horacio para pasarle el contacto: el cura jesuita José María "Macuca" Llorens (1913-1984), instalado desde hacía tiempo en una parroquia del popular Barrio San Martín (para ser precisos Llorens vivía ahí desde la Navidad de diciembre del 64: Llorens, Opción fuera de la ley, 241) Pero el asunto pareció terminar en fiasco. Horacio se presentó frente al cura y si fue tan transparente como cuando me contaron todo a mí en el pleno sol mendocino de la calle San Juan, obvio que no había otra salida que el Macuca lo sacara escarpiendo. Había que agenciarse una nueva estrategia y en eso estábamos una o dos mañanas después cuando suena el timbre del departamento. Al abrir me encontré con una figura fornida y sonriente, pelo castaño oscuro, ojos pardos (¿o celestes?) y bigotes, campera verde olivo, jeans y zapatos militantes. Me miró fijo y me dijo sin atisbo de timidez: "soy Pancho, busco a Lila y Horacio". Pensé que este compañero no estaba muy enterado de ciertas precauciones de seguridad, tales como no andar bocinando los nombres o sobrenombres verdaderos (aunque sospechaba que Horacio no se llamaba Horacio y que a este tal Pancho no le llamaban Pancho sus amigos de la infancia) y mucho menos manejarse en una ciudad bastante enquilombada en atuendos guerrilleros tan manifiestos. Estuve tentado de recriminarle a Lila aquello de que menos mal que le había pedido no hacer olas en el asunto de la militancia. Evidentemente no lo hice, si al final éramos todos hermanos y estos pichos se mostraban tan simpáticos. Es más, creo que nunca hablamos del asunto, ni por su lado ni por el mío, nunca más.

El Pancho era Sebastián María Llorens, sobrino del cura Macuca (de otra manera, esto sería demasiada coincidencia, pero lo acabo de confirmar), un compañero que no mucho después también cayó –en Buenos Aires por una de las tantas delaciones del emblemático Juan Ramés "el Oso" Ranier (según las *Memorias* del Pelado Gorriarán, el Oso fue el traidor más importante que la contrainteligencia del PRT-ERP fue capaz de detectar [276])– como la mayoría de los que frecuentaban el ámbito de mi hermana, de quienes recuerdo vivamente a 4 y un poco menos a 1 ó 2 más. Memoria y olvido, que lo tiró. Ahora resulta que estoy en la duda si estos recuerdos que cuento de los compañeros pichos son míos o de Lila, que me los relataba en sus ángulos más pródigos, y yo en mi embelesamiento acrítico me los he apropiado –tragado– sin darme demasiada cuenta. La foto de Llorens que aparece en el portal *Desaparecidos* (www. desaparecidos.org/arg/) desmiente un tanto el retrato que conserva mi magín, salvo en su corte de pelo y en esos bigotes tan inolvidables. Sus ojos en esa foto son más profundos y oscuros de lo que me figuraba.

Después del tal Pancho, fueron apareciendo los demás: el más original por su pinta y personalidad era el bueno del Negrazón, a quien según mi hermana captaron en la cárcel cuando purgaba una pena común. Para ella era un gran orgullo que su organización haya sido capaz de recuperar a un tipo así y me lo refregaba cada vez que podía para fanfarronear y para mostrarme el compromiso picho de clase, bien diferente si se comparaba con las huestes pequeño burguesas de todas las demás alternativas guerrilleras y en especial, con mis perejiles montitos de la UES. El tipo tenía un dejo notorio de lumpen y a mí al principio me producía menos admiración que resquemor. Pero gracias a los esfuerzos orales de Lila lo fui aceptando y hasta nos saludábamos por la calle cuando nos encontrábamos, costumbre que, obvio, debía evitarse. Este muchacho estaba casado con una médica y si no recuerdo mal tenían una hija de uno o dos años. El Negrazón también subió al monte en algún momento del 75, junto a mi cuñado, y tuvo un final parecido al de Manuel, el compañero jovencito aquel de la Juventud Guevarista que mencioné páginas atrás. Cuando Horacio, que logró bajar, ya de vuelta a Mendoza me contó que mientras trataban de perder a una patrulla del ejército que hacía rato los perseguía de cerca, el Negrazón se negó a continuar apabullado de cansancio y sueño; se tiró a descansar y se debe haber quedado dormido. La patrulla lo encontró enseguida y lo acribilló ahí mismo, sin vueltas. Horacio refirió que él y los demás, no muy lejos, escucharon los disparos. Tal vez se despertó con la patrulla encima y por ahí intentó defenderse. Se sabe que no lo agarraron vivo. Había nacido y crecido en Córdoba y su nombre verdadero era Víctor Hugo Vera.

De la gente con que Lila se movía más y quienes aparecían por el departamento más a menudo eran los Patos: una pareja santafesina simpatiquísima que igual que los otros pichos, a mí me parecía que andaban siempre muertos de risa, más él que ella. El Pato no tenía para nada aspecto de militante: usaba ropa fina (que decía se la compraba de segunda mano, cosa que hasta el día de hoy no me la creo) y cuidaba su apariencia impecable como el mejor chetito de la época, lo que contrastaba con la sencillez de su compañera la Pata, preocupada mucho menos por las formas. Estos jóvenes alcanzaron a hacerse amigos de mi familia, situación rara, especialmente del lado de mi padre que no se distinguía por confraternizar demasiado con los conocidos de sus hijos. El día siguiente al 3 de junio del 76 se arrimaron por casa como si nada y solo ahí recibieron la noticia de que la noche anterior habían secuestrado a Lila. De acuerdo a lo que pude averiguar, en julio o agosto lograron salir de Mendoza y fueron a dar a San Nicolás donde cayeron y como Lila, desde entonces están desaparecidos (María Seoane afirma en *Todo o nada* que el ejército para finales de junio del 76 ya había desarmado no solo las células perretistas de Mendoza sino también las de Rosario y Santa Fe [302]) El Pato arrastraba la rr al hablar, razón por la que los originales de sus queridos compañeros lo apodaron el Francés, sobrenombre del que solo supe hace menos de un año. Otro sobrenombre que usaba era Willy.

Hace menos de un año tuve también la grata noticia de enterarme que uno de los del entorno de Lila al que le decían Ruleca (Sebastián Ferreira), vive. De este muchacho, que quizá haya sido el que menos aportaba por el departamento de la calle Catamarca –para ser sincero no me acuerdo si venía menos que el Negrazón o que los Patos–, por su renguera imposible de olvidar o por las floridas invenciones de mi hermana, tengo su rostro de entonces muy presente. Como los Patos, el sobrino del Macuca y el Negrazón, el Ruleca se veía un muchacho contento y risueño pero se destacaba más en el asunto de la risa que los otros: se largaba, al menos las 2 o 3 veces que lo vi, unas carcajadas que no necesitaban demasiado motivo. Según me han contado este rasgo no es el más peculiar de su personalidad actual. Después de todo ¿qué queda para reírse? Para mi gran desazón, los que le han hablado de mi parte me informan que no se acuerda de Lila –al menos de su nombre– ni de mi familia o que más bien prefiere la cautela ya que según se deja ver es renuente a permitir que se escapen recuerdos equivocados sin ton ni son[8].

---

[8] A finales de julio de 2004 por fin pude reunirme con Sebastián Ferreira (Ruleca) para ver de armar la militancia de Lila antes de su secuestro y reconstruir las circunstancias de la caída. Pero a pesar de sus esfuerzos no logró precisar sus recuerdos –solo algunos fogonazos que nos dispersaban hacia cualquier lado– de ella ni de Horacio. Sí me explicó el funcionamiento y algunos olvidables desbarajustes internos del PRT en Mendoza, que no me imaginaba porque hacia el exterior de su organización los compañeros que conocí, como dije en el texto, se mostraban de muy buen ánimo y eran divertidísimos. Antes de verlo, a su pedido, le había mandado por e-mail lo que recordaba de los pichos mendocinos con los que me crucé que es lo que está expuesto en estas páginas. Me confirmó que gran parte de mi memoria funciona de maravillas, excepto el recuento de la muerte de Víctor Hugo Vera, que por otra parte es una apropiación de un recuerdo de Horacio, el compañero de mi hermana. Según la versión de Sebastián el Negrazón murió como un valiente en uno de los combates más encarnizados y célebres que hubo en el monte. Dice que prácticamente él solo se bajó un helicóptero del Ejército y les causó unas cuantas bajas al enemigo antes de darlo todo. En cuanto al chico de la JG, si bien no pudo proporcionarme el nombre, me aclaró que él lo conocía bien y que aparte de Manuel respondía al "nome de guerre" Yogui.

El atardecer del 25 de mayo de 2003 en Plaza de Mayo se perfila fresco y tranquilo. Sé que por algún vericueto de la ciudad pernoctan Fidel Castro y Hugo Chávez y eso debería emocionarme. Sin embargo pienso y recién después me emociono. La plaza está festiva y llena –no repleta– pero la diferencia con otros tiempos es clara. Hay mucha gente suelta, que va y viene esperando que el flaco de la JP salga al balcón y diga algo, que ratifique un poco ese discurso explosivo del mediodía que ni siquiera el Tío se pudo mandar años ha.

Los encolumnados, los organizados, responden a otra onda distinta a la que desde mi perspectiva juzgo como mayoritaria, es decir, la que se acercó a la plaza por la libre; las esmirriadas columnas que diviso acarrean pancartas que identifican orígenes geográficos: no fábricas, mucho menos lemas. Mi cuñado Roberto me señala que es la gente de las zonas del gran Buenos Aires en las que Duhalde es cacique –Berisso, Ensenada– en donde se sabían aglomerar las industrias textiles, los frigoríficos, en el camino a La Plata, hoy transformados más o menos en una enorme e informe villa miseria.

Muchos de los independientes mayoritarios que deambulan para aquí y para allá se saludan más alegres, más aliviados que efusivos. Por ejemplo uno alto, de unos cincuenta largos, de barba entrecana viene y me zampa un abrazo al que correspondo sin demasiadas reticencias. Me pregunto de inmediato si mi ópera prima, *La historia empuja*, me ha de haber catapultado a semejante fama: más quisiera pero no. No, este tipo y otros abrazan las caras de todos los independientes sueltos que les parecen lo mismo que nos parecen a mí y a Roberto; por eso es que congratulan a medio mundo y le preguntan confianzudos y sin mayores discriminaciones, como si vieran a alguien después de 30 años: "qué hacés, loco ¿todo bien?". Y uno responde, "perfecto, che, mejor imposible ¿y vos?". Algo que se podría traducir como, "después de todo ..." o "al final ..." o "¿viste ...?"

Pero hay que recuperar la compostura de las pícaras garras de la ilusión. Yo mejor me dejo de joder porque salgo mañana temprano y para ser franco sospecho que este tipo progresista que acaba de alcanzar la presidencia del país está ahí por una cachada a la derecha telúrica, siempre a destiempo de la historia, o por una carambola que nada tiene que ver con los análisis científicos de los avatares de la política argentina; y más vale que el presi contenga su oralidad explosiva porque de lo contrario lo van a piantar muy en breve. Qué pena que me voy a perder a Fidel mañana lunes en la Facultad de Derecho.

Papeles de la hemeroteca:

<u>La ortodoxia va por más</u>: No conforme con las renuncias presentadas los ministros del gabinete provincial (Zannoni, por unos pocos días, ha de sobrevivir), la derecha del peronismo mendocino prepea el derecho de ser partícipe en la designación de los nuevos funcionarios. En buen romance, quieren ver si ligan algo. El primero de noviembre se reúne en el local de la UOM una comisión que se dice representativa del Movimiento Nacional Justicialista, en la continuación de su hostigamiento al gobernador, y emite un comunicado cuyos puntos más sobresalientes se consignan a continuación:

1) que la integración del nuevo gabinete provincial se ha realizado sin ninguna clase de consultas ni participación de esta comisión; 2) Que esta comisión, ante la aceptación de las renuncias de los ministros, estuvo predispuesta a dialogar con el señor gobernador para considerar la composición del nuevo gabinete, conversaciones que entendía debían desarrollarse con la presencia del delegado del Consejo Superior Justicialista, compañero Eleuterio Cardozo (...); 3) Que entrevistado inmediatamente (...) el compañero Cardozo (...) se trasladó a la Casa de Gobierno, donde el señor gobernador le hizo conocer que ya se encontraban designados los Ministros que componían el nuevo gabinete provincial y que esa medida era irreversible; 4) Que por lo tanto, esta comisión no acepta y desconoce en absoluto la composición del nuevo gabinete, cuya responsabilidad ha asumido en forma exclusiva el señor gobernador; 5) Ratificar ante el pueblo peronista de Mendoza que, el haberse anunciado con cambiar todo, ha significado en el fondo (...) no haber cambiado nada; por cuanto lo planteado por las distintas estructuras orgánicas representativas del movimiento, no se limitaba a un simple cambio de hombres, sino a salvaguardar los principios ideológicos y doctrinarios, que siguen amenazados en cuanto se refiere a la infiltración ideológica y a los funcionarios cuestionados, ya que única y exclusivamente estos principios se verán salvaguardados con la integración de un gabinete con hombres de probada fe, militancia y trayectoria peronista, verticales y leales a Perón, con clara visión del camino que es necesario recorrer (...) Firman: Domingo Ambrosini y Juan Bautista Chavero por el Congreso Provincial; Osvaldo Rodríguez Flores y Andina Martínez de Gras por el Consejo Provincial; Edgardo Boris y Oscar H. Pressacco por el bloque de senadores justicialistas; Santos Cornejo y Alfredo Leotta por el bloque de diputados justicialistas; Enrique Rodríguez por la CGT regional Mendoza; Manuel Humberto López por las 62 Organizaciones y Ernesto Rufino Videla y Héber D. Moschetti por los intendentes municipales.

Al día siguiente le toca a las versiones provinciales de la CGT y las 62 Organizaciones continuar con el juego de comunicados y declaraciones contra el gobernador y su supuesto autoritarismo en la designación de los integrantes del nuevo gabinete. Los gremialistas desdeñados afirman haberse mantenido "con las puertas abiertas para alcanzar el acercamiento deseado con el gobernador", pero según ellos este último no atiende sus reclamos. Entre otras censuras la burocracia sindical resuelve solicitar a la Comisión de Disciplina del Partido, la expulsión de MB a la vez que lo declaran "indeseable para la clase trabajadora", los muy chanchos. Es notable, sin embargo, que Eleuterio Cardozo, el delegado nacional que viene con la intención de poner un poco de orden, se abstiene de hacer declaraciones a la prensa en contra de MB, aunque reconoce que los problemas de la provincia se han agudizado en vez de mejorarse y que su misión no ha dado frutos. Cardozo es un hombre de la ortodoxia, pero no le interesa colaborar a desinstitucionalizar la provincia. Tiene instrucciones precisas del Viejo mayor e incluso ha puesto su granito de arena para que los fachos no se le vayan de una sola vez al humo a don Alberto y a lo que queda de la Tendencia en el gobierno. Hay que recordar que la ortodoxia usa tanto el verbo "dialogar" –ajeno por lo general a su léxico cotidiano– porque si no se esfuerza en hacerlo se viene la intervención y así se queda sin el pan y sin la torta.

El frente de discordias mendocino se torna tan peliagudo que necesita trasladarse casi en pleno a la Capital Federal, don Alberto por un lado, sus contrincantes por otro. MB deja en Mendoza la orden para que comparezca ante el tribunal de disciplina del PJ local que lo acusa de inconducta, indisciplina y violación de los principios y resoluciones de los organismos partidarios. De ser encontrado culpable el gobernador podría ser expulsado del partido.

En Buenos Aires, Edgardo Boris declara al periodismo que lo espera en el aeroparque que MB representa no más del 5% de la opinión partidaria y pública de Mendoza, que al ministro de interior nacional (Llambí), en una reunión previa, le había prometido cambiar todo el gabinete y que no lo ha hecho, causando irritación en la opinión pública en toda la provincia. Boris afirma que el más cuestionado es el ministro de gobierno, Eduardo Zannoni, y que no se trata de una práctica de macartismo cuyano la que mueve a los insatisfechos; mantiene que ellos, en realidad, quieren alejar a los infiltrados de izquierda y derecha [se ignora cuáles son los ministros de la derecha a los que el grupo de Boris se opone y quiere alejar de sus cargos]

MB, en tanto, declara a la prensa porteña que ha confirmado a Zannoni porque así lo desea la juventud. En cuanto a lo que dice Boris del 5% de su representatividad, les invita a los periodistas a que vayan a la provincia y pregunten sobre el particular a la gente de la calle.

Para el 5 de noviembre las conversaciones en Buenos Aires continúan por gran parte del día sin ofrecer atisbos de soluciones a la crisis mendocina a pesar de la mediación de políticos y gremialistas porteños en discusión con el gobernador y sus colaboradores. Se entrevistan con don Alberto, el ministro Benito Llambí, el senador Humberto Martiarena, la diputada Silvana Roth y el gremialista Lorenzo "el Loro" Miguel. Se supone que con los acuerdos que sobrevendrían entre los participantes de dicha reunión, MB se reuniría de inmediato con Perón para mostrar que el conflicto está en vías de resolución. Sin embargo, el encuentro previo no permite avanzar en tal dirección y la reunión catártica con el presidente, por el momento, aborta. La prensa de Bs. As. está que arde por saber qué pasa pero los funcionarios mantienen un mutismo malhumorado e inviolable que a lo único que deja lugar es a la propagación de conjeturas, de las cuales, la más popular es que todo sigue igual, o va para peor. La corresponsalía de *Los*

Andes en la Capital ensaya una obvia interpretación que concluye en que "el conflicto (...) se reduce a dos alternativas: la primera es la renuncia del segundo gabinete de MB; la otra posibilidad es la renuncia del propio gobernador ..."

Mientras ocurren las negociaciones, por las redacciones de los periódicos porteños, hace su aparición una misteriosa lista firmada por "mendocinos peronistas de Perón" en la que se califica de "indeseables" para el movimiento a: 1) Zannoni; 2) Viggiani; 3) Carricondo; 4) López y 195 personas más en cargos secundarios que deberían ser despedidas. En la medida en que no haya acuerdo, la esperada reunión entre el gobernador y el presidente no tendrá lugar.

Al final del día y pese a la resuelta defensa de don Alberto a sus ministros y otros funcionarios, **Zannoni renuncia y junto a él lo hacen los subsecretarios de Gobierno, Alfredo Viggiani y de Educación, Julio Carricondo. Junto a ellos dimite el director de Acción Cultural del Ministerio de Cultura y Educación, el Flaco Ernesto Suárez.** Las renuncias, según trasciende, obedecen a una llamada de MB desde Buenos Aires para informarles a los dimitentes que Llambí, Martiarena, el Loro Miguel, Roth y el delegado Cardozo le exigen de modo perentorio el cambio de su gabinete. El viejo zorro de Perón ha mantenido una neutralidad onerosa en la batalla mendocina; a cambio del gambito, a don Alberto le retiran los cargos que podrían haber redundado en su expulsión del partido. Y, por fin, se celebra la reunión entre el flamante presidente y el gobernador, luego de la cual cristaliza el signo fotográfico –los dos paraditos y sonrientes– que insinúa "aquí no ha pasado nada", pero que en realidad significa "esto recién empieza". Propios y extraños se dan cuenta que este round ha sigo ganado con claridad por la burocracia.

Los nuevos ministros son: para Gobierno, el penalista Pedro Baglini; en Economía se confirma a Benedicto Caplán; en Educación, Edgardo Bernal y en Obras y Servicios Públicos, Paulino Huerta. El ministro de Bienestar Social se elegirá a partir de una terna que ha de presentar la CGT local al gobernador. MB, todavía en Buenos Aires, manifiesta conciliador que "esta no es solo una solución para Mendoza, sino para el país".

El 7 de noviembre se conoce que el ahora ex ministro Zannoni solicita el desafuero del senador Boris por las declaraciones injuriosas en su contra. El ex titular de la cartera de Gobierno, al pedir el desafuero, se apoya en el artículo 22 de la Constitución Nacional; los artículos 91 y 96 de la Constitución de la Provincia y los artículos 229 y 230, inciso 1° del Código Penal.

El artículo "¿Capricho o principio de autoridad?" en la revista *Claves* de la semana del 9 de noviembre mantiene un tono moderado a favor de don Alberto. Para su defensa invoca casi lo mismo que el propio gobernador, es decir, la inconstitucionalidad de los ataques de una oposición angurrienta y oportunista que se vale de la *verticalidad* y la *depuración ideológica* de acuerdo a sus inconfesables conveniencias. En lo referido al apego de MB a la Constitución, lo equipara al mismo apego de Perón, quien para la gilada todavía se niega a tomar partido abierto por ninguno de los polos en conflicto, hasta tanto éstos diriman entre ellos mismos la situación. La revista sugiere que el Viejo Mayor lo hace por respeto a las instituciones, aunque tal perspectiva pareciera más encolumnada con un análisis de coyuntura forzado por los cráneos de la JP que por los signos que emanan de la realidad. Sucede que la Juventud en Mendoza, por noviembre del 73, continúa siendo la campeona en lo de movilizar gente; el Viejo Mayor lo sabe y como buen zorro en lides politiqueras no desea alienarla y así arriesgar el afianzamiento de su oposición o su hinchapelotismo.

Hay también en *Claves* una especie de crítica suave a presuntos errores en la táctica del enfrentamiento y a la soledad de MB y su entorno en el duelo con la extrema derecha del PJ, lo que equivaldría a las desavenencias secundarias de la administración con la cúpula local de la JP: el apoyo –de quienes responden a Montoneros– al gobierno se revela como más formal que genuino. Por otra parte el artículo advierte el papel inopinadamente parcial de ciertos políticos peronistas ortodoxos, pero no fachos, que la crisis mendocina posicionó del lado equivocado en vez de sostener sin cortapisas la institucionalidad representada por don Alberto. Es decir que Llambí, Cardozo y el jujeño Martiarena, entre otros, han terminado haciéndole el juego a los gremialistas de la UOM.

El 8 de noviembre, con el avance concreto de la derecha en las instancias administrativas de la provincia, la policía local desentierra las resoluciones 28J y 29J postuladas durante la ahora no tan fenecida dictadura militar, en febrero de 1972, bajo la gobernación del demócrata colaboracionista Francisco Gabrielli. Estas normas se proponen capear el temporal y la paranoia policial ante el florecimiento de organizaciones radicalizadas que pudieran atacar comisarías y demás propiedades vigilantes. La prensa (*Los Andes*) publicita este vademécum cana sobre la reactivación de las resoluciones antisubversivas de antaño, a pesar de que el documento tiene carácter de reservado. Una de dos: o son boludos o esto implica una advertencia solapada (o no tanto) a quienes osen meterse con las fuerzas de seguridad. Quien dirige la batuta en este inicio represivo es el *a posteriori* infamemente conocido Departamento de Informaciones Policiales (D-2 de Inteligencia), uno de los centros de detención más activos a partir del 76. Llama asimismo la atención el énfasis que se ha de poner a partir de ahora en la vigilancia de campamentos universitarios, en el control de pasajeros de hoteles y pensiones y en la actividad de gremios y asociaciones estudiantiles.

El 10 de noviembre se entregan 357 casas en el barrio Santa Bernardita. En la entrega participan Juan Carlos Basile, subsecretario de Vivienda de la Nación, el presidente del Banco Hipotecario Nacional y el diputado Decio Naranjo. Las viviendas están ubicadas en las inmediaciones del Acceso Este, en Guaymallén, y se construyeron bajo los auspicios del plan "17 de Octubre" en el que participan el Banco Hipotecario Nacional, la Agencia Internacional de Desarrollo y la Unión Intersindical Mendocina para la Vivienda y el Desarrollo Económico Social (UNIMEV). Basile y Naranjo visitan antes del acto en su despacho a MB, quien solicita al funcionario nacional prioridad en la otorgación de fondos para la construcción de un barrio para los trabajadores petroquímicos de Luján de Cuyo.

Seis días más tarde asumen los subsecretarios de Cultura y Educación en un acto presidido por Edgardo Bernal. El nuevo titular de Cultura es Rodolfo Eduardo Martí y el de Educación, Jorge Marcelo Calderón.

Al comienzo de la segunda quincena de noviembre, Carlos Arturo Mendoza, uno de los puntales más visibles en la reciente embestida contra las huestes del entorno del gobernador, se ve en la necesidad de subrayar que a pesar de los antagonismos dentro de la administración, las Cámaras de Diputados y Senadores se han mantenido ocupadas en la promulgación de leyes durante el periodo ordinario de sesiones.

Además, el vicegobernador anuncia que en el periodo extraordinario que se inicia en unas semanas se propondrán 43 asuntos, algunos de los cuales ya están bajo estudio en las respectivas comisiones. Hasta el momento se han sancionado 64 leyes, de las cuales 36 pertenecen al Senado y 28 a Diputados. La presidencia del Senado ha emitido un total de 48 resoluciones que se vinculan en su mayoría a cuestiones de organización y estructuración. Las resoluciones tienen el carácter de necesarias ya que según el vicegobernador Mendoza en los últimos 7 años se ha producido una desmantelación, dispersión y desactualización del Poder Legislativo que impide su normal funcionamiento.

Entre las leyes más importantes figuran: la fijación del valor índice docente y ratificación de decretos-leyes; otorgamiento al personal de la administración pública de un adicional de 200 pesos ley; el establecimiento de la compatibilidad del ejercicio de la docencia para los ciudadanos que resultaron electos concejales; la prohibición de la discriminación por sexo en los postulantes a cargos públicos; la modificación del inciso e) del artículo 9° de la ley 3.641 que fija honorarios en los juicios de desalojo; asignación de la suma de 100.000 pesos ley para el estudio de factibilidad de la construcción de un dique de defensa aluvional en el arroyo San Carlos; inclusión en carácter de obra nueva en el plan de obras públicas la construcción del edificio para la escuela Fray Luis Beltrán, en Godoy Cruz; disponer el derecho a computar a los fines jubilatorios los periodos inactivos de aquellas personas que por causas políticas fueron separadas o se alejaron de sus funciones; creación de la Comisión Pro Mendoza Subsede del Campeonato Mundial de Fútbol 1978; autorización al PE a incorporar en el presupuesto 1974 los gastos de funcionamiento que demande la Facultad de Ciencias Exactas y Físico Naturales creada por la Municipalidad de Rivadavia; autorización a la Municipalidad de General San Martín a transferir sin cargo a la Dirección General de Escuelas, una fracción de terreno de su propiedad; disposición para la realización de los estudios y proyectos de sistematización para el aprovechamiento integral de las aguas del río Mendoza; prohibición de la realización de carreras automovilísticas y / o motociclísticas en calles y caminos del territorio de la provincia; autorización al PE para donar al Estado nacional una fracción de terreno con destino a la apertura de la ruta nacional N°7, en el tramo La Paz-La Dormida.

El domingo 18 de noviembre aparece en el editorial del diario *Los Andes* que, a diferencia del manejo hostil del matutino respecto a otras áreas de gobierno, parece coincidir con los lineamientos dados a conocer por la administración y su ministro de Economía, Benedicto Caplán, en el asunto de la vitivinicultura y el papel de la estatal Giol como empresa líder del sector. Ideas barajadas por algunos economistas y por conducciones anteriores en cuanto a la privatización de la bodega estatizada en 1954 se encuentran ahora en franco retroceso. La mayoría de los sectores interesados dan la impresión de acordar en que los tiempos contemporáneos exigen una empresa estatal sólida que regule y proteja con autoridad a todos aquellos que trabajan en esta industria vital para la provincia (y que a menudo deben recibir en soledad los embates de monopolios y políticas oportunistas que favorecen a los más poderosos) El artículo señala que "la empresa debe salir oportunamente al mercado de uvas, mantener una inteligente posición dinámica en el mercado de vinos, propender a la diversificación, apuntalar y promover agresivamente las exportaciones de productos vitivinícolas e impulsar esfuerzos en apoyo de la política de racionalización y ordenamiento vitivinícola". En otras palabras, se le exige a Giol una estrategia y una conducción que apunte a la integración del sector: "la vinculación de Giol a las cooperativas, los viñateros sin bodega, los trasladistas, los contratistas y los empleados y obreros en un sistema de cogestión, puede ser el comienzo de una apertura que posibilite a la empresa, en una primera etapa, el control de un porcentaje significativo del mercado para evitar las tradicionales especulaciones de las fuerzas monopolistas que arrojan una inevitable víctima: los productores y, en un sentido más amplio, la economía regional". La Asociación de Viñateros no solo comparte la política gubernamental sino que la alienta con todo su entusiasmo ya que implica la participación de los productores en el diseño de la política para el sector. Asimismo, para el ministro Caplán, el funcionamiento óptimo de Giol como empresa estatal líder es uno de sus proyectos mejor diagramado y no menos ambicioso.

Pero, a pesar del sin sentido que representa privatizar Giol en 1973 –al menos para aquellos que laboran en la las diversas áreas de la industria vitivinícola– el 21 de noviembre tiene que dar la cara don Alberto ante rumores que indican que la privatización es inminente.

Representantes de SOEVA-Maipú se entrevistan el 21 de noviembre con el mandatario provincial para intentar aclarar estos trascendidos. MB les informa que ... *lo de la presunta privatización es un rumor, obra de perturbadores y configura una idea descabellada, que ya fue terminantemente negada por el ministro Caplán"*. El gobernador también dice que su administración ni siquiera se ha propuesto corporativizar Giol, que es una idea de solo un sector vitivinícola [*los monopolios*] y no del gobierno y que en última instancia es el pueblo a través de sus trabajadores el que va a decidir qué hacer con esta empresa. La posibilidad de privatizarla no existe y *nos cortaríamos las manos antes de hacerlo*, asegura el gobernador al igual que las declaraciones anteriores del ministro Caplán.

GIOL: Una Herramienta Contra el Monopolio

Para evitar que los grandes bodegueros siguieran con el poder total sobre la vitivinicultura, en 1954 el gobierno de Carlos Evans –eran sus ministros de Hacienda Benedicto Caplán, y de Economía Mario Ceresa– compra Bodegas y Viñedos Giol. El objetivo era apoyar a las cooperativas y orientar y regular el mercado vitivinícola. Un año después vino el golpe de la Libertadora; Evans y Caplán como Ceresa estuvieron presos dos años, pero lo peor fue que la empresa estatal fue conducida y pasto de la voracidad de los sectores oligopólicos. Vuelta la democracia en 1973, MB y su equipo, como era lógico, resolvieron que Giol nuevamente cumpliera el papel para el cual había sido estatizada y, claro, no fue fácil. Tuvo dificultades para conformar el Directorio por la obstrucción del vice, que quería tener injerencia en la conducción. Nada lerdo el hombre. Ante esta demora MB designa como síndico al contador Héctor Jofré, que venía de los Comandos Tecnológicos del peronismo y retornaba de una larga estadía en España, donde se había entrevistado en varias oportunidades con Perón, y recibió las siguientes instrucciones de MB: acentuar la intervención y orientación de Giol en el mercado vitivinícola.

Por lo tanto lo que se realizó fue un ambicioso plan en defensa y apoyo de las cooperativas, de los contratistas de viñas y de los pequeños viñateros. Para lograr esos objetivos intervino activamente en los mercados de uva, vino de traslado y en el de fraccionamiento. Se facilitaron créditos y anticipo financiero para el levantamiento y acarreo de la cosecha y el compromiso de compra. Esta política no fue fácil ejecutarla por la presión de los intereses oligopólicos de la vitivinicultura y las embestidas internas. Sin embargo se propició la sanción de una ley histórica en el campo de la economía al servicio del pueblo, como la ley que le permitiría expropiar el uso de la vasija vinaria existente en la provincia. De esta forma se realizó un plan de elaboración sin antecedentes históricos en Mendoza. El plan fue más ambicioso aún: Giol intervino en el mercado de traslado, privilegiando la calidad de los caldos, para los cuales se fijaron precios diferenciales y se les dio prioridad en los planes de compra a las cooperativas, propendiendo a la integración de los viñateros sin bodega. MB tuvo también como ministro a don Benedicto Caplán, que sucedió a Sebastián Baztan. Escribió un libro, "Giol una Experiencia Financiera", siguiendo el pensamiento popular de la intervención del Estado en la economía.

La defensa de los sectores de la producción también se extendió con el establecimiento "La Colina", en San Rafael, con el que se defendía al pequeño productor tanto hortícola como frutícola, logrando realizar elaboraciones récord. Los precios pagados al chacarero mendocino hicieron rentable el sacrificio del trabajador rural. Con estas dos herramientas –Giol y La Colina– el gobierno de MB cumplió con los lineamientos fundamentales del programa económico elaborado por los equipos técnicos y las organizaciones populares, y pese a las tremendas dificultades que se le oponían, paradójicamente, desde el mismo interior del PJ. Y como afirma Héctor Jofré: "La conducción de la empresa estatal nunca recibió por parte de Martínez Baca sugerencia o indicaciones sobre alguna operación en particular. Insistía férreamente en que se cumpliera el programa económico y repetía hasta el cansancio que la economía debía estar al servicio del Hombre"

[Reprivatización y negociado bordonista: En algún momento José Octavio Bordón, hoy en día kirchnerista, y embajador argentino en EE.UU., se preciaba de no ser, o al menos no parecer, menemista. Sin embargo le siguió los pasos y se convirtió en privatizador, por lo que Giol dejó de ser del Estado, de intervenir en el mercado del vino, de la vid, como "La Colina", para convertirse en un suculento negociado, que al presente sigue generando costos al Estado provincial. Amigos y algunos parientes de éstos, se quedaron con una buena porción y los mendocinos sin la bodega más grande del mundo, según nos cansábamos de proclamar con orgullo provinciano. Y los grandes bodegueros, peor, extranjeros de todos los colores, siguen el ritual oligopólico. El vino ha vuelto a ser un lujo en la mesa de los pobres.]

El 22 de noviembre la Dirección de Estadísticas e Investigaciones Económicas informa sobre el relevamiento agropecuario en toda la provincia implementado por el Registro de Uso de la Tierra. En este empadronamiento se incluyen datos como: listado de productores, grado de mecanización con que trabajan los agricultores de Mendoza, tipo de vivienda rural y destino de la producción obtenida. El estudio facilitará emprendimientos futuros que el gobierno espera poner en marcha en breve.

MB ha vuelto a viajar a Buenos Aires por cuestiones que hacen a su administración, aunque la prensa malicia que hay mar de fondo en lo referente a la reciente crisis de la provincia. El periodista Enrique Pugliese de la corresponsalía en Capital Federal de *Los Andes* transcribe un anecdótico diálogo radial entre el gobernador y el conductor porteño Juan Carlos "Pinocho" Mareco:

Mareco: —Antes de ser gobernador ¿a qué se dedicaba?

MB: —*Soy farmacéutico, una profesión a la que se accede después de largos estudios. A usted le llega la receta médica y usted sabe que si pone los ingredientes recetados por el médico el enfermo se va a curar.*

Mareco: —Y en política ¿cuál es la receta?

MB: —*¡Esa es la cosa! Cuando uno es farmacéutico sabe que sabe y le dan un diploma que acredita ese conocimiento. En política hay que estudiar muchísimo más, hay que trabajar muchísimo más que en la farmacia y, sin embargo, no se encuentra a menudo la receta que produzca la satisfacción de la gente. Los pueblos quieren realidades y por ellas votan en las elecciones. No le interesan los pequeños problemitas.*

Esta última frase capta el interés de Pugliese para entroncar su propia entrevista con don Alberto sobre la conflictiva provincia:

P: —¿Usted se entrevistó primero con el ministro Llambí y con el Secretario Solano Lima?

MB: —*Efectivamente. Analicé con ellos problemas de rutina. Les traje una carpeta en la que se detallan los aspectos más trascendentes de la obra que estamos realizando destinada a volcar las aguas del río Grande en el Atuel que permitirá regar 200.000 hectáreas de tierra y quintuplicará las potencialidades energéticas del Nihuil. Estas obras son realidades. Los campamentos están ubicados y las maquinarias están en marcha.*

P: —Bueno, ¿pero nada más?

MB: —*Y el motivo que ya debe tener abrumados a sus colegas de Buenos Aires y a usted mismo.*

P: —¿Cómo anda entonces la cosa política?

MB: —*Usted recordará que en la última conferencia de prensa que realicé en Buenos Aires yo les dije a sus colegas y a usted que el Ministerio de Bienestar Social de Mendoza –tal cual lo prometí durante la campaña electoral– iba a ser ofrecido a la CGT de la provincia, que debía enviarme una terna de candidatos. Durante la crisis de hace 15 días reiteré aquella posición, pero hasta el momento, sin suerte.*

P: —¿Quiere decir que con respecto al Ministerio de Bienestar Social usted no conoce candidatos?

MB: —*Estoy a la espera de que la comisión de los 16 elabore dicha terna. Todavía no lo ha hecho.*

P: —Usted había puesto condiciones a sus contendores durante su visita anterior. ¿Es cierto o no?

MB: —**Solicité que el Congreso Justicialista de Mendoza se reuniese y levantase las sanciones que me impusiera.** *Además de ese levantamiento de sanciones debía publicarse en dos diarios de nuestra provincia y uno de Buenos Aires aquella decisión. Todo esto, como es notorio, no ha ocurrido. Entonces estamos a fojas cero. No obstante lo que le digo tengo esperanzas de que el problema pueda ser solucionado. Tengo noticias de que los integrantes de la comisión de los 16 ansían lo mismo. Vamos a ver qué pasa para el bien de la provincia.*

En la provincia, mientras tanto, el 25 de noviembre se lleva a cabo la vacunación de 5.000 animales contra la rabia. La campaña se realiza bajo los auspicios de la Dirección de Química y Saneamiento dependiente de la Municipalidad de Godoy Cruz. Las vacunas son proporcionadas por el Ministerio de Bienestar Social de la Provincia. Entre los 5.000 animales se encuentran canes, gatos y monos. Sus dueños reciben certificados válidos por un año.

El 27 de noviembre, los dirigentes de la Federación Argentina de Prensa se acercan a la Casa de Gobierno a expresar sus saludos a MB. El gobernador les anuncia que antes de finalizar el año posiblemente se haría ley el nuevo estatuto del periodista. Los visitantes le comentan a don Alberto que existe también la posibilidad de cerrar el Segundo Congreso Americano de Periodistas en Mendoza. MB se muestra complacido aunque argumenta que es necesario estudiar el asunto ya que podría superponerse con otras actividades, como lo es uno de los primeros proyectos de su gobierno (incluso anunciado a Perón en junio): la realización de un congreso de periodistas latinoamericanos para la liberación, a celebrarse en junio del 74. La afirmación indica a ojos vista dónde se encuentran todavía las lealtades del gobernador.

El mismo día se anuncia que en 10 meses se inaugurarían 2 estaciones transformadoras. El gerente técnico de la Dirección Provincial de Energía, ingeniero Ángel Suárez, manifiesta que "se encuentra en ejecución y estará terminada en octubre de 1974 una de las obras más importantes de las encaradas por la Dirección Provincial de Energía en el ámbito de la provincia. Estas transformadoras tendrán una capacidad de generar 20.000 kilovatios cada una, con posibilidades de llegar a 30.000 en el futuro". Con esta habilitación se superarían los inconvenientes actuales y se brindaría una eficaz prestación a las residencias particulares y áreas rurales del departamento de San Carlos. La inversión superará los 24 millones de pesos.

<u>Premio a un choco</u>: Don Alberto asiste a un acto el 30 de noviembre en que se le entrega una medalla y un collar a un simpático can que días atrás salvó la vida de un niño en Chacras de Coria. Claudio jugaba cerca de un canal, en la parte trasera de su casa, cuando cayó al agua. El perro, llamado "Lassie" se zambulló y lo sujetó de la camisa, llevándolo hasta tierra firme; luego, un vecino, al escuchar los ladridos del perro, acudió y se ocupó del niño.

En la ceremonia, el director de la Junta de Defensa Civil, José Trade, dice: "El gobierno del pueblo de Mendoza nunca está ausente en actos donde se pone de relieve el cariño y el respeto por los irracionales y felicito a los dueños del perro por el cuidado y domesticación efectuada".*

El mes de noviembre termina con un gesto un tanto extraño de la CGT regional al gobierno de la provincia. En efecto, la Federación Gremial decide no presentar candidatos para ministro de Bienestar Social. Los varios gremios que participan del plenario argumentan la necesidad de dejar en libertad al gobernador para que designe él mismo al ministro de acuerdo a sus propios criterios y también "aceptar los postulados del gobierno nacional que preside el teniente general Perón, reflejados en cada una de sus expresiones dadas como clase magistral en la sede de la CGT nacional".

El Diario *Mendoza* del 2 de diciembre sugiere en el titular de una nota en la página 6 que MB observa como constructiva la decisión de la CGT local de no involucrarse en la elección del ministro de Bienestar Social. Cunde cuando menos la sorpresa entre las huestes de don Alberto, ya que satisfacción solo la pueden sentir los inexpertos o los ingenuos. Aquí hay mar de fondo: la retirada táctica no puede más que ser continuada por el ataque frontal de la burocracia en cuantito el Viejo nuestro baje la guardia. Los gremialistas se llenan la boca argumentando que es su deseo no entorpecer la acción de gobierno en beneficio del pueblo de la provincia. Sin embargo, el gobernador queda pagando porque desde la campaña electoral promete que quiere un gremialista de la CGT en el ministerio y ahora el ente sindical resulta que le saca el cuerpo. Tan aturdido está don Alberto que debe informar a los periodistas acreditados en la Casa de Gobierno que su acción dependerá de consultas con sus asesores, a pesar de que insiste en la necesidad de armonizar con la central obrera y en destacar el desprendimiento sindical en el asunto, aunque obvio es que no lo cree. Entre los legisladores, el más apurado en manifestar su satisfacción es el diputado provincial del Bloque Vertical, don Julio Crimi, quien

---

* Nota de Santiaguito (Santiago Centeno): *Aunque sea una tontera, metí este artículo porque me hizo mucha gracia. Como nota de color, me hizo acordar a las películas idílicas de la época dorada de Hollywood. Y no me van a decir que el parlamento del tipo no es soberbio ("...los irracionales..." ¡ay mi Dios!)*

señala que la subdivisión que encabeza está dispuesta a la unidad ya que los motivos de las desavenencias ahora han desaparecido. Alberto A. Gattás de *Claves* interpreta por su lado que la CGT se trae un cuchillo bajo el poncho. Dice el periodista que la posibilidad más real detrás de la cual se encuentra la actitud sindical es dejar el nombramiento a MB y simultáneamente comenzar a formar un frente de oposición contra el gabinete en el que no está comprometida con su presencia. El plan cegetista entraría en vigencia después de la normalización provincial anunciada para el 14 de diciembre. Gattás concluye en que "tras varias semanas de idas y venidas, la terna [*que debía presentar la CGT al gobernador para considerar el ministro de Bienestar Social*] no tuvo parto sino que más bien sufrió un aborto, pese a los esfuerzos de sacarla por cesárea".

El ministerio de Economía nacional, a través de su titular José Bel Gelbard presenta el 5 de diciembre el presupuesto para 1974 que tendrá un déficit de $12.996 millones (gastos, $49.993 millones; ingresos, $36.937 millones. 1973 arrojó un déficit de $19.000 millones, o sea, más o menos, estamos mejorando. Dentro de las inversiones en obras públicas, la energía eléctrica tiene en Mendoza dos grandes proyectos a desarrollar: la central hidroeléctrica de los Reyunos y la de Agua del Toro.

El 7 de diciembre se inaugura la Central Hidroeléctrica El Carrizal en Luján de Cuyo. La usina aprovecha las aguas del río Tunuyán y aumenta en 77 millones de kilovatios el patrimonio energético de la provincia. MB y Mendoza son los encargados de activar los controles a través de los cuales la nueva central queda integrada al sistema de interconexión provincial. La dirección provincial de energía incorpora de esta forma su segunda central hidroeléctrica. La inversión estimada en la obra es del orden de los 3.000 millones de pesos moneda nacional.

La cuestión de quién ocupa el Ministerio de Bienestar Social que había causado el entredicho entre el gobernador y la CGT queda aparentemente solucionada recién el 10 de diciembre con la confirmación del ministro interino, doctor Arturo Ruiz Villanueva.

Al día siguiente Benedicto Caplán anuncia que para 1974 el presupuesto provincial tendrá un déficit de 300 millones de pesos. El gasto total previsto para el próximo año será de 1.928 millones de pesos.

MB mientras tanto se encuentra en San Rafael donde cierra con un discurso la reunión para la puesta en marcha del Plan Trienal 1974 / 77. Entre otras cosas, el gobernador elogia el plan como una buena medida para sacar adelante la provincia, "sumida en una desastrosa situación económica". Como ejemplo de lo anterior el gobernador explica que "en los hospitales de Mendoza no hay medicamentos y en lugar de bisturís están usando hojas de afeitar". Optimista inapelable don Alberto finaliza declarando que "nosotros haremos de la provincia de Mendoza una provincia donde las mujeres y los niños vivan como ricos". Luego del acto el gobernador procede a homenajear a los diputados y senadores de la oposición por su colaboración en el trabajo en las Cámaras.

El 18 de diciembre se anuncia la exportación de tecnología mendocina al África. MB y el ministro Caplán reciben en Casa de Gobierno a una delegación que les informa sobre un proyecto de exportación tecnológica a Guinea que consiste en la instalación de una fábrica de cemento. El proyecto es presentado por miembros del ORES Consultores Mineros, Siam Di Tella y el presidente del directorio del Banco de Mendoza, Octavio Persio. Los materiales provendrán de Mendoza en su totalidad. La importancia del asunto, según la delegación, es que sería el primer intento de exportación tecnológica del país. Los visitantes solicitan del gobierno la agilización de los trámites para un préstamo del Banco de Mendoza por un total de 130 millones pesos moneda nacional. La delegación es remitida al Banco en cuestión para cerciorarse de sus expresas normativas.

El 19 de diciembre, en la última sesión del Senado antes del receso hasta el 15 de febrero se sancionan 2 nuevas leyes de profundo contenido social. Se aprueban también proyectos para un nuevo régimen penitenciario provincial y para la creación de una comisión de estudio y planeamiento de una zona industrial en Palmira. En cuanto a las leyes, tienen por objeto la protección del discapacitado y / o disminuido o incapacitado. Para ello se creará la Comisión Provincial del Discapacitado (ad honorem) que hará estudios desde puntos de vista psíquicos, físicos y culturales.

La ahora sorda batalla entre la ortodoxia y el gobierno luego de la solución del último encontronazo por la conformación del gabinete provincial, se ha deslizado en estos días al seno de la Cámara de Diputados. La revista *Claves* de la semana del 21 de diciembre analiza en una nota la expulsión del diputado Gabriel Montoro del Partido Justicialista. Como se recordará, el Bloque Vertical al que pertenece el expulsado surge cuando tiempo atrás la CGT provincial recomienda que se quite toda colaboración al gobernador. El bloque opuesto es el llamado Diputados Justicialistas Ortodoxos. Según el semanario, Montoro, quien además se desempeña como presidente de la Cámara, ha sido víctima de una *vendetta* de la derecha por no solo autorizar en su calidad de presidente –resolución 51– la conformación del bloque disidente y asignarle personal sino también por formar parte del grupo de los Verticales y por hacer declaraciones que los cegetistas consideran oprobiosas contra la central obrera. Si bien la revista da por entendido que esta expulsión –la más severa con un afiliado– se lleva a cabo con amañamientos y subterfugios ilegales ("¿se puede acusar a Montoro de infiltrado?"), se esfuerza en interpretar los hechos tratando de mostrar la mayor ecuanimidad posible. El artículo termina con un apartado que se titula "¿Por qué no hablan?", en referencia al ejemplo dado por el zorro de Perón que les ha habilitado a los opositores oficinas especiales en la Casa Rosada y se ufana de mantener un diálogo fluido con el radical Ricardo Balbín. En cambio en Mendoza, los legisladores justicialistas se desempeñan en dos oficinas distintas. Peor aun, Ortiz de los ortodoxos, y Crimi, de los verticales, se niegan a dialogar. ¿Alguien en *Claves* todavía cree en el entendimiento? ¿O la propuesta de zanjar diferencias es política de la Tendencia? ¿De Montoneros?

Parque petroquímico

En una pequeña nota de la misma edición de *Claves*, el ingeniero Eloy Salinas, alma máter del proyecto del Parque Petroquímico, no escatima elogios a don Alberto por el papel instrumental que el gobernador juega para su realización. Según el profesional, MB –y su hijo Horacio cuando fue secretario de la Gobernación– ha sido el único gobernador en los últimos 10 años que estuvo interesado en la propuesta y que mostró con ella un entusiasmo y compromiso sin parangón. Salinas cuenta también que la verdadera vida del Parque comienza el 25 de mayo de 1973 y que lo anterior prefiere olvidarlo. El ingeniero señala asimismo que muy pronto se han de firmar los convenios para la instalación de industrias petroquímicas, bases mineras y electrometalúrgicas y que en 90 días estarán trabajando 100 personas, a las que en 6 meses se sumarán otras 500.

El 21 y 22 de diciembre el gobernador y vice están de nuevo en Buenos Aires, esta vez no para dirimir querellas de la provincia sino para asistir a distintas reuniones de carácter nacional. Da la impresión que el antagonista ímpetu declarativo de hace unas semanas se ha trocado en actitudes gestuales que de cualquier forma no pueden disimular las distintas vías políticas por las que don Alberto y don Carlos Arturo han decidido transitar. MB, junto a los demás mandatarios provinciales, asiste a una reunión convocada por Perón sobre los alcances del Plan Trienal. Luego se traslada al Ministerio de Educación donde su titular, el doctor Jorge Taiana hace entrega de 40 millones de pesos a las provincias para refacción de edificios escolares. MB, en este viaje a Buenos Aires, aprovecha para firmar un convenio de asistencia recíproca con la Universidad Tecnológica Nacional. Iván Chambuleyrón, interventor del UTN, indica que el gobierno provincial va a poner especial énfasis en el aprovechamiento de recursos hasta ahora ignorados, a través de la aplicación de tecnologías adecuadas. El funcionario de la universidad añade que es deseo de la entidad que representa hacer de Mendoza una provincia industrializada y que pondrá toda la capacidad técnica de la UTN al servicio del desarrollo regional; al mismo tiempo pondrá también a disposición del gobierno mendocino su plantel docente para que dicte cursos de capacitación y formación profesional a trabajadores de organismos y empresas provinciales. Don Alberto, el entusiasta consumado, declara que "la imagen de Mendoza dejará de estar representada por un racimo de uvas o una botella de vino". MB llega a Mendoza en un avión de la dirección de Aeronáutica que aterriza en el aeroparque de El Challao. Una vez en tierra informa a los periodistas que lo esperan que va dar un mensaje al pueblo de la provincia el 24. Ante la expectativa que generan cada uno de sus viajes, don Alberto aclara inmediatamente que no se altere nadie, que el mensaje será solo de salutación al pueblo con motivo de la fiesta de Navidad.

Según el diario *Mendoza* el vicegobernador se manifiesta más locuaz que MB a su regreso de la capital donde junto al doctor Rodolfo Díaz, secretario del Senado, asistió a una reunión con el peregrino nombre de Liberación Nacional de la Generación Intermedia [*Es increíble el interés en presentar batalla al protagonismo de la juventud por parte de la ortodoxia*] Dice el vicegobernador que en tal reunión se crea la escuela de Conducción Política Nacional y que los puntos trascendentes del mitin son la coincidencia en que el proceso de institucionalización comenzado el 11 de marzo es el camino a seguir para lograr "la Argentina potencia que todos queremos" y el énfasis en un nacionalismo latinoamericano, que según cree don Carlos Arturo es la idea central del conductor del justicialismo, el presidente Perón.

El doctor Rodolfo "el Chango" Díaz declara: "Yo entiendo que al organizarse política y regionalmente la generación intermedia en este país, vamos a aportar con eficacia la capacidad, el trabajo y, sobre todo la responsabilidad de los hombres argentinos que tenemos más de 30 y menos de 50 años, para que se haga realidad la reconstrucción nacional y la Argentina potencia".

La Navidad del 73 encuentra al gobierno mendocino agasajando a ancianos de un asilo. El gobernador, el ministro de Bienestar Social, Arturo Ruiz Villanueva y el secretario general de la Gobernación, Aníbal Patroni, son recibidos por la directora de Asistencia a la Ancianidad e Invalidez, Adriana Fernández Elizondo, para compartir una mesa navideña. En la ocasión MB saluda a cada uno de los agasajados y los insta a tener fe en su gobierno.

El 29 de diciembre hay una muy buena nueva. El Indec, teniendo en cuenta la población económicamente activa, encuentra que el Gran Mendoza registra una declinación de la tasa de desempleo que va del 4,1% en abril al 3,2% en octubre.

Pero la tranquilidad que acercan a la población las mediciones favorables no pueden detener la continuación de las refriegas aguijoneadas por la ortodoxia del peronismo contra don Alberto. Se comienza a perfilar el ominoso frente de los intendentes, que desde un peronismo alcahuetón ven infiltrados por todas partes. Ordinariez: eso es lo que transpiran. Hace unos días, el Gordo Mendoza y el Chango Díaz con el grupo "Liberación Nacional para la Generación Intermedia". Ahora, un día antes del final de este glorioso 73, aparece el intendente de San Carlos, Francisco Miguel Marinelli, quien según una nota del diario *Mendoza* aduce falta de seriedad en el Poder Ejecutivo provincial ya que no le avisaron que el gobernador se daría una vuelta para unos actos en el departamento el pasado 23 de diciembre. Don Alberto, siempre atento hasta con sus rivales, lo invita a que participe en tales actos pero el intendente se niega con el argumento de que la ética y el honor de las formas le impiden acompañar al gobernador. Seguro que Marinelli se ilusiona con que MB se vuelva a la capital provincial, pero como el mandatario no lo hace sino que por el contrario se hace presente en los actos, el intendente implosiona, lanzando vituperios fundamentalmente a la siniestra. Acusa a la Tendencia que rodea al gobernador de organizar los actos de modo subrepticio en su departamento, bajo las instancias del diputado Julio Crimi, el delegado de Vialidad, Blas Beleda y los jóvenes "identificados como infiltrados marxistas y apoyados por la secretaría privada del gobernador".

Año nuevo, vida nueva

Los tirones de orejas, más al Gordo Mendoza que a MB, provenientes de la mano añosa del General Perón, para que se resuelva el conflicto provincial, hace que las dos autoridades máximas locales concurran de la mano, como buenos chicos, al local de la CGT, el primer día del año, para abogar por la unidad del gobierno y la clase obrera. Luego de las palabras conciliatorias del senador provincial Humberto López –titular a su vez de las 62 organizaciones– ofrece su mensaje el mandatario provincial:

Hoy se inicia una nueva etapa en Mendoza. El gobierno y la clase trabajadora se encuentran profundamente consustanciados en la responsabilidad que les compete en esta hora de grandes realizaciones. Necesitamos el apoyo de todos para llevar adelante las obras propugnadas por el Poder Ejecutivo como el Parque Petroquímico y la recuperación de las aguas del Río Grande (...) Los mendocinos poseen el privilegio de tener un vicegobernador trabajador. Un hombre que luchó por las reivindicaciones de sus semejantes, aun cuando debió sufrir las consecuencias de la prisión de las tiranías militares (...) A partir de este momento mantendremos reuniones semanales en el Palacio de Gobierno para analizar con detenimiento los problemas socio-económicos y políticos de Mendoza. Insto a los presentes a continuar una firme y estrecha unidad entre las 62, la CGT y el gobierno del pueblo y hago votos para que 1974 nos dé una Argentina en constante desarrollo, con hombres que se respetan. Por último, reconozco que los enfrentamientos fueron producto de no conocernos a fondo y del fragor de una lucha que duró 18 años.

Carlos Arturo Mendoza cierra la lista de oradores. El vicegobernador recuerda a la concurrencia en primer término que es necesario en la hora del triunfo no olvidar a los hombres que murieron en la lucha. Luego, haciéndose eco de las palabras de don Alberto en cuanto a los enfrentamientos internos previos, declara que "la tirantez que existió entre las partes que hoy dialogan se motivaron en una falta de contacto entre seres humanos". El vice también manifiesta su origen trabajador y su consustanciación con la clase obrera por provenir precisamente de ella. Para finalizar anuncia una serie de medidas legislativas tendientes a mejorar las condiciones de vida de los trabajadores mendocinos: entre ellas, el traspaso del Departamento Provincial del Trabajo a la órbita nacional; beneficios tributarios para los barrios de empleados y obreros y la inmediata sanción del Estatuto del Empleado Público, redactado con sentido revolucionario y bajo los lineamientos de una concepción justicialista. Se despide con augurios de prosperidad y ventura personal para los asistentes

El 4 de enero el gobernador se toma un descanso, razón por la cual, transfiere el gobierno provincial al vicegobernador, hasta su vuelta, el 14 de enero. En la ceremonia de traspaso se encuentran presentes ministros del gabinete provincial, el secretario general de la Gobernación, subsecretarios y legisladores.

Quién iba a decir que un viajecito con la familia para despejarse el balero de tanto quilombo iba a terminar echando más leña al fuego justo cuando comienza a afianzarse el impío verano mendocino. El viejito nuestro se mandó un descuelgue mayúsculo al elegir como lugar de veraneo el Chile del genocida Pinochet. Y no hablemos solo del desconcierto y la bronca suscitada entre sus huestes más leales y entre quienes miran su gestión con simpatía. Los fachos, ¡tan luego ellos!, se tornan fuertes los muy fallutos echándole en cara qué cómo puede ser que legitime a un gobierno con su visita cuando el gobierno nacional anda de fricción en fricción con la administración milica trasandina. Para colmo el mismo viernes 4 en que MB intenta comenzar su merecido descanso, allende el Ande, en la embajada de nuestro país en Santiago, un carabinero dispara contra un refugiado encaramado en un árbol de la legación argentina, acto que de inmediato genera una vigorosa protesta de nuestra cancillería. Al Viejo nuestro, en tanto, seguro que cuando se aprestaba a darse el primer baño de sol y playa en suelo chileno, un llamado desde Mendoza le cortó la fiesta. El sábado 5 ya estaba de vuelta, sin que nadie en los medios le creyera los motivos esgrimidos por él en cuanto a su precipitado regreso. Desprolijo, el asunto, muy desprolijo. La prensa –que como todo el público mendocino y el resto del país, saben que la provincia es una caldera– inicia su ronda de conjeturas, tres de las cuales, según *Los Andes* del 8 de enero, son las siguientes: 1) que la cancillería lo manda a llamar porque está en Chile sin autorización, justo cuando la relación entre ambos países es tensa; 2) que se presenta un problema inesperado en el área de economía de la provincia y 3) que la oposición al gobernador (el vicegobernador, la CGT, la cúpula del PJ, los intendentes, la iglesia y los padres de familia, entre otros) se apresta, aprovechando su ausencia, a comenzar a mover los hilos para un juicio político, del que tanto *Los Andes* como *Claves* se manifiestan desconocedores de los motivos. El semanario va más lejos en una nota de la semana del 8 de enero a la que titula sugestivamente "Una cuestión de imagen" que en cristiano podría leerse "flor de enchastre" o "don Alberto, a ver si se deja de joder". Es que a más de las explicaciones precariamente armadas del gobernador en su conferencia de prensa, se suman las del ministro de Gobierno Pedro Baglini, que arguye motivos personales del gobernador. Lo único que logran es que las suspicacias de todo el mundo conserven su ritmo creciente. *Claves* medio como que se pasa de objetiva en sus críticas a MB porque se supone que lo debería apoyar sin rodeos. Sin embargo, en diálogo diáfano, prefiere recriminarle (¿y tomar distancias?) que el frustrado viaje de placer no le hizo ningún favor a su imagen política.

El 11 de enero los compañerazos de la UES visitan al gobernador para despedirse antes de abandonar el sol mendocino por el salteño bajo el cual han de participar en el operativo de reconstrucción denominado Martín Güemes. Bajo la batuta del Edgardo Riveros, explican al gobernador las labores en las que intervendrán más de 500 estudiantes secundarios de todo el país y que se prolongarán por 15 días: refacción de viviendas y escuelas, construcción de defensas aluvionales y canales de riego en los pueblos del sudoeste de Salta. El Edgardo informa que "el objetivo que nos anima es el de insertarnos claramente y aportar en forma efectiva en este proceso de reconstrucción para la liberación nacional liderado por el general Perón" [*demasiado peróneo, según lo veo desde mi perspectiva actual*] MB los felicita y les encarece que cualquier contribución oficial que necesiten durante esos 15 días, se la comuniquen y agrega "si yo tuviera la edad de ustedes, tengan la seguridad de que los acompañaría". A pesar de que el Viejo mantiene la vista fija, Jorgito López está en la duda de si lo mira a él, al Edgardo que está a su derecha o al Pepe Nardi, que se ubica a la izquierda. En más de una ocasión, porque suponen erróneamente que don Alberto padece de estrabismo, se superponen al contestar que causan tentaciones de risa contenidas y adolescentes ruborizaciones. Los jóvenes estudiantes se trasladan después a la sede del diario *Mendoza* donde declaran al cronista que los atiende que van a Salta porque, como tantas otras provincias, ha sido marginada y olvidada durante 18 años de desgobierno y por la importancia de que estudiantes de distintos puntos del país estén en contacto con sectores del pueblo para consustanciarse con su realidad y por el apoyo efectivo de la UES a tareas reconstrucción encaradas por el gobierno popular. Los campamentos habrán de ubicarse en El Carril, Chicoana, Moldes, Huachipas, Cafayate, La Viña, Animana y San Carlos. El contingente mendocino al igual que los de otras provincias serán recibidos por el compañero gobernador, doctor Miguel Ragone y por la mesa nacional de la UES. En la foto buchona del *Mendoza* aparecen 7, de izquierda a derecha: un Gordo que me parece es del contingente de San Martín [que después cae en cana en una repartija de alimentos posterior al secuestro de los hermanos Born], Jorgito López, Edgardo Riveros, uno al que le dicen Quechup, el Gordo Cachi de anteojos ahumados, el Pepe Nardi y el hermano del Coco, ese que ahora, según Jorge, anda tan jodido.

Antes de partir, en un micro de la línea 1 local (aquellos verdecitos) casi se arma la podrida –un amotinamiento– porque la querida compañera Liliana Riveros [*detenida-desaparecida en San Juan o en Buenos Aires, se cree que entre diciembre del 76 y febrero del 77*], responsable de los pibes UESOS y hermana del Edgardo baja la orden de que no hay que usar nombres verdaderos en el campamento y no se le ocurre nada mejor que adoptar los de los boludos personajes de la tira televisiva Hijitus, cosa a la que los vagos, por supuesto, oponen firme resistencia.

Tres días después, el gobernador, que parece intuir que tiene los días contados, visita su proyecto tan querido, el Parque Petroquímico, donde constata el tendido de líneas eléctricas que alimentarán el complejo. Dice, "estar muy satisfecho por la inspección cumplida y repetiré mis visitas una vez por semana para estar al tanto de esta importante realización del pueblo". Además declara entusiasmado y perentorio: "toda obra tiene su ideología, por lo tanto el Parque Petroquímico se basará en la doctrina justicialista. Dará trabajo, que es un derecho, y éste no tendrá otro fin que el de ampliar la dignidad del hombre".

El miércoles 16 aparece la posibilidad para los gobiernos provinciales de instalar en sus territorios fábricas de soda solvay, luego de que el ministro de Economía nacional, José Bel Gelbard diera a conocer su respuesta a la empresa Alcalis S. A., desestimando sus procedimientos. MB, ante la requisitoria de *Los Andes*, señala que "si la provincia queda efectivamente en libertad de acción sin duda alguna el gobierno promovería y apoyaría la instalación de una planta, ya que estamos empeñados en un proceso de plena industrialización. Nuestro objetivo es diversificar la economía, cuestión que redundará en una plena ocupación a través de nuevas fuentes de trabajo y beneficiará a todos los sectores económicos locales". MB agrega que la soda solvay puede ser producida como derivación de ciertos residuos de la Destilería de YPF en el Parque Petroquímico de Luján de Cuyo, ya que el proceso de fabricación es sencillo y factible de poner en marcha[9].

---

[9] La soda Solvay es, químicamente, carbonato de sodio obtenido de modo artificial mediante un procedimiento industrial que se atribuye al químico belga Ernesto Solvay y que fue ideado en 1863. La soda Solvay, en sus distintas denominaciones y formas comerciales, es utilizada con intensidad en varias industrias: las del vidrio, plano y hueco; jabones y detergentes; productos quí-

El mandatario da asimismo la primicia de que se proyecta instalar una fábrica de cemento Portland en Mendoza, plan que se encuentra muy adelantado.

El 21 de enero comienzan a dejarse oír en la provincia las expresiones de condena a una acción militar del PRT-ERP en contra de la Base de Caballería Blindada sita en la localidad de Azul, provincia de Buenos Aires, iniciada al caer la noche del 19. En el ataque participan de 60 a 100 guerrilleros (Seoane en *Todo o nada* dice 60, Plis Sterenberg en *Monte Chingolo*, 80 y Gorriarán en *Memorias ...*, 100) que bajo la dirección operativa del Pelado Gorriarán ocupan buena parte de las instalaciones. Al generarse resistencia entre los asediados, los guerrilleros deben retirarse sin conseguir el objetivo de recuperación de material bélico y, peor aún, con pérdida de parte de sus propias armas. Lo hacen en forma desordenada, cuestión que causa la caída de por lo menos tres compañeros en el lugar de los hechos, dos de los cuales se encuentran desaparecidos (Mattini en *Hombres y mujeres del PRT-ERP*, 274 y Plis Sterenberg en *Monte Chingolo*, 46-48) y casi una veintena más luego del fallido asalto.

En el nivel nacional, las críticas al accionar de los compañeros pichos no se limitan al arco partidocrático, sino que se extienden a casi todo el campo popular, comenzando por los Montos, todas las corrientes del peronismo de izquierda y siguiendo con el sindicalista cordobés Agustín Tosco y el Partido Comunista, entre muchos otros (Mattini 254) El esperable aluvión condenatorio al ataque le viene al pelo a la derecha policiaco-militar, al aparato de la ortodoxia y al lópezrreguismo en ascenso para difundir las informaciones sesgadas –cuando no directamente falsas– de siempre en cuanto al supuesto salvajismo de los guerrilleros: los culpan de la muerte de la esposa del coronel Camilo A. Gay (también caído en el enfrentamiento a pesar de no haberse resistido, según cuenta el legendario Pelado, pero sin más precisiones al respecto. Lo que parece que sucede es que una tanqueta milica dispara contra la herrería del cuartel donde se encuentran aislados tres militantes del PRT junto a la señora del coronel, pese a los gritos de advertencia de los guerrilleros asediados. Ahí, además de la

---

micos; industria textil; industrias del papel y celulosa, entre otras (Ing. Juan Juan "Proyecto soda Solvay" [189-90])

mujer, caen dos combatientes y un tercero, Santiago Carrara, logra sobrevivir y dar cuenta de los hechos (Gorriarán 211) Mattini sostiene que por la pobreza en la ejecución del ataque y por la pérdida de vidas de compañeros, el indignado líder perretista Mario Roberto Santucho destituye al Pelado pero se niega a reconocer como serio error político de su partido (aunque pactemos que el Robi por lo menos es coherente en cuanto a lo que se propone su organización) el fracasado ataque a este cuartel militar (274)

En lo inmediato, el Viejo mayor amonesta el 20 a la nochecita, con extrema severidad, al gobierno de Buenos Aires por ser permisivo, incapaz, desaprensivo, portador de una conducta retentiva frente a desbordes como los que representan este ataque y cualquier otra cosa menos flores (ver el discurso de Perón en Anguita y Caparrós, La voluntad, Tomo 2, 243-45) El 22 de enero el gobernador Oscar Bidegain se ve obligado a renunciar siendo reemplazado por el metalúrgico Victorio Calabró, quien hasta entonces se había desempeñado como vicegobernador de la provincia. Bidegain no tiene nada que ver con la acción picha; Perón lo sabe, pero él ya ha elegido ratificar su posicionamiento: flor de patada para la Tendencia.

El ámbito nacional está que arde, cuestión que al gobierno de Mendoza, ubicado en onda ideológica similar al de Buenos Aires, no le conviene en absoluto. MB tiene que modificar su agenda de audiencias y convocar a su gabinete a una reunión de emergencia que se extiende por una hora y media. Cuando concluye, el director de Difusión, Carlos Quirós, procede a entregar una declaración a los medios acreditados en Casa de Gobierno y remite al promediar el día, radiogramas al Presidente de la Nación, al secretario general de la Presidencia, Vicente Solano Lima y al ministro del Interior, Pedro Benito Llambí. El documento que elaboran el gobernador y los ministros de Cultura y Educación a cargo de la cartera de Gobierno, Edgardo Bernal; de Bienestar Social, Arturo Ruiz Villanueva y de Obras y Servicios Públicos, Paulino Huerta y el secretario general de la Gobernación, Aníbal Patroni, expresa en sus rasgos más salientes: "su más amplio e incondicional apoyo al proceso auténticamente revolucionario liderado por el general Perón (...) Nada ni nadie podrá arrebatar al pueblo argentino las banderas de una patria libre, justa y soberana por las cuales ha luchado durante tantos años (...) A los agentes de la provocación les respondemos con la severa pero firme organización popular en el marco de la inequívoca lucha por la liberación nacional y social de la patria (...)".

En el aspecto más bien práctico, la policía mendocina refuerza su vigilancia en las calles con pinzas en diferentes intersecciones de la ciudad capital y el Gran Mendoza, la ruta 40 y en todas las entradas y salidas de la provincia, así como también se instalan puestos móviles en las localidades de Zapata, Pareditas y en los departamentos de Luján, Maipú y Lavalle. La policía no informa si se han producido arrestos.

Mientras tanto, la Subsecretaría de Gobierno de la Provincia emite el siguiente comunicado:

> *Ante los hechos que son de público conocimiento; las declaraciones del Exmo. Señor Presidente de la Nación, teniente general Juan Domingo Perón y la firme postura del gobierno provincial, se nos hace un deber reiterar a la opinión pública, que a las ya permanentes medidas de prevención y control de las acciones que pretendan perturbar las tareas de la Reconstrucción Nacional, o disociar la unidad nacional necesaria para llevar adelante aquélla, aún más, respondiendo a una obligación indeclinable se extremarán al máximo las medidas pertinentes para disuadir y desarraigar a los agentes provocadores enemigos del pueblo y al servicio de inconfesables intereses antinacionales. Todo ello se hará poniendo al servicio de esta tarea, el máximo poder del Estado y el máximo rigor que establecen las normas constitucionales y legales vigentes, para garantía del bien común y en camino a la definitiva emancipación nacional.*

Sin que se produzcan grandes novedades en el frente, llegamos a los primeros días de febrero, cuando se comprueba que somos muchos y encima pare la abuela. Justamente es un nuevo frente que se le abre a la gestión de gobierno de MB; en esta oportunidad no son los fachos sino que se trata de un diferendo interprovincial por una cuestión de jurisdicción sobre ríos: el sureño río Grande, para ser más precisos, tributario del Colorado. El primero del corriente, el gobernador neuquino Felipe Sapag hace llegar a su par mendocino una nota que plantea "el formal y absoluto rechazo del gobierno de Neuquén a una posible utilización inconsulta de las aguas que afluyen al Río Colorado". Sapag se refiere también a otro proyecto encarado por el gobierno de Mendoza, por el que se utilizarían las aguas de los ríos Cobre y Tordillo, lo que acrecentaría el peligro que se cierne sobre colonias agrícolas y ganaderas que se sirven de esas aguas. El mandatario neuquino exhorta al gobierno de Mendoza a la anulación de todo lo actuado.

Por medio de la prensa trasciende que el gobierno nacional solicita la suspensión de los trabajos que el gobierno de Mendoza ha comenzado a realizar sobre el Río Grande. La réplica de los más directos interesados no se hace esperar. Francisco Ferraro, presidente del Sindicato Agrario del Río Atuel, manifiesta que la solicitud nacional es injusta y discriminatoria, ya que al menos Buenos Aires y La Pampa han venido aprovechando el Río Colorado, cuyo mayor afluente es el Río Grande. El pedido del poder central, según Ferraro, constituye además una extralimitación y un avance sobre la autonomía provincial.

Desde la administración local, la voz cantante la lleva el director de Difusión, Carlos Quirós, quien asegura que el gobierno mendocino no ha recibido hasta ahora comunicación oficial alguna con respecto al pedido de suspensión de trabajos y que se apresta a realizar una activa defensa de los derechos provinciales. El asunto es de mayor interés para el gobierno ya que el vuelco de aguas y su aprovechamiento para el agro en el sur de la provincia ha sido una de las promesas electorales más ambiciosas de su campaña. Quirós sostiene además que la postura mendocina no viola los principios federalistas ni el desconocimiento de los derechos de otras provincias, pero que la proporción que le corresponde a Mendoza es irrenunciable. Una de las actividades del gobierno local en defensa de la no-postergación de las obras, aparte de la reunión de gobernadores interesados, es que se prevé para el 12 de febrero en Buenos Aires una conferencia a cargo del ministro Paulino Huerta, donde se expondrá exhaustivamente el proyecto de Mendoza, sus orígenes, la necesidad de contar con la obra y la definitiva posición de la administración provincial al respecto.

En realidad todavía no se ha empezado a hacer otra cosa que estudios preliminares: relevamientos geoeléctricos e investigaciones geológicas. Julio Terraza, secretario general del ministerio de Obras y Servicios Públicos de la Provincia, recomienda que no cunda el alarmismo ya que aun si se tuvieran que suspender los estudios, no significa que Mendoza no pueda desviar las aguas del Río Grande. Según el funcionario la solución reside en la participación de todos los estados involucrados y en cuanto al presunto avasallamiento de los derechos de las otras provincias dice que "nosotros hemos sido los únicos que aún no hemos hecho una obra sobre el río, siendo que tenemos tantas atribuciones como los demás, que sí las han efectuado, como están aprovechando sus aguas y elaborando proyectos, muchos de los cuales se hallan en su fase final. En ese sentido nosotros hemos sido más que prudentes".

El 2 de febrero, el presidente Perón procede a oficializar, sin pérdida de tiempo y por medio del Ministerio del Interior la suspensión de las obras de trasvasamiento de las aguas del río Grande en el Atuel, disipando de esta manera las esperanzas del Ejecutivo provincial en cuanto a un no pronunciamiento de las autoridades en lo que respecta al diferendo. Los analistas políticos locales interpretan el mensaje de la Nación al menos desde dos perspectivas: 1) desde el plano económico evalúan que el gobierno central se encuentra bajo la presión de los grandes latifundistas de la provincia de Buenos Aires que desean seguir usufructuando el aprovechamiento del agua que hasta la fecha han disfrutado sin compartirlo con ningún nuevo socio; 2) desde el área política se arguye que, o bien Perón quiere explotar la debilidad que conocen todos del gobierno provincial y con esta decisión no hace más que golpearlo con fuerza, o más bien la Nación juzga que se han unido 4 provincias contra una y siendo así las cosas, no puede desconocer el hecho. Es interesante notar que otra vez *Los Andes* –como en el caso de la perspectiva sobre la bodega Giol– apoye el proyecto de la administración y por carambola al mismo gobernador. La nota en la página 10 concluye de la siguiente manera: "… la población del sur de nuestra provincia verá nuevamente frenados sus deseos de trabajo y progreso por la imposibilidad de utilizar un caudal de agua que legítimamente le pertenece". El periodista Fabián Calle en su artículo "La conjura contra el gobernador", aparecido en *Claves* la semana del 8 de febrero, dice en cambio: "Expresiones de apoyo en defensa del Río Grande llegaron desde distintos sectores políticos y económicos de

Mendoza. Pero llama la atención que sobre el tema que preocupa a todos, no hayan emitido opinión ni la CGT, ni las autoridades del partido Justicialista, ni las autoridades justicialistas legislativas". En el mismo número del semanario, Ángel Grajales firma una nota en la que enfatiza los derechos de la provincia cuyas pretensiones no son ni más ni menos que las de los restantes Estados ribereños. Mendoza prevé volcar tan solo 38 de los 240 metros cúbicos por segundo del caudal del Río Grande. Con esa cuota se podrían construir usinas hidroeléctricas y ampliar el área de cultivos en San Rafael y General Alvear en unas 50 mil hectáreas fomentando la radicación de colonos y posibilitando una expansión del sector agrícola.

En cuanto a la relación pendular de la CGT local con MB, *Los Andes* indica que nuevamente los gremialistas tensan la soga. Al generoso y a la vez sospechoso renunciamiento ocurrido semanas atrás en lo referente a la participación de la entidad en la elección del ministro de Bienestar Social, ha resurgido ahora el interés de los sindicalistas en dicha cartera. El endurecimiento cegetista sería consecuencia del ataque del ERP en Azul y de las hostilidades internas cada día más desembozadas en el interior del peronismo. A la gestión de MB, que creía tener este conflicto bajo determinado control, se le abre un inoportuno nuevo frente más. Fabián Calle de *Claves* ni se molesta en mencionar al ERP como responsable de esta nueva tensión, sino a los pasos ocultos de Antonio Cassia y Manuel López, líderes de la CGT y las 62 locales, respectivamente. En su afán de poner en aprietos a MB es que han demandado el mencionado Ministerio con lo cual se proponen aislar a don Alberto, quien, de ceder ante las presiones burócratas, correría el riesgo de que el nuevo ministro responda más a la CGT que al Poder Ejecutivo.

Por si lo anterior fuera poco, trasciende en Buenos Aires que el delegado normalizador del justicialismo mendocino, Eleuterio Cardozo, culpa a la administración de MB por las desavenencias con el resto del justicialismo. El delegado plantea que no hay participación del movimiento en el gobierno, lo cual, según él, constituye el mayor obstáculo y que el movimiento exige un acatamiento total a la doctrina peronista, a la verticalidad y al proyecto político que Perón representa como Presidente de la República. Más claro échele agua: raje de una vez, señor gobernador, a los infiltrados. Según ve el delegado, de no recapacitar la administración mendocina, el gobierno nacional se vería obligado a "asumir actitudes definitorias sobre la dilatada cuestión", lo que equivale a intervención. Pero Eleuterio no las tiene todas consigo. A pesar de su parcialidad embozada a favor de la ortodoxia, un grupo interno del partido, "la comisión de los 10" (recordar a los privados de cargos gubernamentales) objeta en los más severos términos su labor mediadora, a través de inoportunas medidas "ocupacionales"; los integrantes de este división-engendro reclaman parte de la torta instalándose a la fuerza en las sedes partidarias, causando irritación por partes iguales en las huestes de la ortodoxia y en el gobierno. Fabián Calle en la misma nota de *Claves* dice que este grupo no solo quiere la cabeza de MB sino la del delegado Cardozo y que lo que buscan es crear las condiciones para la intervención. A pesar de esta inesperada oposición, Cardozo asegura que ha de continuar con su gestión.

Los Andes también comunica en la página 8, que se habilita totalmente la avenida Costanera Este. El gobierno, a partir de hoy, permite el tránsito entre Saavedra y Matienzo. La inauguración de esta obra completa el complejo carretero que une los accesos Este y Norte a la ciudad Capital.

MB preside la ceremonia, que se celebra en la intersección de Pedro B. Palacios y Saavedra. Asisten también, el vicepresidente provisional del Senado, Edgardo Boris y otros funcionarios. El párroco de San José bendice el tramo, hay corte de cinta y luego se inspeccionan nuevos equipos: 13 camiones volcadores y 13 regaderas, incorporados para la labor de vialidad.

El 3 de febrero, en ocasión de celebrarse el primer aniversario de la ciudad de Palmira, y con la presencia de autoridades provinciales y una apreciable concurrencia del público los bomberos locales reciben un subsidio de parte del gobernador. Asimismo, Carlos Arturo Mendoza elogia a los dirigentes del Sindicato de la Alimentación de Palmira por conseguir apoyo para iniciar un barrio donde habitarían los trabajadores del gremio.

Un par de días más tarde el vicegobernador, quien junto a los sindicalistas de la CGT y las 62, se encuentran en cierta manera acuciados por distintos sectores de la provincia, ofrece un informe sobre la situación planteada en relación al Río Grande-Río Colorado. El vice ha dividido el trabajo en 5 apartados: 1. Ubicación del problema; 2. Algunos antecedentes; 3. Nuestra posición (*¿la de quién?*); 4. El federalismo y la liberación nacional y 5. La actitud del gobierno nacional. Mendoza, alineado con la postura del poder central, resume: "el Poder Ejecutivo Nacional ha intercedido –no 'intervenido'– ante el Poder Ejecutivo Provincial para que deje en suspenso –no 'anule'– ciertas medidas tomadas en relación al Río Grande, las que a su juicio deberían ser materia de acuerdos interprovinciales. Esta es la situación planteada, y es en este nivel que debe ser analizada". Sostiene además que la actitud del Poder Ejecutivo Nacional "no constituye un avasallamiento, como se dijo en otro lugar, sino que es la actitud correcta conducente a una planificación concertada con firmeza, pero con solidaridad. Concluye con que "al final del camino, no está solamente la solución del problema que hoy nos ocupa; está la Argentina potencia" (cómo escorcha con esto, don Mendoza)

B. E. P:

A MB yo lo conocía de nombre, de varios momentos de la historia del PJ, pero nunca lo había visto personalmente. Lo vi por primera vez cuando la campaña del 73, dado que él era uno de los que en ese momento respondía a la Juventud Peronista. Los otros eran Obregón Cano, Bidegain, Cepernic y Ragone.

Nosotros estábamos apoyando la campaña y apoyamos a MB desde Montoneros. Yo militaba en la JP y en Montoneros. En algún momento debo haber estado afiliada al partido, pero no me acuerdo. Debo haberme afiliado, porque en las segundas elecciones, cuando Perón se presenta, íbamos a salir a afiliar, así que sí. Debo haber estado afiliada ... y me deben haber echado en algún momento. Vos sabés (a Santiaguito) *que no me acuerdo si salí en las listas de expulsados del partido, cuando el PJ expulsó a los militantes de Montoneros, en aquel momento en que Montoneros sacó esa famosa solicitada "Ayer juventud maravillosa, hoy infiltrados". La lista apareció cuando Perón ya estaba en la presidencia. El día que volvió Perón y dio su charla después de Ezeiza había quedado bastante deslindado el campo, creo que apareció después de la ida de la Plaza (1ro. de mayo* de 1974: los montos se retiran de la Plaza de Mayo en pleno discurso de Perón) *Estoy horrible para las fechas ... No me acuerdo si salí o no en esa lista.*

El contexto en que conocí a MB fue en el de un montón de compañeros de diferentes niveles que estaban apoyando al gobierno y fijando determinadas pautas. Estuvo Juan Carlos Cerutti, que fue subsecretario de algo, hubo alguno que otro ministro cercano a la Juventud o a Montoneros. *Yo era empleada del gobierno, trabajaba en la Dirección del Menor y en un determinado momento se necesitó a alguien que estuviera en la secretaría y fui yo. Tiempo antes había pedido el pase de la Dirección del Menor a Gobernación. No fue una decisión mía en especial, se necesitaba alguien que trabajara en la secretaría privada y quedé yo. De todas maneras ya había tenido algo de contacto con MB, de habernos cruzado durante la campaña y también de haber estado él alguna vez en nuestra casa, porque mi marido era el delegado de la Regional Sexta de la JP:* Jorge Capella, *en ese entonces mi marido.*

Con MB tuve muy buena relación porque era una persona de gran encanto. Me acuerdo que tenía una seria dificultad de visión, pero tenía un gran encanto y mucho empuje. Era una de esas personas que saben escuchar. En ese momento súper conflictivo, en realidad Perón lo eligió a MB porque era leal. Era una provincia con mucho conflicto dado que el segundo, el vice de MB, Carlos Arturo Mendoza, *pertenecía a la UOM.*

Posiblemente el de MB no fue un gobierno en el cual uno pudiera ver grandes logros, qué obras hicieron, qué fue lo que pasó ... Pero también tiene que ver con el momento político que se vivió en todo el país. El 25 de mayo es como que los militares entregaron las llaves y la Casa de Gobierno quedó vacía y vino un montón de gente con muchas ganas de hacer política. Ahora uno lo ve a la luz del tiempo y dice: muchas ganas de hacer política y poca voluntad o capacidad para gerenciar una política y una provincia". Pero se hicieron dos o tres cosas medianamente importantes. De todas maneras el gobierno estuvo siempre muy jaqueado, por todo lo que significaba la política en ese momento. Y creo que si hubiera sido un momento de mayor calma interna, no de una lucha tan importante ... porque la lucha de ese momento dentro del partido y dentro de las gobernaciones era una lucha de proyectos. Aquí se estaban jugando dos proyectos de país. Cuando se hablaba de socialismo nacional no era una expresión de marketing político; tenía que ver con todo un proyecto de país que queda abortado definitivamente con el golpe del 76 y es hacia donde apunta ese golpe. Es decir, que si hubiera habido una relación diferente de fuerzas, creo que sí, que estaban sentadas las bases en cuanto a una serie de elementos para haber hecho una excelente gobernación, con una gran voluntad hacia los sectores populares; pero fue imposible, nadie pudo hacer a lo largo y ancho del país absolutamente nada. Fueron momentos donde la lucha ideológica tomó tal virulencia que fue imposible el descanso o la tranquilidad como para sentarse detrás de un escritorio y gobernar.

Yo te decía lo del encanto de MB. Era muy abierto a escuchar y a seguir determinadas pautas, aun cuando él no coincidiera en totalidad; había una brecha generacional entre él y el resto de nosotros pero tenía gran fidelidad a un proyecto, a lo que él entendía que debía ser el peronismo, y en eso sí creo que coincidíamos totalmente, en que el proyecto del peronismo estaba expresado por estos sectores de la juventud. Un proyecto que tenía que ver en ese momento con una proyección de lo que se dio en llamar el socialismo nacional, que defendía una mejor distribución, pensando en los sectores populares, con un empresariado nacional. Lo que habría sido la continuidad de lo que había dejado trunco el golpe del 55: todo lo que significó el gobierno peronista en cuanto al crecimiento de la industria nacional, los proyectos nacionales y no solamente el asistencialismo.

La "Argentina Potencia" de la que se hablaba podía ser interpretada desde diferentes ópticas. ¿Qué entendía el empresario nacional de la Argentina potencia? Por ahí ellos entendían que era la continuación de todos aquellos proyectos relacionados al crecimiento de la economía de este país. Desde la óptica de los desarrollistas era el despegue de la Argentina, pero la visión del socialismo nacional era mucho más profunda que lo de la Argentina potencia. Hay que tener en cuenta que el ministro de Economía era José Bel Gelbard, que tenía una concepción nacional de la economía, pero también hubo otros ministros peronistas que pensaban parecido a él.

MB tuvo oposición de muchos sectores de la provincia. Lo vuelvo a repetir porque para mí es muy importante. El hecho de que no se pudieran concretar demasiadas obras tuvo que ver con la coyuntura de ese momento.

MB era absolutamente leal a Perón, creía en Perón, yo también creía en Perón. No he dejado de ser peronista, aunque desde que han vuelto las elecciones a este país he votado muy pocas veces por el peronismo. Pero si alguien me pregunta y me tengo que definir políticamente, soy peronista. No tengo documento, me lo robaron en el colectivo (soy una más de los 60 mil mendocinos que no tienen documento), pero hubiera votado a Kirchner, no así a Lúder; estaba presa, pero no hubiera votado a Lúder.

Como secretaria privada pasaba todo el día en la Gobernación. Respecto a la relación entre MB y Mendoza, no era fluida. Por historia éste es un país en donde los gobernadores tienen problemas con sus vicegobernadores y los presidentes con sus vicepresidentes. Aparte, teniendo en cuenta la función que cumplen los vices, que van al Senado, no se da una relación con los primeros, a menos que tengan una relación personal o de militancia política.

Mendoza sí creía en el tema de las infiltraciones, pero básicamente por una estrategia de poder. Esta lucha ideológica de la que estamos hablando tiene que ver con el poder. El sector que ganara esta lucha podía llegar a detentar el poder. Lo que pasa es que hay que ver para qué se quería detentar el poder de un lado y de otro lado, hacia dónde iba a ir el poder. Yo sigo pensando que nuestra voluntad de poder era la verdadera voluntad de poder que tiene que tener alguien que está en política, la que busca favorecer a determinados sectores y hacer que este país crezca. Del otro lado tenía que ver con la vocación de poder de un sindicalismo cuyo estilo de conducción no es precisamente popular. Cuando uno habla, o hablaba antes, de burocracia sindical, no es un mote puesto al azar, tiene que ver con un estilo de conducción que ahora se ha transformado en los famosos "gordos" de la CGT; algunos les han puesto otros motes.

En ese momento eran dos proyectos enfrentados.

Yo supongo que cuando se empieza a hablar de juicio político y cómo se arma el deterioro del gobierno de MB, Mendoza, en su fuero interno y no tan interno debe haber creído que se quedaba con la gobernación. Lo que pasa es que Perón manda la intervención a la provincia, a pesar de no haber sido nunca intervencionista. Cafiero viene con su equipo y hace una gobernación muy criticada en la provincia.

MB no toma muy bien la medida de intervenir Mendoza. *Sobre todo porque en un determinado momento, Montoneros le quita el apoyo, cuando quiere que él tome ciertas decisiones políticas que tienen que ver con la llamada crisis vitivinícola, para que los grandes bodegueros afronten la crisis. Montoneros quiere que MB tome decisiones mucho más profundas y no quiere caer junto con la caída de su gobierno. MB se siente entonces muy solo. El día que él sale de la Casa de Gobierno, lo hace con algunos colaboradores, entre los cuales no me cuento, no fui. No estuve porque a veces uno es verticalista, a pesar de que nunca lo he sido demasiado pero, bueno, por una decisión de seguir a la organización, no fui. Ese día él sale con dos o tres amigos y algunos compañeros. Después MB va a mi casa y nos pregunta por qué lo hemos dejado, por qué hemos tenido esa actitud ... yo le tenía un afecto personal muy grande.*

Pasaron muchos años, en el 83 fueron las elecciones y a partir de ahí la cárcel fue más abierta y entonces todo el mundo iba a visitar a los presos políticos. Y alguna gente lo hacía de alma y corazón. Entre esa gente que fue a vernos a la cárcel de Ezeiza a las mujeres, uno fue MB. Yo no lo había visto desde el 74. Para mí fue una emoción muy grande verlo de nuevo. Éramos pocas presas en ese momento, ya en los comienzos de la democracia quedábamos cuatro o cinco. Abren la puerta y entra MB, yo me levanto para abrazarlo y lo primero que me dice él es "¿Por qué me dejaste solo? Después de tantas ... realmente creo que me puse a llorar. Fue como una de esas cosas que le quedan a uno atravesadas en el cuello y que, pasado el tiempo, hay que decirlas "¿Por qué me dejaste solo? Y ya habían pasado casi diez años.

A mi hijo mayor lo tuve en el Hospital Español, con la cobertura del IOSE, la obra social del ejército, porque mi papá trabajaba en el Liceo Militar. Yo tenía en la habitación un gran ramo de flores con una tarjetita que me había mandado MB. Como correspondía, en determinado momento apareció un auditor de la obra social, un militar. Resulta que al hombre le llamó la atención el ramo que me habían regalado y por simple curiosidad se acercó para ver de quién venía. Cuando leyó lo que decía se quedó helado: "Bienvenido el nuevo montonerito". Inmediatamente el tipo pegó media vuelta y se fue.

MB había mantenido una postura de gran defensa de los derechos humanos y una gran voluntad de seguir militando en política, lo que pasa es que era un hombre grande y su salud no estaba muy buena. Pero era uno de esos viejos políticos que dan hasta lo último en defensa de sus ideales. Después de reencontrarnos ahí, nos vimos varias veces en Buenos Aires, con él y un secretario que andaba con él para arriba y para abajo. Nos vimos varias veces, aun cuando nosotros ya no estábamos en Montoneros. Nos juntábamos a charlar y a discutir de política, toda esa cosa de la efervescencia de los primeros años de la democracia.

MB asumió la gobernación en mayo y yo habré entrado como secretaria en septiembre u octubre, hasta el final y de ahí seguí trabajando en la gobernación, solo que Cafiero vino con su equipo y me ofreció que yo eligiera un lugar para trasladarme. Ahí seguí en la gobernación, pero en la asesoría letrada, hasta fines del 74 en que ya me fui de Mendoza. Me fui a San Juan, que es donde me detienen, en abril del 75. Las tareas que cumplía para MB eran las que se hacen en una secretaría privada, el manejo de las audiencias y todo lo que es labor administrativa.

En medio de todo eso está la bomba a MB. Yo acostumbraba a llegar muy temprano. En general iba mucho antes a la Casa de Gobierno porque él tenía dificultades para leer los diarios, entonces la gente de Prensa se los solía leer. Si no estaban ellos, él pedía que alguien le leyera. Así que yo solía entrar a leerle lo que ya había marcado en casa, lo más importante. Y ese día, no sé por qué iba llegando más tarde y, justo cuando estaba por entrar en la gobernación, explotó la bomba. Yo estaba embarazada. Había un ordenanza que estaba acomodando el escritorio del gobernador; salió disparado a causa de la onda expansiva, por la ventana, y terminó en esa especie de terracita, que es lo que distingue al cuarto piso. Estuvo muy mal, ¡no sabés la cantidad de ganchitos que tenía pegados en todo el cuerpo! MB solía llegar muy temprano pero ese día no estaba –no sé por qué– yo seguro que no estaba porque me quedé dormida, pero los demás no sé por qué. Y fue una gran confusión, además nunca había pasado una cosa así en la provincia, nunca había habido un atentado tan directo desde las luchas intestinas de esta provincia, hace mucho ...

El trabajo se vio alterado en la medida en que se perdieron muchos papeles, afectando todo lo que hace a lo administrativo. Fue un aviso muy claro de cómo se iba a desarrollar esta lucha político-ideológica. Al hablar yo después con MB, él sintió en ese momento que estaba haciendo bien las cosas desde una cierta óptica, desde el momento en que se veían tan necesitados de poner una bomba en su propio escritorio, de atentar tan abiertamente a la acción del gobierno.

MB era un hombre muy parejo en su trato, tenía muy buena relación con todo el mundo. Yo no tuve ningún problema con él y no recuerdo que ninguno de los que estaban a su alrededor los hubiera tenido, a pesar de que ese era un momento de mucha actividad y discusión política. Todo el mundo iba y venía: sus asesores de gobierno y los que tenían que ver con los sectores de la Juventud o con la Organización estaban todo el tiempo encima de él. Y entre los asesores no había una línea muy pareja, porque había diferencia de opinión, por poner un ejemplo, entre Cerutti y Alfredo Guevara.

Los cambios de gabinete fueron consensuados. El desplazamiento de cierta gente, como la que estaba en Gobierno –más vinculada a Montoneros– se hizo para preservar la gestión de MB. Yo considero que hay un error por parte de Montoneros con respecto a los gobiernos en general. Dentro de esta organización el gobierno era considerado un servicio, así como está el servicio de documentación. Creo que nos debe haber pasado a todos, pero capaz que yo tuve otra visión por estar adentro, la idea de que en ese momento estar en una gobernación era muy importante. Pero por lo que era la concepción político militar de ese entonces, se desvalorizó el hecho de que se podían hacer cosas desde el gobierno. Si no, se hubiera cuidado un poco más al gobierno y no se lo hubiera expuesto, como en el acto del barrio Sarmiento, en el llamado Campo Pappa.

En ese acto se iba a inaugurar un pozo de agua. La gente de la orga que estaba en el gobierno quiso hacer un acto grande y en los diarios salieron niños con carteles de Montoneros. Es decir, no se cuidó en ese momento, que era de mucha efervescencia política y de muchas críticas al gobierno de MB, la importancia que tenía seguir en la gestión. El motivo del fracaso del acto terminó siendo que hubo niños con carteles de la Organización y no que existió un sabotaje por *parte de sectores a los que no les importaba que la gente del barrio tuviera mejores condiciones de vida. Entonces se desvirtuó la verdadera pelea, por esta cuestión de que la gente militante del barrio apareció con carteles y que esto se usara para impedir la publicidad de lo importante, que era el pozo nuevo.*

Para esa época ya había una disidencia dentro de Montoneros, pero los sectores que sabotearon el acto fueron políticos [de la derecha] *que se sentían desplazados del gobierno. Conspiraron contra MB, teniendo en cuenta que era una especie de ícono del gobierno de la Juventud. Todo tiene que ver, básicamente, con la lucha ideológica de ese momento. Esta es mi visión de ahora, habrá otros que tengan la suya. En ese momento, yo, desde adentro, creía que era importante seguir manteniendo el gobierno y no desprotegerlo de esa manera. En realidad tampoco estuve de acuerdo en que se lo dejara solo a MB, pero bueno, yo no te podría decir ahora –sería entrar en psicologismos ¿no?*

Para la gente en general, el gobierno de MB termina por su acercamiento a Montoneros y a la JP; la gente no cree que haya terminado por una lucha, no. La gente común, la misma que unos años antes hizo el mendozazo cree que termina por su demasiada cercanía a un proyecto político que estaba empezando a convulsionar el país, que no encajaba con la democracia. Lo que se pensó en ese momento es que era un fracaso debido a una alianza política coyuntural, en realidad era para MB toda una decisión de pertenencia, con diferentes niveles de compromiso hacia un proyecto al cual él se mantuvo cercano hasta el final de su vida, más allá de que en algunas oportunidades le efectuara críticas.

Yo nunca me planteé si en la época uno ocultaba o no la pertenencia a Montoneros. Creo que, personalmente, uno no ocultaba ni decía que era de Montoneros. Hay que tener en cuenta que la Organización venía de una época de clandestinidad y del "foco", digamos, de acelerar las contradicciones ... bueno, eso es otra parte de la historia. Todas las organizaciones político-militares empiezan con una concepción política y con una concepción de clandestinidad interna y externa. Mucha de la gente que militaba y aceptaba su tarea como montonero no andaba por ahí diciendo que lo era, sobre todo porque

se venía de una época de mucha represión; uno creía que era muchísima y nunca se imaginó que iba a ser mucho más grave después.
Nunca me había puesto a pensar por qué se ocultaba. En realidad, durante la campaña, más precisamente en el final del acto de campaña de MB, cuando se sale a hacer una marcha, ahí sí se grita "Montoneros guerrilleros" porque todavía no estaban fusionadas las organizaciones. Todavía no se daba la fusión con las FAR y con algunos sectores de las FAP. Pero poniéndome a pensar ahora, tiene que ver con todo lo que era en ese momento el paso de una organización nacida a la luz de la resistencia, en estos comienzos de una etapa de más legalidad, y en el hecho de que todavía no había crecido absolutamente la conciencia de la gente como para aceptar una organización político-militar de corte revolucionario. Por una necesidad, también, de preservación de ciertos cuadros. Hasta el día de hoy te vas a encontrar con mucha gente que te va a decir, "no, yo militaba en la JP", a pesar de haber militado en Montoneros. Mi adhesión al proyecto pasaba por creer que era la manera de conseguir condiciones más justas, independencia de los poderes económicos internacionales, trabajo y fortalecimiento de lo que era nacional y popular.
Y uno en ese momento visualizaba que la única manera de concretar un proceso revolucionario era a partir de lo militar o con su apoyatura. Alguien dijo que todas las revoluciones se ganan con sangre. Ahora hay otras maneras, incluso yo no adhiero más a la lucha armada, pero por ejemplo, para los irlandeses sigue siendo válida.
Con el tema de la vasija vinaria a MB lo acusan de un negociado que no es tal. No tuvo la impronta de corrupción que se le quiso dar. En última instancia hubo ciertos manejos del hijo de MB, de torpeza, no de corrupción. Más que nada el asunto fue armado y vino como anillo al dedo a quienes se le oponían. Como un gran rompecabezas juntaron esas piezas y armaron ese juicio político, pero estaba ya decidido en votación interna que se iba a esa instancia. Fue absolutamente injusto y él lo vivió como un alto nivel de injusticia a nivel personal; bronca porque no era una crítica a su gobierno y no era un juego limpio para terminar con un proyecto recién comenzado.
Sobre la entrada en la cárcel voy a hablar en plural, porque éramos cuatro, otra pareja, mi marido y yo. Nos detienen en San Juan en abril del 75 y yo salgo en julio del 84. Estábamos en San Juan porque

ya se había dado la conferencia de prensa del pase a la clandestinidad, en septiembre, y porque mi esposo era delegado regional de la JP y estaba claro que amplios sectores de la JP pertenecían a Montoneros. Ya había una cierta persecución. Elegimos San Juan porque era un lugar cercano; teníamos en ese momento un bebé de un año y tres meses. Primero fuimos nosotros y después lo llevamos a él.

Acá en Mendoza ya habían venido a buscarnos, dos o tres veces, por la persecución generalizada, así que nosotros habíamos tenido que levantar nuestro departamento. Después, en otra casa, también nos buscaron, ya que algún vecino bocinó que nos había visto. Entonces nos fuimos a San Juan. Ahí estábamos viviendo ocasionalmente cuando unos compañeros, que de San Juan se iban a vivir a Buenos Aires, se habían juntado con nosotros a jugar a la canasta. La casa fue allanada, pero no porque pensaran que allí iban a encontrar militantes montoneros, sino que estaban haciendo una razzia contra el juego ilegal y justo nos encuentran a nosotros jugando a las cartas. Bueno, ahí quedamos detenidos. En San Juan no había demasiadas detenciones, había muy poquitos presos políticos.

Cuando nos detienen no nos encuentran armas pero sí material impreso, unas revistas montoneras, creo, pero la verdad es que ya no me acuerdo bien qué nos encontraron. Encontraron algo muy gracioso –bah, muy gracioso, después se transforma en gracioso– una mesa con doble fondo que tenía papeles. No teníamos armas ni nada parecido ... por eso estamos todavía acá.

Nos llevan a la central de policía en San Juan y somos los primeros torturados, prácticamente en la provincia, la primer gente que detienen y no reconocen. La tortura que nos aplican, golpes y picana eléctrica, no era exclusiva para presos políticos, era habitual en cárceles y comisarías. A los presos comunes se les hacía el "submarino"; de todas formas todavía la tortura era incipiente, no era tan sistemática como después lo fue en lugares como en la ESMA. Al final nos terminan reconociendo porque mi familia va a San Juan y mi mamá ve mi nombre en un libro de la policía; entonces nos sacan de allí y nos trasladan a Buenos Aires, a lo que en ese momento, en la calle Moreno, se llamaba Coordinación Federal. Sin embargo, después de un tiempo, el juez federal de San Juan, Jorge Narduzzi, pide que nos trasladen de nuevo para allá. Nos toma declaración –que es también *extraño para la época–* en Gendarmería Nacional, no en el Juzgado Federal. Después de la declaración quedamos detenidos y ahí pasan los varones a la cárcel de hombres y nosotras a la de mujeres. En ese momento –estamos hablando del gobierno de Isabel Perón– creo que éramos tres presas políticas en San Juan y los varones eran unos pocos más.

El contexto entonces era de una cárcel de presos políticos en un gobierno constitucional. Durante todo ese gobierno estuvimos en San Juan, donde teníamos contacto con las presas comunes. En prisión el trato era el de cualquier cárcel de provincia, en que la línea que separa al personal penitenciario del "chorro" que está adentro es muy débil porque a veces son hasta vecinos. En una cuadra de barrio una se hace agente de la penitenciaría y la otra se hace prostituta, y viven así de cerca. En relación a nosotras había una especie de respeto, no habían tenido contacto con los presos políticos del periodo anterior, por eso había un cierto respeto.

Nosotras estábamos en la alcaldía de mujeres cuando llega el golpe del 76, y Gendarmería se hace cargo de las cárceles. Esa gente, la que se hace cargo, viene de Tucumán. Hay que acordarse de que algunos sectores del ERP y de Montoneros habían hecho de Tucumán una especie de zona liberada y hubo un atentado a un avión de la Gendarmería, que era justamente de los dos destacamentos de San Juan. Ahí empiezan a darse aislamientos, se nos reduce el contacto con la familia. La mía traía a mi hijito en auto desde Mendoza todas las semanas. Esta frecuencia se cortó cuando vino el golpe. Lo que a uno lo marca más de la cárcel es la separación de los pibes, de la pareja, pero bueno, eso es como un riesgo de trabajo, yo sabía que podía llegar a pasar. A mí me costaba mucho no ver a mi hijo, sobre todo a partir del golpe del 76, en que uno no tenía fecha de salida porque no se sabía lo que iba a pasar en este país. Hay que pensar que hay gente que la sacaron de la cárcel para torturarla y otra que fue asesinada adentro. Yo me preguntaba cómo iba a ser la relación con mi hijo, si alguna vez íbamos a vivir juntos. En realidad, Jorge Andrés nos vio al padre y a mí juntos en las últimas etapas de nuestra relación, porque en el momento de la detención él estaba en Mendoza. Yo lo vi caminar por primera vez, estando presa, en Coordinación Federal. Establecer la relación madre-hijo desde la cárcel ... eso es lo más duro, pero la vas creando. Ayudó mucho que nuestras familias estuvieran muy unidas y jamás dejaran de llevárnoslo a ninguna de las cárceles por las que pasábamos. El papá de Jorge Andrés estuvo en Rawson muchos años y religiosamente, cada 50 o 60 días, él viajaba a verlo.

Yo entré a la cárcel con Isabel y salí con Alfonsín, en el medio tuve a Videla y a toda la Junta. Alfonsín asume el 10 de diciembre y nosotros salimos en julio, por la ley del doble cómputo. Yo no tenía ya PEN ni era Consejo de Guerra. Cuando se levanta el estado de sitio sale toda la gente que está bajo PEN, durante los primeros meses de la democracia el Consejo de Guerra es declarado ilegal y esa gente también sale, pero los que éramos de causa federal –a esa altura ya no quedábamos tantos– seguimos estando. Yo tenía una causa federal y una condena de 16 años, por juzgado federal. La ley del doble cómputo, la que me permite salir, se logra gracias a la movilización de los familiares, organismos de derechos humanos y algunos legisladores. Mi condena, que estaba prevista hasta el 92, por esta ley se reduce y salgo en el 84.

En la época del Proceso la comunicación con el exterior se daba a través de la familia. Por ellos me llegaban las noticias; las escribíamos bien chiquititas en unos papelitos que doblábamos y metíamos ... los famosos "caramelos", que cualquier preso conoce. A estos "caramelitos" los llevaban en las partes más íntimas y nos los pasaban en las visitas que ya eran de locutorio –una de las primeras cosas que hacen en la dictadura es eliminar el contacto físico con el exterior. Empezamos entonces a tener estas visitas de locutorio, que son horribles. En la prisión pasamos etapas de lo más variadas. Por ejemplo, cualquier hecho político de afuera repercutía en la cárcel y a uno lo llevaban a las famosas celdas de castigo, "los chanchos" o, si no, simplemente nos aislaban: no a las correspondencias, no a las visitas, no a los paquetes. Pero por muy duros que hayan sido los momentos en la cárcel, no son comparables a lo que uno, después, hablando, escuchó de los compañeros que estuvieron en los centros clandestinos. Si bien los militares fueron dueños de vidas y haciendas, la cárcel legal tuvo otras características, diferente de las de los centros clandestinos, por el hecho de que todo el mundo sabía que nosotros existíamos. Es más, en muchos momentos, para blanquear la situación, el

gobierno militar publicaba la lista de los presos, entonces todo el mundo sabía donde estaba uno.
Sobre MB me llegaron algunas noticias. Ya en la última etapa se permitía la entrada de cierta bibliografía. Me acuerdo de algunas publicaciones de sectores de Intransigencia y Movilización Peronista, en donde había un reportaje a MB, en el que habla de las cosas que recuerda de su gobierno.
Yo empecé a tener grandes diferencias con Montoneros ya desde la cárcel. No por problemas menores, sino porque no coincidía con la estrategia que se estaba llevando a cabo. Me empezaron a llegar noticias de la contraofensiva. Con cada visita uno acumulaba más muertos y cuando éstas se iban y uno empezaba a juntar el rompecabezas de lo relatado por la familia, el saldo era muy grande: demasiadas muertes. A mí esto me pareció más que un error. ¿Por qué? Porque no era una mala evaluación política sino algo más grave: un desconocimiento de la realidad del país. No se había conseguido la continuidad de la estrecha relación entre el pueblo y los militantes de la Organización, había una separación. A mí me parecía que había otras maneras de plantear la lucha. Esto ya había dejado de ser una lucha a la que iba a acompañar toda una nación. En realidad el pueblo nos dejó bastante solos, en la cárcel y en la calle; solamente había pequeñas solidaridades personales o familiares. Al salir de la cárcel me acerqué, de todas maneras, a algunos compañeros, pero ya eran más las diferencias que los acuerdos.

H.D:

Abril debe haber sido, del 75 –más o menos para la misma fecha en que cayó Beatriz París en San Juan– que mi hermana Lila y Horacio ya estaban instalados y militando en el depto. de la calle Catamarca. Horacio debía tener 30 largos, bastante más que nosotros, y aparte de abundar en experiencias revolucionarias, tenía otras gracias orales que compartía sin problemas. Los cuentos que se mandaba eran tan extraordinarios (o a mí me parecían) que no pasó demasiado tiempo hasta que los compañerazos de la UES más cercanos se empezaron a arrimar, a las nochecitas, para oír su repertorio. El Pepe y yo éramos sus interlocutores preferidos porque coincidíamos con él en que no todo era la revolución y nada más, cosa que, fácil de figurarse, enervaba un tanto a los otros compañeros. A diferencia de lo que proclamaba Guillermo Cabrera Infante en desmedro de la Cuba socialista –"la socialización de la pobreza"– con el Pepe insistíamos en que, una vez tomado el poder, era necesario igualar para arriba, sobre todo en los lujos y en el vicio. Por ejemplo, permitir las carreras de caballos y hacer safaris. Una de esas primeras nochecitas le comentamos a Horacio que nos íbamos de safari al África en cualquier momento (el Pepe, ducho en el arte del dibujo, hasta había diseñado unos croquis de los vehículos y demás equipamiento que precisáramos) De inmediato Horacio nos hizo un relato desopilante, y lo peor, la vergüenza –para 2 púberes mayorcitos– es que le creímos. Hoy, cuando lo recuerdo, no dudo en calentarme con él por habernos embaucado de tal manera y a la vez, sonrojarme retrospectivamente: a esa altura ya estábamos bastante pelotudones para tragarnos algo así.

Aunque si lo pienso mejor, no me parece que Horacio quisiera burlarse. El Pepe quién sabe lo que piense, si es que lo recuerda, ya que nunca más hablamos del asunto. Además, el episodio me sirvió para cruzarme por única vez con Pedro Ulderico Ponce Sgattoni, empleado de la Biblioteca General San Martín, secuestrado tres años más tarde, el 4 de abril del 77 y desaparecido desde entonces.

La mano vino así: al ver los croquis africanos de jeeps, torres de observación y demás, Horacio se dio cuenta que lo que nos traíamos entre manos era atrapar algún león con sueño o elefante distraído. Ahí se le iluminó el escenario y nos preguntó como quien no quiere la cosa: "¿Cómo? ¿No sabían? Y nos tiró de inmediato aquel cuento infantil tan conocido del circo que se funde y suelta los bichos en la enormidad de la selva ... chaqueña. Habremos puesto con el Pepe alguna resistencia, pero Horacio insistió, incluso nos dijo de los jabones que se pegaban los lugareños que andaban hachando bosque lo más campantes y de pronto se les aparecían las tremendas moles paquidérmicas. Tiempos duros fuera de este relato: quizá lo que necesitábamos era creerle, necesitábamos el recreo, y le creímos nomás.

Esa misma noche salimos del depto., como lo hacíamos habitualmente, a comernos unos lomitos en Don Claudio con el Gordo Nardi. Le referimos la historia y se desesperó y nos imploró tratando de convencernos que el cuento de Horacio no podía ser otra cosa que una descomunal tomadura de pelo y que por favor no fuéramos tan boludos. Su ego de padre se debe haber resentido al ver que el propio hijo y su gran amigo, tan maduros en compromisos y menesteres políticos de adultos, le hayan salido así de crédulos. Nada, con un porrón para cada uno, planeamos, entre otras visitas, una a la biblioteca donde laburaba Pedrito Ponce, según lo llamaba el Pepe, para pedirle la colección completa de la revista Week-end y alguna otra que no me acuerdo, donde según Horacio, habían salido unas notas sobre el circo fundido y los elefantes chaqueños.

Hubiera sido un bolonqui revisar todas las revistas –no contábamos con datos cronológicos– así que, un poco atendiendo las advertencias del Gordo en cuanto a evitar el ridículo, al otro día le preguntamos a Pedro con un disimulo que no sirvió de nada, si sabía algo de la cuestión. Al principio se sorprendió porque debe haber pensado que lo estábamos cargando. No tardó mucho sin embargo en empezar a cagarse de la risa. Después de semejante papelón se nos esfumaron las ganas de persistir y ahí nomás cambiamos a la mano política. Pedro junto a unos cuantos –el Gordo Cachi de la UES, el Gordo Nardi y su familia, entre otros– se habían separado hacía un tiempo de la JP y de Montoneros porque no veían bien la arrogancia del enfrentamiento con el Viejo y el militarismo acentuado desde el pase a la clandestinidad, el 7 de septiembre del año anterior.

A la directora de la biblioteca durante 1977 –que está acusada de haberlo entregado– y a los milicos no les importó ni medio la disidencia de Pedrito cuando lo fueron a buscar.

Papeles de la hemeroteca

La depuración: Eleuterio dobla la apuesta

Los vaticinios de los que había hablado Fabián Calle en la nota de *Claves* de la semana que transcurre (él auguraba el 15 del corriente) en cuanto a la revitalización de la ofensiva ortodoxa contra MB, se han encogido sensiblemente. El 8 nomás ya exhortan a ministros mendocinos a renunciar a sus cargos, aunque la artillería va dirigida más bien a funcionarios de segunda y tercera líneas del entorno del gobernador porque después de todo ¿quién / quiénes dentro del gobierno todavía se identifica(n) de plano con la Tendencia? Tal es el resultado de la decisión adoptada en la reunión plenaria del Movimiento Nacional Justicialista convocada por el delegado Cardozo. En su discurso alienta al peronismo mendocino a movilizarse para cumplir las instrucciones de Perón en la lucha contra el extremismo y los dirigentes de la Tendencia. La perorata de Eleuterio es interrumpida cada tanto por cánticos tenebrosos tales como, *"Perón / mazorca / los zurdos a la horca"*. Un tal Garro, miembro del Consejo Provincial del Justicialismo, procede a leer el proyecto elaborado por el organismo, en el que además de la separación de ministros cuestionados (interesante: no aparecen nombres) se pide la separación de todo funcionario de Estado que se presuma "infiltrado ideológico". El miembro Garro insta además a adherir a la postura del Gordo Mendoza respecto al asunto del río Grande.

La poco paisana decisión del vicegobernador en cuanto a las mentadas aguas del sureño río Grande, es refrendada por los senadores del justicialismo. Ya sabemos que a la Cámara alta local, el Gordo la maneja a piaccere. La declaración firmada por Oscar Pressacco, presidente del bloque, y por el secretario Ángel Lencinas, manifiesta total concordancia con los conceptos del informe del vicegobernador Mendoza en torno a la cuestión del río Grande-río Colorado.

La edición del domingo 10 de febrero de *Los Andes* da como por hecho consumado el redesencadenamiento de hostilidades contra el gobernador y lo que la ortodoxia llama su entorno ideológicamente infiltrado. Aunque de manera sutil por el momento, el matutino deja caer esas delicadas perlitas, típicas del periodismo objetivo dando por conocido y aprobado la desinformación que desde hace un tiempo los fachos peróneos usan como muletillas de baja estofa para desembarazarse de MB. Por ejemplo: "El plenario del Movimiento Nacional Justicialista (...) fue uno de los pasos más importantes del proceso de enfrentamiento entre ***los sectores más radicalizados de la juventud peronista, que en nuestra provincia se vieron interpretados y alentados por el gobernador MB*** y los núcleos ortodoxos que tienen ahora pleno apoyo del líder máximo del movimiento (...) y hallan su principal exponente en los organismos sindicales.[10] No hay dudas que el gobierno central está usando todos sus peones (el delegado Eleuterio, el Gordo Mendoza, los burócratas, entre otros) para repetir el episodio de Bidegain después de la acción picha en Azul. En Mendoza no ha habido Azul; sin embargo y por lo tanto las huestes superestructurales del Viejo mayor dejan que jueguen los cuadros inferiores. El columnista de *Los Andes* ha detectado que la ortodoxia busca aislar a MB y que, con prisa y sin pausa, lo va logrando. Como el Viejo nuestro es terco y se reclama a sí mismo como peronista-peronista, no va a aflojar. Perón ha prohibido ir más allá de la institucionalidad. Es decir que, levantamientos armados y revueltas por el estilo, no. Actos simbólicos como expulsiones del partido, declaraciones de personas no gratas, oposición a cualquier iniciativa con proyección de futuro y cosas por el estilo, por supuesto que sí. La función del gobernador ha de quedar restringida a tareas de corte técnico-administrativo muy concretas: el desarrollo del parque petroquímico, el trasvasamiento del caudal del Río Grande y obras públicas imprescindibles.

El afán del Consejo provincial del MNJ de cortar las alas de don Alberto llega al colmo de exigir que los nombramientos y reemplazos futuros en la administración solo se podrán efectuar con la aprobación del organismo partidario. A su vez, el MNJ junto a dos ministros del gabinete de MB –¿Baglini y Bernal?– se arrogan la confección de listas de simpatizantes de la Tendencia que deberán abandonar sus cargos. Los jerarcas del partido, obvio, se han autoproclamado como la reserva pura del peronismo local y, aunque reconocen la omnipotencia asumida, aseguran que cada caso se estudiará con sumo cuidado, lo que alejaría la posibilidad de desatar una cacería indiscriminada de brujas.

La resistencia de don Alberto también es de esperarse, aunque mucha capacidad de maniobra no le queda. De todas maneras ya sabemos que al gobernador no le placen las matoneadas. Si bien admite que va a escuchar las inquietudes del MNJ local, no va a aceptar las impugnaciones que carezcan de fundamentos. Cualquier objeción debe quedar debidamente registrada, con lo que se anticipa que las

---

[10] Las negritas son nuestras.

negociaciones serán prolongadas y no menos duras. En una reunión reciente con el delegado Eleuterio, MB lo paró en seco, cuando el primero le presentó una lista de los funcionarios a ser sustituidos: el mandatario le solicitó que haga una presentación por escrito.

Los ataques ortodoxos no se limitan al gobernador. Uno de los casos es el del diputado Gabriel Montoro, expulsado días atrás del Partido Justicialista pero que ha apelado al Consejo Superior, ente que aún no se ha pronunciado al respecto. De ratificarse la expulsión, los miembros del MNJ local disponen ahora de la atribución de reclamarle su bancada al expulsado ya que según han establecido en el plenario antes mencionado "todo legislador o concejal sancionado legal y orgánicamente por el Partido Justicialista, o separado del bloque o cuerpo que integre, deberá renunciar a su banca", con lo que queda estipulada la autoridad del Consejo provincial por sobre la de los legisladores. En la volteada, la jerarquía ortodoxa pretende incluir al diputado Eduardo Molina, quien según el abanderado matutino es "uno de los más notorios dirigentes de la *Juventud Peronista de izquierda*"[11]. ¿Por qué será / será que el columnista losandiano no llama a los ortodoxos la *derecha peronista* y también a los dirigentes que responden a ella? ¿Lo sabrá todo el mundo? Otro más de los que está en la mira es el diputado Héctor Lucero, vicepresidente segundo de la Cámara de Diputados.

Un par de días después MB vuelve a viajar a Buenos Aires, periplos repetidos cada vez que se agudiza la pelea con el Gordo Mendoza. A su regreso, el periodismo quiere saber si hay alguna novedad en cuanto a la situación institucional, teniendo en cuenta la reunión inquisitorial del MNJ la semana pasada. El gobernador pretende zafar negando. Argumenta desconocer conflictos locales, unas supuestas declaraciones de Montoro –"si MB es de la Tendencia, debe alejarse del gobierno de la provincia"– y que dos de sus ministros –Villanueva y Bernal– hayan presentado sus renuncias. Como si esto no significara demasiada ignorancia, al ser requerida su opinión acerca de la decisión cegetista de suspender las reuniones de los martes hasta que no se arregle el problema institucional, dice que tampoco sabe nada de problemas institucionales.

---

[11] Las negitas son nuestras.

El 14 de febrero Carlos Arturo Mendoza anuncia que se reunirá en la fecha con el ministro de Trabajo nacional, Miguel Otero y con Miguel Iñíguez. Los periodistas de Buenos Aires suponen que el mitin se debe a que el Gordo se prepara para heredar las riendas de la provincia, entonces uno le pregunta:

—*Mucha gente lo llama a usted "futuro gobernador de Mendoza" y comparan la situación de su provincia con la situación que se vivió recientemente en Buenos Aires ...*

A lo que el vice responde:

—*El gobernador y el vicegobernador de la provincia de Mendoza pertenecen al Movimiento Nacional Peronista y hacemos lo que el Movimiento Nacional Peronista nos indique, como no puede ser de otra manera. Como es natural, por otra parte, hay que respetar la verticalidad que es tradición entre los peronistas y las directivas del teniente general Perón.*

A mediados de febrero la delegación Mendoza de la Policía Federal vuelve ufana a cumplir a pleno su histórico papel de represora de las luchas del pueblo, anunciando que anda tras la pista de un presunto líder de un grupo guerrillero que se entrenaba cerca de la estancia "Casa de los Tigres". La persona a quien se busca es Ricardo "el Gordo" Coronel O'Donnel. Los federicos dejan trascender que también buscan a un contingente que participaba de los entrenamientos junto a Coronel y que estaría integrado por mendocinos.

Al pobre Viejo lo atosigan por cualquier cosa. El 19 de febrero llama a una rueda de prensa e informa ante la insistencia de los medios que el único que lo puede hacer renunciar es Perón. También desmiente que está por dimitir por cuestiones de salud y acusa al corresponsal que difundió el rumor de estar al servicio de intereses contrarios a los de la familia peronista. De la misma manera, don Alberto niega padecer de ceguera, aunque admite haber tenido antes problemas de vista que afirma ya han sido solucionados [*mentiroso el Viejo, pero ésta se la perdonamos, de todo corazón*]

Al otro día, el vicegobernador vuelve de Buenos Aires luego de haber mantenido una serie de reuniones. Un funcionario con quien se entrevistó fue el ministro del Interior Llambí quien, según Mendoza opina que el conflicto en la provincia no es entre el gobernador y el vice sino entre el gobernador y un importante sector del movimiento justicialista y que estima que hay en la administración funcionarios que no responden a la ortodoxia y a la verticalidad peronista. Al final sale con que esto se debe a los 18 años de gobiernos impopulares y solo se podrá superar cuando se conozca mejor la doctrina de Perón.

La cana provincial no encuentra nada mejor que irse a la huelga al concluir el mes de febrero: quieren mejoras salariales. Hay un paro de actividades y demandan un aumento de 1.000 pesos ley sobre el sueldo básico. La medida es tomada por el personal subalterno de la Policía de Mendoza y está en vigencia desde las 8:00 de la mañana. La suspensión de las tareas policiales se hace notar enseguida ya que en la calle Vicente Zapata y San Juan se produce un asalto millonario (*chorros oportunos*) Los conductores de vehículos que transitan por calle San Martín, por su parte, están de parabienes porque pueden estacionar donde les dé la gana. El jefe policial Valentín Ugarte y el subjefe, Eusebio Moreno Ibáñez, se reúnen a media mañana con el gobernador y los ministros Baglini y Caplán, para ver si atinan a hallar una solución al problema. La gobernación ofrece 450 pesos de aumento a todo el personal, pero los milicos jefes en nombre de los representados de inferior rango rechazan la oferta de plano. Al caer la noche, el gobierno intima a la policía a volver a sus funciones y explica a quien quiera escuchar la imposibilidad de la administración local de satisfacer las demandas policiales porque eso sería eludir las pautas del "pacto social" firmado a nivel nacional.

En los primeros días de marzo, una comisión de obreros de Giol visita al gobernador para ratificarle su confianza y también para hacerle llegar algunas inquietudes. MB les indica que está al tanto de la versión sobre los negociados en la entidad, materia en la cual está tranquilo porque la Comisión Investigadora del Senado haría las averiguaciones pertinentes en caso de ser necesario [*attenti que aquí comienza el principio del fin*] Los trabajadores le solicitan por su parte que se nombre definitivamente un director a lo que el gobernador responde que al actual interventor se le ha prorrogado su mandato hasta mediados del corriente mes. La gente de Giol afirma tener confianza en MB y no olvidar el apoyo del mandatario en diversas oportunidades de su gestión.

La labor previa para la depuración en los puestos de gobierno ha quedado consensuada el sábado 2 de marzo en una reunión cumbre efectuada en la sede central del Partido Justicialista. El gobernador, su vice, los ministros, el delegado Eleuterio, el consejo provincial del PJ y los secretarios generales de la CGT y de las 62 convienen la aplicación de las directivas de depuración ideológica para lo cual ya han comenzado a confeccionarse las listas en los ministerios de todo el personal jerárquico y subalterno. Las listas serán enviadas a las autoridades del partido, que en reuniones con el delegado Eleuterio y representantes de las ramas del movimiento que analizarán, en lo principal, los nombramientos realizados después del 25 de mayo. En los casos que se consideren irregulares, no se dará el aval político partidario y se hará una comunicación oficial y por conducto reservado al titular del Poder Ejecutivo. Después de ello, el gobernador se reunirá con los representantes del movimiento y del partido para que, caso por caso, se decidan las remociones de funcionarios y empleados no comprendidos en el Estatuto del Empleado Público. Para que el proceso no ocasione ninguna injusticia se estima que llevará por lo menos un mes finalizarlo. También se informa que, como el delegado Eleuterio se encuentra en Buenos Aires, la depuración ideológica entre los cuadros del partido y del movimiento se va a comenzar recién a su regreso. No se harán públicas en ningún caso las razones por las cuales a determinada persona se le cancela la afiliación y se la separa de los cargos partidarios o estatales.

El 7 de marzo trasciende una nueva desinteligencia entre MB y los cuadros partidarios y gremiales del justicialismo por el nombramiento como interventor de Bodegas y Viñedos Giol, del general (RE) Pedro Lucero [El hijo de este militar, Pedro León Lucero fue jefe de redacción del diario *El Andino* y fue detenido inmediatamente después del golpe del 76. Los militares adujeron que no podían permitir que el hijo de un general estuviera casado con una comunista y, para colmo, judía: Dora Goldfarg] Es que, machacona e impertinentemente el PJ y los gremialistas hacen lo posible por participar en una atribución que le corresponde solo al mandatario provincial. Esta atribución comprende el nombramiento de funcionarios y empleados (Capítulo Tercero, Artículo 9° de la Constitución de la Provincia) El diario *Mendoza* no aclara nada acerca del asunto y acusa de modo sutil a don Alberto de haberse cortado por la libre en la cuestión del nombramiento. Lo que pasa también es que MB fue a la reunión plenaria del sábado 2 y ahí, según la prensa, acordó este dispositivo por el cual todo nombramiento debe tener el aval de la CGT y las 62, además de dos miembros legisladores por cada bloque justicialista. MB da la impresión de hacer este tipo de metidas de pata para que lo dejen gobernar, pero sucede que apenas da un tranco de pollo lo quieren pasar por encima. El general Lucero es un verticalista a quien la derecha peronéa no objeta por ninguna otra razón que no sea el procedimiento del mandatario para designarlo, puesto que ellos creen que tal acción pone en evidencia a MB como pertinaz en su rebeldía. [Sin embargo los únicos porfiados, avivados y sediciosos son ellos]

El 16 de marzo retorna de Buenos Aires el delegado Eleuterio que se viene con la buena nueva de que no hay nada sobre un posible juicio político al gobernador. [*Lo cual no es verdad porque una de las maneras en que desde la Capital fogonean el hostigamiento a MB es con la promoción de irregularidades en Giol*] Cardozo, puntal de Llambí en la ofensiva contra la Tendencia, mantuvo una reunión con el Consejo Superior del MNJ, lugar al que llegó la versión de un posible juicio por problemas en la bodega. Contradiciendo su declaración inicial, el delegado asegura que, a pesar de que el Consejo está al tanto de la situación, el partido se abstendrá de emitir una opinión hasta que la comisión investigadora del Senado se expida sobre el asunto. Agrega que el panorama actual de la provincia "es de entendimiento ya que se han dado pasos positivos para lograr mayor participación del movimiento en el gobierno". Sobre la depuración en la administración aclara [¿?] que no hay listas de cuestionados y pretende cerrar la discusión manifestando que la metodología a seguir es "una cuestión interna del movimiento".

Entre el 19 y el 23 de marzo se da una pequeña descompresión en la situación política y se producen algunos actos de gobierno que celebran todos. Nada descomunal, sin embargo. Más bien la situación se asemeja a la quietud que precede al vendaval. MB se traslada de nuevo a Buenos Aires, lo que despierta suspicacias de los medios en cuanto al motivo del viaje. El mandatario aclara antes de partir que asistirá, junto al gobernador sanjuanino Eloy Próspero Camus y al riojano Carlos Saúl Menem, a una reunión con el secretario de Estado de Comercio, Miguel Revestido, para tratar de solucionar aspectos prácticos del área vitivinícola. De acuerdo a su opinión el estado de su relación con el PJ da muestras de mejoría. Del juicio político dice que se lo están haciendo *desde el 26 de mayo del 73* y en lo referente a una posible reunión con Llambí en la Capital manifiesta que no tiene programada ninguna y que tal tipo de entrevistas surgen sin anticipo previo.

Ya en Buenos Aires MB y su comitiva integrada por José Trade, Aníbal Patroni, Carlos Quirós, William Vilchez y Benedicto Caplán, se reúnen con Revestido y los otros dos gobernadores, y logran resolver la situación del levante de la cosecha y el destino de la producción de los pequeños propietarios. De acuerdo al ministro Caplán el éxito de las gestiones se debe a la participación de todos los involucrados en la producción y al compromiso de los industriales quienes a partir de ahora van a comprar fluidamente más uva del mercado respectivo: "El Estado cumple su palabra tanto en el orden provincial como en el nacional; Giol ha contratado ya la compra de 2.400.000 quintales de uva de pequeños productores para distender la presión del mercado local. Por su parte el gobierno nacional, por intermedio del Banco Central, ha decidido su apoyo financiero para que el Instituto Nacional de Vitivinicultura afronte la compra de uva prometida por la Secretaría de Comercio. EL INV certificará y se hará responsable de que los beneficiados por esta ayuda sean realmente productores de hasta 10 hectáreas como máximo". El único problema que queda pendiente es la normalización del INV, asunto en que los tres gobernadores coinciden que debe resolverse con premura para que el organismo actúe en materia de control de grado de la uva de la presente cosecha, fije la fecha de la terminación de la vendimia y tenga en cuenta todos los factores que de algún modo han distorsionado el proceso. Revestido manifiesta que ya se están cursando invitaciones a los gobiernos de las provincias productoras a fin de que propongan nombres para integrar el directorio del organismo rector de la vitivinicultura nacional.

A pesar de los motivos celebratorios por los acuerdos respecto de la producción de uva y su venta, los periodistas porteños en cuanta ocasión se les presenta se lanzan a indagar a MB sobre la cuestión del juicio político. El gobernador, dejando de lado el tono socarrón empleado en Mendoza antes del viaje, se siente seguro de que no existe ninguna razón para iniciar un juicio político en relación con una presunta maniobra fraudulenta cometida en la compra de vinos por la bodega estatal Giol. Además el PE provincial solicitó a la comisión parlamentaria investigadora que dictamine con rapidez para que se sancione de inmediato a los funcionarios que pudieran estar involucrados en el caso. Respecto de la situación política de la provincia MB concede que existen algunos pequeños problemas pero que las relaciones entre el gobierno, las autoridades del Partido Justicialista y las organizaciones gremiales son corteses y se desarrollan con fluidez.

Mientras tanto, en Mendoza, las tiradas de orejas a los diputados del justicialismo mendocino –de parte de la cadena de mandos que integran de abajo para arriba Cardozo, Llambí y en última instancia, Perón– para que dejen de actuar divididos, ha dado sus frutos, ya que se sabe por el presidente de esa Cámara que han logrado la esquiva unidad. En lo referido al juicio político, el delegado Eleuterio y el consejo provincial del PJ no concuerdan en absoluto con lo que don Alberto declara en Baires. La situación en realidad está más complicada de lo que el gobernador imagina. La avanzada ortodoxa asegura que está en condiciones de afirmar que desde el 19 del corriente se realizan trámites en la Capital para procurar que el gobernador presente su renuncia. Las gestiones, de acuerdo al *Mendoza*, se llevan a cabo en altos niveles del justicialismo y del poder central con la finalidad de superar el problema político mendocino y evitar la derivación de un juicio en la Legislatura. La posibilidad del juicio está abierta por el cariz que ha tomado la investigación senatorial a Bodegas y Viñedos Giol, por lo tanto se ha producido una paralización partidaria en cuanto a los cambios en las altas esferas administrativas locales.

El juicio, si bien serviría para pasar la escoba definitiva y de una vez por todas a los Tendencios incrustados en el gobierno provincial, causa alguna aprensión en el equipo que comanda el delegado Eleuterio y también en las fuerzas de la oposición. En reunión reservada de Cardozo con los diputados se pacta la cautela porque un juicio puede derivar en intervención federal, lo que dejaría en la calle a todo el mundo. Por su parte, el demócrata Amadeo Frúgoli, luego de una entrevista en Buenos Aires con Llambí salió diciendo que "no habrá intervención a Mendoza", palabras con evidente intención de colocar paños fríos entre sus correligionarios, que de otra manera no podrían disfrutar de sus bancas hasta que terminen sus mandatos, allá por el 77.

Claves, sobre lo de la depuración consensuada saca un artículo revelador, medio jodón y sin firma titulado "Las trabas del normalizador" en su edición del 29 de marzo que habla de las penurias y contradicciones de la versión local peroncha de la caza de brujas:

> **Fue un peronista, uno de los siete millones que hicieron a Perón presidente, el que plasmó la siguiente reflexión: "Cuando se solucione el caso Giol, no va a faltar algún 'cráneo' que saque de su magín otra excusa para seguir entorpeciendo la labor del gobernador de la provincia. Y entre paréntesis –terminó– ¿no lo votamos a MB por indicación de Perón?**
> **Quien quiera que sea el autor de la doble o triple reflexión, tiene razones para sostener esa presunción pesimista. Si no los paró MB, ni la realidad ni Perón, es dable esperar que los deportistas del desorden no cesen en su entrenamiento y que los choques continúen. Sería interesante determinar si los mendocinos ya están cansados o acostumbrados a esa sorda lucha intestina del justicialismo, pero también sería interesante, para demostrar hasta qué punto se cae en el desgaste inútil, relatar una escena donde prácticamente se desvaneció la embestida anterior a Giol, es decir, la "depuración" integral a que se avinieron las partes.**
> **Se hallaban reunidos Eleuterio Cardozo y los miembros del Consejo Provincial, en medio de un justificado clima de expectativa que no impedía algunas miradas significativas, según cuentan las lenguas informadas. El objeto del cónclave no era sencillo: habían llegado las listas que cada ministerio de MB preparó, conteniendo los nombres de todos los funcionarios que no gozan de estabilidad en la administración pública. Y los allí reunidos debían proceder a la minuciosa "depuración". Uno de los asistentes contestó luego que la primera lista que se puso en el banquillo de los acusados fue la de Economía y que, por lo tanto, el primer nombre que salió a la luz fue el de Gerónimo Morgante.**

Inmediatamente alguien (dicen que López de las 62) aseguró con un dejo de extrañeza que "ese no es peronista". Quien retrucó habría sido Octavio Persio, asegurando lo contrario y haciendo traer el libro de actas del partido, para demostrar que Morgante había sido secretario en 1966. No pudo saberse quién abrió el libro en "una página cualquiera", pero debe suponerse que tiene una puntería magistral porque de repente apareció un acta, firmada entre otros por Morgante, en la que se dejaba constancia de la expulsión del partido del actual vicegobernador Carlos Arturo Mendoza y del senador provincial Rodríguez Flores por inconducta partidaria (oposición a la lista de Perón en las elecciones de ese año)

Fue el acabóse. Los nervios comprimidos estallaron, las recriminaciones y recuerdos del pasado se generalizaron y el desorden solo fue interrumpido por un portazo de Evans y Cámpora [*el hermano del Tío*] que prometieron "no volver más". Dicen que en medio de la batalla, Cardozo se preguntaba en voz alta quiénes eran los depuradores y quiénes los depurables, y que no debían cometer injusticias. Los viejos pecados de los presentes llegaban en voz altisonante y el delegado normalizador, seguramente, pensaba lo que le esperaba con los cientos de cargos restantes.

El 22 atentan contra el domicilio del ex ministro de Cultura y Educación de la Nación y ex rector de la Universidad Nacional de Cuyo, Dardo Pérez Gilhou. En horas de la madrugada los atacantes se valen de cócteles molotov que logran dañar el frente del domicilio y también se producen daños en el interior de la vivienda y en el auto del ex funcionario. Luego de las explosiones algunos vecinos dicen haber escuchado disparos de armas de fuego. En la fachada de la casa los autores dejan una leyenda que reza: "Muerte a los fachos". El atentado se lo atribuye un grupo denominado "Comando Revolucionario 4 de abril" [*en honor al Mendozazo*] por medio de un comunicado dejado en el baño del restaurante del Automóvil Club Argentino.

A los tres días del ataque, sin embargo, la policía dice haber identificado a los agresores. Es que el mismo día del atentado a Pérez

Gilhou unos jóvenes panfletean la Universidad de Mendoza y al retirarse en una motocicleta, chocan, por lo que deben darse a la fuga a pie. Por los datos de la moto identifican el domicilio del padre de uno de los individuos, un joven estudiante de ciencias económicas. El otro estudiaría medicina. En estos domicilios la cana encuentra fundamentalmente material propagandístico y bibliográfico "de ideología comunista[12] y de organizaciones extremistas", de acuerdo a la nota del diario *Mendoza*. Los panfletos que se requisan pertenecen a un arco bastante variado de la izquierda radicalizada, con propuestas y proyecciones nacionales muy distintas entre sí: hay propaganda de la Vanguardia Comunista (maoísta y cercana al ERP, pero no guerrillera), del Frente Antiimperialista y por el Socialismo (que es patrocinado por el PRT-ERP y que pretende incorporar a otras fuerzas de izquierda) y de una tal Organización Revolucionaria Comunista de la que no hay records ni en el nivel provincial ni nacional. En la casa allanada se encuentran, asimismo, cartulinas con siluetas humanas para prácticas de tiro al blanco. De acuerdo al informe de la cana, los dos jóvenes estudiantes habrían de ser los responsables de un copamiento a un micro que trasladaba personal a un establecimiento frutícola con el fin de acercar a los trabajadores material de propaganda. [*Recordemos que la policía cuando apresa a algún revolucionario por lo general le endosa todos los actos y acciones guerrilleras que hayan ocurrido en esos días*] Los muchachos, aún prófugos, son buscados en todo el territorio nacional.

Gol de los Metas

De lo que se dice obras, el mismo 22 inauguran un dique al que bautizan José Ignacio Rucci [*¿es más importante el nombre elegido o la obra en sí?*] en la localidad lavallina de Costa de Araujo. La obra,

---

[12] Los libros de "ideología comunista", las obras de Marx y Lenin entre otras, se encontraban en marzo de 1974 a la venta en cualquier librería mendocina. Es más: hasta había ediciones populares (los libritos del DEC) sobre temas marxistas que se conseguían sin problemas y legalmente en los quioscos del centro.

licitada por el Departamento de Irrigación, es una moderna construcción destinada a amparar a los pobladores de las crecientes del río Mendoza. El dique afecta a 5.733 hectáreas cultivadas que corresponden a 463 productores. Asisten al acto de inauguración, autoridades locales y el ministro de Trabajo de la Nación, Miguel Otero.

Tus hijos no son tus hijos

El 28 de marzo la comisión del Senado encargada de investigar las presuntas irregularidades en la Bodega Giol denuncia ante la Cámara alta que algunas comisiones abonadas por operaciones de dicha empresa han ingresado al patrimonio del gobernador. A través de profusa documentación, además, la comisión revela que las transacciones de compra y venta de vinos fueron concertadas por una sociedad de hecho, integrada por Juan Alberto Martínez [*el hijo de don Alberto*] y otro Martínez, pero José Ramón, quien no tiene antecedentes en esta actividad. La Cámara, con el voto unánime de sus miembros, acuerda elevar toda la documentación reunida al fiscal de Estado, a la justicia del Crimen, al asesor de Gobierno y a la Cámara de Diputados. Las conclusiones de la comisión son que el hijo del gobernador y su socio intervinieron entre octubre del 73 y enero del 74 en operaciones concretadas entre Giol y viñateros y cooperativistas, por un monto de alrededor de 1.382 millones de pesos moneda nacional, correspondiéndoles por ellas una suma cercana a los 14 millones. Se comprobó que las comisiones fueron depositadas en una cuenta que el gobernador posee en el Banco Hispano-Ítalo-Libanés de San Rafael y que uno de los documentos, por valor de 1.600.000 pesos viejos, fue descontado el 9 de noviembre último con el aval del mandatario. El importe lo cobró su hijo, quien luego lo depositó en el Banco Hipotecario con el fin de adquirir una propiedad. El informe debe culminarse ya que todavía falta por indagar la totalidad del destino de los fondos de las operaciones provenientes de la cuenta de MB.

Con semejante bomba, los primeros que reaccionan son los gansos. El bloque de sus diputados sostiene que se impone la inmediata renuncia del mandatario. El gobernador, mientras estudia cómo salir de este berenjenal, no hace declaraciones a la prensa.

Más bombas explotan a fines de marzo, pero estas no son político-simbólicas sino de las que explotan en serio. En la madrugada del 29 estallan explosivos en la sede del Partido Socialista de los Trabajadores (el PST trotskista, que no se suscribe a la lucha armada y que participa del juego electoral) y en el local del diario *La Tarde*, donde se imprimen varias revistas, entre ellas *Claves*, cuya última edición debía ser entregada horas después del incidente. En la casa del PST, la bomba destruye la puerta de entrada y ocasiona daños en el techo, mampostería, muebles y vidrios y todo lo que encuentra la onda expansiva en un radio de 40 metros. En el local de *La Tarde* se presume que las máquinas impresoras han sido dañadas, aunque no hay por el momento confirmación acerca de la magnitud de los destrozos. Según testigos las bombas las colocan dos individuos que se desplazan en un automóvil. En ambos sitios los asaltantes dejan panfletos cuyo texto dice: "*Para combatir la guerrilla del foco infeccioso que se acuna en la sede del Partido Socialista de los Trabajadores y en la imprenta del diario La Tarde, donde se imprimen folletos y panfletos de una organización extremista declarada ilegal, es que, fieles a la doctrina y directivas del general Juan Domingo Perón, procedemos a colocar dos bombas en estos locales*". Los muy burros pretenden desinformar a la gilada denominándose Comando Fernando Luis Abal Medina, uno de los fundadores de Montoneros que cayera en 1970 como consecuencia del secuestro y ejecución del ex presidente de facto Pedro Eugenio Aramburu. Los Montos no realizan operativos de esta naturaleza en Mendoza durante la gobernación de MB y tampoco atacan militarmente a partidos e imprentas progresistas y / o populares. La contrainteligencia también se propone desinformar, embarrándolo al mismo Perón: no cabe duda, los autores son los servicios o los fachos ortodoxos [*En ese diario, de modestas páginas y circulación, también se imprimían periódicos sindicales y las primeras expresiones escritas del humanista Silo, místico fundador del partido homó-*

nimo. Como dijimos, también se editaba Claves, *que en su última etapa se había radicalizado y sus contenidos constituían ácidas críticas a la ortodoxia y burocracia peronistas. El atentado tuvo seguramente como destinataria a dicha revista y no a la "organización guerrillera declarada ilegal –el ERP– que en realidad nunca utilizó esa imprenta. De paso digamos que Carlos Ibarra fue propietario y director de* La Tarde, *vespertino subdecano de Mendoza, fundado por su padre*]

Se pone brava la cosa. Ante el resultado de las indagaciones de la comisión senatorial, los diputados justicialistas ortodoxos sustanciarán formalmente la iniciación de un juicio político al gobernador. Los diputados quieren esclarecer ante la opinión pública deslindando responsabilidades y estimando la necesidad de sancionar a los implicados con la mayor severidad. Hubo ocho disidentes: Molina, Crimi, Ghilardi, Andrioli, Martín, Emmi y Vílchez Vega [¿*y la unidad?*]

El mes de marzo culmina con la adhesión radicheta al pedido de juicio político y, además, se avala el pedido contra el titular de la cartera de Economía, Benedicto Caplán. Estas decisiones que son unánimes, se transmiten a través del presidente del comité Radical, Alfredo Mosso, y se justifican sosteniendo que esta posición no implica que el radicalismo prejuzgue que los cargos contra el gobernador y el ministro son reales. Lo que el partido busca es que a través de los representantes del pueblo, se realice la investigación sobre los cargos formulados.

El repetido viaje a Buenos Aires de los mendocinos en discordias acontece una vez más durante los primeros días de abril. Ahora no es joda porque los cargos son graves y pueden dar por tierra con el gobierno elegido por el pueblo. MB vuelve de la Capital desafiante y, según él mismo lo afirma, muy satisfecho por el apoyo de Llambí. En El Plumerillo lo esperan familia y efusivos allegados, además del periodismo local. Don Alberto declara: *Sí señor, yo me voy a presentar al juicio político. Es más: ahora lo deseo porque hay que desenmascarar a los traidores del peronismo, a esos que se unen con los conservadores, que han sido los tradicionales adversarios del pueblo argentino, para hacerles acordar a esos señores que se dicen diputados del pueblo que muchas veces dijeron que la sangre de nuestros compañeros no iba a ser negociada y ahora la están traicionando y vendiendo por una banca. Los ocho diputados que se opusieron al pedido de juicio político son verdaderos peronistas y sobre todo, son hombres valientes y decididos que se juegan por una causa. El que tiene razón y tiene la verdad, no tiene miedo a nada (...) Quiero el juicio político, porque ahí va a caer más de uno y el pueblo va a saber quién es quién.*

El 4 de abril MB apela a la justicia penal. El gobernador ha dado intervención a la justicia de Mendoza para que realice una completa investigación de las causales presentadas por los cuatro pedidos de juicio político en su contra. En su presentación, señala que en los expedientes se le imputan "veladamente comisión de delitos en el ejercicio de mis funciones. No obstante ninguno de los denunciantes ha logrado indicar un solo artículo del Código Penal o de cualquier otra ley que yo haya violado". También considera que la justicia solo puede descansar en la verdad y, como el proceso penal tiene tal objetivo, es que a él recurre. Por esta razón se van a enviar a la justicia los antecedentes para que se practique información sumaria en los términos del artículo 200 en función con el artículo 9 del Código Procesal Penal, con el objeto de establecer la falta o delito que se hubiera cometido. Es su deseo que se investigue la verdad sin inconvenientes, dado que, en su opinión, el pueblo no merece ocultaciones de ninguna naturaleza.

Reportaje de *Claves*

La edición del semanario progresista del 13 de abril publica un inteligente y sincero reportaje al gobernador, sin las consabidas zancadillas que usualmente le hacen la gente de los medios tradicionales:

No ceder nunca más

P: —Se ha llegado a un punto límite en los ataques que ha sufrido el gobierno provincial desde el 25 de mayo del año pasado. ¿Por qué cree usted que se ha dado este proceso?

MB: —*Para mí el problema interno del peronismo en Mendoza y creo que en otras provincias, se da exclusivamente por apetitos por cargos. Algunos hombres del peronismo, entre ellos muchos funcionarios, ya sean legisladores, intendentes, concejales, creen que ganar una elección para un partido es apropiarse de la cosa pública para manejarla a su capricho y en beneficio propio o de sus amistades y familiares. Vale decir, seguir haciendo un gobierno de tipo liberal. Yo entiendo que cuando se lucha en un partido político con una idea definida y una doctrina filosófica como la nuestra, es para producir un cambio de estructuras, especialmente en la mentalidad de los hombres. La mentalidad de un liberal es muy distinta a la de un revolucionario que entiende, en el sentido de cambio, como lo hace el general Perón. Según lo entiendo la mayoría de los funcionarios del país han creído que su cargo sirve para afirmar su condición de caudillos, repartiendo prebendas. Cuando un legislador, intendente o concejal, lo único que quiere es acomodar a sus amigos, sin pensar que si ese amigo tiene capacidad y mentalidad revolucionaria, todo se viene al suelo y fracasa.*

P: —Dentro de ese contexto, ¿a qué atribuye que personas que antes eran revolucionarias y combativas, ahora se hayan aliado a los sectores conservadores?

MB: —*Sencillamente no tuvieron nunca mentalidad revolucionaria. Hablaron demagógicamente de cambio de estructuras, de socialismo nacional, popular, humanista, cristiano. Lo repetían como loros porque así convenía en ese momento.*

P: —¿Cuál fue el primer embate serio que recibió como gobernador?

MB: —*El primero fue el que hizo la CGT diciendo que tenía un gabinete marxista, cosa que nunca pudieron probar. Ahí se rompieron las relaciones, pese a mi buena voluntad, demostrando cuando cumplí con entregarle el ministerio de Bienestar Social, tal como lo prometí. La CGT parece que no interpretó bien mi pensamiento y en lugar de ayudarme a gobernar como yo lo había pedido, me lanzó el ataque contra el gabinete hablando de infiltración, cosa que nunca pudo probar pese a que yo pedí que se me dieran los nombres. Luego vinieron otros enfrentamientos que en su mayoría eran por cuestión de cargos. Hasta que llegaron a decirme que como yo era de la Tendencia, debía sacar de acá a todos los de ese sector, sin entender ellos mismos, qué es la Tendencia Revolucionaria. Tampoco en ese caso me dieron nombres.*

P: —Considerando que hay personas que fundaron la Tendencia en Mendoza y que han sido hasta ahora sus más feroces adversarios, ¿usted alguna vez contraatacó con ese argumento?

MB: —*Nunca me personalicé con nadie. Siempre apliqué aquello de que para un peronista no hay nada mejor que otro peronista. Por eso nunca hice cargos a nadie y recién ahora estoy saliendo al cruce con nombres propios y con acusaciones más directas, porque estoy viendo que se ha confundido un concepto ideológico con debilidad o con un deseo desesperado de mantenerme en el cargo.*

P: —Salvo esta nueva instancia, la batalla más grave fue alrededor de noviembre, cuando cedió la destitución de 2 ministros. ¿Qué fue lo que ocurrió aquella vez?

MB: —*Aconsejado por mis propios compañeros, para tratar de salvar al gobierno, entendí que era mejor ceder antes que perder todo.*

P: —Ante la continuidad de los embates que se verificaron posteriormente ¿usted considera que fue acertada la entrega de los dos ministros?

MB: —*No fue acertada, porque yo perdí los 2 ministros y los embates siguieron. Vale decir que la cuestión no era hacerme cambiar ministros, lo que querían era cambiarme a mí.*

P: —Hay quienes hablan, con o sin fundamento, de inoperancia del gobierno, fundamentalmente a nivel económico. ¿Qué opina usted?

MB: —*Me gusta mucho la pregunta. Ayer (viernes 5) estuve conversando en el Ministerio de Economía de la Nación. Y me dijeron un grupo de funcionarios, en presencia de Caplán, que ya no era mi ministro, que la provincia de Mendoza, en cuestión de finanzas es la que está entre las mejores del país. Yo pregunto ¿se puede llamar inoperante a un gobierno que ha presentado uno de los mejores planes trienales del país; que hace un seguro de vida para todos los niños en edad escolar; que da una bonificación a los maestros para que no inviertan su salario en la compra de útiles para sus alumnos; que le aumentó cuando asumió, el sueldo a los maestros; que elimina los aranceles hospitalarios; que hace el primer parque petroquímico de la provincia, con 4 fábricas de las que una empieza a trabajar el lunes 8; que creó una línea aérea provincial que funciona a la perfección y que ya tiene que aumentar la capacidad de sus aviones; que en tan poco tiempo ha levantado las defensas aluvionales de la ciudad; que dio el 82% de aumento a los jubilados; que paga los sueldos y a los proveedores al día; que está mejorando el servicio de los hospitales ...?*

P: —¿Qué conducta opina usted han observado los conservadores desde la Legislatura?

MB: —*Están en lo que dijeron durante su campaña, de que ganara quien ganara, estarían al servicio de la provincia, colaborando en la reconstrucción nacional. Estaban cumpliendo y no había una oposición urticante como en otras épocas. Pero ahora no sé qué es lo que buscan, cuál es el trasfondo político. Tal vez busquen el desgaste del gobierno, para resurgir más adelante. Parece que se han arrepentido de lo que prometieron y han entrado en el juego político en que estuvieron toda la vida los partidos liberales con su política de dependencia. Puedo entender que los conservadores vuelvan a su vieja política en pro de la dependencia, pero lo que no puedo entender es por qué hay peronistas que se adhieren. Eso es lo que desalienta y frustra las esperanzas que el pueblo puso cuando votó.*

P: —Dentro de ese contexto, ¿qué significa el caso Giol?

MB: —*Es un caballito de batalla como cualquier otro. No escapa a nadie el desorden en que este gobierno encontró a la Provincia, agravada con infiltraciones que tratan de impedir la construcción de un gobierno peronista. Por la discordia interna del movimiento, no hemos podido actuar con la energía necesaria para realizar el cambio. Aquí para cambiar un empleado hay que consultar al concejal, al intendente, al diputado, al senador, al secretario general del movimiento, que nunca se han podido poner de acuerdo entre ellos. Eso permite que dentro de un gobierno peronista sigamos teniendo enemigos del peronismo. En Giol pasa lo mismo. Hemos cambiado dos directores y no hemos logrado el objetivo por la discordia del mismo movimiento.*

P: —¿Encuentra similitud entre el ataque que le hacen ahora a usted y el que le hicieron a Caplán cuando compró Giol?[recordemos que Caplán fue ministro del gobierno de Carlos Evans, durante el cual se realizó la estatización de Giol, en 1954]

MB: —*Los grandes intereses monopólicos de la provincia se sienten afectados por Giol y como les resulta difícil destruir esa empresa, tratan de frenarla.*

P: —Su postura ante todos los embates, hasta el momento, ha sido ceder para salvar al gobierno. Ahora (interrumpe) ...

MB: -*No, quiero aclararle una cosa. No ha sido para salvar al gobierno, sino el sentido revolucionario de lo que nosotros le prometimos al pueblo. Si yo supiera que si me voy, viene otro gobernador con el mismo sentido de cambio, me voy muy tranquilamente. Mi temor es que los que vengan no cumplan con eso y defraudemos al pueblo, que es lo peor que le puede pasar al peronismo.*

P: —Para salvar todo eso es que usted cedió antes ¿Ahora va ceder?

MB: —*De ninguna manera.*

P: —¿Piensa que no cediendo va a colaborar a salvar el proceso de cambio?

MB: —*Antes, dejándome llevar por los compañeros que estaban en el proceso revolucionario, cedí, incluso aconsejado en el orden nacional, donde pensaban que salvado el gobernador, podía seguirse. Pero me di cuenta que nada de eso ha servido, porque quieren sencillamente mi cabeza, no la de cualquier funcionario. De ahí el cambio de actitud.*

Una nota de *Los Andes* del domingo 14 de abril interpreta que el panorama institucional mendocino es deprimente. En primer lugar queda claro que el matutino abanderado no ve con buenos ojos que los asesores de MB fogoneen al mandatario con investigar la conducta pública y privada de los legisladores que propulsaron el involucramiento de la justicia en el asunto Giol. Por lo que se observa, el historial de las cometas por venta de vino es lo bastante amplio como para incluir los nombres de los integrantes de las diferentes bancadas que en el presente cuestionan al titular del Ejecutivo. En segundo lugar, *Los Andes* insinúa que alguien ha amenazado de muerte a diputados, senadores y familias de los que están por el juicio, cuestión que contribuye a la confusión y al desánimo generalizado porque la situación no aparenta solucionarse a corto plazo.

En un apartado de la misma nota hay un reporte de un documento al gobernador, según el matutino, de Montoneros, en el que la organización lo alienta a que tome medidas para que el pueblo mendocino retome la confianza en el gobierno y así, se movilice en defensa del ataque ganso-vandorista. Sería un programa caracterizado por algunas expropiaciones, reemplazos en el gabinete y la solución de problemas en educación, trabajo y servicios públicos que implicaría cuando menos, un apoyo condicionado a la gestión de MB y cuando más, un serio llamado a una actitud combativa de la administración en lo que se refiere a su filiación popular. *Los Andes* concluye con una pregunta cuya mera formulación pone en cuestión la eficacia actual del gobierno para encarar cualquier solución: "¿Podría el gobernador iniciar una etapa de drásticas resoluciones con la adhesión única del ala izquierda de la Juventud?" La respuesta es que sería dudoso el resultado ya que si prospera el proyecto de juicio político que prepara la Cámara de Diputados, MB quedaría suspendido en sus funciones mientras los senadores estén abocados en el tratamiento del tema.

R.A.:

Los montos piden poner fin a las vacilaciones:

La Tendencia, que ya visualizaba las dificultades extremas del gobierno MB, lanza, el 14 de abril de 1974, un largo documento con el título "Al Pueblo de Mendoza ante la Conjura Ganso-Vandorista", y comienza diciendo: *Todos conocemos cómo después de mayo del 73, una vez instalado el gobierno popular, con su programa de reconstrucción y liberación nacional, se orquestó una continua ofensiva para obstaculizar, boicotear y obstruir la tarea gubernamental (...) Estas son algunas pautas del Movimiento Nacional Justicialista que decidieron a sectores antinacionales a orquestar su ofensiva: el eje del programa es el del nacionalismo revolucionario como paso de transición al socialismo nacional, cuyos puntos básicos son elaborados por los trabajadores en los programas de Huerta Grande, La Falda, el 1 de Mayo y enero de 1972, [que] aquí lo resumimos: 1) Nacionalización de todos los sectores decisivos de nuestra economía;*

2) *Planificación centralizada e integral de la economía nacional; 3) Autogestión y control por parte de los trabajadores en la producción y distribución de bienes de producción y consumo; 4) Reforma agraria, con la eliminación de los latifundios y expropiación de las S.A. agropecuarias e imposición de un programa agrario que consolide el principio: "La tierra es para quien la trabaja"; 5) Reforma urbana que destruya la concepción mercantilista de la vivienda; 6) Política cultural que garantice al pueblo el acceso a todos los niveles de la educación, con desarrollo científico-técnico en interés nacional y contra el colonialismo cultural; 7) Reforma de la legislación civil, comercial, penal y laboral, adaptándola a una sociedad fundada en el valor del trabajo; 8) Desconocimiento de los compromisos internacionales lesivos a la soberanía nacional; 9) Política nacional independiente y solidaridad con los pueblos que luchan por su liberación.*

Se desarrollan algunos de esos objetivos y se agrega: *Vemos claramente que tiene como únicos beneficiarios al pueblo en general, y a los trabajadores en particular. También vemos claramente que perjudica al enemigo principal del pueblo argentino: el imperialismo norteamericano (...) los oligarcas, los grandes propietarios, siempre fueron amigos del imperialismo (...) para hacer más efectiva su acción, el imperialismo necesita gente disfrazada de peronista (...) para ello eligió entre los burócratas sindicales (...) entre ellos de la UOM (...) el equipo provincial de gobierno se vio precisado a dedicar esfuerzos a detener la ofensiva ganso-vandorista (...) inventaron el cuento de la infiltración, llegando al ridículo de marcar como infiltrados izquierdistas a Pedro Cámpora o al hoy aliado del vandorismo, Edgardo Boris.*

Como se ve, los muchachos no se andan con vueltas, y el programa expuesto, repetido, no deja de crear sarpullidos en el duro cuero de los burócratas y los poderosos, los que, seguramente, ya se ven en el patíbulo de una revolución con Robespierres y Dantones, al estilo de aquella revolución francesa que *tan mal ejemplo* ha dado a los pobres del mundo. Y si se unen, como los incita el marxismo "apátrida", "trabajadores del mundo uníos!", chau patria, familia y propiedad.

A sabiendas de estos resquemores que provoca un programa tan socialista, si se quiere, pese a algunos disimulos como eso de socialismo nacional, los muchachos de la Tendencia, le lanzan al gobierno, a MB, unas Medidas de Garantías: *En la actual coyuntura, la Organización Montoneros, Juventud Peronista, Juventud Trabajadora Peronista, Juventud Universitaria Peronista y Unión de Estudiantes Secundarios, han recomendado al Gobernador que ponga fin a su ACTITUD VACILANTE mediante el cumplimiento de algunas medidas que son las exigencias del pueblo, como única manera de recuperar el gobierno para Perón y para el pueblo, para contragolpear al imperialismo y al ganso-vandorismo, y para recuperar la confianza del pueblo en este proceso, confianza que se ha deteriorado en gran parte*, y proponen medidas urgentes como única garantía de conseguir el masivo apoyo popular: *Sólo el conjunto de estas medidas posibilitará que el pueblo mendocino retome la confianza en el gobierno del compañero MB, y con ello su movilización efectiva para defenderlo del ataque ganso-vandorista*. Firman Jorge Capella, Américo Enriz, Antonio Manrique y Eduardo Merino. Pero el juicio político se vino casi ahí nomás, y la renuncia o destitución y el naufragio de una Patria Socialista sólo pudo enarbolar algunas de sus banderas, muchas de las cuales fueron fulminadas a sangre y fuego. MB, entre tantos avatares, no fue un pusilánime. Es que un programa revolucionario, como el que se planteaba, sólo se impone con el triunfo de los fierros.

El 15 de abril, como no puede ser de otra manera, MB es llamado desde Buenos Aires a arreglar asuntos relacionados al plan trienal. Los periodistas reunidos en El Plumerillo no se tragan ni en broma que ese sea el motivo verdadero de su viaje y por lo tanto tratan de extirparle más información. Don Alberto, lo único que concede es que "por ahí se tratan otros temas, como suele ocurrir en estos casos". La gente de prensa quiere saber también cuál ha sido la reacción del gobernador en cuanto al documento de la Tendencia Revolucionaria del domingo 14, al que los mismos medios no han vacilado en considerar como "exigencias de la Juventud al gobierno". MB, en cambio, no percibe ninguna exigencia sino una colaboración, que en sus aspectos económicos, tal vez se pueda efectivizar. Se va diciendo: "La Tendencia Revolucionaria no me exige nada".

En otros temas, el gobernador solicita formalmente la nulidad de todo lo actuado con respecto al juicio, por medio de sus abogados Alfredo Gómez Chavero y Raúl Washington Ábalos. Entre los puntos en que se apoya la petición, los letrados aluden que al encontrar la

Comisión Investigadora alguna irregularidad con la presunta participación de MB y Caplán, debió detener su marcha y hacer saber esto al cuerpo que dio origen a la Comisión porque es facultad de la Cámara baja la investigación de los funcionarios públicos comprendidos en el artículo 109 de la Constitución de la Provincia.

Pero no pasan ni 48 horas que ya la Comisión de Juicio Político da a publicidad su resolución n° 4, en la que se desestima, en todas sus partes, por improcedente, la presentación efectuada por el gobernador solicitando la nulidad de lo actuado y la suspensión de términos. Es la segunda vez que la Comisión llega a la misma conclusión respecto de las presentaciones realizadas por MB.

El 20 de abril el gobernador termina su periodo de declaración. Pero antes de hacerlo se siente indispuesto. Al arribar a la Legislatura padece una cefalea persistente y alta presión arterial que motiva una breve interrupción en la agenda de la Comisión de Juicio Político. Luego de que su médico personal lo medicara, MB completa sus declaraciones y se retira del lugar hacia la Casa de Gobierno. Respecto de este incidente, *Claves*, en su edición del 4 de mayo, saca una notita reveladora acerca de los ánimos caldeados que se viven en la provincia. Sucede que luego de que don Alberto se retirara algo precipitadamente por su dolencia, sus abogados quedan a pie por lo que el conductor televisivo local, Domínguez Palazzini[13], se ofrece a llevarlos en su vehículo. Cuando se disponen a subir al automóvil, se asoma por una ventana de la Legislatura el presidente provisional del Senado, Edgardo Boris, quien en tono jocoso le pregunta a Domínguez Palazzini "si se va a ver al enfermito"; el conductor le responde que sí y entonces el senador le espeta de inmediato "te encargo a esos dos paquetes" (por los abogados) El asunto es que el hecho llega a los

---

[13] *En el campo de los adictos a la dictadura que comenzó en el 76, desde el periodismo, se recuerda también a Domínguez Palazzini quien en ese entonces se había hecho cargo del noticiero de Canal 9 local y desde allí se convertiría en uno de los más exaltados propagandistas del golpismo militar. En 1983 dejó Mendoza "y se refugió" en la Capital Federal. Apostando a la mala memoria colectiva, hoy es nuevamente en Mendoza un expectante periodista con el privilegio de opinar sobre todo (en R. Ábalo,* El terrorismo de estado en Mendoza, *115).*

oídos de MB, quien molesto, llama a Boris para pedirle explicaciones. El senador tiene que bancarse la filípica de don Alberto y, además, correr un peligro cierto porque según fuentes confiables del semanario, Horacio Martínez Baca –a quien no por nada llaman el Ropero– debe ser sofrenado porque se propone con bastante ímpetu dejar acéfala la presidencia del Senado. La notita finaliza preguntándose sobre la ecuanimidad y calidad personal de uno de los posibles jueces del gobernador, si es que el juicio llegara al Senado.

El diario peronista *Mayoría* de Buenos Aires, dada la situación de emergencia que atraviesa la provincia, publica sendas entrevistas al gobernador y vice de Mendoza. A continuación reproducimos sus declaraciones más salientes:

MB:

Nosotros somos firmes partidarios de un cambio revolucionario: social, político y económico. Pero para realizarlo es indispensable transformar primero la mentalidad del hombre. Desde una perspectiva peronista los gobiernos no se conquistan para beneficio de un determinado grupo, sino que el acceso al poder significa instrumentar desde él una política antiliberal. Esta es la única norma del cambio revolucionario que propiciamos. Permitir que cada senador, diputado, concejal, pretenda desde su banca favorecer a parientes y amigos, es caer en la vieja política de comité, carente del más mínimo sentido revolucionario. Los legisladores están llamados para legislar, no para repartir cargos, cual si fueran caudillos o punteros de comité. Además, deben legislar para la provincia, no para el círculo electoral de donde vienen, comprometidos con el grupito que le arrimó los votos. Quienes así actúan no son revolucionarios ni peronistas; tienen lisa y llanamente mentalidad liberal. Los cargos se distribuyen de acuerdo a la capacidad de los candidatos y con su grado de compenetración en la política revolucionaria que debe aplicarse desde el poder. No en vano Perón escribió una doctrina revolucionaria. ¿Para qué la hizo sino para que la pusiéramos en práctica?

Al no acceder yo a esa verdadera avalancha que fue el pedido de cargos (en la medida que los nombres propuestos no implicaban capacidad o sentido revolucionario) comenzaron las críticas al gobierno. En síntesis: al no poder satisfacer tantas apetencias, muchos peronistas prefirieron levantarse contra el gobernador en vez de colaborar con él.

En este episodio del juicio no hay más que un trasfondo político. Es la culminación de un proceso iniciado el 11 de marzo y que llega hasta hoy. La escalada de quienes intentan quebrar el principio de autoridad es un hecho concreto que, así como en otras partes, también se da en Mendoza. En este lapso, a mis enemigos les fueron fracasando una por una las tácticas que usaron para quitarme del camino: primero fue la acusación –jamás probada– de un gabinete comunista; luego cambiaron de sambenito: la Tendencia Revolucionaria; ni la enfermedad de mi vista perdonaron y, caso inédito, cuando presionaron para cambiar totalmente mi elenco de colaboradores, exigieron el acuerdo previo del vicegobernador. Y así desembocamos en el caso desgraciado de Giol. Si hay algo mal hecho, el culpable no es ni el gobierno ni el ministerio específico: los directos responsables son los directivos de la empresa. Quien haya cometido algún delito será severamente castigado. Pero antes hay que probarlo. Giol se ha prestado a muchas actuaciones no demasiado limpias y que estamos en condiciones de mostrar en el momento oportuno.

Adelanto desde ya que mi conciencia de hombre y gobernante está tranquila porque considero haber servido y seguir sirviendo lealmente al pueblo que me votó en su inmensa mayoría y porque en todo momento he ajustado mis actos de gobierno al imperio de la Constitución y la Ley. He sido, soy y seré respetuoso de la justicia porque creo que sin ella ningún pueblo puede alcanzar el orden y la felicidad. Considero también que la justicia solo puede descansar en la verdad real y, como el proceso penal tiene tal objetivo es que a él he recurrido. Así, he solicitado a la justicia provincial que investigue hasta su total agotamiento mi conducta como hombre y como gobernante, con el claro objeto de establecer la veracidad y seriedad de los cargos que se han formulado en mi contra y que según los denunciantes, constituirían delito.

Finalmente, deseo aclarar ese constante malentendido en torno a la patria socialista[14], *otro caballito de batalla de cuantos se oponen a los cambios revolucionarios. El término socialismo nacional –con sus agregados de popular y cristiano– no lo inventamos nosotros. Hace más de un cuarto de siglo que rueda. Y muchos de quienes hoy critican lo de la patria socialista, durante la campaña electoral fueron sus más fervientes predicadores. Los peronistas, olvidan algunos, son los primeros en saber distinguir entre un socialismo dogmático y un socialismo nacional. La marcha hacia este socialismo desemboca en lo que es objetivo de todo peronista: una Argentina justa, libre y soberana.*

CAM:

El enfrentamiento con MB es una cuestión de metodología de trabajo que por desgracia, con el caso Giol se transforma en problema moral (...) No somos cazadores de brujas, sino de gorilas y en el gobierno de la Provincia estos ejemplares abundan (...) A Calabró [el gobernador de Buenos Aires que sucede a Oscar Bidegain] *lo conocí en Magdalena cuando yo era preso del Conintes: se apareció a saludarme con una pelota de fútbol bajo el brazo que nos vino bárbara para matar el tiempo. No es esta hora de andar sacando medallas por haber puesto bombas en la época de la dictadura en vez de pasarse 18 años bajo la cama (...) Los peronistas tenemos que reconocer que los hechos revolucionarios producidos por nuestro gobierno no satisfacen, ni mucho menos, las expectativas abiertas en la campaña. Gastar incalculables cantidades de aerosol, ensuciar paredes, gritar mucho y asustar señoras gordas puede ser divertido, pero no es la revolución peronista.*

(...) Todo juicio político, a no dudarlo, tiene en sí un trasfondo político, desde que la política es la actividad por la cual se defienden

---

[14] El Negro Ábalo, como redactor de *El Peronista* local, en más de una oportunidad les solicitó a Boris, el Chango Díaz y Carlos Mendoza, materiales con contenido político. En estas oportunidades los referidos se manifestaban sin cortapisas adherentes al concepto de la patria socialista.

los intereses del pueblo y la Nación. Y por lo tanto apunta a un solo objetivo principal: la verdad. El juicio político es el procedimiento idóneo que fija la Constitución para establecer la verdad en forma indubitable; esta es la mínima obligación de los gobernantes para con su pueblo. Además el comienzo de este proceso fue una exhaustiva investigación realizada por una comisión especial compuesta por senadores de los diferentes bloques. Este solo hecho borra cualquier sospecha de conspiración palaciega (...)

El Movimiento Nacional Justicialista, a través de sus estructuras orgánicas, se ha expedido sobre la situación actual y ha emitido directivas de todas sus ramas fijando taxativamente la conducta que deben seguir los peronistas. Si lo que se intenta sugerir es que el problema institucional de la provincia se debe a las apetencias de poder de algún sector, nada hay más alejado de la realidad. La sabia palabra de nuestro conductor nos ha enseñado, en una de las 20 verdades justicialistas [sic] que, quien en el nombre del justicialismo sirve a un círculo o caudillo, no puede llamarse peronista; ya que el peronismo es esencialmente popular y por lo tanto, antisectario. Los que proceden mal sucumben siempre víctimas de su proceder. Si acaso alguien concibiera un traidor intento de esta naturaleza –utilizar el poder que nos ha dado el pueblo en beneficio de mezquinos intereses– no tardaría en ser destruido por el movimiento peronista (...)

A nosotros no nos interesa el rédito político, no gobernamos para obtener votos. Nuestro único interés es darle sentido a la verdadera democracia, que es hacer lo que el pueblo quiere. Así, no nos hace falta ningún muestreo estadístico para saber si hacemos lo correcto: el rostro de nuestro pueblo nos basta (...)

El 26 de abril, uno de los hijos del gobernador, Juan Alberto Cejas, no se presenta como estaba previsto ante la Comisión del juicio integrada por su presidente, Ricardo Lilloy; el vicepresidente, Mario Fradusco; el secretario, Ariosto Joaquín Falaschi y los vocales, Domingo Farías, Alfredo Ghilardi, Eduardo Molina y Félix Fernández. Sí declaran José Poli, Héctor Jofré, Washington Acquaro y Pedro Vidal Ruffolo.

El periodista Alberto Gattás de *Claves* argumenta que quienes deben recibir pruebas y descargos en la cuestión del juicio tienen opiniones encontradas en relación a lo actuado. Eduardo Molina, por ejemplo, no respondería a una posición ciega a favor del gobernador sino que su interés se centra en la defensa de las instituciones. El diputado, reconocido como puntal de la Tendencia en la Legislatura, está convencido que el juicio político –según él plagado de contradicciones– representa solo una maniobra contra MB y se descuenta que su voto será de apoyo al Poder Ejecutivo. El justicialista Alfredo Ghilardi y el radical Mario Fradusco coinciden con Molina, pero a diferencia de este último, mantienen un perfil bajo. Los tres aparentan colocar a las instituciones por encima de los intereses políticos sectoriales. En cambio el presidente de la Comisión, el joven Ricardo Lilloy demuestra un inquietante grado de ambigüedad (Si bien obtiene su banca por la Tendencia, se separa de ella por una diferente interpretación del meneado asunto de la verticalidad. [Al final este hombre se pasa al otro bando. Consecuente con esta conducta, que Gattás graciablemente califica de ambigua, se proyecta a la era menemista. Durante el gobierno provincial de Rodolfo Gabrielli fue capo máximo de la OSEP que según chimentos malignos le produjo –este cargo– un voluminoso crecimiento de su patrimonio personal. Esto se visualizó con su presidencia en el club Independiente Rivadavia, cuando dicen que compró jugadores de su peculio mal habido, entre otras yerbitas]) Se dice de él que es un peronista puro, aunque Gattás evalúa que el partido podría sepultar su delicado equilibrio. Del ganso Ariosto Falaschi nadie duda que se maneja dentro de un esquema formal que favorece la realización del juicio. Y de los votos de Domingo Farías y Félix Fernández solo se puede esperar la supeditación a las decisiones partidarias.

Durante la jornada trasciende que de finalizar el juicio sin problemas, sería intención de los defensores de MB, Chavero y Ábalos, querellar por calumnias y delito de desacato al doctor José Blas Made, por haberle imputado falsamente al gobernador la comisión de un dolo.

Al día siguiente quien declara es Horacio Martínez Baca. El ex secretario de la Gobernación manifiesta al periodismo su intención de presentar una querella criminal "en defensa de su honor y la verdad" por injurias y calumnias contra el testigo José Ramón Martínez. Este último habría declarado ante la Comisión que Martínez Baca (hijo) se hallaba en el banco en el instante de hacerse efectivo el cheque emitido por Bodegas y Viñedos Giol en la operación de compra de vinos a la firma García y Rodríguez. Martínez Baca junior sostiene que tales afirmaciones son totalmente falsas y que él desconocía en absoluto la operación.

El 2 de mayo MB cumple 68 años. Lo acompañan en la Sala de la Bandera de la Casa de Gobierno, familiares, amigos, ministros del Poder Ejecutivo y otros funcionarios y reciben a la orquesta infantil de Mendoza dirigida por María Catalano de Yannuci. Los niños le cantan a don Alberto la Zamba de Vargas, la Cumparsita y el Cumpleaños Feliz. Al finalizar el gobernador les dice, entre otras cosas, "Luchamos para que en el futuro haya una sola clase social: la de los capacitados".

Con esto del juicio las acciones del gobierno han quedado completamente relegadas a un segundo plano. Sin embargo, algo se hace. El 6 de mayo se confirma que Energía Atómica invertirá 50 millones de dólares en la provincia para explotar yacimientos de uranio. El convenio es de ejecución inmediata y lo suscriben el gobernador y miembros de la Comisión Nacional de Energía Atómica. El yacimiento de Sierra Pintada, en San Rafael, alcanzaría trascendencia internacional ya que se espera que produzca anualmente 10.000 toneladas de concentrado de uranio.

Eduardo Molina da el 9 de mayo una conferencia de prensa en la que denuncia las presiones sobre su voto en la Comisión del juicio, de la ortodoxia y del delegado Eleuterio quien, a estas alturas, ya no puede ocultar su apoyo desembozado a quienes fomentan el juicio para la destitución del gobernador. Molina manifiesta:

> (...) *como peronista, e interpretando el mandato popular, me siento en la obligación de investigar hasta sus últimas consecuencias cualquier tipo de irregularidad en que hubiera incurrido todo funcionario de la administración pública, y en este caso concreto, el gobernador. Pero esto no varía la concepción política que tengo de que el juicio político es una maniobra instrumentada por sectores del Partido Demócrata y de nuestro movimiento, a los efectos de solucionar un viejo pleito que vienen sosteniendo con el gobierno popular (...) A medida que iba avanzando el proceso [del juicio] y en mi condición de integrante de la Comisión, he intentado poner el máximo de objeti-*

vidad en las investigaciones. No he aceptado ningún tipo de parcialidad. Por eso, la decisión que tome será fruto, exclusivamente, de mi conciencia y de mi militancia (...) A nadie escapa que en los últimos días una de las noticias principales ha sido la posibilidad de mi expulsión del MNJ y posterior pérdida de mi banca. Quiero manifestar que me tiene absolutamente sin cuidado toda presión de este tipo porque en su momento, sabré renunciar a los honores, pero no a la lucha (...) He recibido telegramas de Eleuterio Cardozo donde a través de preguntas capciosas o definiciones ocasionales se pretende que yo defina mi militancia. Declaro que la militancia de Eduardo Molina se juzga por los hechos, por el lugar en que estuvo en cada uno de los momentos en que se enfrentó a la dictadura militar, y no en la opinión que en determinada coyuntura pueda tener sobre un hecho político particular (...) Por estas razones he decidido no guardar más silencio y hoy acabo de enviar un telegrama a Cardozo que dice: 'Soy peronista. Rechazo sus telegramas. Denunciaré campaña intimidatoria en mi contra a objeto de condicionar mi voto juicio político.' (...) A título personal podría decir que la campaña intimidatoria se hace extensiva a los otros diputados del bloque peronista. En ocasión de reunirse el entonces bloque justicialista unificado, se intentó por distintos medios que los integrantes del actual bloque peronista adelantaran su opinión con respecto al juicio político. Se produjo el absurdo de que no se conocían los elementos de la Comisión investigadora, y ya se pretendía semejante adelanto (...)

La respuesta del delegado Eleuterio no se hace esperar. El mismo 9 de mayo Eduardo Molina es expulsado del Partido Justicialista. La resolución que justifica la medida expresa: **"por indisciplina partidaria y agravio grave al Movimiento y a su jefe, al declarar enfáticamente su subordinación a la denominada Tendencia Revolucionaria, directamente excomulgada del orden partidario por el teniente general Perón"**.

El 13 de mayo se realiza un acto en el club Juventud Mendocina organizado por la Coordinadora de Unidades Básicas de Las Heras para brindar apoyo y solidaridad al gobernador. Entre los concurrentes se encuentran el nuevo ministro de Economía, Emilio González Bonorino; el de Bienestar Social, doctor Ruiz Villanueva; los diputados del Bloque Verticalista; funcionarios del gobierno y representantes departamentales. Luego de una frugal comida hablan a la concurrencia, Julio Crimi del Bloque; Lidia Riveros de Cayó, de la Rama Femenina; Juan Salvador Fernández de la JP; Germán Enrique García, de la Coordinadora de Unidades Básicas; Carlos León Guiñazú representante de los ex presos políticos y el propio MB.

A continuación, las palabras más destacadas de los discursos de Crimi y del gobernador:

> Julio Crimi: *(...) es sabido ya que la provincia atraviesa una crisis política, donde la ambición corroe el espíritu de algunos peronistas y los induce a cometer irregularidades; pero yo pregunto a quienes se oponen al gobernador si en los históricos comicios de marzo, la ciudadanía mendocina votó por el candidato del peronismo, ¿por qué después del 25 de mayo quieren rever la decisión popular? (...) Podría expresarme de alguna otra forma, pero de acuerdo a las sugerencias que he recibido tendré que hablar con mucha calma. Voy a decir que dentro del peronismo están infiltrados los traidores que luchan por la desintegración del movimiento, pero nosotros tenemos un espíritu que nos protege y se llama Evita. Mantengámonos firmes en la esencia del gobierno del pueblo, porque de una vez por todas el voto emitido en las urnas debe ser entendido. No es posible que la voluntad popular sea torcida por un grupo de ambiciosos que quieren hacer fracasar al gobierno de la provincia (...) Ese grupo de ambiciosos que tenga cuidado con lo que hace, porque el gobierno será defendido por el pueblo que nunca permitirá que se traicione su mandato. Yo llamo a todos a la cordura, a la paciencia, a ser tolerantes, pero hasta cierto punto (...) Las dificultades entre los peronistas deben resolverse en casa y así, incluso no importa que sea a trompadas (...)* **No debemos permitir que desde la Capital Federal nos envíen personajes de mala trayectoria para que nos juzguen** [se refiere a Eleuterio Cardozo] *(...) El general Perón está trabajando en un proyecto histórico que nos llevará a la Argentina potencia.* **Esto va dicho a la maravillosa juventud que tenemos, para que entiendan que es nece-**

sario obedecer a Perón e interpretar su proyecto, subordinándose a las órdenes que nuestro líder propone a esa muchachada nuestra que se jugó en las calles durante 18 años, prodigándose por la causa popular y muriendo al grito de ¡viva Perón! A esa muchachada le digo que aprenda que todavía tiene algo por aprender de Perón, y que esa juventud es la gran esperanza que nosotros tenemos actualmente".[15]

MB:

Cuando habíamos jurado una y mil veces que la sangre derramada no sería negociada hoy sabemos que se está negociando. Aquí se ha perdido algo más que la dignidad del hombre y nosotros los peronistas estamos en la lucha no por la defensa de un hombre ni por los 13 que defienden la legalidad constitucional de la provincia, sino por la defensa del porvenir de la República y de Latinoamérica. Aquí se está jugando algo más grave que la posición del gobernador (...) Creo que en toda mi vida política, tranquila y larga, jamás me he sentido más imposibilitado de dirigir la palabra a una muchedumbre peronista como esta. Necesito que comprendan e interpreten mi estado de ánimo, porque 11 meses de lucha cotidiana han hecho que quede minado mi espíritu, porque no hay lucha prolongada que no abata algo de aquel sentimiento que todos los hombres llevamos pro-

---

[15] Las negritas son nuestras. El cordial lector adivinará que Crimi se dirige a Montoneros, cuando en el país ya no constituye un secreto el plan Perón - Llambí - Cardozo, de expulsión de la gente de la Tendencia de los puestos de gobierno. El cisma de los Montos con Perón quedó definitivamente plasmado en Buenos Aires el día de los trabajadores en que el líder vapuleó en público a los jóvenes y éstos en respuesta se retiraron de la Plaza de Mayo dejándola semivacía. Por elevación, en el ámbito provincial, Crimi debe estar haciendo alusión al tímido apoyo oficial de la JP local al gobierno de Mendoza (y a las críticas del documento monto de abril), producto de las desavenencias nacionales con Perón, situación que coloca a MB en solitaria tierra de nadie. Crimi, por lo menos, en lugar de llamar a los jóvenes *"esos estúpidos que gritan..."* los insta paternalmente a volver al redil.

fundamente metido en el corazón y en el cerebro. Me alegra ver aquí la cara de todos estos amigos, pero me duele profundamente no ver caras que hasta ayer eran mis amigos y hoy no están más acá, en este acto de solidaridad peronista que no es hacia el gobernador sino hacia lo que representa el gobierno del pueblo: solidaridad, amor, confianza y una tremenda fe depositada en quienes no concurren a este acto tal vez por cobardía, por acomodo o por desilusión (...) Aquí nos hemos reunido hombres del pueblo, con la seguridad absoluta de que estamos defendiendo la legalidad que votamos en las urnas y por la que luchamos durante 20 años, derramando la sangre de nuestros héroes y mártires. Yo imagino que, como dice la letra de nuestro himno, se han de remover en las tumbas los cadáveres de Valle, Cogorno, Ibazeta, Irigoyen y todos aquellos que fueron fusilados a traición por la Libertadora en los basurales de José León Suárez (...) Nada se podrá reconstruir mientras no se haya reconstruido la conciencia, la serenidad y la valentía de los hombres. Las conciencias sólo se venden cuando no hay dignidad. Aquí se está jugando la constitución de Mendoza y la ley, que han sido atropelladas en todos sus artículos. Como gobernador de Mendoza que va a cumplir su periodo de 4 años, tengan la seguridad de que poseo la fortaleza suficiente para que, con el apoyo de todo un pueblo que sigue la doctrina del movimiento, me voy a poner firme en el puesto que ustedes me han asignado, porque no hay razón para que el gobernador abandone su cargo; no lo resignaré pese a todas las mentiras, calumnias y difamación. Ellos no han querido escuchar la memoria que el gobernador de la provincia quiso leer ante la Cámara, porque allí está escrita la verdad. Allí íbamos a demostrar que en un año de gobierno, pese a todos los inconvenientes, el gobierno del pueblo es una obra hecha de acuerdo a los planes fijados, que se van cumpliendo, paso a paso. Ustedes van a ver cómo, dentro de poco la provincia de Mendoza va a pasar a ser cabeza de todas las provincias. Les agradezco profundamente esta demostración de solidaridad que ustedes hacen a los hombres que se saben jugar hasta la muerte por un ideal. Yo juro ante esta asamblea popular que también sabré morir por el pueblo cuando llegue el momento. Ustedes juzgarán, pero yo les digo que jamás faltaré a esa palabra y a ese compromiso que hoy contraigo con ustedes.

Nadie sacará al gobernador del pueblo de su sitio porque el pueblo lo defiende.

El discurso del pobre Viejo nuestro tiene todas las características de una despedida y en realidad, lo es.

En tanto, los abogados del gobernador intentan el 14 de mayo aconsejar a la Comisión de Juicio Político el rechazo de las acusaciones, toda vez que no ha logrado acreditarse ninguno de los supuestos de la Constitución para destituir al gobernador y especialmente las causales de mal desempeño o delito que se le atribuyen en las respectivas peticiones. Gómez Chavero y Ábalos sostienen asimismo que la Cámara de Diputados no ha cumplido con la obligación de decidir si los cargos que los pedidos de juicio político contenían, importaban falta o delito. Los abogados aducen que nadie ha logrado precisar, tipificar o siquiera indicar cuál es la falta o delito sancionado por la ley y con entidad para promover juicio político al gobernador. Otra irregularidad es que la Comisión ha negado expresamente a los defensores poder contar con las copias de las versiones taquigráficas de cada uno de los testigos, como también las demás pruebas instrumentales. A pesar de la validez legal de los reclamos, el pedido de rechazo de las acusaciones es recusado.

Los intentos legales de don Alberto para detener el juicio siguen siendo infructuosos. Ahora –15 de mayo– la Corte se declara incompetente para entender en la acción de inconstitucionalidad contra las resoluciones emitidas por la Comisión de Juicio Político de la Cámara de Diputados y similares de la de Senadores, y contra la admisión de los pedidos de juicio político de la Primera Cámara. Los jueces Isaías Mathus, Felipe Gambi, Samuel Evans, José Carlos Motta, Barbera Guzzo, Ventura González y Carlos Ruiz Villanueva anuncian que la medida ha sido tomada por unanimidad.

El mismo día, la sumisa derecha peróneas sanrafaelina en pleno, declara persona no grata a MB. El acto en el sur mendocino se lleva a cabo en la sede del MNJ y se encuentran presentes los siguientes ortodoxos: el secretario general del partido, Hugo Alberto Tavares; el apoderado del partido, Oscar Sat; el delegado nacional de las 62 Organizaciones, José Héctor Strohalm; el secretario general de la CGT, Thelmo Zapata; el intendente municipal interino, Federico Hauser; el congresal del partido Egidio Donati; los concejales departamentales, Ignacio Federico Romero, Miguel Adolfo Baquioni, Ergasto Cipriano

Piedecasas, Nelly Raddi de Bernales, Julio Escobar, Antonio Alós y Ramón Zambrano. Asisten también unos 200 dirigentes de 40 unidades básicas del departamento.

Estos derechosos están un poco confundidos o son unos hipócritas de la primera hora: hacen, al comenzar, un minuto de silencio en homenaje al cura Carlos Mugica asesinado unos días antes por la gente del brujo López Rega. El cura villero, aunque distanciado de la JP, poco tendría que ver con la presente junta, sin embargo. A renglón seguido celebran la expulsión del Eduardo Molina dictaminada por el delegado Eleuterio. Al final vienen las acusaciones de los oradores (Tavares y Sat se lucen) que se montan sobre el mismo caballito de batalla que vienen utilizando desde el 25 de mayo del 73. Que MB responde a la Tendencia Revolucionaria, que hay desgobierno y últimamente, hasta se ha metido en negocios oscuros (alusión a lo de Giol) A pesar de la falta de pruebas acerca de lo argumentado, la presurosa ortodoxia produce la desleal resolución –¡después de todas las medidas de gobierno que favorecieron al departamento!– de declarar a don Alberto persona no grata al peronismo sanrafaelino.

16 de mayo: recomendación de juicio

Finalmente la Comisión de la Cámara de Diputados aconseja juicio político al gobernador. La declaración extraída de las 60 fojas del dictamen, afirma: "Existen fundamentos para acusar al gobernador de mal desempeño en sus funciones y, *prima facie*, **de delito. El fallo se obtuvo por cuatro votos a favor (el del ex JP Lilloy y D. Farías –justicialistas– y los gansos Falaschi y Félix Fernández) y tres en disidencia total (Molina y Ghilardi –del bloque Peronista, ex "Verticales"– y Mario Fradusco –¡aguante, ese radicheta!)**

El 17 Carlos Arturo Mendoza viaja a San Rafael acompañado por el presidente provisional del Senado, Oscar Pressacco y por el secretario general de la CGT Regional Mendoza, Antonio Cassia, entre otros. El motivo del viaje es para considerar la situación institucional de la provincia (: preparar el terreno para el gobierno propio) En el Cristo de las Paredes, alrededor de 500 personas ovacionan al vicegobernador.

Según MB, el juicio político es una infamia; así se lo hace saber a la concurrencia del acto de adhesión organizado por la Comisión Vecinal y la Unidad Básica del Barrio Sarmiento, en Godoy Cruz. El gobernador recorre el barrio, donde le son solicitadas algunas obras y es aclamado por gente que sostiene pancartas con inscripciones de Montoneros. Esto último le trae otro dolor de cabeza a don Alberto: la ortodoxia no le deja pasar una. El 21 de mayo la Unidad Básica del barrio se ve compelida a aclarar que las pancartas montoneras fueron portadas por niños de 9 a 12 años que llegaron al lugar en dos camiones y que no tienen nada que ver con el barrio. La aclaración es necesaria porque, que estos chicos anduvieran con carteles montos, fue el colmo para la ortodoxia, que no tardó en esparcir la noticia por todo el país.

El 23 encuentra al gobernador de nuevo en Buenos Aires. Empecinado en tratar de torcer la atención pública suscitada por el juicio dice haber viajado a firmar las actas del Plan Trienal, aunque por los acontecimientos de la provincia nadie cree que ese fuera el motivo del viaje. Asediado, molesto y tardíamente agresivo debe responder ante el periodismo sobre los actos de apoyo que le organizaron los montos, a través de la Coordinadora de Unidades Básicas. MB se defiende argumentando que las consignas que se corearon en tales actos estaban aprobadas por el presidente Perón y con respecto al acto donde los niños portaban cartelones de Montoneros –en el Barrio Sarmiento– aclara que solo fue al lugar invitado por los vecinos para averiguar las necesidades de la gente. Mal informado y peor asesorado se despacha con que en medio de su visita aparecieron dos camiones cargados de jóvenes y obreros que él no piensa que fueran Montoneros porque "esa organización ha sido disuelta, por lo menos en Mendoza". En contraataque, denuncia la parcialidad del delegado Eleuterio a favor del juicio y en contra de su gobierno. Lo acusa además de haber interferido en la investigación de presuntas irregularidades en una compañía telefónica local. Por otro lado, la ortodoxia anda divulgando que los diputados que apoyan el juicio están siendo amenazados, cosa ridícula, porque lo que ocurre es precisamente lo opuesto. En vez de retrucar con que son puras mentiras, don Alberto indica al respecto que, "yo también he sido amenazado telefónicamente, por lo que considero que hechos de esa naturaleza son habituales y no se les debe dar importancia". Otro de los motivos del viaje a Buenos Aires habría sido buscar el apoyo del gobierno nacional: MB se reúne con Llambí para ello, pero trasciende que no lo obtiene.

Mientras tanto el senador Humberto Martiarena, titular también del Consejo Superior Peronista desestima las acusaciones de MB a Cardozo; más bien justifica al delegado sosteniendo que está para colaborar pero no para tomar decisiones. Las decisiones, todo el mundo sabe, implican sacarse de encima a los colaboradores del gobernador cuestionados por la derecha.

La ofensiva de los metas y la derecha ortodoxa alcanza su clímax el 25 de mayo en un acto llamado "de reafirmación justicialista" realizado en el departamento de Las Heras. Ahí hablan el Gordo Mendoza, Antonio Cassia (secretario de la CGT), Ricardo Lauzón (titular del bloque de senadores justicialistas) y Néstor Rufino Videla (intendente de Las Heras):

Videla: *Lamento no haber podido brindar al pueblo de Las Heras un trabajo más productivo y edificante. Desgraciadamente hemos tenido que enfrentar muchos obstáculos que tuvieron origen en quienes debieron marcar el camino, en quien debió ser el ejemplo en nuestra provincia (...) No hemos hecho más porque no hemos tenido un gobernador, hemos tenido un detractor (...)*

Cassia: *(...) Me refiero a ese grupo de muchachitos* [los Montoneros] *que se dicen combatientes matando por la espalda, que dicen hacer la revolución con aerosol en las paredes. El señor gobernador se da el lujo de mantenerlos al lado. Y se da el lujo de crear la infamia contra la clase trabajadora (...) Todo el apoyo de la CGT al futuro gobernante de la provincia* [se refiere al Gordo Mendoza] *Esta pequeña cicatriz que tiene nuestra provincia quedará borrada en pocos meses (...)*

Lauzón: *(...) Este proceso político, que todavía no ha sido esclarecido en su verdadera profundidad, porque creyeron que nació en un pequeño disgusto familiar entre el gobernador y el compañero vicegobernador Carlos Mendoza, después quisieron llevarlo al terreno de la Legislatura con el Poder Ejecutivo y no es exacto. Es necesario decir la verdad con claridad y valentía: este proceso se inició en una desviación ideológica (...)*

Mendoza: *(...) A pocas horas de un año de gobierno tendríamos que estar todos unidos. Lamentablemente no es así, pero, por suerte, también por ser un movimiento del pueblo, tenemos los anticuerpos para sacar toda la lacra que existe dentro de él y poderle dar lo que hoy deberíamos estar festejando: un año pleno de realizaciones (...)*

A fin de mes, unas denominadas brigadas de la Juventud Peronista, que pretenden arrebatar el lustre de la gloriosa JP y que no se sabe bien de dónde han salido, visitan la redacción del diario *Mendoza* para fijar su posición respecto del conflicto provincial. Manifiestan su apoyo a la iniciación del juicio político a MB por creer que el actual gobierno genera una sensación de inestabilidad e inoperancia. Los chantas opinan también que el gobernador "no tiene reparos en pasar de la alianza con la llamada Tendencia Revolucionaria a la alianza con los sectores más liberales: porque lo que fundamenta todo esto es la corrupción permanente y la inmoralidad en su más alto grado". [*Mirá quién habla*] Por su parte, el Comando de Organización (CdeO) de la Juventud Peronista de la República Argentina (JPRA = Jotaperra) pide al delegado Eleuterio se expulse del justicialismo al gobernador y a 9 diputados. Quieren "decisiones definitivas que pongan coto al accionar de este grupo de sectarios elitistas e infiltrados y a sus venales defensores (...) e impulsar desde el MNJ la prohibición del uso del nombre 'peronista' a hombres que por su conducta han merecido la expulsión del mismo".

Por otra parte, la Cámara de Diputados aplaza el tratamiento del dictamen de la Comisión que acusa a MB. El voto es unánime y la prórroga de 7 días. **En relación al juicio, Alberto Day, diputado nacional y presidente electo del comité provincial de la UCR, opina que el gobernador no es culpable: "Este es un proceso de deterioro que se debe a todo el Partido Justicialista que ha actuado en Mendoza y no ha permitido gobernar".**

El 4 de junio las Juventudes Políticas Argentinas se mueven en defensa del gobierno constitucional de Mendoza realizando una concentración en la intersección de San Martín y Garibaldi. Al acto llegan en primera instancia agrupaciones socialistas y comunistas y luego lo hacen jóvenes de la UCR. Las autoridades policiales deciden cortar el tránsito por San Martín cuando se ve avanzar por ésta, desde el norte, una columna de la JP, última fuerza política en arribar al lugar del acto, portando carteles de todos sus frentes (Agrupación Evita, JTP; JUP; UES y Montoneros) y rodeada por sogas. La oratoria común a las agrupaciones es "el repudio a la ultraderecha, a la oligarquía gansa aliada siempre a la clase dominante y en su momento a la dictadura militar, a la burocracia sindical y al imperialismo yanqui". El burro cronista que cubre la nota para *Los Andes* escribe que entre los oradores está el Eduardo Molina "del Partido Socialista de Vanguardia".

H.D:

De las sogas que rodeaban la columna no me acuerdo; del discurso del Eduardo Molina, tampoco.

Eric Hobsbawm tiene razón, aunque no sé si tanto. Dice que la memoria (de uno) es de auxilio dudoso cuando se quiere ratificar cualquier hecho concreto del pasado (*Tiempos interesantes*) En los primeros balbuceos de este libro se me cruzó el recuerdo de un acto invernal en el que participó la JP, que según lo que evocaba, era en apoyo de MB o en contra del juicio político. Pero me embargaban las dudas porque éramos pocos –muchos menos que en el acto del 26 de julio del 74 en el que habló Arrostito– y por lo tanto *tenía que ser* posterior, es decir, cuando nuestro poder de movilización andaba apenas por encima del suelo. No fue del todo así. La movida aconteció casi dos meses antes de las 5.000 personas –mínimo– que levantamos el 26 de julio siguiente: sucedió el 4 de junio de 1974, para ser más exactos, en apoyo a MB y en contra del juicio. Entre las notas de *Los Andes* que me mandó Santiago vino una que lo confirma. Mi confusión se debe a la poca gente convocada. ¿Cómo podría ser que juntáramos menos cumpas en junio que en julio? Y el quilombo recordatorio se me agravó aún más con los testimonios del Gordo Guevara, del Polo, del Rino y de Beatriz París: todos ellos y quizá algunos más, coinciden en recordar la política oficial de Montoneros de mezquinarle el sustento al Viejo nuestro, por lo tanto no pudo haber manifestaciones en su favor. Entonces ¿quién ordenó la adhesión? Recordé bien que nosotros no organizamos; lo hicieron las Juventudes Políticas, pero de todos modos llegamos apretando y cantando Montoneros. ¿Será que adherir no significa apoyo manifiesto? Que no fuéramos tantos puede revelar 2 ó 3 cosas diminutas, quizá insignificantes: 1) que no fuimos a buscar activamente a nuestra gente a las villas, como sí hicimos el 26 de julio, y que solo se alentó la participación de los militantes para dejar sentado un interés más bien laxo; 2) que la gente que movíamos también estuviera harta de las peleas de nunca acabar en el seno del gobierno y no nos hayan querido dar bola; 3) que en la JP haya habido alguien que dijo que había que asistir, le importaron un cuerno las directivas de la conducción y que terminamos yendo los que por casualidad estábamos en el local de la calle San Juan en ese momento. Todavía no sé, pero si Santiago no me hubiera mandado esta nota habría concluido que esa marcha no tuvo lugar o que me la confundía sin dudas con otra, que fue una cabriola picarona de mi imaginación, y que al final, todos los que debíamos apoyarlo, lo habíamos dejado, en realidad, completamente solo al pobre Viejo nuestro. Sí que hubo apoyo.

La suspensión

La situación a tratarse el 5 de junio es tan delicada que mucho antes de comenzar las deliberaciones, personal de la policía ya había emprendido una prolija inspección del recinto legislativo, abriendo inclusive los cajones de los escritorios del personal en búsqueda de artefactos explosivos. El control policial se realiza también fuera de la Legislatura. Es imposible ingresar al edificio si no se presenta una credencial, que en la medida que avanza el día se transforma en un verdadero salvoconducto. La policía va pertrechada de armas largas, bastones, equipos lanzagases y otros instrumentos antidisturbios. En la intersección de Patricias Mendocinas y Espejo se dispone un piquete de caballería. La consigna policial es "que se haga circular a los curiosos". Por el acceso de Patricias se comprueban 45 invitados especiales y 65 periodistas y técnicos de transmisión, a los que hay que sumar los legisladores y el personal de la Cámara.

En las últimas horas de la jornada la Cámara de Diputados resuelve por 32 votos contra 15 aprobar el dictamen en mayoría de la Comisión de Juicio Político y pasar los antecedentes del caso a la Cámara de Senadores para que se sustancie el proceso. **A raíz de la decisión el gobernador cesará en sus funciones hasta tanto se declare su inocencia o culpabilidad.** Es la primera vez en la historia de la provincia que un gobernador es sometido a juicio político.

La sesión comienza a las 9:30 de la mañana y llega a su punto culminante a las 23:35 cuando el presidente de la Cámara Baja dice: "Si nadie más hace uso de la palabra, se va a votar (…)"

Durante las más de 12 horas de sesión se leen los dictámenes por mayoría y minoría de la Comisión de Juicio Político, se rechazan los pedidos de nulidad formulados por los abogados de MB y se fundamentan las decisiones de los distintos diputados.

Los radicales son la gran incógnita ya que la UCR había dejado en libertad de acción a sus miembros. Los 18 votos del bloque justicialista van a favor del juicio; lo mismo ocurre con los 11 demócratas. Pero como para llegar a los dos tercios del total para que la moción prospere, se necesitan 3 votos más, pronto se suman los radicales Alonso, Sáenz y Mathus. Este último no se banca la tensión imperante y luego de acabar con su alegato sufre un shock nervioso.

Por la negativa votan los integrantes del bloque de los 10 y los 5 radicales restantes: Fradusco, Galignares, Bartolomé, Merín y Corvalán Lima. Está ausente el presidente del bloque radical, Roberto López.

Un poco antes de las 22 solo permanecen en sus despachos MB y un reducido grupo de empleados de la secretaría privada y ceremonial. Cuando se anuncia que don Alberto se retiraría, los periodistas se aglomeran en la planta baja de la Casa de Gobierno pero no consiguen de don Alberto respuestas a sus preguntas. El gobernador es antecedido por dos ordenanzas que cargan cajas con sus efectos personales. Lo acompaña solo un secretario y a la salida lo espera un pequeño grupo de adherentes y familiares quienes le expresan su simpatía. A eso de las 23 la cana hace un operativo alrededor de la Casa de Gobierno: se impide el tránsito en las calles aledañas y el acceso al edificio. Según un vocero policial, la medida es precautoria ante posibles manifestaciones u otros desmanes.

¿Mendoza metalúrgica?

Unos momentos después de la culminación de la sesión el Gordo Mendoza declara que el proceso todavía no concluye y que por ahora es solo una instancia, la que en cumplimiento del Artículo 116 de la Constitución de la Provincia, lo ubica a él a cargo del Poder Ejecutivo. Como no ha terminado precisamente el proceso no efectuaría por el momento cambios de ministros.

Carlos Arturo Mendoza asume a las 3:37 de la madrugada en la Sala de Acuerdos de la Gobernación.

Por su parte MB, en su condición de suspendido, continúa tratando de establecer su inocencia en el juicio y, en respuesta al ataque del ganso–vandorismo, comienza a bregar por la intervención de Mendoza. Con respecto a esto último, el 15 de junio, don Alberto viaja a Buenos Aires para pedírselo abiertamente al ministro Llambí. Asimismo, denuncia por falso testimonio a José Ramón Martínez y recusa a los senadores que lo suspendieron porque de acuerdo al mandatario no se puede ser juez y parte. En el ínterin, el abogado Ventura Mayoral se suma al equipo de defensa de MB.

En Buenos Aires, el gobierno central presume que los mendocinos han violado la constitución provincial por lo cual no quedaría más remedio que producir la intervención, aunque dicen preferir que haya acuerdo entre los litigantes como única solución para frenarla. MB se reúne con líderes justicialistas locales para tratar la unidad pero las diferencias siguen siendo enormes.

El 5 de julio, Isabel Martínez de Perón envía el proyecto de intervención al parlamento nacional. Esto no es lo que esperaban los metalúrgicos, los gansos ni los radichetas opositores a don Alberto, pero se las tienen que aguantar. El texto de intervención menciona irregularidades en el desarrollo del juicio y una presunta solicitud de MB al gobierno nacional de intervenir la provincia. Según *Claves*, desde la Nación se auspicia la suspensión del juicio. En la medida que se llegue a esto, Llambí retiraría el proyecto de intervención. Sin embargo los impulsores del juicio, soberbios y equivocados, no aflojan ni creen que el Gobierno Nacional vaya a concretar su proyecto.

Carlos Arturo Mendoza, en su efímero gobierno, logra instalar, como su medida más importante, el medio boleto estudiantil. Pero es lento en rearmar el gabinete. *Claves* argumenta que desde la suspensión de MB, Mendoza está paralizada y que el Gordo ha tenido suficiente tiempo para echarla a andar pero no lo ha hecho pese a los reclamos, impresos en la nota que le dio a *Mayoría*, de que la administración de don Alberto pecaba de inoperancia. Todo parece indicar que el vicegobernador a cargo del PE no solo tiene el mismo problema sino que se le ha agudizado: no ha hecho en 40 días ninguna reunión de gabinete y hay ministerios claves que se mantienen sin dirección. Su yerro más notable ocurrió cuando la muerte de Perón, en que en nombre del gobierno de la provincia, el Gordo pone un aviso fúnebre en el diario gorila *La Prensa* de Buenos Aires. En el mismo número de este diario hay una necrológica que defenestra la persona y las gestiones presidenciales del líder fallecido. Finalmente se aprueba en la Capital Federal el proyecto de intervención a la provincia de Mendoza. Isabel designa a Antonio Cafiero como interventor, quien asume sus funciones el 16 de agosto del 74.

Lo que siguió

R. A.:

La culminación del intento gubernamental de MB, después de los años que pasan –30, nada menos– descorre los bloqueos de la memoria para dar paso a la reflexión y el análisis de lo ocurrido, con la menor mengua de objetividad posible. La derrota sufrida se debió fundamentalmente a una lucha ideológica al interior de las huestes peronistas –izquierda y derecha, aunque no tan lineal– que anticipaba un periodo lúgubre para el pueblo argentino en la barbarie genocida de la dictadura militar del 76. Los factótum de la derecha, ortodoxos y jerarcas sindicales, serían en gran parte funcionales a esa dictadura. Por otra parte, el gobierno, que en un principio tuvo la apoyatura de la Tendencia Revolucionaria, con los Montoneros como mentores notorios, en el año que tuvo vigencia, corporizó en obras varias, unas cuantas de envergadura en su afán de transformación revolucionaria. No fue poco, pero para don Alberto Martínez Baca los embates de su destino no terminarían ese 5 de junio de 1974. Participó de manera activa en la organización del Partido Peronista Auténtico para dar batalla a los metas y lópezrreguistas que dominaban el PJ durante el gobierno de Isabel. Inmediatamente después del golpe fue detenido y encarcelado, peregrinando por las mazmorras en prisiones de barcos, en el Hospital Militar, en Magdalena y en otros tugurios carcelarios.

El Viejo no hizo nada, después de recobrar su libertad en abril de 1981, para eludir ese destino, sino trágico, sí conmovedor. Su salud estaba resquebrajada y además sufría, con su esposa, el drama de casi la extrema pobreza, pero su empecinamiento en ser actor de las lides políticas lo llevó, en 1982, a reorganizar sus cuadros en lo que se denominó Intransigencia Peronista, junto a algunos cuadros de lo que quedaba de Montoneros. Con el mismo afán lo rodearon en el empeño don Julio Crimi, aquel leal de siempre, Alfredo el Gordo Guevara; Rojas Paredes, padre e hijos, Juan Manuel Valverde, el psiquiatra; el gringo Timpanaro, el Gordo Nardi, quien esto escribe y varios más.

Don Alberto tampoco dudó en aceptar el cargo de copresidente de la Liga Argentina por los Derechos del Hombre, filial Mendoza, al momento de su liberación, siendo un militante más hasta que se radicó en la Capital Federal, huyendo de una pobreza que no le daba respiro. Seguramente que ésta fue su única huida. No le quedaba otra, y en la Capital recibió la solidaridad de sus compañeros y amigos. En mi memoria están indelebles aquellos mediodías del 82-83, en que solía aproximarme a una farmacia que estaba en el Barrio Nueva Ciudad, de Guaymallén, donde percibía un magro salario por su tarea profesional de medio día. Solía acompañarlo a tomar un ómnibus para el traslado a su domicilio, en la Quinta Sección de la ciudad capital. En el camino la charla se centraba en la marcha de los acontecimientos cotidianos, de la proximidad de una nueva instancia constitucional y el rol que cumpliríamos desde Intransigencia Peronista. Si bien su tono era firme, dejaba traslucir una cierta tristeza, nunca amargura, por lo que le tocó vivir. Igualmente indelebles son aquellos momentos previos a la asunción del gobierno, cuando solía servirle de secretario, las veces que se instalaba en el domicilio del Alfredo Guevara, en calle 25 de Mayo de ciudad, donde instalaba su centro de campaña electoral.

He conocido y me he honrado con el compañerismo y la amistad de muchos seres que tenían en la lucha cotidiana por un mundo mejor su razón de existir y ser humanos. Don Alberto fue uno de ellos, pero en lo político fue la más alta expresión ética en la provincia en los últimos tiempos. Todas las páginas precedentes, producto de la memoria de unos y otros, desde nosotros, los autores, modestamente pero con todo el respeto del mundo, las erigimos como un homenaje a su figura y a su militancia, más que política, impregnada de humanismo.

Diarios y revistas consultadas:

Semanario Claves
Diario El Andino (Mendoza)
Diario Los Andes (Mendoza)
Diario Mayoría (Buenos Aires)
Diario Mendoza (Mendoza)
Diario Noticias (Buenos Aires)
Diario Uno (Mendoza)

Bibliografía

Ábalo, Ramón. *El terrorismo de estado en Mendoza*. Mendoza: Liga Argentina por los Derechos Humanos, 1997.
Álvarez, Yamile. "La educación en Mendoza durante el gobierno de Alberto Martínez.
Baca: los seminarios y el conflicto con padres y docentes". CEIDER 17, 1997.
Andersen, Martín Edwin. *Dossier secreto*. Buenos Aires: Sudamericana, 2000.
Anguita, Eduardo y Martín Caparrós. *La voluntad*. 3 vols. Buenos Aires: Norma, 1998.
Artigas, Horacio. *Francisco J. Gabrielli*. Buenos Aires: Plus Ultra, 1997.
Bonasso, Miguel. *El palacio y la calle*. Buenos Aires: Planeta, 2002.
——. *El presidente que no fue*. Buenos Aires: Planeta, 1997.
Gillespie, Richard. *Soldados de Perón*. Trad. Antoni Pigrau. Buenos Aires: Grijalbo, 1987.
Gorriarán Merlo, Enrique. *Memorias*. Buenos Aires: Planeta / Catálogos, 2003.
Hobsbawm, Eric. *Interesting Times*. Gran Bretaña: Penguin, 2002.
Juan, Juan. "Proyecto soda solvay". *Mendoza 84. Realidad y futuro*. Mendoza: Inca, 1984. 189-97.

Lacoste, Pablo y Rodolfo Moyano. *Santiago Felipe Llaver.* Mendoza: Ediciones Culturales de Mendoza, 2001.
Lanata, Jorge. *Argentinos.* 2 vols. Buenos Aires: Ediciones B, 2003.
Larraquy, Marcelo y Roberto Caballero. *Galimberti.* Buenos Aires: Norma, 2000.
Llorens, José María. *Opción fuera de la ley.* Buenos Aires: Lumen, 2000.
Llambí, Benito. *Medio siglo de política y diplomacia.* Buenos Aires: Corregidor, 1997.
Martínez, Pedro Santos. *Historia de Mendoza.* Buenos Aires: Plus Ultra, 1979.
Mattini, Luis. *Hombres y mujeres del P. R. T.* Buenos Aires: De la Campana, 1995.
Plis-Sterenberg, Gustavo. *Monte Chingolo.* Buenos Aires: Planeta, 2003.
Seoane, María. *Todo o nada.* 4ta. Ed. Buenos Aires: Planeta, 1993.
Verbitsky, Horacio. *Ezeiza.* 10ma. Ed. Buenos Aires: Contrapunto, 1987.

ÍNDICE

Nota premiliminar... 7
Los autores.. 10
Abreviaturas.. 11

Mendoza Montonera.. 13

Diarios y revistas consultadas... 381
Bibliografía... 381

Se terminó de imprimir en junio de 2005
en los talleres gráficos de Edigraf S.A.,
Delgado 834, Buenos Aires, Argentina.